中国高校新闻传播学书系　　主编 袁勇麟 殷 俊

实用
新闻编辑学

刘　伟⊙主编

中国市场出版社
China Market Press

图书在版编目（CIP）数据

实用新闻编辑学／刘伟主编 . —北京：中国市场出版社，2010. 11
ISBN 978 - 7 - 5092 - 0634 - 8

Ⅰ. ①实… Ⅱ. ①刘… Ⅲ. ①新闻编辑 Ⅳ. ①G213

中国版本图书馆 CIP 数据核字（2010）第 001016 号

书　　名：实用新闻编辑学
主　　编：刘　伟
责任编辑：辛慧蓉
出版发行：中国市场出版社
地　　址：北京市西城区月坛北小街 2 号院 3 号楼（100837）
电　　话：编辑部（010）68033692　读者服务部（010）68022950
　　　　　发行部（010）68021338　68020340　68053489　68024335
　　　　　　　　　68033577　68033539
经　　销：新华书店
印　　刷：河北省高碑店市鑫宏源印刷包装有限责任公司
规　　格：787×1092 毫米　1/16　23.25 印张　414 千字
版　　本：2010 年 11 月第 1 版
印　　次：2010 年 11 月第 1 次印刷
书　　号：ISBN 978 - 7 - 5092 - 0634 - 8
定　　价：36.00 元

编委会名单

主编：刘　伟

编委：（按姓氏笔划）

　　　陈利华　游　雅　魏巧俐

▊▊总 序

愿望与期待：指导
业务，服务教学

童 兵

自新世纪开始，中国新闻传播学教育的规模和办学层次进入了跨越式发展的新阶段。据教育部高教司统计，截至 2005 年，全国共有新闻学类本科专业点 661 个，其中新闻学 209 个，广告学 232 个，广播电视新闻学 146 个，编辑出版学 50 个，传播学 24 个。在 2005 年第十次博士、硕士学位授权评审中，全国新增新闻传播学一级学科博士点 2 个，新闻学博士点 4 个，传播学博士点 4 个；新增新闻学硕士点 18 个，传播学硕士点 28 个。至此，全国高校新闻传播学博士学位授权单位达到 14 个，连同中国社会科学院在内，共建有新闻传播学博士点 19 个，具有新闻传播学一级学科博士授予权的高校达到 6 所。

新闻传播学教育规模的扩大和办学层次的提升，对学术研究和教学实践提出了更高的要求。一方面，需要提供大批配套的教学资源，特别是高水平的教材和专著；另一方面，需要加强学科专业点的内涵发展，尤其是师资队伍的扩充和优化。

由袁勇麟教授和殷俊副教授组织和主编的《中国高校新闻传

播学书系》，便是在这样的背景下问世的。该书系一方面可以为新兴的新闻传播学专业的师生提供优秀的教材，另一方面又可以使一批有才华的教师通过编写这套教材获得继续提高学术水准的机会。

据袁、殷两位主编介绍，他们牵头撰写和编辑这套教材，主要是出于以下三方面的考虑：

第一，努力满足改革不断深化中的新闻业界的需求。由传统媒介和新媒介所共同构建的中国新闻传播新格局日益成熟，但与之相适应的新闻传播学专著、教材却十分匮乏。在剧烈变革和多元竞争中的传媒应如何生存？各自应作哪些方面的相关改革？与新的生存方式和传媒格局相匹配的学理体系、知识体系应如何构建？这些都迫切要求在高校工作的新闻传播学者们拿出自己与时俱进的教材和专著。编写本书系的专家，就是在这种迫切的业界需求下迎难而上的。

第二，努力满足新闻传播学专业师生的需求。新的科技革命为当代传媒发展及人们的传播能力提升插上了强有力的翅膀。经济全球化和跨文化传播使新时代的信息传递呈现出日新月异的进步。日益深化的经济体制改革、政治体制改革和文化体制改革向传统的新闻传播学提出了一个又一个新问题。可是，原有的一些新闻传播学教材未能与时俱进，它们体系落后，观念陈旧，案例残缺，无法与当代的发展合拍。无论是教师还是学生，都迫切需要新的教材和新的教学法。这套新书系，是应历史使命而诞生，合时代潮流而问世的。

第三，努力回答新闻传播教学、科研以及业界所面对的热点、难点和焦点问题。教材和著作既要传道授业，向受教育者传承系统的新闻传播学基础知识和专业技能；又要紧密结合实际，直面矛盾，正确解惑破题，回答新的媒介生态所带来的新问题，回答改革深化中所出现的新矛盾，回答师生在知识及技能传授与学习的过程中所碰撞出来的新困惑与新的"思想火花"。原有的一些教材由于过分追求"安全生产系数"，导致对一些焦点或难题绕道走，不能解决师生在教学过程中的问题与疑惑。这套书系的作者决心带头去开拓，去奋进，闯出一条新路，努力使新书系有新特点，具有前瞻性和前沿性，真正实现"指导业务，服务教学"的双重目的。

从上述三个目的出发，这套书系自然有了新的特色，首先是选题有了新的拓展，如《城市新闻学》、《新媒介新闻学》、《台湾新闻传播概论》，等等。这只是第一批，相信随着新书的不断推出，这个特色会益发鲜明。其次是作者队伍有了新的面孔。第一批书的撰稿人中，除了少数作者为人所熟识之外，有不少是新

人，因此可以说这套书系是"新人新名新著作，新声新意新气象"。

　　总之，《中国高校新闻传播学书系》的出版是一件喜事，是新闻传播教育界在新年伊始的一件大事。我向作者们表示祝贺，也期待它能够在社会上产生可喜的反响。

2007 年 1 月 20 日于上海

　　（作者系国务院新闻传播学学科评议组召集人，复旦大学新闻学院教授，博士生导师，新闻传播学博士后流动站站长）

目 录

第一章
新闻编辑概述

第一节
编辑与新闻编辑的发展

一、编辑溯源及界定

（一）编辑的起源

编辑中的"编"，《说文解字》中的解释是"次简也"。颜师古《汉书注》谓："编，谓联次简牍也。"编辑中的"辑"，《韩非子·说林下》有"甲集而兵聚"句。《汉书·艺文志》云："夫子既卒，门人相与辑而论纂，故谓之《论语》。"颜师古《汉书注》谓"辑与集同"，有收集、聚集之意。

由上可知，"编辑"的起源是收集编连简策，其含义是顺其次第、收集排列简策而成书。简策是我国古代图书最早的形式，与甲骨、金石同时使用。因此可以说，有图书就有编辑，两者是不可分的。追溯历史，可到夏殷之际，《尚书·多士》载："惟殷先人，有册有典，殷革夏命。"周公说商代先人已有文字记录的典册记载了"殷革夏命"的史实。这时的编辑工作主要是由史官及卜巫乐师等文化祭祀官兼做的。

"编辑"二字联用，论者多称始见于《南史·刘苞传》中"少好学，能属文，家有旧书，例皆残蠹，手自编辑，筐箧盈满"，这里的编辑是指整理修补残书，并不是编书。更早的出处是《魏书·李琰之传》："修撰国史……前后再居史职，无所编缉。"这里的"缉"与"辑"通，"编辑"一词指的是史官的编辑修撰活动。

《唐大诏令集》卷82仪凤元年《颁行新令制》："然以万机事广，恐听览之或遗；四海务殷，虑编辑之多缺。"这里的"编辑"指对资料的收集整理。

唐颜元孙《干禄字书·序》："若总据《说文》，使下笔多碍，当去泰去甚，使轻重合宜，不揍庸虚，久思编辑。"这里的"编辑"已明确地涉及材料的删节

取舍，使之符合要求，不限于编辑次序了[1]。

古代编辑主要做书籍的整理工作，包括辑集、校勘、审订、编选等内容，编辑的信息主要是单一的文字信息。

（二）编辑的发展

随着社会的发展，"编辑"的内涵和外延不断变化和丰富。

首先，编纂逐渐超出古代编辑的工作范畴，编辑已从编著合一状态中独立，现代编辑工作主要是选择题材、物色作者、审读和加工稿件，当然也包括一些古籍整理、校订等工作。

其次，现代编辑工作的目的不仅仅是整理成书，还包括报纸、期刊、广播、电视、音像制品、电子出版物和互联网出版，现代编辑工作的内容也不仅仅是文字信息，还包括声音、图像、影像、图片、图表、动画以及多媒体等信息，报纸、广播、电视、期刊、网络、音像、电子出版物等信息产品的出版、传播，都离不开编辑。

最后，现代编辑所整理的信息不仅有过去的知识和信息，还有刚刚发生的事实的信息，甚至正在发生的事实的信息。

（三）编辑的定义

同时，"编辑"的含义在现代语言环境中也多种多样。

编辑的第一种含义是指一种特定的人，即从事编辑工作的专业人员，编辑就是编辑者。

编辑的第二种含义是指一项特定的工作，即在新闻或者其他出版物的出版、传播活动中，编辑者所从事的有关决策、组织、加工、设计等专业性工作，编辑就是编辑工作。

编辑的第三种含义是指编辑者在从事编辑工作时所付出的具体劳动或活动，编辑就是编辑劳动或编辑活动。

编辑的第四种含义是指一类特定的职称或职务，即从事编辑工作的专业人员的专业技术职务或者岗位，如总编辑、高级编辑、责任编辑等。

《辞源》将"编辑"的定义概括为"收集材料，整理成书"。《中国大百科全

---

[1] 肖东发. 中国编辑出版史 [M]. 沈阳：辽海出版社，2002：1－2.

书·新闻出版卷》将"编辑"定义为"使用物质文明和手段，从事组织、采录、收集、整理、纂修、审定各式精神产品及其他文献资料等项工作，使之传播展示于社会公众者"。这一定义较完整地概括了编辑的方法、手段、对象和目的。

二、报刊新闻编辑的出现与发展

新闻编辑最早出现在报刊领域。作为一种活动，报刊新闻编辑是随着近代报刊的出现而出现的；作为一种职业，报刊新闻编辑是随着报刊内部分工而出现的。

在报刊出现的早期，采访、编辑、印刷、发行没有明确的分工；周报、日报出现后，需要一批人分工协作，采访、编辑、排版、印刷开始有明确的分工，出现了最早的以报纸新闻编辑为职业的人。

报刊新闻编辑的产生和发展大致经历了以下四个阶段。

（一）文字信息编辑

早期报刊出版周期较长，新闻较少，新闻编辑工作主要是文字新闻稿件的编辑。这时的报刊新闻编辑沿用书籍的编辑手段和方法，与传统的书籍编辑差异不大。

（二）重视文字信息和图片信息编辑及信息组合

随着照相机技术、照相制版技术和传真技术的进步，新闻照片在新闻传播中的地位越来越重要，图片编辑开始成为报刊编辑的一项重要内容。随着报刊的分化和报纸的逐步发展，新闻编辑越来越重视对新闻信息的组合与展示，不断完善报纸版面的设计与编排。早期的报刊与书籍相仿，版面小而且没有分栏，直到20世纪初，报纸版面才发展得比较接近现代报纸的形象。

（三）运用激光照排系统和计算机采编系统

激光照排系统的运用，使标题与正文的字体字号变化空间更大，计算机可帮助设计制作各式各样的图表，报纸版面语言更加丰富，版式设计更加多样。计算机采编系统的运用，使采、编、改、排、签发等多道环节全部在网络上进行，编辑流程更加合理、高效；同时，计算机采编系统配合使用数码相机、扫描仪和现代通讯技术，报纸编辑能在计算机上对图片进行缩放、剪裁及其他加工，新闻图

片处理走上了高质量的数字化与快速网络传输的新阶段。

（四）运用互联网

越来越多的新闻编辑利用互联网检索、浏览各类信息，获取新闻线索；新闻编辑利用互联网数据库发掘各类新闻资料，甚至利用电子邮件进行远距离采访；越来越多的报纸利用网络资源开办在线类的专版、专栏，扩大报道面。另外，卫星接收和传版系统的运用使报纸能在异地多点印刷，保证了时效性，提高了报纸的服务质量。新型彩色印刷设备的运用使报纸版面告别"黑、白、灰"或者只能单色套印的历史。

三、广播新闻编辑的出现与发展

1920 年，世界第一家广播电台在美国匹兹堡正式播音。广播新闻编辑的产生和发展大致经历了四个阶段。

（一）播报报纸新闻

最早的广播电台是各类节目都有的综合台，节目主要是新闻、音乐和演说。在广播出现后的第一个十年，广播新闻在全部节目中所占比例较小，电台也没有建立自己的新闻采编队伍，播出采用报纸新闻、通讯社稿件，甚至一些电台请报纸的新闻编辑负责编辑广播新闻，但新闻不是广播传播的主要内容。这段时期的广播新闻编辑模仿报纸新闻编辑，没能发挥广播传播迅速的优势，也没有体现广播媒介的特点。

（二）广播新闻独立发展

20 世纪 30 年代初，报纸和通讯社对电台封锁消息，一些电台开始自己采写新闻，加强新闻评论节目，评述重要事件，完善新闻播出形式，使简要新闻成为一种新闻形式。20 世纪 30 年代末，广播新闻已经成为独立的力量，能够迅速播报新闻，成为重要的信息来源。这段时期，板块节目及具有广播特点的新闻节目出现，15 分钟、30 分钟、60 分钟的新闻节目结构形式被普遍采用。这段时期的广播新闻编辑摆脱了报纸新闻编辑的束缚，初步发挥了广播传播迅速的优势，广播新闻的特点得到基本体现。

（三）实况转播和现场报道

第二次世界大战使广播成为重要的新闻和宣传动员媒介，同时也造就了一代著名记者和出色的早期新闻节目主持人。在这一时期出现了早期的实况转播和现场报道。这段时期的广播新闻编辑充分体现了现场转播和音响报道的优势。

（四）专业新闻电台

第二次世界大战以后，受电视影响，美国广播逐渐成为地方性媒介，录制节目取代实况节目，广播新闻和评论节目也有所减少。战后，广播另外一种较大变化是大多数电台走上了专业化发展的轨道。1964 年，美国出现全新闻电台，一天绝大部分时间都在广播新闻。20 世纪 90 年代，专业化广播电台继续风靡美国，绝大部分是专业信息台。其中的全新闻台一般以 18 分钟至 30 分钟为一个周期，每个时段都要改编新闻稿件，增加最新内容，播放不同的特写、评论，提供新的二手新闻资料；大部分新闻都由主持人将记者的口语采访串联播出，辅以简短的导语；重视对不同观点的材料作详尽的报道，甚至开展专家讨论。其中的新闻与谈话综合台在晨间及傍晚播放新闻节目，晚间和周末播放体育现场报道，其他时间全部用于播出听众热线节目[1]。这段时期，广播新闻的特点得到充分体现。

四、电视新闻编辑的出现与发展

电视新闻传播的产生和发展大致经历了以下四个阶段。

（一）口播新闻

口播新闻也就是模仿广播的传播方式。从英国广播公司正式播出电视节目到 20 世纪 40 年代美国出现的最早的电视新闻，都是由记者编辑写稿，播音员读播，沿用的是广播新闻形式，没有体现电视特点。

（二）电影新闻

1947 年，美国全国广播公司和哥伦比亚广播公司先后与电影厂商合作，生

---

[1] 周小普. 广播新闻与音响报道 [M]. 北京：中国人民大学出版社，2001：38－49.

产专供拍摄电视新闻用的摄影机和胶片，电视新闻从此开始了以形象画面为特点的传播历史。

（三）电子新闻采集

20 世纪 70 年代以后，一些电视台运用 ENG（Electronic News Gathering，即电子新闻采集）方式，使用便携式摄像、录像设备来采集新闻，方便了新闻的现场拍摄。但通过这种方式所获取的素材还需要在电子编辑上进行剪辑。随着电缆通信、微波通信和卫星通信技术的发展，通过 ENG 方式采集的素材可以方便地实现远距离传输，灵活性和机动性增强。

（四）电子现场制作

电子现场制作也称即时制作，即 EFP（Electronic Field Production），这是对一整套适用于台外作业的电视设备的统称。利用 EFP 方式，可以在事件发生的现场制作电视节目，进行现场直播或录播。

（五）电子演播室制作

电子演播室制作即 ESP（Electronic Studio Production），主要是指演播室录像制作，运用 ESP 方式既可以先摄录后编辑，也可以即摄、即播或即录[1]。

电视新闻编辑是伴随着电视新闻传播技术的发展一步步成熟的。从口播新闻到电子新闻采集、电子现场制作和电子演播室制作，从国内新闻报道到国际新闻报道，从新闻录播到现场实况转播，从新闻栏目到新闻频道，都是现代科技与新闻采编业务相结合的结晶。电子新闻采集手段的应用，使电视新闻告别了完全依赖电影胶片的历史，简化了电视节目制作程序，缩短了电视新闻的制作时间。20 世纪 80 年代，计算机系统应用于传送稿件和字幕制作等，再次提高了电视新闻编辑的工作效率。20 世纪 90 年代，多媒体非线性编辑系统进入电视节目制作领域，克服了电子新闻采集设备只能顺序看片、不能随意挑选画面的缺陷，同时大大丰富了电视制作手段，提高了电视画面质量，节省了编辑制作时间。技术发展为电视编辑提供了更广阔的舞台，也促使电视新闻节目的类型更丰富。

---

[1] 周勇. 电视新闻编辑教程［M］. 北京：中国人民大学出版社，2002：21 - 22.

五、网络新闻编辑的出现与发展

20 世纪 80 年代末，网络传播的新闻仅限于静态的文字和图片。90 年代，随着多媒体技术和网络通信技术逐渐成熟，尤其是万维网和网络浏览器的推出，多媒体新闻在网络上逐步发展起来。一些传统新闻媒介纷纷进入互联网，一些商业网站也纷纷开设新闻频道，进行新闻传播活动。

（一）传统媒介走进互联网的发展阶段

传统媒介走进互联网大致经历了三个阶段。

1. 翻版阶段

报纸媒介将印刷版直接搬上网络，除了版面设计不同外，内容与母报并无不同。广播电视媒介上网初期，重点也是介绍自己，作用类似于广播电视报。这一阶段，网络媒介只是作为传统媒介的附属而存在。

2. 变化阶段

网络媒介开始自觉地利用网络传播的特点来进行内容与形式的选择。这一时期，报纸网站的内容与印刷版有了较大区别，新增了针对网络读者对象并利用网络优势进行服务的新内容。广播电视媒介创办的网站除了介绍广播或电视新闻外，也开始提供自己编辑的新闻，并建立有关数据库，对关键字或有关背景建立超链接，方便受众查阅相关信息。这一阶段，网络媒介只是作为传统媒介的补充而存在。

3. 综合阶段

网络媒介真正成为一种独立的媒介，综合多种媒介形式，包括声音、图像、影像、动画等。它们同时是一个综合的信息服务提供者，具有商业、娱乐、网上社区等其他服务项目[1]。

（二）网络新闻编辑的发展趋势

新闻编辑在网络媒介出现之后，进一步发展，呈现出两种趋势。

---

[1] 彭兰. 网络传播概论 [M]. 北京：中国人民大学出版社，2001：134 – 135.

1. **多媒体编辑**

网络新闻编辑将报纸的文字、图片、版面编辑方式和广播的音频编辑方式、电视的视频与音频编辑方式相结合，同时根据网络传播特点进行整合，形成真正的多媒体编辑。

2. **采编一体化**

网络新闻编辑业务与新闻信息采集一体化。在网络传播中，受众也是传播者，而且他们在进行传播活动时，集新闻信息采集、编辑和发布于一身。即使在专业化的网络传播媒介中，由于网络传播追求时效性、讲求互动性的特点，也在促使新闻采编一体化。网络新闻从传统的采写、编辑、发布分离的方式向采编合一、编发合一的无纸传送、网络下载和打印的方向发展，大大降低了成本。

六、媒介融合与新闻编辑

（一）媒介融合对新闻编辑的影响

21 世纪初，新一代互联网、卫星通信技术与数字技术广泛运用于传媒业，新闻媒介的融合成为大势所趋，传统媒介与新媒介的结合日益紧密，手机报纸、手机广播、手机电视，网络报纸、网络广播、网络电视，卫星报纸、卫星广播、卫星电视，数字报纸、数字广播、数字电视等正在成为传统媒介发展的新生力量。

媒介融合不仅包括传统媒介与网络媒介的融合，如网络与报纸的融合、网络与广播的融合、网络与电视的融合，也包括传统媒介之间的融合，如报纸与电视的融合、报纸与期刊的融合、报纸与广播的融合、广播与电视的融合，等等。

在传统媒介中，新闻编辑为单一媒介编辑新闻内容。传统媒介与网络媒介融合特别是媒介实行集团化运作之后，传统媒介整合新闻人力资源、新闻信息资源和新闻设备资源，追求新闻传播效果的最大化，往往进行跨媒介、跨媒体传播，实现媒介融合与互动。此时新闻编辑的角色也发生变化，从新闻编辑者向新闻与信息服务提供者转型，从新闻把关人向新闻解析者和公共论坛主持人转型。

在这种情况下，以往根据媒介类型而分割的新闻编辑业务（报纸新闻编辑、广播新闻编辑、电视新闻编辑、网络新闻编辑）显然已不合适，业务技能单一的新闻编辑人员将难以胜任跨媒介、跨媒体的新闻传播职责，传统的新闻编辑流程和组织结构也不能适应跨媒介、跨媒体的编辑任务。就新闻编辑个体而言，要能够熟练掌握各种新闻信息采编、传播方式的技巧，既懂文字新闻、图片新闻的编辑，又懂音频新闻、视频新闻的编辑，还要懂得这几种新闻编辑技能的综合运用；就新闻编辑组织而言，则要建立前方新闻信息采集、后方即时处理、采编播一体化的高效新闻流程。

（二）新闻编辑融合的发展阶段

新闻编辑在 21 世纪的发展趋势是融合，这种融合包括新闻编辑业务技能的融合、新闻信息资源的融合、新闻传播模式的融合、新闻传播品质的融合、新闻传播效果的融合、新闻传播者与受众的融合、新闻编辑组织的融合、新闻编辑流程的融合。新闻编辑的融合经历了几个发展阶段：

1. 报（台）网联动阶段

报纸等传统媒介的重大报道主题报道上网，网络媒介充分利用传统媒介的新闻资源，发挥网络媒介强大的整合能力，制作报道专题，确保主题报道、重大事件报道、活动报道中主流舆论的网络覆盖。这个阶段新闻编辑的融合的主要特点是新闻信息资源的融合和新闻传播效果的融合。

2. 报（台）网互动阶段

报纸等传统媒介利用即时通讯工具（手机）作为新闻热线，推出网上热线和"热线网上聊"等版面或栏目，大大丰富了报纸等传统媒介的新闻信息资源，提高了报纸等传统媒介与受众的交流量；报纸等传统媒介与网络媒介合作开辟栏目，紧密结合百姓关注的焦点，精选网上热点话题，发动报纸读者、广播听众、电视观众和网络受众讨论，梳理归纳成若干观点，正确引导受众。这个阶段新闻编辑的融合已拓展到新闻编辑业务技能的融合、新闻传播模式的融合、新闻传播者与受众的融合。

3. 报（台）网融合阶段

传统媒介与网络媒介联合推出"滚动新闻"，建立统一的新闻采编平台，成立统一的新闻采编队伍，解决传统媒介尤其是报纸新闻报道中不能实时、滚动刊播以及不能多媒体表现的缺陷，实现传统媒介与新兴媒介真正意义上的融合[1]。这个阶段新闻编辑的融合又拓展到新闻编辑组织的融合、新闻编辑流程的融合。

从报纸到网络，从媒介竞争到媒介整合，从媒介分离到媒介融合，从各有优

---

[1] 赵晴，章慧娟，翁若川. 以新闻创新提升舆论引导能力 [J]. 中国记者，2009（1）：10－12.

劣到优势互补和集中，伴随着新闻信息载体的形态变化，新闻编辑业务的变革和发展从未停止。新媒介的冲击，促使旧媒介不断改进新闻编辑业务，使其特点更鲜明、潜在优势发挥更充分。同时，旧媒介的编辑业务为新媒介的编辑业务奠定了基础，新媒介的编辑特点总是在汲取旧媒介的编辑经验中衍生出来的，这种特点反过来还会促进旧媒介的编辑改革。各类新型媒介共同演进和共同生存，新闻编辑从最初的单一文字编辑发展到多媒体形式并存的编辑，再发展到多媒体形式融合的编辑，其工作内容和操作手段都在日益丰富和变革之中。

第二节
媒介形态与新闻编辑

新闻编辑是指现代新闻机构中从事新闻媒介产品生产过程中的决策、组织、选择、加工、设计、制作等专业性活动的总称。根据传播媒介方式的不同，可以把新闻媒介的发展划分为以下五个阶段：一是以传播文字和图片等静态信息为特征的报刊媒介；二是以传播声音信息为特征的广播媒介；三是以传播声像信息为特征的电视媒介；四是以综合传播文字、图片、音频、视频信息为特征的网络媒介；五是媒介融合。按媒介类别来划分，新闻编辑可分为报纸新闻编辑、期刊新闻编辑、广播新闻编辑、电视新闻编辑、网络新闻编辑等。

一、媒介的传播特点

（一）报纸的传播特点

1. 报纸的长处

报纸以印刷文字为媒介。这就决定了报纸的长处：一是记录性好，便于读者反复阅读，深入研究，并作为资料长期保存；二是选择性强，便于读者自由安排时间和地点、自由选择内容；三是材料运用自如，不受空间、时间的限制，纵横数万里，上下数千年，从宏观到微观，从现象到本质的揭示，从人的外表到人的内心活动，都可以跃然纸上[1]。

---

[1] 李良荣. 新闻学导论［M］. 北京：高等教育出版社，1999：78.

2. 报纸的缺陷

与广播、电视、网络相比，报纸的缺陷也是显而易见的。一是报纸以印刷文字的形式向读者传递信息，这意味着它对读者的文化素质和识字率有一定的要求；二是报纸受到工作程序的影响，不可能实现即时传播，在时效性和传播范围上的优势不如广播、电视和网络；三是报纸传递信息依靠文字和图片，而文字和图片相对于电视来说，就显得过于静态和枯燥，没有广播、电视、网络那样真切、逼真，有感染力，在信息量相同的情况下，受众自然愿意选择电视；四是报纸与读者之间通过读者来信、读者座谈、读者调查等方式实现互动，耗费时间长，效果也与广播、电视和网络的即时互动相去甚远。

（二）广播的传播特点

1. 广播的长处

广播以声音为媒介。这就决定了广播的长处：一是时效性，广播可对正在发生的新闻事件作同步报道，世界上任何国家、任何地区都可同时收听到新闻现场的报道，这是其他任何媒介都无法比拟的优势；二是渗透性，广播传播不受空间和交通条件限制，传播范围大；三是广泛性，收听广播不受文化水平限制，只要听力没问题，都可收听广播；四是感染力，广播语言和音响生动活泼，具有文字无法代替的感染力[1]。

2. 广播的缺陷

与其他媒介相比，广播也有先天缺陷。一是易逝性，声音瞬间即逝，不会留下任何痕迹，受众思考余地缩小，没有报纸所具有的能够反复研究的优势；二是随意性，受众收听广播往往与另一行为同时进行，注意力分散；三是被动性，受众在同一时间只能收听一种节目，而且只能逐条收听，不能自由选择具体内容；四是变异性，受众只能依靠听觉接收信息，缺少具体形象的图像信息，声音的易逝性和收听的随意性让人很容易误听，导致信息变异。

（三）电视的传播特点

1. 电视的长处

电视以图像和声音为媒介。这就决定了电视的长处：一是时效性，与报纸、广播等媒介相比，由于电子新闻采集、电子现场制作、电子演播室制作以及通信卫星的运用，电视新闻可做到在新闻事件发生、发展过程中同步报道，突破时

---

[1] 李良荣. 新闻学导论 [M]. 北京：高等教育出版社，1999：79.

间、空间限制；二是现场性，电视新闻可以很方便地展示新闻现场，可以将观众"带"到新闻事件的现场，将新闻事件"呈现"在观众面前，由观众自己去看、去听、去观察，提高可信度和准确性；三是纪实性，与报纸、广播相比，电视新闻能呈现给受众真实、强烈而丰富的现场信号，能对特定时间、空间中特定的人、事、景、物等可视形象和现场氛围以及发自现场的各种声音进行过程化的记录和传播；四是亲近性，电视屏幕上播音员、主持人或者与新闻相关的人物的有声语言、体态语言（包括眼神、表情、手势、体态、服饰等）使他们与观众能够产生一种特定的人际交流，使传播者不是以符号化而是以活生生的个体形象出现在观众面前，更能诱发观众的亲近感[1]。

2. 电视的缺陷

电视新闻也有先天不足。一是肤浅性，擅长报道外在的、看得见的动态新闻，而对复杂的题材作深度报道比较困难；二是成本高，电视新闻的采访、制作有较高的物质技术要求，还受发射距离和收看设备的限制；三是易逝性，声像信号转瞬即逝，留给观众思考的余地较小；四是被动性，电视观众在同一时间里只能收看一种节目，也只能逐条收看，没有对具体内容的选择权。

（四）网络的传播特点

网络兼具报纸、广播、电视三种媒介的特点，同时又在整合中涌现出前三种媒介不具备的、基于计算机网络技术的新特点，即网络媒介作为新媒介具有自身的传播特性和传播规律。

1. 网络的长处

一是传播者多元化。网络打破了传统新闻传播中少数人对信息传播的控制权，网络上任何个人、组织、团体都可以完全自主地、不受限制地传播信息。

二是受众全球化。网络使有形的国家和地域边界消失在，分散在世界各地的网络受众通过网络消除了空间距离，任何新闻或消息一经发布，在理论上都是开放性的和全球性的，可供所有网络受众同时阅读。

三是选择自由化。网络受众获得完全自主的信息选择权，可以完全根据自由意志在无数信息提供者中选择自己所需的信息。

四是传受互动化。网络受众彻底改变传统传播关系中的被动地位，自主掌控

---

[1] 周勇. 电视新闻编辑教程 [M]. 北京：中国人民大学出版社，2002：4-8.

对新闻的选择权和评判权，传受双方处于信息交流的平等地位。

五是身份隐匿化。网上新闻传播权和选择权的开放或自由化，隐含着一项利弊兼有的前提，即网上新闻传播者和接收者真实身份的隐匿性。

六是传播模式小众化。网络受众已不是传统意义上的"大众"，不再具有"整体的"、"集合的"性质，而是具有很高自由度、区分度的个人化受众，网络媒介的传播理念向充分尊重作为自在自为的个体的受众转化。

七是传播手段多媒体化。网络媒介具备文字、图片、视频、音频等人类现有的一切传播手段，不断发展的计算机网络技术为网络媒介的传播手段提供了无限的可能性。

八是发布新闻实时化。网络媒介可以在第一时间报道，也可以在第一时间更新、修改或删除，网络新闻的实时化是基于受众自由选择的实时化，是网络新闻在时效性上与广播电视的本质区别。

九是信息容量无限性。计算机数据存储和处理技术的发展，使网络成为信息的海洋，网络媒介发布信息完全超越了物理空间的限制，可以每时每刻对社会生活的各个领域进行全方位的扫描和报道。

十是查询与检索方便迅捷。网络媒介可以建立大型数据库，对过刊及网上形成的其他信息进行分门别类的存储，并通过迅捷的检索程序供网民查阅使用[1]。

2. 网络的缺陷

网络新闻传播也有不足。网络的交流环境有可能导致非理性的交流行为，对传统新闻道德原则和行为规范造成一定威胁。另外，网络传播复杂的符号系统对传播设备的依赖可能造成信息接收的不便，传播符号在摆脱媒介空间和时间的约束后形成信息泛滥，成为接收障碍。

报纸、广播、电视、网络等媒介不同的传播特点，给新闻编辑提出了如何扬长避短、发挥各自优势吸引受众的问题。从当前世界许多国家以及我国新闻传播事业发展趋势看，报纸新闻编辑应从报纸自身特点出发，下工夫挖掘新闻事件的内在本质，揭示新闻事件的社会意义、影响和发展趋势，加强综合分析报道、深度报道，加强评论，多设专栏；广播新闻编辑也应从广播自身优势出发，力争新闻的短、快、新，加强现场录音报道和音响报道；电视新闻编辑应从电视传播特点出发，加强现场新闻报道，加强新闻节目主持人的节目；网络新闻编辑应从网

---

[1] 蓝鸿文，郑保卫. 新闻伦理学简明教程 [M]. 北京：中国人民大学出版社，2001：178-180.

络传播特点出发，重视新闻信息的选择、整合和再加工，加强对网络舆论和网络受众的引导。

二、媒介的传播符号

传播符号是指新闻媒介进行新闻报道所能采用的符号。符号分为语言符号和非语言符号，语言符号包括有声语言和文字语言，非语言符号包括体语（如动作、姿势、类语言）、视觉性非语言符号和听觉性非语言符号。不同类型的符号具有不同的功能：语言符号具有抽象性，因此具有演绎性功能，适合用来进行逻辑推理和抽象概括；非语言符号具有具象性，因此具有再现性功能，适合用来传播态度、情绪、场面和气氛等。报纸、广播、电视和网络媒介都运用了两种以上的符号构成自己的传播符号系统，但各类符号在这些体系中的地位和作用是不同的。

（一）报纸的传播符号

报纸主要运用文字语言符号和视觉性非语言符号，因此擅长进行析事说理的深度报道和旁征博引的新闻评论，而且由于其文字符号和视觉性非语言符号需要附载在纸张上，报纸就具有可以保存、便于查阅、方便携带、阅读自主的优点。但报纸符号体系的缺陷也很明显，由于没有声音语言符号、听觉性非语言符号的支撑，其传播的实证性、对事件的再现力受到影响，其传播的时效性、感染力也因此不足。

（二）广播的传播符号

广播以采用有声语言符号和听觉性非语言符号为主，声音传播的快速和便捷使广播具有很强的时效性，使用听觉性符号还使广播的新闻报道在实证性、感染力等方面具有优势。但听觉性符号难以附载于实物及其收听次序的不可选择性，使广播又有稍纵即逝、不便保存与查询的劣势。

（三）电视的传播符号

电视的符号系统比报纸和广播丰富，同时拥有语言符号和非语言符号、听觉符号和视觉符号，因此传播功能非常强大，这也是电视在现代社会中成为"第一媒介"的根本原因。但电视所采用的符号系统和广播一样，也存在保存难、查询难的弱点。

（四）网络的传播符号

从理论上讲，网络媒介能够克服前三类媒介的缺点，具有最全面的符号系统，而且对这些符号的运用可以随心所欲。但目前由于技术条件限制，还未能真正达到这一步。我国网络媒介文字、图片传输比较方便、快捷，而声像传输速度较慢。文字语言符号和视觉性非语言符号中的图片、版面、色彩、示意图等，是目前网络媒介最重要的传播符号，有声语言符号（口语）、体语（类语言）、听觉性非语言符号（动作、姿势）是网络媒介的次重要传播符号，而视觉性非语言符号（图像）、体语（动作、姿势）等由于传输速度较慢而运用较少，是网络媒介的最次要传播符号。即使将来技术进步了，网络媒介对各类传播符号的运用能够达到随心所欲的地步，也还可能存在诸如受众选择信息无所适从等其他一些缺陷[1]116−118。

上述各种媒介的传播符号的比较分析见表1−1。

表1−1　　　　　　　　　媒介传播符号比较表[1]116

	报　纸	广　播	电　视	网　络
最重要符号	文字语言符号（文字稿件）	有声语言符号（口语）	视觉性非语言符号（图像）、有声语言符号（口语）、听觉性非语言符号（音响）、体语（动作、姿势、类语言）	文字语言符号（文字稿件）、视觉性非语言符号（图片、版面、色彩、示意图等）
次重要符号	视觉性非语言符号（图片、版面、色彩、示意图等）	听觉性非语言符号（音响）	文字语言符号（字幕）	有声语言符号（口语）、体语（类语言）、听觉性非语言符号（音响）
最次要符号				视觉性非语言符号（图像）、体语（动作、姿势）

---

[1] 蔡雯. 新闻报道策划与新闻资源开发 [M]. 北京：中国人民大学出版社，2004.

三、各类媒介的新闻编辑

（一）传播内容的总体策划和设计

在传播内容的总体策划和设计上，各类媒介新闻编辑不尽相同。

报纸新闻编辑不仅要策划栏目，还要策划报纸的整体风格。报纸的总体风格体现在编辑方针上，编辑方针是以办报方针为依据，专门为版面工作制定的指导方针。编辑方针对版面的分工和配置、选稿标准和稿件加工、稿件组合和配置、版面布局和美化手法都有详细的规定，规定了报纸的读者对象、内容定位、传播水准和风格特色，是报纸编辑工作必须遵循的准则。

大多数电台、电视台和网站的新闻编辑，对传播内容的总体策划和设计，只进行栏目定位与策划。栏目所在的媒体风格是由频道定位、网站定位等决定的，甚至在进行栏目设计时，首先考虑的也是栏目所在的媒体风格。也就是说，新闻节目的定位与策划，要与所在频道、所在频率的总体风格一致，如中央电视台1套、2套、4套、新闻频道等的定位不同，其风格也不尽一致；中央人民广播电台《中国之声》与《经济之声》的定位不同，其风格也不相同。

（二）传播形式的总体设计

在传播形式的总体设计中，各类媒介的着眼点也不相同。

报纸新闻编辑注重平面呈现效果，通过空间组合的方式和色彩、线条等印刷符号，评价事实，发表意见，追求报纸风格。

广播新闻编辑注重听觉组合效果，通过时间的线性组合方式以及声音、音乐、音响等听觉符号，评价新闻，表明态度。

电视新闻编辑注重视听组合效果，通过时间的线性组合方式以及动画、图像、声音、音响、音乐等视听符号，评价新闻，表达情感。

网络新闻编辑注重立体组合效果，通过空间组合、印刷符号和超链接手段而形成的以时间为轴的线性组合，并综合多媒体技术所引进的音响和画面等符号，体现新闻价值和风格。网络媒介可通过重要新闻的层层推出和同一条新闻的适度重复形成强势，可以从发布单篇新闻到发布综合新闻，再到组织热点专题，由浅入深，由简到全。网络新闻编辑还可利用页面优势推出重要新闻，有的重大新闻甚至可做成弹出框。

（三）编辑流程

就编辑流程而言，各类媒介的差异也比较明显。

报纸是以新闻信息传播为主的媒介，新闻编辑是报纸编辑中最重要的一项内容，其流程大致包括如下几个步骤：确定报纸的编辑方针→设计报纸的内容结构、版面形象和风格特色→设计报纸的各个新闻版面及专栏→策划、组织当前的重大新闻报道→分析、选择新闻稿件→修改新闻稿件、制作标题→配置新闻稿件→设计新闻版面→校对及签发[1]。

广播、电视是一种综合性媒介，节目构成有新闻、娱乐和服务。与报纸不同的是，除专业性的新闻频道、新闻频率或者定位为以新闻立台的少数电视频道、广播频率外，如中央电视台新闻频道、中央人民广播电台《中国之声》、各地的新闻台、新闻频率等，其余的广播频率和电视频道，新闻传播的时间长度在整个播出时间段中并不占据优势。因此，广播新闻、电视新闻的编辑在流程、分工方面接近于报纸，但在节目生产中并不处于主导性地位。

另外，由于广播电视的技术特质，其编辑工作流程与报纸也有较大差别。广播电视新闻编辑的程序大致包括以下几道环节：制定报道方针（即频道或频率栏目的总体定位）→设计报道方案和节目类型（即如何实现定位的内容框架结构）→组织协调日常报道和节目时间的填充→内容的编辑和加工（即对送到编辑部的、所采集的内容进行进一步的加工，包括对节目内容和传播样式组合进行修改和处理）→审定内容和最终播发传输→播发时的实时监测→播发后反馈信息的收集和消化吸收等[2]。

由于广播电视新闻对现场声像的重视和记者、技术人员、设备配置的复杂性，编辑必须对记者采制新闻有较全面的安排，编辑对报道线索的依赖远远高于报纸，因此，广播电视媒体的编前会一般安排在当日电视新闻播出之后立即进行，对次日的报道进行策划；尤其是现场直播，往往需要提前数日甚至几个月制订方案、做好准备。

除报纸、广播、电视等传统新闻媒体创办的网站外，我国的网络媒体没有自

---

[1] 蔡雯. 新闻编辑学［M］. 北京：中国人民大学出版社，2006：38.

[2] 邓炘炘. 网络新闻编辑［M］. 北京：中国广播电视出版社，2005：71.

己的记者，编辑成为新闻传播所有任务的承担者，其主要任务就是新闻信息的汇集。网络媒体新闻编辑的流程、编辑人员的分工等方面比传统媒体简单。一般规模较大的网站新闻编辑流程稍微复杂一些，具体如下：制定编辑方针→安排报道→组织稿件（处理记者采写稿及社外来稿，包括网络受众来稿）→选择稿件→修改稿件→制作标题→配置稿件（用有关软件编辑文字、图像、声音、视频、动画，编辑图片、制作图像和视频文件）→设计版面→编辑校对→网站负责人审改→制作电子新闻主页→网上发布[1]。有的网站只有稿件编写→一审→图文合成→终审→上网等几道简单的程序，如桂电网。有的相对复杂一些，编前要策划选题，确定重点报道，筛选、修改稿件，要制作标题，还要对稿件和图片进行集成配置，整合深度报道，设计新闻板块内部与其他板块的联动，编辑还要对稿件实行严格的四审制，如东方网（东方网的采编部门有图片组、编译组、专题组和编辑组四个组）。

（四）具体编辑过程

所有媒介的新闻编辑都要进行一些相同的工作，如报道策划、组织稿件、修改稿件、梳理稿件，判断稿件的新闻价值、宣传价值和社会影响，决定稿件是否发布、怎样发布、发布在什么位置、在什么时间发布、是否配发其他稿件等。

但是在具体操作中，由于编辑的工作对象不同，工作方式各异，工作目的也相距甚远。就修改稿件而言，报纸新闻编辑需要直接对文字稿件进行修改、制作或修改标题，补充采访，完善素材准备，配置图片或评论；广播新闻编辑需要对广播文字稿件进行修改，使之符合广播语言播出，不能"修改"录音报道，只能选择、剪辑和组合，撰写串联词，选取和编辑、配置音乐，增强感染力；电视编辑的工作就相对复杂一些，不能"修改"现场画面和同期声，只能选择、剪辑和组合，还要写作或修改电视新闻文稿、旁白，撰写串联词，选取和编辑、配置音乐，甚至运用资料画面和音响，完善播出带，稿件技术工作也只能由编辑完成；较大规模网站的新闻编辑，从稿件选择、稿源安全到发稿权限，都有严格的操作流程，有的还实行编辑挂牌服务，稿件在流程中出现任何问题，都能进行有效的控制。如东方网开通伊始，就确立了"假不可用、险不可用、长不可用、虚不可用、劣不可用、乱不可用、浅不可用、涩不可用、套不可用、恶不可用"的

---

［1］蒋晓丽. 网络新闻编辑学 ［M］. 北京：高等教育出版社，2004：70.

原则，并根据稿件来源划分新闻资源的"风险等级"，确保新闻信息质量。文本综合是网站新闻编辑的重要手法，因为网站新闻原创稿件极少，大部分来自其他媒体，如果不能有效整合信息，就不能吸引网络受众，网站将无立锥之地[1]。

第三节　新闻编辑的基本意识

编辑意识是指编辑主体所特有的一种对编辑客体的系统化、自觉的、伴随着情感体验且具有能动性的心理反应形式，包括对自身主体地位的认识、对编辑客体的认识、对编辑活动过程的认识、对编辑所涉及的社会关系的认识[2]。具体说来，新闻编辑应具有以下基本意识。

一、策划意识

现代新闻编辑不仅包括组稿、组版、版面设计、节目制作这些微观层次的新闻编辑业务，还包括在微观业务开始之前对媒介产品的总体设计等宏观层次的新闻编辑业务，以及对新闻报道活动的设计和组织等中观层次的新闻编辑业务，并且宏观和中观层次的新闻编辑业务对新闻媒体的发展具有更加重要的意义。宏观层次的新闻编辑业务就是新闻编辑策划，策划就是要创新，就是要突出自身特色，就是实现新闻资源利用最大化。

（一）媒介产品的总体设计

在媒体创办或改版时，新闻编辑要精心设计媒体的内容结构、媒体形象和风格特色，精心设计报纸各个版面及专栏（各个频率、各个频道、各个板块、各个专栏及节目），确定媒体定位和媒体风格。如 20 世纪 80 年代《北京晚报》和

---

[1] 梁媛. 新闻编辑 [M]. 长沙：湖南大学出版社，2007：4-7.

[2] 吴飞，周勇，邓利平，谭云明. 新闻编辑学 [M]. 4 版. 杭州：浙江大学出版社，2008：9-11.

《今晚报》等一批著名晚报确定的"家庭报纸"定位和"愿做百姓灯下客"的风格，1995 年以后一批都市报确定了"城市报纸"定位和"全心全意为市民服务"的风格。20 世纪 90 年代以后，经济台、新闻台、交通台、音乐台、儿童台等一批专业电台出现，服务对象更明确，传播内容和方式更有针对性，广播走向多样化。有线电视和卫星电视的崛起，使电视频道剧增，节目改版日趋频繁。

（二）确定新闻报道的选题

新闻编辑要具有对社会政治经济形势发展变化的敏锐观察力和及时的信息捕捉能力，要有政策、理论、学识水平和判断预测能力。要具备这些能力，除了需要掌握广泛的社会信息外，还应该重点掌握党和国家关于社会发展和经济建设的重大决策和法律法规。新闻编辑不仅仅是站在工作的角度去发现和判断选题，而且要在对社会政治经济大局透彻了解的前提下进行选题策划。新闻编辑要了解民众关注的热点，关心人民群众的切身利益，确定选题的方向和表现视角。编辑在宣传政策和关注焦点的同时，可进行舆情调查，全方位搜集群众需要及关注点，精心策划一些选题，从而保证新闻报道或新闻节目的整体性和延续性。

（三）组织新闻采访和报道

首先，这种策划意识体现在新闻编辑对新闻稿件基本走向的宏观把握上。只坐在办公室里，有什么稿件用什么稿件，势必使新闻编辑工作陷入被动，难以编排制作出有深度、有特色的新闻版面或新闻节目。新闻编辑应大量浏览新闻，对各类新闻事件的整体印象和基本背景有一定了解，主动出击，经常深入有关部门，深入社会和基层，挖掘一些比较鲜活的内容，这样才可从宏观上把握新闻稿件的基本走向。

其次，这种策划意识体现在新闻作品、新闻栏目和新闻节目的创新上。"新"不仅表现在主题、角度、题材、手法上，也包括"旧闻新续"、"形式出新"等，总有让人耳目一新之处。

最后，这种策划意识体现在新闻报道的深度上，包括思想深刻、分析深入、细节深挖以及背景的纵深开掘等。

（四）报纸版面设计、网络页面设计或广播电视新闻节目编排

首先，这种策划意识体现在强化新闻版面或新闻栏目、新闻节目的系统观念

和整体意识。新闻稿件配置、新闻版面设计或新闻栏目、新闻节目的编排要处理好局部与整体的关系，要有明晰的版面意图或编排思想，主打新闻突出，重要局部或板块铺展有序，其他新闻多样，张弛有度，脉络清晰。

其次，这种策划意识体现在版面设计或节目编排的变化。在新闻版面或新闻节目中，不可能每条新闻都引起受众注意，把新闻版面或新闻节目编排得有起有伏、富于变化，就能更好地刺激受众的注意力和兴趣点，这就要求新闻版面的题材、题材、形式多样化，要求新闻节目的题材、形态、风格应该多元化组合，交错配置。

二、全局意识

新闻编辑的全局意识要求新闻编辑应立足于全局分析每一篇稿件，分清个体与整体、局部与整体的关系。新闻编辑的全局意识分为三个层次：一是对新闻编辑所在媒体的社会环境有清晰的认识，包括国家的法律、法规、方针、政策，党和政府工作的重点，社会关注的热点；二是对新闻编辑所在媒体的媒介生态有清晰的认识，包括相同介质和不同介质的媒体，也包括性质相同和性质不同的媒体，以及本媒体在媒体体系中的地位；三是对新闻编辑所在媒体有清晰的认识，包括本媒体的编辑方针、媒体定位和整体风格，也包括本媒体的版面设置、专栏设置、栏目设置等。

具体说来，新闻编辑要树立全局意识，应了解以下信息：

（一）国家的法律、法规、方针和政策等规范

国家的法律、法规、方针和政策等规范对于社会环境的形成具有重要意义，是我们把握全局、判断具体事物的重要依据。确定经济报道选题要考虑有关的经济法规和政策，确定文教报道选题要考虑有关文化教育的政策和法规，进行有关民族、宗教问题的报道必须了解国家的民族和宗教政策。这些规范对于新闻编辑来说具有重要价值，一个选题能不能报道、怎样报道、什么时候报道、报道的口径和形式等，都要依据这些规范来确定。

（二）党和政府的工作重点

党和政府的工作重点代表着社会发展的大方向，党的方针政策的贯彻实施是

政府工作的重点、难点，是构成新闻传播社会环境的基调之一。准确把握这个基调，往往能产生很多有分量、有影响的报道。比如，"保就业、保民生、保增长"是党和政府为应对金融危机而采取的重大举措，是各级党委和政府当前的工作重点，也是各级各类媒体的报道重点。

（三）社会关注的热点

社会不断发展变化，每段时期都有一些社会舆论关注的中心问题，也就是通常所说的焦点或热点。这些焦点或热点往往与老百姓的切身利益密切相关，是一段时期社会发展特质的集中反映，新闻媒体应当准确地反映这种特质。不过，这种特质是随着时代变迁而不断发展变化的，新闻编辑必须敏锐地意识到这种变化，不能抓一些时过境迁或大家习以为常的东西。比如，我国确立社会主义市场经济体制以后，国有企业改革和下岗职工再就业是社会关注的热点，但如果现在再报道这些事情，就显得不合时宜。

（四）媒体所在区域的媒介（特别是主要竞争对手）情况

媒体竞争对手是新闻传播社会环境中的一项重要因素，新闻报道要取得良好的社会效应，新闻编辑就需要研究如何扬长避短，克敌制胜。确定报道选题时，要充分考虑竞争对手的情况，尽量避开其强项，针对其弱点做文章。比如，广播可在新闻的时效性上下工夫，报纸可在新闻的深度上下工夫，电视可在新闻的形象性、亲近性和现场感上下工夫；再比如，机关报可在权威性上做文章，晚报、都市报可在服务性、贴近性上做文章，专业报可在深度上做文章。

（五）本媒体近段时期的报道重点

各媒体一般会根据近期的社会环境并结合自身特点和发展需要确定阶段性的报道重点。作为新闻编辑，要对此准确把握，在报纸版面配置、稿件修改、标题制作、稿件组合、稿件补配、栏目设置、版面设计中，在广播节目板块配置、广播新闻栏目设置、广播新闻节目制作和编排中，在电视新闻栏目设置、电视新闻节目制作和编排中，服从并服务这个重点。

（六）本媒体新闻单元的整体设置

在一家媒体内部，编委会对报纸新闻版面的配置、新闻专栏的设置，对广播电视新闻栏目的整体布局设计是有计划的，目的是通过不同版面、专栏、栏目的功能分区和配置，实现新闻传播效果的最大化。具体版面、具体专栏、具体栏目、具体节目都受到整体布局的制约。换言之，各个版面、各个专栏、各个栏目、各个节目只有在服从本媒体新闻发展的整体需要、办好分内之事的基础上才能进一步发展。报纸新闻版面分为要闻版、国内新闻版、国际新闻版、经济新闻版、社会新闻版、体育新闻版等，其中有的版面又分为若干专栏；电视新闻分为滚动新闻、重点新闻和国际新闻等栏目。每个版面、专栏、格局在整体新闻布局中都承担着不同的任务，新闻编辑若对此没有准确的把握，该自己做的没有做好，不该自己做的又抢过来做了，势必造成混乱，影响全局。

三、把关意识

世界上每时每刻都在发生各种各样的事实，并不是所有的事实都是新闻，并不是所有的新闻事实都值得报道，并不是所有的新闻事实都可以报道，并不是所有的新闻事实都能报道，并不是所有的新闻事实都能得到充分的报道，并不是所有的稿件都尽善尽美、没有瑕疵、没有缺陷、没有错误。新闻编辑的任务就是选择那些反映值得报道、能够报道的新闻事实并进行充分报道的稿件，修改存在各种瑕疵、缺陷、错误的稿件。新闻编辑分析、选择、修改、配置、设计、编排新闻稿件的过程，实际上就是新闻编辑的把关过程。新闻编辑的把关意识体现在以下几道环节：

（一）根据新闻定义淘汰未反映新闻事实的稿件

新闻是新近发生的事实的报道，新闻事实是真实的、新鲜的事实，那么虚假的事实、陈旧的事实、人们习以为常的事实、空话连篇的事实就不是新闻事实。新闻编辑选择稿件时，应淘汰反映假的、旧的、司空见惯的、空的事实的稿件，留下反映真实的、新鲜的事实的稿件。

（二）根据新闻价值淘汰不具有新闻价值或者新闻价值很小的稿件

新闻价值就是事实本身包含的能引起不同受众的共同兴趣的素质，这些素质包括时新性、重要性、接近性、显著性和趣味性等方面。一项事实至少应该具备新闻价值中的两种素质，才值得报道，其中时新性是必备素质。事实具备的要素

越多，新闻价值越大，就越值得报道。对于那些不具备时新性的稿件，可改作非新闻稿件处理。

（三）根据宣传价值淘汰不符合传播者意图的稿件

宣传价值就是事实本身所包含的有利于传播者、能够证明和说服传播者主张的素质，宣传价值包括一致性、针对性、普遍性、典型性。其中，新闻事实与新闻媒体所持的政治主张、价值标准的一致性是宣传价值的核心，对我国的媒体来说，即以党的理论、方针、政策，以国家的法令，以社会主义道德观、价值观作为选择新闻稿件的标准。

（四）根据新闻传播法规淘汰违反新闻传播法规的稿件

把不符合新闻传播法规的信息剔除，使所有能传播出去的事实信息都符合国家相关法律、法规的规定。

（五）消除新闻稿件中存在的各种瑕疵、缺陷和错误

这些错误包括事实性错误、政治性和政策性错误、导向性错误、逻辑性错误、文字性错误、法律性错误，删除繁冗文字，调整稿件结构，补充、改写、润色新闻稿件，使新闻稿件符合新闻传播的需要。

四、受众意识

新闻编辑的受众意识是指新闻编辑应始终以受众为中心，传播人民群众欲知、应知而未知的各种新闻信息，便于受众接收，吸引受众阅读、收听、收看，以最少的精力让受众获得最多的信息，以最容易接受的方式让受众受到最大的影响。服务受众，拉近新闻与受众的距离，满足受众的心理需求，使他们认同和接受，我国各类媒介在走向市场的过程中，受众意识明显增强。

（一）一些直接定位于平民百姓的媒介开始出现

在报纸领域，20 世纪 80 年代出现了以"家庭报纸"定位和以"走入寻常百姓家"为风格的《北京晚报》、《新民晚报》，1995 年后又出现了以"市民报纸"定位和以"为市民服务"为风格的都市报，甚至出现了为百姓生活某方面服务

的报纸，如《精品购物指南》、《电脑报》、《金融报》、《证券报》等；在广播领域，出现了直接服务市民生活的交通台、音乐台、文艺台、经济台等频率；在电视领域，也陆续出现了电影频道、体育频道、新闻频道、文艺频道等与城市居民生活密切相关的频道；在网络领域，涉及百姓衣、食、住、行等方面的网站更是五花八门、数不胜数。

（二）一些直接定位于平民百姓的版面、专版、专栏、专刊、栏目大量涌现

在报纸领域，晚报、都市报等直接服务市民生活的报纸出现了社会、旅游、家居、房地产等服务性很强的版面、专版、专栏、专刊，一些地方党报特别是城市党报也出现了社会、保健、养生、旅游、休闲、法律服务之类的版面、专版、专栏、专刊；在广播领域，交通台、经济台、新闻台、教育台、金融台开办了大量与百姓生活密切相关的栏目，如提供求购服务的《热线导购》、提供商品投诉服务的《热线急诊室》、提供寻医问药服务的《健康百事通》、排解百姓生活难题的《生活百事通》、提供心理疏导的《相伴到黎明》等；在电视领域，中央电视台《新闻30分》、《百姓故事》，北京电视台《7日7频道》等栏目和节目直接定位于百姓生活，如《新闻30分》"以社会新闻为主"。

（三）新闻题材的选择越来越贴近百姓生活

在报纸领域，晚报、都市报在新闻题材的选择上基本摒弃了会议新闻、领导活动报道、一般性的行业报道、与百姓生活无关的政府公文及典型报道，即使非报道不可，也只作简要的报道；在广播领域，节目题材的选择也都与百姓的生活密切相关，大到购房、投资、理财，小到针头线脑，只要百姓生活涉及的，基本上都涉及；在电视领域，一些以社会新闻为主的新闻节目，基本摒弃了所谓的"硬"新闻，中央电视台《朝闻天下》等都以贴近性、服务性作为节目题材选择的标准。

（四）具体稿件的处理和播出形式贴近百姓生活

在报纸领域，一些专业性比较强的报道尽量写得深入浅出、通俗易懂，有的还补配资料，对一些晦涩难懂的专业术语进行解释；在广播领域，听众参与性较强、互动性较强的节目开始出现，如对话节目、热线直播，一些地方特色比较明显的方言节目也在浙江、福建、湖北、四川、广东、山东等地的电台出现；在电

视领域，新闻节目善于抓住百姓关注的新闻点，突出新闻与百姓的关联性，用具体、形象、生动的语言解释专业内容，使观众易于理解。

第四节
新闻传播中的法律与道德问题

新闻传播活动是一种大众传播活动，是人与人之间的精神交往活动，也是一种社会化的活动，要接受法律和道德的规范。新闻编辑是新闻传播活动的一环，同样也要接受法律和道德的约束和规范。

一、新闻传播与国家安全

在新闻传播活动中，主要有两种情况会发生危害国家安全的问题。一种是煽动危害国家安全，另一种就是泄露、非法获取、向境外非法提供国家秘密。在有关管理大众传播媒介的行政法规的禁载规定中，首要的内容就是禁止危害国家安全和利益、泄露国家秘密。

（一）禁止煽动危害国家的言论

煽动是一种反常的、病态的、邪恶的言论方式，可以通过口述、文字乃至广播影视、戏剧、书画等方式来表现，在新闻传播活动中，是同新闻真实性原则和客观公正原则相违背的。煽动他人进行危害国家和社会的活动，必然会造成很大的社会危害性，因而必须加以禁止，对违者依法予以制裁。

《出版管理条例》第二十五条规定的出版物禁载内容就有"反对宪法确定的基本原则的"、"危害国家的统一、主权和领土完整的"、"危害国家的安全、荣誉和利益的"、"煽动民族分裂，侵害少数民族风俗习惯，破坏民族团结的"等项；《广播电视管理条例》第三十一条规定的电台、电视台禁止制作、播放的节目内容有"危害国家的统一、主权和领土完整的"、"危害国家的安全、荣誉和利益的"、"煽动民族分裂，破坏民族团结的"等项；《电信条例》第五十七条规定任何组织或者个人不得利用电信网络制作、复制、发布、传播的信息有"反对宪法所确定的基本原则的"、"危害国家安全，泄露国家秘密，颠覆国家政权，破坏国家统一的"、"损害国家荣誉和利益的"等项。《互联网信息服务管理办法》中也有相同的规定。

（二）保守国家秘密

1. 国家秘密的范围和内容

《中华人民共和国保守国家秘密法》第八条对国家秘密的内容作了具体规定：国家事务重大决策中的秘密事项；国防建设武装力量活动中的秘密事项；外交和外事活动中的秘密事项以及对外承担保密义务的事项；国民经济和社会发展中的秘密事项；科学技术中的秘密事项；维护国家安全活动和追查刑事犯罪中的秘密事项；其他经国家保密工作部门确定应当保守的国家秘密。中国共产党的许多秘密关系到国家的安全和利益，也属于国家秘密。

《保守国家秘密法实施办法》第四条对属于国家秘密的事项作了进一步的解释，某一事项泄露后会造成下列后果之一的，应当列入保密范围：危害国家政权的巩固和防御能力；影响国家统一、民族团结和社会安定；损害国家在对外活动中的政治、经济利益；影响国家领导人、外国要员的安全；妨害国家重要的安全保卫工作；使保护国家秘密的措施可靠性降低或者失效；削弱国家的经济、科技实力；使国家机关依法行使职权失去保障。

《科学技术保密规定》进一步明确了列入国家科学技术秘密的范围：削弱国家的防御和治安能力；影响我国技术在国际上的先进程度；失去我国技术的独有性；影响技术的国际竞争能力；影响国家声誉、权益和对外关系。

《中华人民共和国军事设施保护法》对军事设施和军事禁区有完整的保密规定，禁止军事禁区管理单位以外的人员、车辆、船舶进入禁区，禁止未经军区以上的军事机关批准对禁区进行摄影、摄像、录音、勘察、测量、描绘和记述，并规定使用军事禁区的摄影、摄像、录音、勘察、测量、描绘和记述资料，应当经军区以上军事机关审查同意。

中共中央宣传部、中国人民解放军总政治部联合发出《关于加强军事宣传纪律的规定和注意事项的通知》，指出：凡涉及国防安全和利益，对外不能公开的事项，都属于军事秘密。如部队的作战计划、番号、编制、实力、装备、阵地、调动、部署等，一律不得宣传报道。部队的作战情况，海、边防涉外军事斗争事

件，国防尖端科研技术重大成就等，如需公开报道，应报请中共中央、中央军委或总部批准后由授权新闻单位统一发布；非授权单位不得擅自抢发消息[1]。

2. 新闻出版保密制度

国家保密局、中央对外宣传小组、新闻出版署、广播电影电视部根据有关法律、行政法规和行政规章公布了《新闻出版保密规定》，对新闻出版的保密制度作了具体规定。

（1）新闻出版保密审查实行自审与送审相结合的制度。自审就是新闻出版单位和提供信息的单位对拟公开出版、报道的信息根据有关保密规定自己进行审查，送审就是对是否涉及国家秘密界限不清的信息送有关部门或其上级机关、单位审定。

（2）新闻单位及其采编人员需向有关部门反映或通报涉及国家秘密的信息，应当通过内部途径进行，并对反映或通报的信息按照规定作出国家秘密的标志。

（3）被采访单位、被采访人向新闻单位提供有关信息时，对其中确因工作需要而又涉及国家秘密的事项，应当事先经过批准，并向采编人员申明。新闻单位对被采访单位、被采访人申明属于国家秘密的事项，不得公开报道。对涉及国家秘密但确需报道的信息，新闻机构应当向有关主管单位建议解密或者采取删节、改编、隐去等保密措施，并经有关部门审定。新闻机构采访涉及国家秘密的会议或其他活动，应经主办单位批准。主办单位应当验明采访人员的工作身份，指明哪些内容不得报道，并对新闻进行审定。

（4）为了防止泄露国家秘密而又有利于新闻传播活动的正常进行，中央国家机关单位和其他有关单位，应当根据各自业务工作的性质，加强与新闻单位的联系，建立提供信息的正常渠道，健全新闻发布制度，适时通报宣传口径。

（5）个人拟向新闻单位公开报道的信息，凡涉及本系统、本单位业务工作的，或对是否涉及国家秘密界限不清的，应当事先经过本单位或上级机关、单位审定[2]。

《中国新闻工作者职业道德准则》第六条规定，维护国家利益和安全，保守国家秘密；严格遵守和正确宣传国家的民族区域自治制度、各民族平等团结和宗教信仰自由政策，维护国家主权和社会稳定。

---

［1］蓝鸿文，郑保卫．新闻伦理学简明教程［M］．北京：中国人民大学出版社，2001：119．

［2］魏永征．新闻传播法教程［M］．北京：中国人民大学出版社，2002：71-83．

《中国广播电视编辑记者职业道德准则》第二十条规定，报道中避免对种族、性别、年龄、职业、宗教信仰、教育程度、居住地等的任何歧视。第二十六条规定，不报道危害国家安全、影响社会稳定、违背社会公德、损害公共利益的内容。

二、新闻传播与社会秩序

新闻传播活动具有控制和稳定社会秩序的功能，这主要靠新闻政策和新闻职业道德规范予以规范和调节。新闻媒介也可能传播不利于社会秩序的内容，这就需要用法律进行限制，并对违法行为予以制裁。淫秽、色情，宣扬邪教、封建迷信、凶杀暴力等内容禁止在媒介上传播。

（一）禁止淫秽、色情的内容

淫秽、色情出版物，习惯上通称为黄色物品、黄色出版物，受到严格禁止。按照新闻出版总署的有关规章，涉及淫秽、色情的出版物分为三类。

第一类是淫秽出版物。在整体上宣扬淫秽行为，挑动人们的性欲，足以使普通人腐化堕落，没有艺术价值或科学价值，必须取缔。

第二类是色情出版物。在整体上不是淫秽的，但其中一部分有淫秽的内容，对普通人特别是未成年人的身心健康有毒害，缺乏艺术价值或者科学价值，也必须取缔。

第三类是夹杂淫秽内容的出版物。这类出版物在处理上分为两种情况：一种情况是有艺术价值的文艺作品，出版需要严格审批，印数和发行范围受到严格限制；另一种情况是低级庸俗、妨害社会公德、缺乏艺术价值或者科学价值、公开展示或阅读会对普通人特别是青少年身心健康产生危害甚至诱发青少年犯罪的出版物，应予取缔。

（二）禁止宣扬邪教

宣扬邪教也是禁止媒介传播的内容。邪教是冒用宗教、气功或其他名义建立，神化首要分子，利用制造、散布迷信邪说等手段蛊惑、蒙骗他人，发展、控制成员危害社会的非法组织。1999年10月第九届全国人大常委会第十二次会议发布《取缔邪教组织、防范和惩治邪教活动的决定》；最高人民法院和最高人民检察院发布《关于办理组织和利用邪教组织犯罪案件具体应用法律若干问题的解释》，其中明文规定取缔宣扬邪教内容的出版物；2001 年又发布《关于办理组织和利用邪教组织犯罪案件具体应用法律若干问题的解释（二）》，禁止制作、传播邪教宣传品。《电信条例》、《互联网信息服务管理办法》等行政法规在禁播规定中增加了禁止宣扬邪教的内容。

（三）其他禁止传播的内容

根据新闻出版总署有关规章的规定，"宣扬封建迷信"的出版物是指除符合国家规定的宗教出版物外，其他违反科学、违反理性、宣扬愚昧迷信的出版物，包括以看相、算命、看风水、占卜为主要内容的；宣扬求神问卜、驱鬼治病、算命相面以及其他传播迷信谣言、荒诞信息，足以蛊惑人心，扰乱公共秩序的。"宣扬凶杀暴力"的出版物，是指以有害方式描述凶杀等犯罪活动或暴力行为，足以诱发犯罪，破坏社会治安的出版物，包括描写罪犯形象，足以引起青少年对罪犯同情或赞赏的；描述罪犯践踏法律的行为，唆使人们蔑视法律尊严的；描述犯罪方法或细节，会诱发或鼓动人们模仿犯罪行为的；描述荒诞离奇、有悖人性的残酷行为或暴力行为，令普通人感到恐怖、会对青少年造成心理伤害的；正面肯定抢劫、偷窃、诈骗等具有犯罪性质的行为的[1]。

《中国新闻工作者职业道德准则》第二条规定，宣传科学理论，传播先进文化，塑造美好心灵，弘扬社会正气，增强社会责任感，坚决抵制格调低俗、有害人们身心健康的内容。

《中国广播电视编辑记者职业道德准则》第二十六条规定，坚持报道的高品质、高品位，不迎合庸俗、低级趣味。

《中国广播电视编辑记者职业道德准则》第三十条规定，努力营造有利于未成年人健康成长的文化环境；不传播含有恐怖、暴力、色情、封建迷信和伪科学的内容。

《中国互联网视听节目服务自律公约》第三条规定，各缔约单位应积极传播健康有益、符合社会主义道德规范、体现时代发展和社会进步、弘扬民族优秀文化传统的互联网视听节目，共同抵制腐朽落后思想文化，不传播渲染暴力、色情、赌博、恐怖等危害未成年人身心健康、违背社会公德、损害民族优秀文化传

---

[1] 魏永征. 新闻传播法教程［M］. 北京：中国人民大学出版社，2002：89－102.

统的互联网视听节目；对网民上伟的含有违法违规内容的视听节目，应当删除。

三、新闻传播与司法活动

司法机关作为国家机关，必须接受监督，这种监督包括新闻舆论监督。新闻舆论监督与司法独立都是宪法确立的原则，维护司法独立不代表不对司法进行舆论监督，而新闻舆论监督也不意味着新闻可以干预司法，而是在两者之间要有一种合理的平衡。

（一）新闻与司法的平衡

1. 按照诉讼程序进行报道

新闻媒介应当按照诉讼程序进行报道。在案件审理过程中，不作有倾向性的报道，案件报道应与诉讼同步，不能超越程序，抢先作出有罪或无罪、胜诉或败诉等方面的预测、推断甚至结论。报道应客观，不掺入报道者的感情和情绪。有关案情的事实应来自法庭，不报道来自法庭以外的事实或证人证言。在判决前，应对诉讼双方作平衡报道，尊重刑事被告人的辩护权利和民事诉讼当事人在诉讼中的平等权利。一审判决后，不要遗漏报道上诉、抗诉等情节。案情发生曲折时，例如原来的证据被否定、对嫌疑人逮捕后又宣告无罪释放、二审判决改变一审判决等，只要前一事项已作报道，就必须报道后一事项，不能有始无终。

2. 不评论实体问题

新闻媒介可以对案件的审理程序和纪律问题作评论，避免对实体问题作评论。程序问题包括超期羁押、剥夺诉权、采取强制措施不符合法定程序、依法应当公开审理的案件实行不公开审理等；纪律问题包括接受当事人吃请、泄露办案秘密等；实体问题包括定性、定罪、证据真伪、刑期、赔偿金额等。

3. 一审判决前不作评论

一审判决后，如果在社会上争议很大，可对判决作评论，避免在一审判决前作评论。这类评论有必要的限制：应在充分报道事实的基础上评论，评论与事实要分清楚；应着重从法理、法律意识层面评论，不感情用事；应着重发表社会公众包括法律专家的评论，避免直接以新闻媒介和记者的名义作评论；应注意发表不同意见的评论，避免只发表一种意见的评论。

4. 终审判决可以评论

终审判决后，由于判决已生效，舆论评论和批评已不会发生妨碍公正审判的问题，对于确实不当的判决，可以起到补救或者推动上级法院采取审判监督程序予以纠正的作用。

（二）注意社会效果

案例报道，要选择各种类型中有典型性的、有教育意义的案例，以取得积极的社会效果。叙述案情要避免"黄"、"暴"情节，不得过细描写或渲染作案手段，不得渲染凶杀场面和涉及色情内容的过程和细节。

（三）保守司法秘密

正在侦查的案件属于国家秘密，一般不作报道。个别影响较大、必须报道的案件，需经案件侦查部门及上级主管机关审核同意后，可先发消息，案件终结后再作详细报道。不得暴露侦查手段，特别是使用特情和技术侦查措施的情况，不得使用公安工作内部用语。不得过细描写审讯方案、策略、技巧。不得具体报道看管关押犯罪嫌疑人场所的建筑格局、安全和警戒设施以及安装、使用监控技术的情况。不得透露这些场所警力、武装兵力、值班、执勤情况和处置突发事件的预案。不得报道这些场所关押人员数字及情况。

（四）尊重案件当事人权利

根据刑事诉讼法确立的原则，任何人未经法院判决，不得确定有罪，任何公民涉及刑事案件，在交付法庭审判之前称"犯罪嫌疑人"，在交付法庭审判后称"被告人"，判决有罪后称"被判刑人"，交付执行后称"被执行人"，判决有罪生效后才能称"罪犯"。在侦查期间的包括已经采取强制措施的犯罪嫌疑人，一律不准用"罪犯"、"犯罪分子"、"案犯"、"人犯"等称谓。对当场扭获的作案者，除"犯罪嫌疑人"外，可以酌情用"歹徒"、"凶手"、"暴徒"、"作案者"等词语。不得公开未成年人犯罪嫌疑人和犯罪人姓名、住址及图像等资料。在未征得被害人、检举人、证人同意之前，不得公开他们的姓名、住址、工作单位及图像。不得刊播卖淫妇女以及被拐、被骗的受害女性的正面照片、姓名及图像[1]。

---

[1] 魏永征. 新闻传播法教程［M］. 北京：中国人民大学出版社，2002：118-121.

《中国新闻工作者职业道德准则》第六条规定：要增强法治观念，遵守宪法和法律法规；维护司法尊严，依法作好案件报道，不干预依法进行的司法审判活动，在法庭判决前不作定性、定罪的报道和评论。

《中国广播电视编辑记者职业道德准则》第十九条规定：案件报道不应影响司法公正和法律判决。不偏袒诉讼任何一方；案件判决前，不作定罪、定性报道；不针对法庭审判活动进行暗访；报道公开审理的案件，应遵守相关法律规定。

四、新闻传播与名誉权

新闻传播过程中，从信息的采集到传播总会同特定人发生密切联系，就有可能侵害公民的人身权利。在公民的人身权利中，最容易受到侵害的是名誉权。我国把侵害名誉权的行为分为诽谤和侮辱。

（一）诽谤

诽谤就是散布虚假事实损害他人名誉。新闻诽谤有三个特点：

1. 陈述虚假事实

陈述事实的主要方式是语言文字，根据语言文字陈述的意思，一般都可判断真假；图像也可表现事实，多数情况下，图像表现事实要有语言文字的配合，而纯粹的图像也可表现事实，对于同一事件，截取的场面、景观、采取的角度和剪辑不同，表达的意思也会不同，有时甚至会有很大的出入；判断图像新闻的真实性，主要不是看图像本身是否真实，而是应当看图像所表达的意思是否真实；陈述是否虚假应以多数人对内容的理解为准，而不在于陈述人是否真的要表达有关意思。

2. 涉及特定人的社会评价

一般说来，新闻媒介虚假地报道或记述特定人有犯罪，违法，违背公共道德、伦理道德和职业道德，违背现存政治制度准则，不称职、失职或渎职，以及其他为社会所谴责或鄙视的行为举止，都会损害他的正常社会评价，足以构成诽谤；指称某活着的人已死、某健康的人患有某种可憎的疾病如癌症、性病、麻风病、艾滋病或精神病，也是诽谤。至于个人与社会生活无关而纯属个人生活中的表现，如衣着打扮、饮食起居习惯、业余爱好等，如果发生出入，一般与诽谤无

关。虚假事项损害特定人名誉的标准，通常以现行法律制度和公认的道德准则所体现的是非标准来衡量。

3. 严重失实或基本内容失实

这是指新闻和其他文章中失实的内容足以使人对有关问题的性质产生不正确的贬损性的认识。有关陈述中某些事实的出入并不影响对有关问题性质的认识，这就是轻微的、局部的失实；事实的出入使问题的性质发生了变化，原来没有问题变成有问题，作风问题变成违法问题，纪律问题变成犯罪问题，那就是严重失实、基本内容失实，相对人的社会评价因此发生明显贬低，也就是其名誉权遭到了非法侵害。

（二）侮辱

侮辱包括暴力、口头和书面方式。书面包括文字和图像。新闻媒介发生的侮辱是书面方式的侮辱，广播、电视的内容都算做书面。侮辱的主要特征是侮辱和丑化。

1. 辱骂

辱骂不需要任何陈述事实的形式，公然用"非人"的语词詈骂他人，如"猪"、"狗"、"王八蛋"、"混账"、"鬼子"之类，人不成其为人，当然无人格可言；有些辱骂性词语是对特定的反社会行为的概括，如贼、恶棍、流氓、娼妓、骗子、疯子、暴徒、强盗、奴才、走狗、歹徒、无赖、吸血鬼、大草包、无耻之徒等，这些词语用来谴责恶人坏事，就没有问题，但是施之于品行并无不端的人，就是贬损人格，成为辱骂。

2. 丑化

丑化看起来具有某些陈述事实的形式，其实还是同事实是否存在无关。丑化就是通过夸张和歪曲的文字或图像手段，把特定人的形象描写得使人可憎、可恶、可鄙。人的外表有美有丑，但是人都要求从美的方面表现自己的形象，这是人的尊严的一部分。如果刻意从丑的方面表现他人形象，使美的变为丑的，丑的变得更丑，势必损害他人的尊严。对图像的歪曲表现也是一种常见的丑化。除了用绘画来丑化他人外，在摄影录像中，由于拍摄的角度、用光以及剪裁的不当，都可以造成丑化的效果。

（三）侵害名誉权的抗辩和排除

侵害名誉权的抗辩理由有真实、公正评论和特许权。

1. 真实

关于涉讼文字内容真实的证明，是最有效的排除侵权的抗辩理由。严重失实和基本内容失实是构成新闻诽谤的一个要件，新闻的真实性得到证明，诽谤自然不存在。

2. 公正评论

公正评论又称诚实评论，其条件是：评论的事项与社会公共利益有关，有可靠的事实来源（包括报章的报道），立场应当公正（但不一定客观），没有恶意。在此前提下，即使是片面的、偏激的、甚至是具有诽谤性的评论，也不应承担法律上的责任。

3. 特许权

特许权是指为了公众利益或保护个人合法权益，可作诽谤性的陈述而不需承担法律责任。新闻媒介享有的特许权有三项原则：客观、公正、准确，所报道事项与公益有关，不具有恶意。新闻单位根据国家机关依职权制作的公开的文书和实施的公开的职权行为所作的报道，其报道是客观准确的，不应当认定为侵害他人名誉权。法院的判决和裁定，公安检察机关的逮捕，行政机关的行政处罚，审计机关、技术管理部门的鉴定等，新闻单位据以作出报道，如果事后发现有关文书和职权行为有误，不应由新闻单位承担名誉侵权责任。

另外，我国媒介对于侵害名誉权指控的常用抗辩理由还有主观上无过错、没有特定指向、没有损害事实（适用法人名誉权纠纷）、平衡报道等[1]。

《中国新闻工作者职业道德准则》第六条规定，维护采访报道对象的合法权益，尊重采访报道对象的正当要求，不揭个人隐私，不诽谤他人；维护未成年人、妇女、老年人和残疾人等特殊人群的合法权益，注意保护其身心健康。

《中国广播电视编辑记者职业道德准则》第二十九条规定，尊重公民和法人的名誉权、荣誉权，尊重个人隐私权、肖像权，不揭人隐私，避免损害他人名誉的报道。

五、新闻传播与隐私权

隐私权也是新闻传播活动容易受到侵害的人身权利。按照我国法律规定，新闻传播活动中侵害他人隐私权的行为，主要有以下两种方式。

---

[1] 魏永征. 新闻传播法教程［M］. 北京：中国人民大学出版社，2002：134 - 160.

（一）在传播内容中公布、宣扬隐私

从我国新闻传播活动的实际情况看，以新闻或其他作品公布、宣扬他人隐私的方式侵害隐私权的常见行为主要有：报道与"性"有关的话题而对当事人不作避讳，报道未成年人违法犯罪或其他不良行为时任意披露未成年人的姓名、肖像和其他足以辨认的资料，披露他人婚姻恋爱家庭情况，披露信件、电话等通信内容，披露其他个人资料，包括个人的姓名和别名、私生活肖像、私人电话号码、住宅、个人生活、储蓄和财产情况、健康状况、日记和其他私人文件、社会关系、个人档案资料以及其他不愿向社会公开的过去的或现在的纯属个人的情况。

（二）在采集信息的活动中未经许可侵入私生活区域

私生活区域不仅包括私人场所，还包括公共场所的私人场合；不仅包括有形的区域，还包括互联网私生活区域。所谓侵入，包括强制侵入和秘密侵入，不仅包括亲身进入，也包括窥探、偷听、监视，未经许可摄影、录音和录像或者秘密摄影、录音和录像（偷拍、偷录）；骚扰，就是通过不断地打电话，或者以追逐、跟踪、监视等方式对他人纠缠不休，严重地影响他人的生活安宁。侵入互联网私生活区域的行为，如蓄意偷窥私人通信，侵入个人数据文档、电子邮箱获取资料，或者进行篡改、增删等骚扰活动，也属于侵害隐私权的行为。

（三）侵害隐私权的排除

侵害隐私权的排除理由有公共利益原则、当事人同意、使不可辨认等。

1. 公共利益原则

公共利益原则是指凡是与社会公共利益有关的事项，或者出于社会公共利益需要公开的事项，不受隐私权保护。公共利益原则存在因人而异和因事而异两种情况。

就人而论，不同的人由于在社会公共生活中所处地位不同以及他们与社会公共利益相关程度不同，隐私的范围就不一样；隐私权保护范围的伸缩尺度，以当事人参与社会公共事务的程度的深浅为基准，参与公共事务越多，享有隐私权范围越小，参与公共事务越少，享有隐私权范围越大。

就事而论，普通人的有些本来属于私人事务的事情在一定条件下会转化为与公共生活有关成为非隐私，这主要是指某些私事一旦对社会公共生活发生影响乃至损害的情况；纯属私人生活的肖像属于隐私，但在参加社会公共生活中留下的肖像，由于活动本身具有公开性，也不能视为隐私。

2. 当事人同意

当事人同意分为明示和默示，明示就是当事人口头或书面声明同意在新闻中公布其私生活情况，以及本人直接向社会公开私生活情况；默示就是当事人明知来访者是来采访而主动告知有关情况，或任由摄影录音不加制止。当事人同意意味着当事人自愿将自己的这些私事作为非隐私来处理，新闻传播媒介就可以公开传播。征得同意不适用于未成年人，未成年人是无行为能力人或限制行为能力人，应当征得其监护人的同意。

3. 使不可辨认

一些私人事情确有报道的价值，但当事人又不可能同意，这主要是私生活中某些应当批评的现象及其他涉及隐私而又需要报道的事情。一种变通的办法就是使公众不可能从新闻中辨认或推断有关当事人，如略去当事人的姓名或模糊当事人的身份。报刊刊登某些违法犯罪人特别是青少年违法犯罪人和涉及性问题的违法犯罪人的照片，或刊登某些疾病患者的照片，往往遮盖局部，电视则打上马赛克，有时连声音也要予以处理，都是出于这一考虑。有些批评私生活中不良现象的作品，对被批评者的姓名、身份、职业、工作场所也以尽量从略为宜[1]。

《中国新闻工作者职业道德准则》第三条规定，通过合法途径和方式获取新闻素材。这就排除了在一般情况下通过偷录、偷拍等方式获得的新闻素材，也排除了通过骚扰和跟踪等形式获得的新闻素材。

《中国广播电视编辑记者职业道德准则》第三十二条规定，尊重和保护未成年人、妇女、老人和残疾人的合法权益；报道违法犯罪的未成年人和性侵犯的受害者时，录音、图像应经过特殊处理，使之不可辨认；不公布其真实姓名，不描述犯罪过程。

这两项规定体现了对公民隐私权的尊重。

六、新闻传播与著作权

除时事新闻外，新闻媒介上发表的各种体裁的新闻作品，具有独创性，适用

---

[1] 魏永征. 新闻传播法教程［M］. 北京：中国人民大学出版社，2002：162－180.

《中华人民共和国著作权法》（以下简称《著作权法》）保护。

（一）著作权的各项权利

1. 人身权

人身权包括以下四种。

（1）发表权。发表权是作者享有发表或者不发表自己作品的权利。发表是作者将作品首次公之于众，每种作品只能发表一次，发表权也只能行使一次。作者将作品交新闻媒介发表后，新闻媒介就获得使用该作品的权利。电台、电视台播放他人未发表的作品，不论是完整播放，还是作为节目的一部分，都是发表，必须取得著作权人许可，并支付报酬。

（2）署名权。署名权是指作者表明身份、在作品上署名的权利。作者可署真名，也可署笔名，还可不署名。只要没有相反证明，在作品上署名的就是作者。法人或其他组织为著作权人的作品，署名权为法人或其他组织享有，单位有权决定只署本单位的名称，或者同时署上参加创作人员的姓名。责任编辑或专版专栏编辑署名还是不署名，主要由新闻媒介决定。

在电子网络环境中，署名权发展为"权利管理信息"的概念。权利管理信息是指识别作品及其作者、对作品拥有任何权利的所有人的信息，以及有关作品使用的条款和条件的信息，这些信息都必须在作品的每件复制品上或向公众传播时出现，未经许可不得删除或改变，删改权利管理信息就是侵犯作者的署名权。

（3）修改权。修改权是作者修改作品或者授权他人修改作品的权利。作者有权自己修改作品，有权不采纳某些意见修改作品，有权禁止他人未经自己同意修改自己的作品。报刊通常都有明确的宣传方针和切合形式的宣传口径，出版、发行受时间和版面限制，有的文章不修改就无法刊出，而这时再去找作者商量又来不及。但报刊编辑对稿件的修改仅限于文字性修改，不能修改作者的观点，不能改变作品的基本内容和基本精神，不能因作品的修改而损害作者声誉。

（4）保护作品完整权。保护作品完整权是保护作品不受歪曲、篡改的权利。作品是作者创作思想和观点的反映，保护作品的完整就是保证作者思想、精神活动的自由权和自主权。保护作品完整权与修改权的不同在于，即使作者同意他人对作品进行修改以及改编、翻译等演绎，修改、演绎后的作品仍不许歪曲和篡改作者的原意。

编辑修改来稿、加上别人的署名，或是把几篇作品合成一篇发表、署上几个姓名变成合作作品；编辑任意删改稿件，伤筋动骨，或随意加上自己的意思，甚至改得面目全非，连作者自己都认不出来，在我国新闻媒介编辑部里是常有的事。这些做法实际上侵犯了作者著作权中的署名权、修改权和保护作品完整权，是不允许的。编辑可以不赞成作者的论点，可以不采用自己认为是不正确的作品，可以要求作者修改文章中那些明显不正确的论点，但是绝对不能把自己认为是正确的论点擅自加到别人的作品里，更不允许在他人作品中加上别人内容后又署上别人的名字。编辑对他人作品作较大的修改，必须同作者商量，是否修改，由谁修改，怎样修改，只能由作者决定[1]。

2. 财产权

著作权中的财产权，又称经济权利，包括复制权、发行权、出租权、展览权、表演权、放映权、广播权、信息网络传播权、摄制权、改编权、汇编权以及应当由著作权人享有的其他权利，行使这些权利的行为称为"使用"。著作权人可许可他人行使这些权利，也可部分或全部转让权利，许可使用或转让都应依照约定或者有关规定取得报酬。

对自己的作品，著作权人可自行使用，也可许可他人使用。首先，著作权人使用自己的作品，不受他人干预；其次，他人使用著作权人的作品，必须取得著作权人的许可；最后，著作权人有权禁止他人未经许可使用自己的作品。

（二）著作权各项权利的利用

1. 著作权的使用许可

许可他人使用分为专有许可使用和非专有许可使用。许可他人使用可以合同约定，除法律规定以外，书面合同中未明确授予专有使用权的，或未订立书面合同的，使用者只能取得非专有使用权，口头专有许可无效。

报刊发表他人作品，应当取得作者许可，但一般不须同作者订立书面合同或其他书面许可形式，所以报刊社获得的作品许可使用是非专有使用权。报刊社稿件来源通常是接受投稿和约稿。投稿是一种默示的许可使用。被约稿人同意为约稿的报刊社写稿，也当然意味着许可约稿者使用。报刊社要获得专有使用权，应同作者专门订立书面合同，并在报刊上声明。

---

[1] 魏永征. 新闻传播法教程［M］. 北京：中国人民大学出版社，2002：268－284.

2. 著作权的转让

转让包括对各项著作财产权的部分转让和全部转让。无论是非专有许可使用还是专有许可使用，都不是著作权的转让。著作权转让的标的物是部分或全部的著作财产权，转让的结果是使得受让人在法律上成为部分或全部著作财产权的所有人，原作者就丧失了部分或全部的著作财产权。而使用许可的标的物只是对著作财产权的行使，财产所有权并不随之转移，获得使用许可的人并不是著作财产权的所有人，作品的财产权仍然属于作者。比如，获得专有许可的使用人仍然无权将作品许可给第三人使用，而必须征得作者同意并支付报酬。而转让的受让人则可自行把作品许可他人行使受让的权利，还可把受让的权利再行转让。

（三）时事新闻的权益保护

1. 时事新闻的权益属性

按照我国《著作权法》的规定，时事新闻不适用著作权法保护，但并不等于它不受任何保护。信息是一种资源，经过人的加工就成为一种财产。时事新闻不是智力成果，作者和传播者不能享有著作权，但是由于作者和传播者投入了一定的劳动，付出了一定的代价，理应享有一般意义上的财产权。

在时事新闻的采编过程中，作者和媒体耗费了一定的劳力、技能和金钱，这种劳动应受到承认和尊重。实际上，时事新闻一经媒体刊用，媒体都会给予作者一定的报酬，这是一种财产权，我国新闻界称之为信息产权。但时事新闻的财产权与著作权中的财产权不同，采写者只能获得一次报酬，著作权人在作品发表后每一次再使用中都有权获得报酬。

现在有的人以专事摘抄新闻为业，冒充是自己的作品到处投稿牟取稿费，报刊明知是抄袭也照登不误。摘抄者抄袭和剽窃时事新闻，是一种不诚实的行为，是一种民事欺诈行为；报刊付出很小的代价刊登其他媒体付出很大代价采集的时事新闻，是一种不公平竞争行为，也是一种欺骗受众的行为。

有的编辑记者收到别人提供的新闻稿件略加改写就署上自己姓名发表，时事新闻真正的采写者、编发者的劳动成果被攘夺。这种无视他人劳动的行为，不仅为社会公德所不容，也为新闻职业道德所不容。

2. 关于时事新闻权益的法律与道德规范

《互联网新闻信息服务管理规定》要求，互联网新闻信息服务单位转载新闻应与新闻单位签订书面协议。这体现了对新闻单位权益的某种保护，新闻单位受保护的权益包括受《著作权法》保护的新闻作品的著作权，也包括不受《著作权法》保护的时事新闻的财产权。

《中国新闻工作者职业道德准则》第四条规定，尊重新闻同行，反对不正当竞争；尊重他人的著作权益，引用他人的作品要注明出处，反对抄袭和剽窃行为。这项规定，将抄袭和剽窃视为一种不正当竞争行为，抄袭和剽窃的对象不仅包括受《著作权法》保护的新闻作品，也包括不受《著作权法》保护、但受一般财产权保护的时事新闻。

《中国广播电视编辑记者职业道德准则》第三十三条规定，涉及使用其他新闻来源的报道时，应尊重其他新闻来源和相关作者的知识产权；对内容的选择应忠实于原作，不断章取义。这就体现了对其他新闻来源的尊重，体现了对著作权的尊重。

《中国新闻界网络媒体公约》规定，各公约单位应充分尊重相互之间的信息产权和知识产权，呼吁全社会尊重网上的信息产权和知识产权，坚决反对和抵制相关侵权行为；各公约单位可以在自己的网站页面上摘用其他公约单位网站上的新闻和信息，但是必须注明出处，并为对方报纸做链接；不属于此公约的其他网站如须引用公约单位的信息，应经过授权，并支付相应的费用，使用时，或注明出处，或建立链接。

在电脑和互联网日益普及、网络媒体影响日益扩大的情况下，尊重和保护传统媒体合法权益尤其是时事新闻的财产权，意义重大。某些网络媒体版权意识选择性重视，网络之间竞争的时候，连形式类似都不能容忍，自己却在免费拷贝报纸内容的时候理直气壮，从不考虑对报纸版权应有的尊重与价值兑现，这显然有悖法理与情理[1]。

（四）著作权的合理使用

根据《著作权法》和《信息网络传播权保护条例》的规定，使用人可在一定范围内不经著作权人许可，不支付报酬，基于正当目的而使用他人作品，这种使用称为"合理使用"。在新闻传播活动中，属于"合理使用"的情况如下：

一是为报道时事新闻，在报纸、期刊、广播电台、电视台、网络等媒体中不

---

[1] 宋桂芳. 纸媒不能永远是网络的免费奶妈［N］. 中国青年报，2009－04－16（2）.

可避免地再现或者引用已经发表的作品。"不可避免"是指在新闻报道中必然和必须出现的内容，如广播报道音乐会播出一段音乐旋律、电视报道画展出现某些画面。

二是报纸、期刊、广播电台、电视台、网络等媒体刊登或播放其他报纸、期刊、广播电台、电视台等媒体已经发表的关于政治、经济、宗教问题的时事性文章，但作者声明不许刊登、播放的除外。这三类时事性文章受《著作权法》保护，只是为了便于新闻信息的传播，才把它们归于合理使用的范围，在合理使用时，对作者的著作人身权仍然予以切实保护和尊重，这与时事新闻不适用《著作权法》保护是完全不同的。

三是报纸、期刊、广播电台、电视台、网络等媒体刊登或者播放在公众集会上发表的讲话，但作者声明不许刊登、播放的除外。公众集会一般指公众可以自由出入的场所的集会，包括政治性集会，不包括学术活动和学术演讲。新闻媒体刊播公众集会上的讲话，不需征得讲话者的同意，演讲者事先声明不许刊播的，不能刊播。

（五）著作权的法定许可使用

根据《著作权法》和《信息网络传播权保护条例》的规定，使用人可以不经作者同意而使用作品，但使用人必须向作者支付稿酬，这种使用称为"法定许可使用"。在新闻传播活动中，属于"法定许可使用"的情况如下：

一是新闻作品刊登后，除著作权人声明不得转载、摘编的外，其他报刊可以转载或者作为文摘、资料刊登，但应按照规定向著作权人支付报酬。这里的新闻作品是指除政治、经济、宗教问题的时事性文章以外的新闻作品。

二是广播电台、电视台播放他人已发表的作品，可以不经著作权人许可，但应当支付报酬。这里的播放，包括单独完整地播放他人已发表的作品，也包括在另一个完整的节目或作品中全部或部分播放他人已发表的作品。

三是已在报刊上刊登或者网络上传播的作品，除著作权人声明或上载该作品的网络服务提供者受著作权人委托声明不得转载、摘编的以外，网站予以转载、摘编并按规定支付报酬、注明出处的，不构成侵权。这项规定在法定许可方面赋予网站与报刊同等地位，报刊之间相互转载、摘编作品，现在网站也加入这个行列，成为报、刊、网三者之间的相互转载、摘编。

七、特殊新闻和信息的发布

（一）重要政务新闻的统一发布制度

重要政务新闻，是指执政党和国家的领导机关的重大决策、重要会议、重要文件以及有关领导人的重要公务活动等。这类新闻中，一种是有正式文件或文书的，需以公告形式发表；另一种虽然没有文件文书，但也要有一个权威性的官方文本，称为公告性新闻。重要政务新闻包括：党和政府的重大决策、决定；重要文件；重要会议新闻；中央领导人的重要活动；中央领导人同外宾会见、会谈时发表的涉及国内国际重大问题的谈话；重要人事任免；领导人去世等。重要政务新闻必须由新华社统一发布。

（二）有关党和国家主要领导人作品的发表前审查制度

党和国家主要领导人包括：现任或曾任中共中央政治局常委，国家主席、副主席，全国人大常委会委员长，国务院总理，全国政协主席，中央军委主席。有关党和国家主要领导人的作品是指描写、记述或涉及上述人物工作和生活情况的图书、报刊文章、音像制品、电影、电视作品，当然也包括新闻报道和其他新闻作品。发表和出版这类作品，必须严格执行送审制度。发表和出版涉及健在的党和国家主要领导人的作品，包括报道党和国家主要领导人的活动、发表其谈话，都必须征得本人同意。

（三）证券信息和新闻发布制度

1. 证券市场信息披露制度

证券市场信息披露实行重大信息和文件限时公布制度、临时发生的重大事件报告制度、重要文件审查验证制度、内幕信息不得提前泄露制度，这些制度所规范的主要对象是上市公司和发行债券的公司、中介机构及其高级管理人员和其他有关业务人员，但对新闻单位和新闻工作者同样有约束力。通常情况下，企业的经济状况只要企业同意发布，进行新闻报道是不成问题的，而上市公司财务报表等文件的有关情况还必须经过审查验证，如果上市公司报表中的有关数据未经审验即予报道，一旦审验后有所出入，势必对投资者造成一定的不利后果。所以，

按章必须审验的文件的有关内容在获准公布前属于内幕信息，知情者不得以任何方式向社会披露。至于临时发生的重大信息和内幕信息，往往非常具有新闻价值，新闻媒介即使提前获知，未经中国证监会批准，也不能抢先报道。

2. 证券新闻传播管理制度

禁止传播不实和虚假的证券新闻和信息。一般新闻的失实会对报道对象造成一定不良影响或损害，而证券新闻的失实会给整个市场以误导，损害的是投资大众的利益。证券信息要求完整地反映报道对象的各个侧面，既讲成绩又讲缺陷，既讲获利又讲风险，既讲未来的发展又讲潜在的问题，否则就是重大遗漏，势必造成误导。新闻媒介刊播证券、期货市场信息，依据要真实、准确、完整、充分，不得断章取义，避免造成严重误解。证券新闻不得片面诱导，不同观点应保持平衡，新闻媒介应充分揭示推动市场上扬或者下跌的多种因素，并运用版面语言进行平衡处理，让受众择其善者而从之。新闻媒介刊播股评信息时，必须同时刊播两种以上的不同观点，并应保证该信息不具有误导作用；实际存在着观点完全对立或完全不同的股评时，应在同一专栏同时刊登。

3. 证券信息披露实行指定披露报刊制度

中国证监会指定的披露上市公司信息的共有七报一刊，即《经济日报》、《金融时报》、《中国日报》、《中国证券报》、《上海证券报》、《证券时报》、《中国改革报》和《证券市场周刊》，这项制度的主旨是为了保证信息统一披露和信息的真实、准确、完整，使投资者能同时阅读并充分消化有关信息。

4. 刊播证券信息的新闻媒介的限制

刊发和传播证券信息的新闻媒介也有限制。有关规章将可以刊播证券、期货信息的新闻媒介限定为：经批准公开发行的证券、期货专业报刊，经批准公开发行的综合类、经济类报刊，各类通讯社，经批准成立的电台、电视台、有线台。综合类报刊开设证券期货专刊、专版或刊发投资咨询文章，需经新闻出版总署审批。

5. 撰写投资建议文章作者的限制

在有关证券市场的文章中，具体进行投资分析、预测，提供投资建议的文章，直接影响投资者的决策，关系到广大投资者的利益，因此这类文章被列入投资咨询活动的范畴。根据国家有关法律、行政法规规定，在大众传播媒介上发表投资咨询文章或意见成为只有具备一定资格并得到许可的人员的专门职务活动。有关报刊刊发这类文章，必须审查撰稿人是否具有投资咨询业务的执业资格，撰稿人不能提供证明文件的，其稿件不得刊发。刊发时必须标明作者真实姓名和所在投资咨询机构的名称。电台、电视台聘请个人做证券、期货节目主持人，播发有关投资咨询内容，也必须进行资格审查。

（四）气象预报统一发布制度

各级广播电台、电视台和省级人民政府指定的报纸，应安排专门的时间或者版面，每天播发或者刊登公众气象预报或者灾害性天气警报。广播、电视播出单位改变气象预报节目播发时间安排，应事先征得有关气象台站的同意；对国计民生可能产生重大影响的灾害性天气警报和补充、订正的气象预报，应及时增播或者插播。广播、电视、报纸、电信等媒体向社会传播气象预报和灾害性天气警报，必须使用气象主管机构所属的气象台站提供的适时气象信息，并标明发布时间和气象台站名称。

（五）汛情信息发布制度

新闻媒介应及时报道防汛信息，消息来源必须由政府防汛部门提供，不得擅自报道不是政府部门正式发表的信息。同时，政府防汛部门也必须及时向新闻媒介提供汛情信息。

（六）传染病疫情发布制度

卫生行政部门应及时地如实通报和公布疫情，任何单位和个人未经批准，不准对外通报、公布和引用未经公布的传染病疫情。新闻媒介应根据政府卫生部门公布的疫情进行报道，不得报道未经卫生行政部门发布的或未经批准的疫情新闻，政府卫生部门也应切实履行法定的公开信息的义务。

（七）核事故信息发布制度

省级人民政府指定的部门在核事故应急响应过程中应当及时将必要的信息告知当地公众，有关核事故的新闻由新华社统一发布，核事故应急救援的有关信息由国务院卫生行政部门统一发布。

（八）地震预报发布制度

新闻媒介刊登或者播发地震预报消息，以国务院或者省、自治区、直辖市人民政府发布的地震预报为准。新闻媒介应实事求是地进行有关地震的宣传报道。地震短期预报和临震预报发表前应征得国家或省级地震部门同意。新闻媒介得到民间与地震有关的异常情况反映，应与所在地政府及地震部门联系，而不应抢先报道。地震发生后，新闻媒介应从政府及地震部门获得可靠信息进行报道。对有关地震的谣言，新闻媒介应与地震部门配合，积极辟谣[1]。

本章练习

1. 简述各类新闻编辑的发展过程及特点。

2. 简述媒介融合条件下新闻编辑的特点。

3. 简述报纸、广播、电视和网络的传播特点。

4. 比较报纸、广播、电视和网络传播符号的优劣。

5. 比较报纸、广播、电视和网络新闻编辑的异同。

6. 论述新闻编辑的基本意识及内涵。

7. 简述新闻媒介在维护国家稳定方面应承担的责任和义务。

8. 简述新闻媒介在维护社会稳定方面应承担的责任和义务。

9. 论述新闻媒介在报道司法活动中应注意的事项。

10. 论述新闻传播侵犯名誉权的方式、特点以及预防、抗辩理由。

11. 论述新闻传播侵犯隐私权的方式、特点以及预防、抗辩理由。

12. 论述新闻传播中如何保护新闻作品作者的著作权。

13. 论述特殊新闻和信息的类型及相关规定。

本章参考文献

[1] 肖东发. 中国编辑出版史 [M]. 沈阳：辽海出版社，2002.

[2] 周小普. 广播新闻与音响报道 [M]. 北京：中国人民大学出版社，2001.

[3] 周勇. 电视新闻编辑教程 [M]. 北京：中国人民大学出版社，2002.

[4] 彭兰. 网络传播概论 [M]. 北京：中国人民大学出版社，2001.

---

[1] 魏永征. 新闻传播法教程 [M]. 北京：中国人民大学出版社，2002：198－210.

［5］赵晴，章慧娟，翁若川．以新闻创新提升舆论引导能力［J］．中国记者，2009（1）．

［6］蔡雯．创新、拓展与重构——新闻编辑业务改革三十年［J］．新闻与传播，2009（2）．

［7］李良荣．新闻学导论［M］．北京：高等教育出版社，1999．

［8］蓝鸿文，郑保卫．新闻伦理学简明教程［M］．北京：中国人民大学出版社，2001．

［9］蔡雯．新闻报道策划与新闻资源开发［M］．北京：中国人民大学出版社，2004．

［10］蔡雯．新闻编辑学［M］．北京：中国人民大学出版社，2006．

［11］梁媛．新闻编辑［M］．长沙：湖南大学出版社，2007．

［12］吴飞，周勇，邓利平，谭云明．新闻编辑学［M］．4版．杭州：浙江大学出版社，2008．

［13］魏永征．新闻传播法教程［M］．北京：中国人民大学出版社，2002．

［14］蒋晓丽．网络新闻编辑学［M］．北京：高等教育出版社，2004．

［15］邓炘炘．网络新闻编辑［M］．北京：中国广播电视出版社，2005．

第二章

报纸编辑

第一节
报纸编辑概述

报纸编辑是指在现代报纸新闻生产过程中的策划、组织、选择、加工、设计等专业性工作的总称。它不仅包括选稿、改稿、稿件配置、版面设计等微观层面的编辑业务，还包括在微观编辑业务开始之前对报纸的总体设计，对新闻报道活动的策划、设计和组织等宏观层面的编辑业务。

一、报纸编辑的地位

（一）报纸编辑是报纸工作的核心

从报纸工作流程来看，报纸编辑是整个报纸工作的核心，编辑部的组织结构和工作程序都是围绕这个核心来进行的。报纸编辑，包括制定编辑方针和报道计划、策划和组织报道、选择和组织稿件、整理和加工稿件、配置和组合稿件、设计编排版面，直到出版一期报纸以及收集读者的反馈意见等，这些工作贯穿报纸出版的全过程。简言之，一张报纸的出版，自始至终都是以编辑为纽带来沟通和连接起来的。从总编辑到记者、美工、校对、电讯人员以及广告、发行、技术操作人员，都要与编辑人员打交道。可以说，报社的工作主要围绕编辑出版报纸进行，而报纸编辑是这一流程的重要执行者、组织者、贯彻者。

（二）报纸编辑是报纸内容的把关人

从新闻稿件内容看，报纸编辑是新闻信息内容的把关人。报纸编辑部每天都会收到来自各种渠道的稿件，但只有那些立场正确、观点鲜明、事实准确并且符合报纸特点和风格的稿件，经过报纸编辑的严格筛选，才有可能留下来。同时，报纸编辑是稿件质量的把关人。被留下来的稿件，可能还存在质量问题，即层次是否清楚、重点是否突出、语言是否流畅、标点是否正确、有无错别字等，这些都需要报纸编辑认真修改、转换、润色，使稿件符合新闻传播的要求。

（三）报纸编辑是联系读者与记者、作者的桥梁

从记者、作者与读者的关系看，报纸编辑是联系读者与记者、作者的桥梁。读者对新闻事件和稿件质量的意见和看法，一般不大可能直接反馈给记者、作者，而是反馈给报纸编辑，报纸编辑再将读者的意见和建议反馈给记者、作者。同时，报纸编辑也可从读者来信中发现一些有价值的新闻线索，建议记者进行相关采访等。

（四）报纸编辑是记者采写新闻的指南

从报纸编辑与记者的关系看，报纸编辑是记者采集新闻信息的重要指南。首先，报纸编辑策划是记者采集新闻信息的重要依据，记者按照报纸编辑策划规定的数量、质量、时间、进度和体裁完成新闻信息的采集任务。其次，报纸编辑对新闻信息的取舍、修改和展示，给记者采集新闻信息提供了导向。什么样的稿件多发，什么样的稿件少发；什么样的稿件发的位置突出，什么样的稿件发的位置较弱；什么样的稿件早发，什么样的稿件迟发，都会对记者起到导向作用，记者很多时候是根据编辑的发稿导向来采集新闻信息。

二、报纸编辑的作用

（一）报纸编辑是报纸出版的总策划

报纸创办或者改版，以总编辑为首的报纸编辑委员会要制定编辑方针，编辑方针规定了报纸的读者对象、报道内容、报纸水准和风格，成为报纸微观新闻业务活动的指南。报纸编辑还担负着设计报纸的信息规模、结构的任务，每一个新闻专刊、专栏、专版、版面都是报纸编辑策划的结晶。同时，报纸编辑还是重点报道活动的策划者。报纸的总编辑、编辑部主任、版面主编等担负着策划新闻报道的任务。随着现代科学技术的发达，社会及经济的不断发展，人们之间的交往越来越频繁，读者对新闻传播的需求已经不满足于仅仅获知新近变动的事实信息，而要求报纸围绕新闻事件或社会现象提供尽可能多的信息，解释其产生的原因，分析其带来的影响，预测其发展的趋势。为此，报纸的新闻报道要由平面走向立体，从单向走向多向，追踪报道、系列报道、组合报道越来越多，报纸编辑策划报道的任务越来越重[1]41-42。

（二）报纸编辑是报纸出版的总设计

一份报纸的出版，需要编辑部各环节、各岗位、各方面人员的配合才能完成。从制定编辑方针、政策和报道策划等宏观编辑业务，到组织稿件、编辑加工等微观编辑业务，到最后报纸出版和读者信息反馈；从总编辑到记者、美术、校对、资料、电讯、摄影以及广告、发行、照相制版、电脑操作人员等，所有这些工种与人员，都无一例外地要跟编辑打交道，与之联系在一起。也就是说，要把各工种、各环节、各方面人员有机地串联起来，报纸生产和传播得以有条不紊地、贯彻始终地进行，要靠报纸编辑进行周密的设计，要靠报纸编辑进行协调。报纸编辑是串联各项业务的一根红线、纽带和脉络。如果没有报纸编辑，那么整个报纸生产就无法形成一个系统，就无法有效地运转，更谈不上报纸的质量[2]。

（三）报纸编辑是新闻报道的总指挥

报纸编辑不仅策划报道，而且是重大报道的指挥者，他们向记者部署采访任务，协调各部门、各工种以及记者之间的关系，随时了解记者的工作情况，并为其提供采访线索、提供资料和推荐合作者。在记者的采写过程中，报纸编辑还为记者做参谋。一般情况下，记者也愿意与编辑沟通，听取编辑的意见和建议，因为编辑站在全局的高度看问题，可以弥补记者认识的不足，帮助记者找到更有价值的选题和更好的角度。竞争越激烈，报纸就越需要足智多谋、指挥有方的报纸编辑[1]42。

（四）报纸编辑是新闻素材的总加工

当记者、作者把新闻稿件交到报纸编辑部时，这些稿件并不一定完全符合报纸的要求。报纸编辑选择和处理稿件，首先是对新闻素材重新认识的过程。报纸编辑有可能看到记者尚未意识到的问题，发现记者没有发现的价值，找到比记者更好的报道角度。报纸编辑还可以将几篇主题相同、相近、相关或对立的稿件进行对比、联想和拓展，从中提升出更深刻的报道主题，或者发现更有价值的新闻

---

[1] 蔡雯. 新闻编辑学［M］. 北京：中国人民大学出版社，2006.

[2] 谭云明. 新闻编辑［M］. 北京：中国传媒大学出版社，2008：13.

线索。其次是对新闻素材的再创作，包括对新闻素材的重新选择组合和对新闻表现形式的再创造[1]。

（五）报纸编辑是报纸出版的总合成

一份报纸的出版，不仅需要报社全体人员的共同努力，同时也要报社外部人员的共同努力，其中包括上级领导、各级部门、兄弟单位和广大群众。换言之，它渗透着整个社会的劳动，缺少哪方面都不行。但是，把这些力量积聚起来，把这些劳动汇总起来并充分体现这种社会劳动的成果，出版一期又一期高质量的报纸，主要靠报纸编辑。报纸编辑是报纸组织宣传的总集中、总整理、总加工、总装配、总体现；没有它，各种劳动便不能化零为整，就如同各种零配件装配不成产品一样，最后不能组合成一份报纸。在特殊情况下，报社没有记者还可以依靠编辑通讯社的稿件和其他稿件而勉强维持出版，但报社若没有编辑，一天也无法生存[2]2。

（六）报纸编辑是报纸出版的总把关

报纸的生产和传播需要经过许多工序，每道工序都要进行严格的把关，才能防止差错，保证报纸新闻传播的质量和舆论导向。在这方面，报纸编辑的任务尤其重大。因为报纸编辑是新闻传播活动的总把关，是组织传播、把握舆论导向的最后一道环节、防线、关卡，各种潜在的问题和差错，不仅高度集中在这里，而且一旦闯过这一关卡，就无法挽回和补救了[2]3。

三、报纸编辑的任务

在完成出版报纸这项根本任务的过程中，报纸编辑担负着自己的特定任务，即对报纸的内容和形式进行总体设计，并通过稿件的选择、修改和编排来组织实施，最后把好的内容通过好的形式组成好的版面奉献给读者。报纸编辑的具体任务包括如下几方面。

---

［1］蔡雯. 新闻编辑学［M］. 北京：中国人民大学出版社，2006：45.

［2］叶春华. 报纸编辑［M］. 福州：福建人民出版社，2003.

（一）策划任务

策划，是指报纸编辑为解决报纸工作中关系全局性的问题所作的判断和行动设计。报纸编辑负有决策的重任，是因为报纸编辑首先是报道计划的制订者，担任总编辑、编委等职务的报纸编辑更是驾驭全局的决策者，他们直接掌握着报纸创办或改版的方向，直接影响报纸的质量。尤其是总编辑，更是负有为报纸出版进行决策的重大责任，甚至有人认为，总编辑就是报纸的总策划。报纸编辑策划的内容主要包括：参与确定报纸的编辑方针，负责制订报道计划，对报道的内容、数量、地位、报道方法作具体安排和动态调整等[1]。

（二）加工任务

报纸编辑是一项具有一定专业性、创造性的工作，这种创造性具有隐形性、依附性、追加性的特征。报纸编辑把自己的劳动和智慧融化在记者和作者的创造成果中，他们为一篇新闻稿件从主题、内容到语言文字、篇章结构上所作的各种性质的加工改造，读者是很难看到的。报纸编辑的加工，贯穿在整个报纸编辑工作的过程中，从约稿、组稿、选稿，一直到制作标题、组织版面，自始至终都包含了报纸编辑的创造性劳动。报纸编辑加工处理新闻稿件，不能随意改变作者的本意，不能随意改变原稿的风格，不能主观臆造或任意篡改事实，因而报纸编辑的创造性只能依附于别人的劳动。同时，报纸编辑可以发挥自己的主观能动性，提高新闻作品的思想性、指导性和艺术性，最大限度地挖掘新闻信息的新闻价值。

（三）把关任务

报纸编辑的重要特性之一就是报纸出版的总把关。报纸编辑人员是报纸新闻传播的把关人。在防止和消除报道差错以及正确引导舆论方面，报纸编辑担负着特别重要的责任，不能有任何疏忽。报纸编辑人员应该通过新闻稿件的挑选、修改，标题制作，新闻评论撰写和版面编排来把握新闻报道的方向，体现办报方针和版面编辑方针，体现报道意图，而不能从个人好恶出发，滥用权力，对新闻稿件进行随意的处理。报纸编辑既要杜绝假稿、劣稿、错稿出现在报纸版面上，又

---

[1] 谭云明. 新闻编辑［M］. 北京：中国传媒大学出版社，2008：16.

要创造条件给真稿、好稿和正确的稿件放行。报纸编辑把关主要体现在把好政治关、事实关和文字关。

（四）发言任务

报纸不仅要忠实地报道事实，还要对现实生活中的各种问题和现象表明自己的态度和立场，作出自己的分析和评价，赞成什么，反对什么，限制什么，提倡什么，从而引导人们去判断是非，认清方向。报纸编辑应该根据不同内容、不同问题、不同情况，采用不同的发言方式。

一般来说，对于涉及全局性的重要问题和重大事件，对实际工作有指导意义的新事物、新动向，可以组织撰写本报编辑部文章、社论、评论员文章、署名评论、编者按、编后语等评论，直接发言，这是报纸最重要的发言手段。报纸编辑还可以发表读者来信、问答、工作访问、批评、建议、以作者名义写的言论、撰写新闻提要等，运用这些方式来间接发言。报纸编辑可以通过标题来发言，或者运用文字手段对稿件中的事实和观点直接表示赞成或反对、歌颂或谴责的态度，或者通过标题的长短、字号的大小、摆放方式来间接表明态度和立场。此外，报纸编辑还可以通过稿件的取舍、修改以及稿件编排版次的先后、位置的高低、次序的先后和稿件的配置来表明自己的态度。

（五）组织任务

报纸编辑的组织任务，首先表现在实施报道策划的过程中，组织记者、作者和其他人员采集报纸版面所需要的各种信息。其次表现在组织报纸出版的各环节、各工种、各类人员，保证报纸编辑部的高效协调运转。最后表现在把各类分散的、孤立的稿件或者报道串联起来，组织成有机的统一报道整体，使之发挥单篇报道所不能发挥的效应。发挥报纸集合体的新闻效应，关键在于编辑能否根据各类稿件信息之间的不同联系，巧妙组合，真实而生动地反映现实生活，并引导受众把注意力集中到现实所提出的主要任务上来。这种稿件组织包括同题集中、专刊、专版、专栏、配套，还包括连续报道、集中报道和系列报道。

（六）发现任务

发现任务包括发现人才和发现稿件。发现人才，就是当一名作者尚未崭露头角时，编辑就能从他的第一篇作品中看到他的才华和潜质，满腔热情地支持他、帮助他，并为他的成长创造条件。发现稿件，就是发现有价值的稿件，能从大量稿件中找到有价值的稿件，能从大量嘈杂的信息中找到有价值的新闻信息，并通过各种加工手法和编排手段，在新闻稿件中突出最有价值的新闻事实，同时将最有价值和分量的稿件安排在合适的版面和位置上，使稿件的新闻价值在版面上凸显出来，为读者所识别。

四、报纸编辑的工作内容

（一）报纸编辑工作的基本内容

从日常的报纸编辑业务来看，报纸编辑工作可以分为三项基本内容：

1. 新闻报道的策划和组织

一名称职的报纸编辑不是坐在办公室里等米下锅，而要主动从不同渠道收集各种信息，召集报道会议，把报道选题分配给记者，把新闻线索提供给记者，让他们去采集新闻信息。所以，报纸编辑主要是判断新闻价值，安排和组织报道。他们要确定哪些新闻线索值得记者去写、如何去写，并解决报道过程中出现的相关业务问题，协调沟通各种关系。

2. 选稿、编稿和审稿

记者稿件采写完毕，最后都要汇总到编辑这里。编辑要对每篇稿件进行分析、选择和修改，制作标题，并签发上版。编辑的作用就是点石成金，化腐朽为神奇。在这道工序中，他可以使一篇普通的新闻稿件变成一篇优秀的新闻稿件，也可能埋没一篇优秀的新闻稿件。在这个过程中，报纸编辑要把好政治、政策、原则、导向、策略、基调、格调、品位、技术这些关卡，避免发生差错。

3. 组版

把一篇稿件放在版面的什么位置，是做头条处理，还是放在不显眼的地方，不同稿件如何搭配起来，标题采用多大的字号，用什么字体，这些同样关系到能否准确有效地把新闻信息传递给读者。

（二）报纸编辑工作的具体内容

具体说来，报纸编辑的工作内容包括以下几个方面。

1. 制定和实施编辑方针

协助总编辑确立编辑方针，并具体执行。

2. 设计报纸形象

对报纸及其版面作整体形象设计。

3. 管理记者

发现优秀记者和优秀作者,培训和指导记者和作者,联络和推荐撰稿者,建立新闻通讯员队伍。

4. 策划报道

根据党的路线、方针、政策,根据新闻传播规律,制订一段时期的报道计划,判断有价值的新闻线索,并提出好的报道思路和点子。

5. 组织实施报道

落实报道策划,调兵遣将,协调沟通,组织指挥重大采编活动。

6. 选择稿件

把各种来稿进行分门别类的处理,并选择有价值的稿件进行编辑。

7. 审稿改稿

校正政治、事实和技术错误,润色语言,保障准确,弄清文脉,调整结构,增删段落,制作标题,重写导语,包装新闻等。目的是突出新闻价值,使稿件具有必读性和可读性,并避免硬伤。对重要、复杂和敏感稿件,履行送审手续。

8. 选配图片

美术编辑、图片编辑和文字编辑沟通合作,使图片和稿件相得益彰。

9. 筹划版面

配置稿件,进行版面设计。

10. 校阅大样、 清样

协助校对工作,尽力减少稿件的差错。

11. 撰写言论

站在编辑部的立场,就政治、经济和社会等重大问题表明态度、立场和看法。

12. 报道善后

检验报道效果,写总结、检查。

13. 业务调研

读者反馈、资料收集、专题调查、实地走访、建立数据库、理论研究等。

14. 参与一定的采访

即便在采编分开的情况下,报纸编辑也有从事采访写作的机会和任务。

15. 其他

向有关部门提供参考资料和意见，与宣传主管部门搞好关系，接待各种来访人员，主持读者座谈会和联谊会，协助发行和广告部门开展工作等[1]。

五、报纸编辑的流程

一份报纸从确立名称、宗旨、读者对象到报纸刊出，一般要经过这样几道环节：制定编辑方针→设计报纸方案→策划安排报道→组织稿件（包括记者采访写作的稿件、群众来信来稿、编辑约稿和撰写的评论）→选择稿件→修改稿件→制作标题→配置稿件→设计版面→照排制版（校对签发）→印刷→发行。

从报纸编辑的流程可以看出，就具体稿件而言，其编辑稿件大致可以分为三个阶段。

（一）来稿分流阶段

这项工作一般由报社的群众工作部负责，将收到的各种来稿、来信集中筛选、分类后，根据稿件内容分送给不同专业的编辑。

（二）加工整理阶段

各版编辑审读各自的稿件，经遴选、加工、整理编成备用稿，同时还要从稿件的内容、角度等方面决定是否配发言论、图片或其他资料，决定是否采用专栏、专页的形式等。编辑修改后，将稿件交给编辑部负责人定稿。

（三）版面编辑阶段

版面编辑对各部门送来的稿件进行再评价、再选择、再修改，并最终决定如何编发这些稿件（如决定哪些稿件退稿补充采访，哪些立即刊发，哪些稿件延时刊发，哪些稿件用做内参等），然后设计版面，进行版面编辑工作，最后将拼组好的版面送有关负责人检查和审阅，付印发行[2]。

---

[1] 韩松，黄燕. 当代报刊编辑艺术［M］.上海：复旦大学出版社，2006：25 – 27.

[2] 陈红梅. 新闻编辑［M］.武汉：武汉大学出版社，2005：10 – 11.

新闻稿件选择

报纸上的新闻稿件，包括文字稿件、图片稿件，除极少数是由上级部门或编辑部领导批示必须刊登而直接上版外，绝大多数都是报纸编辑从众多来稿中挑选出来，又经过一次次再选择，最后落实到报纸版面上。新闻稿件的选择过程实际上也是分析新闻稿件的过程。新闻稿件的选择和分析是依据一定的标准对稿件反复鉴别、权衡、比较的过程。

一、分析鉴别内容真伪

分析和选择新闻稿件的首要任务就是鉴别新闻稿件内容的真伪。凡是假的东西，总有其不合逻辑、违背常识、不合情理的成分，总会有破绽，这就为我们鉴别真伪提供了一条间接标准——合理性。凡是合理性有疑问的稿件，掺假的可能性较大。假新闻的来路往往疑点较多，编造假新闻的人不敢或无法通过正常渠道传送稿件，只得走歪门邪道。这也为我们鉴别稿件真伪提供了另一个间接标准——可靠性。

（一）根据来源判断新闻稿件的真实性

稿件是谁写的，在送达编辑部之前是否经过权威部门审阅，由此入手，可确定新闻稿件的可靠性。稿件来源一般有本报稿、通讯社稿、特约稿、文摘稿和自来稿。

1. 本报稿

本报稿的作者是本报记者，他们对新闻的真实性有明确的认识，而且受新闻纪律和新闻职业道德的约束，一般来说不会也不敢故意造假。因此，本报稿的真实性一般不存在问题。但也有个别记者采访作风虚浮，写作态度不够严谨，容易受他人利诱，以前写过失实稿件，应特别注意。

2. 通讯社稿

通讯社稿也是专业记者写的，且在发稿前经过了严格审查，其真实性是有保证的。新华社记者训练有素，审稿、发稿制度健全，经常代表党和政府发布重要新闻，可靠性很高。但也有个别记者、编辑为抢新闻，省略核实、审查程序，把道听途说当成真实信息，对这种稿件应慎重一些。

3. **特约稿**

特约稿的作者，多数是某一领域的权威人士，有较高的社会威望，报纸编辑经常与之联系，对其人品、文风都比较了解，其稿件可靠性较高。

4. **文摘稿**

文摘稿是从其他的媒体摘来的，其可靠性与原载媒体的可靠性有关。那些历史悠久、作风严谨的报刊，在刊登时已对稿件内容作过鉴别，可放心摘用，但也有一些报刊和互联网网站喜欢猎奇，随便刊发一些未经核实甚至胡编乱造的稿件，引用时应谨慎。

5. **自来稿**

自来稿是真实性问题最大的，对其真伪应仔细鉴别。一般来讲，注明作者真实单位、联系地址和电话的稿件比来源不明的稿件可靠性要高一些；作者单位、职业与其所写内容有联系的稿件比作者跨行业、跨部门写的稿件可靠性要高一些；附有权威机构证明或其他报纸相关报道的稿件比没有任何佐证、只有作者一人叙述的稿件可靠性要高一些；由权威部门审阅、核实并加盖公章的稿件比没有经过审阅的稿件可靠性要高一些；身份、人品、经历为编辑熟悉的作者的稿件比陌生作者的稿件可靠性要高一些[1]。

（二）同类稿件互相印证新闻稿件内容的真实性

对同一新闻事件尤其是热点新闻，编辑部往往同时收到几篇来源不同的稿件。例如，同一场体育比赛，通讯社有稿件，本报记者有稿件，社外作者也有稿件，这为编辑鉴别稿件内容的真实性提供了便利。对稿件细节有怀疑时，把关于同一事件的多篇稿件放在一起，交叉比较，就可得出正确结论。

把文字稿件与新闻照片、电视报道对比，也是一种办法。新闻照片有直观性，电视新闻比文字报道来得及时，且更加具体。把新闻照片和电视报道与报道同一事实的文字稿相比较，不仅能判断主要事实是否属实，连一些细节的失实也

---

[1] 王永赋. 报纸版面学 [M]. 北京：人民日报出版社，2001：167-168.

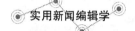
能发现[1]169。

（三）运用资料印证新闻稿件内容的真实性

报纸编辑应该善于运用各种资料，如各种工具书、统计资料、历史文件、简报、剪报等，用以判断某些稿件内容的真伪。这些资料必须具有权威性，是最新发布的、是直接的。有些作者喜欢用"第一"、"首创"、"填补空白"等字眼强调事实的鲜见性和显著性，查一下有关资料，就能判断作者说法的可靠性。有些理论文章经常引用一些数字、引语和事例做论据，如果与权威资料记载出入太大，至少说明作者的写作态度不够严谨，这样的稿件以不刊登为宜[1]170。

（四）运用已有知识和信息推断新闻稿件内容的真实性

运用已有的知识、已经获知的信息、生活常识和有关的法律法规，进行合理推断，可发现稿件的虚假成分。违反常理或不合情理、情节奇巧、事实表述含糊其辞的稿件往往有编造故事或夸大事实的可能，尤其要注意鉴别。例如，有一篇新闻稿件，报道一位妇女在公交车上捡到百万美元现钞，在公交车站坐等失主。其实，只要稍微具有一点生活常识的人就不难判断其中的破绽。携带巨额现金的人一般都是有钱人，他们一般不会坐公交车，再说，为了安全起见，更不会选择坐公交车，最起码要坐出租车。

另一种合理推断是根据新闻稿件本身提供的资料交叉比较，看其能否自圆其说。比如，评判一家企业的优劣大致有八项标准，包括产品质量、产销比例、市场占有率、劳动生产率等，但不管有多少评判标准，企业的获利情况应该是考察企业的主要标准之一，只讲市场占有率、生产总值增长率、人均生产总值，而不谈赢利情况，说这家企业是优秀企业，其真实性值得怀疑。

（五）送有关部门或个人审查新闻稿件内容的真实性

把新闻稿件送给了解事实真相的部门或个人，请他们鉴定稿件的真实性。这是一种最可靠的判断稿件真伪的办法。越是题材重大、材料具体、能引起社会强烈反响的稿件，越应该履行送审手续，请知情者把关。送审的方式多种多样，最简便的是通过电话向有关部门或个人核实情况。内容特别重要的稿件，应采用邮

---

[1] 王永赋. 报纸版面学 [M]. 北京：人民日报出版社，2001.

寄或传真等方式，让审查者看到稿件原文。必要的时候，要全面地向领导、当事人和群众了解情况，广泛听取各方面意见[1]170。

二、分析判断新闻价值

选稿的第二步就是把真正有价值的稿件遴选出来，淘汰没有价值或价值很小、不值得刊登的稿件。一般认为，新闻价值包含以下五项要素。

（一）时新性

时新性与时效有关，事件发生离公开报道的时间越短，新闻价值越大。新成果、新动态、新经验、新规定、新政策、新发明、新发现等，都具有时新性，都可能成为新闻报道的事实。有些以前发生的事实，一直鲜为人知，新近正式公开了，这件事本身属"旧闻"，但"首次公开"一事是新的，也具有时新性[1]173。

时新性还与信息量相关，读者欲知未知的信息量越多，新闻价值越大。在一篇稿件中，读者感兴趣的信息越多，新闻价值越大。有一些新闻稿件，看起来也是报道新近发生的事实，篇幅也不短，但重复信息比较多，对人们关心的内容却没有报道或报道很少，使人读完后还有很多疑问，这种新闻稿件缺少信息量，其价值也相对受到损害[2]。在选稿时，对关键信息和必要信息交代不清的、重复信息较多的稿件，应尽量避免。

（二）重要性

重要性包括三方面：一是直接与国家民族利益密切相关，如 2008 年初的南方雪灾、汶川特大地震、海峡两岸直接"三通"、拉萨"3·14"事件等；二是有针对性，如 2008 年底国家投资 4 万亿元应对全球金融危机、各地应对金融危机而采取的扩大内需保增长措施等；三是与普通老百姓的切身利益密切相关，如 2007 年福建厦门 PX 项目事件、2008 年的阜阳"口蹄疫"事件、三鹿奶粉事件、房地产政策变化等。

---

[1] 王永赋. 报纸版面学 [M]. 北京：人民日报出版社，2001.

[2] 蔡雯. 新闻编辑学 [M]. 北京：中国人民大学出版社，2006：175.

（三）显著性

显著性是指新闻事件中一些要素非同寻常，很容易引起关注。同样一件事，发生在一般人身上，或在一般地方发生的，就没有显著性，但发生在重要人物、名人、明星等身上，或发生在特殊、特别的地方，就有显著性。一般的青年男女约会司空见惯，没有显著性，而中国跳水明星郭晶晶与香港富商霍英东的孙子霍启刚约会就有显著性。一般国家领导人更替没有显著性，而大国领导人更替就有显著性，如奥巴马当选美国总统、梅德韦杰夫当选俄罗斯总统、萨科奇当选法国总统就有显著性。事件本身发生的概率很小、比较少见也构成显著性。斗转星移，日出月落，天天如此，没有显著性；但小行星撞击木星、巨大的陨石坠落，几年一遇的日全食、日环食、流星雨等，就有显著性。

（四）接近性

接近性有两种意义。一种是地理上的接近，读者首先要知道自己周围发生的事情，因为本地发生的事情与读者的生活有更直接的关系[1]。在报纸发行范围内发生的事情，要比外地发生的、性质相似的事情更能引起读者兴趣，比如，读者对本市一起交通事故的关注程度超过对外地一起交通事故的关注。一种是心理上的接近，有些事情虽发生在远方，但由于在经济、文化、人事等方面有密切联系，也会引起公众感情上、心理上的共鸣[1]，比如，2008 年重庆、广州出租车司机罢运事件不仅会引起全国各地出租车司机的关注，也会引起各级政府的关注。

（五）趣味性

一般来说，新奇的、反常的、情节曲折的、能增长知识的事实能引起读者的兴趣，具有趣味性。衡量趣味性的标准是读者的兴趣。比如，发现一只白乌鸦比发现一百只黑乌鸦更有趣味性，为大象补牙比为人补牙更有趣味性，为老虎做心脏手术比为人做心脏手术更有趣味性。

上述五项要素是分析新闻稿件新闻价值有无以及大小对主要考虑的内容。任何一件事，至少应具备两项新闻要素，其中之一必须是时新性，才有新闻价值。

---

[1] 李良荣. 新闻学导论［M］. 北京：高等教育出版社，1999：170.

也就是说，只要具备了时新性再加上其他至少一项要素，就有新闻价值，就可供报纸选用。一件事实所具备的这些要素越多，其新闻价值越大，就越能引起读者的兴趣[1]175。

分析判断新闻报道的新闻价值，着眼点应放在事实上。这不是说稿件形式与新闻价值毫无关系。好的稿件形式，可使新闻价值表现得更突出、更集中，但不会使原本不具备新闻价值的事实变得有价值。差的稿件形式，会淹没、冲淡新闻报道的新闻价值，但只要这种价值确实存在，报纸编辑可通过增删、改变结构甚至全部改写，使其新闻价值凸显出来[1]175－176。

三、分析判断宣传价值

除了新闻价值以外，新闻稿件还要有宣传价值。宣传价值就是新闻事实本身所包含的有利于传播者、能够证明和说明传播者思想和主张的素质。一般认为，宣传价值包括以下要素。

（一）一致性

一致性是指新闻事实中所包含的思想观点与报纸所持的政治主张、价值标准一致。对于我国报纸来说，要以党的理论、方针、政策以及国家法律法规和社会主义价值观作为标准[2]。多报道体现自己主张的事实，少报道与自己的主张关系不密切的事实，尽量排除与自己主张相悖的事实，如这种事实非报道不可，则尽量将其放到不显眼的地方，或以尽可能有利于自己的方式加以报道。例如，2009 年，《人民日报》推出系列报道《西藏民主改革 50 年》，报道西藏 50 年发生的重大变化，宣传我国的民族区域自治政策。

（二）针对性

针对性是指报纸针对各种猜测、怀疑、歪曲、流言、错误观念和模糊认识，选择事实，有的放矢，有效引导社会舆论。针对性越强，宣传价值越大[1]173。例如，针对 2008 年投资建设过程中的一些问题，江苏《新华日报》推出《扩大

---

［1］王永赋. 报纸版面学［M］. 北京：人民日报出版社，2001.

［2］李良荣. 新闻学导论［M］. 北京：高等教育出版社，1999：172.

投资应向民企敞开大门》、《挤一挤 18 万亿的泡沫》等一组报道，指出扩大投资的热潮应向民营资本敞开大门，吸纳社会资金，提高投资效益，打破垄断，为经济的长远发展奠定基础，通过不同性质资本的充分竞争来提高经济运行的效率和全民福利，防止大规模的投资变成强势资本独享的盛宴。

（三）普遍性

普遍性是指新闻事实中所包含的思想观点对读者具有普遍的教育意义和指导作用，引起人们广泛注意，启发人们思考，引导人们去举一反三[1]。例如，《人民日报》2009 年 2 月 9 日 1 版《时代先锋》专栏推出报道《永远的巴山红叶——追记四川省南江县原县委常委、纪委书记王瑛》，为我们树起了一面新时期优秀共产党员的光辉旗帜，一面优秀基层领导干部的光辉旗帜，一面优秀纪委书记的光辉旗帜，教育党员干部要坚定信仰、恪尽职守、真干实干，自觉做党的忠诚卫士，当群众的贴心人。

（四）典型性

典型性是指新闻事实能有力地说明观点，所选事例能以一当十、以少胜多，使人心服口服[1]。例如，2008 年《浙江日报》推出 6 篇系列报道《解读"万向"·对话鲁冠球》，深度分析万向集团近 40 年稳健发展的成长轨迹，揭示了万向集团长盛不衰的秘诀：面对风险和困难，始终充满信心；顺应市场主动调整，企业方能长寿；重视和培养人才，提高企业应对危机的本领。事实上，万向集团走过的弯路、遇到的困难一点也不比其他企业少，但重要的是能积极面对，及时吸取教训，调整转型，提高升级。

四、分析预测社会效果

报纸在满足读者的信息需要时，也会在读者中产生这样那样的影响，引发读者这样那样的行为，这种影响和后果就是社会效果。分析预测一篇新闻稿件的社会效果，一般从以下几方面考虑。

---

[1] 李良荣. 新闻学导论 [M]. 北京：高等教育出版社，1999：173.

（一）结合新闻内容和发布时机与社会背景，分析读者心理

分析预测社会效果，应将新闻稿件内容和发布新闻的时机与社会背景结合起来考虑，认真分析读者心理。这种社会背景包括当时的主要社会矛盾和舆论主流，这就要求报纸编辑要从全局看问题，不能只看局部、只看眼前[1]。新闻事实和观点的性质要与当前政治形势、社会发展趋势和人们的普遍心态相适应。比如，在贵州瓮安事件处理期间，就不宜再对类似事件进行公开报道，避免火上浇油、节外生枝，给事件处理增加难度。

（二）注意现实性和可能性

分析预测社会效果，要注意现实性和可能性。社会在发展过程中出现各种各样的问题，这些问题的解决有一个轻重缓急的过程。有的问题，时机和条件不成熟，在短期内难以解决，如果报道了，而政府和社会解决不了，容易引起混乱，降低报纸威信。新闻报道尤其是批评报道提出的问题，应该是有关单位在工作中出现的偏差，并且是政府确实在短时间内有能力解决的问题，而不应该给政府和社会出难题。另外，那些是非模糊、理论不清、难于定论的新闻事实，不宜公开报道；对于那些容易激化矛盾、引起公愤、造成心理失衡的新闻事实，也不宜公开报道。

（三）注意合理性

分析预测社会效果，要注意合理性，避免片面性。合理性是指被报道的事实应当符合辩证唯物主义原理、自然科学和社会科学的原理，合乎客观实际的常识。有些报道虽然真实，但事实本身就有片面性。有一篇稿件，写一名公交车司机为了送一名参加高考的学生准时到考场，也不征求全车乘客的意见，开足马力，过站不停，风驰电掣地把公交车开到考场附近。不征求乘客意见、过站不停是否符合公共交通规章？开足马力、风驰电掣是否符合行车安全？这种只顾一面、不顾另一面的事情，就是不合理[2]。这种问题在表扬性报道中经常出现，这是基本事实问题，尽管编辑在文字上加以修改，也解决不了。对这类稿件，在

---

[1] 蔡雯. 新闻编辑学 [M]. 北京：中国人民大学出版社，2006：183.

[2] 陆炳麟. 怎样当新闻编辑 [M]. 北京：新华出版社，1989：24.

选稿阶段就应该予以淘汰。

（四）注意合法性

分析判断社会效果，要注意合法性，杜绝具有明显危害性的新闻。目前，我国还没有制定专门的新闻法，没有对哪些新闻应禁止作出明确规定，但根据我国宪法、民法、刑法以及相关法律法规规定，具有煽动分裂国家、煽动颠覆国家政权、煽动民族仇恨、煽动民族歧视、煽动群众抗拒法律实施、造谣、诽谤、侮辱、泄露国家秘密、传播淫秽色情、传播封建迷信、宣扬邪教、渲染凶杀暴力、煽动民族分裂、侵害少数民族风俗习惯、破坏民族团结、侵害个人名誉和隐私等内容的稿件，禁止在报纸上刊登[1]。

五、根据版面需要选择新闻稿件

选择新闻稿件的最后一条标准，是看新闻稿件的内容和形式是否适合版面需要。版面需要主要决定于办报方针和编辑方针。

办报方针通常包括四方面的内容：报纸性质、办报目的、读者对象、报纸内容和形式。其中，报纸性质是办报方针的基础，它不仅制约着报纸内容和形式，而且规定了报纸的立场和办报目的[2]。

稿件是否符合版面需要，一般从以下几方面考虑。

（一）报纸性质

新闻稿件的整体结构、数量、质量要与报纸性质和报道重点相吻合。如一家面向企业界的专业性报纸，报道重点通常都是经济领域的新闻，在此前提下，再兼顾其他。具体到某一阶段、某一天的用稿，都是经济新闻的比例最大，接下来才是其他类型的新闻。该报编辑在选择稿件时，就要根据报纸用稿特点来考虑。

（二）办报目的和报纸功能定位

办报目的和报纸功能定位决定了报纸内容和传播水平，也就决定了对每一篇

---

［1］蔡雯. 新闻编辑学［M］. 北京：中国人民大学出版社，2006：191.

［2］王永赋. 报纸版面学［M］. 北京：人民日报出版社，2001：115.

稿件的取舍。比如，党委机关报与都市报和晚报的办报目的和功能定位是不同的，它们对稿件的要求也不同。有些稿件在机关报上是必须刊登的，而在都市报和晚报上可以不用。例如，全国和各级"两会"的人大常委会工作报告、政府工作报告和政协常委会工作报告，机关报是必须刊登的，而都市报和晚报可以不刊登或摘要刊登。

（三）读者对象

全国性报纸与地方性报纸的选择标准是不同的，一条在某市算得上填补空白的事情，放在全国性报纸上可能连短讯都登不上；面向普通读者的大众化报纸与面向文化程度高、收入高的高端读者的报纸的选择标准是不同的，青年报纸与老年报纸的选择标准是不同的。

（四）报纸风格

由于风格不同，各家报纸对稿件的体裁、结构、篇幅和语言风格等都有特殊要求。有的报纸以社会新闻见长，有的报纸以言论见长；有的报纸商业气息浓厚，有的报纸书卷味比较重。有的报纸以深度报道为特色，对这类稿件，舍得给版面，而对报道动态新闻的短稿并不重视。也有的报纸，以新闻的短、快、活为特色，对短稿不厌其多，对长篇报道只能忍痛割爱。

（五）报纸容量

报纸编辑要充分考虑新闻稿件与新闻版面的整体要求，根据报纸当时、当天稿件的总体情况来决定每篇稿件的取舍。稿件的整体结构、稿件的内容和数量、稿件体裁、稿件类型，要做到报道面与报道对象的平衡、稿件长短的平衡、体裁的平衡。对于一家综合性机关报来说，其报道面比一般报纸大，它的要闻版在一个阶段内必须注意全面反映各地区、各领域、各行业的情况，不可过分偏重于某地区、某领域、某行业。因而，在处理每一篇稿件时，要注意这篇稿件报道的内容和对象以往报道过没有，所占比例多大，由此来决定对这篇稿件的取舍。

另外，在许多报纸的版面编辑方针和一段时期的宣传报道计划中，都有"突出重点，兼顾一般"的规定。因此，属于"重点"范围的稿件，可多选一些。属于"兼顾"范围的稿件，可少选一点。比如，每年3月，全国"两会"召开，关于"两会"的新闻报道是各级机关报选稿的重点。每年10月，中国共产党中

央全会召开，关于中央全会的报道和贯彻中央全会精神的报道，也是各级机关报选稿的重点[1]。

六、新闻图片的选择

新闻图片包括新闻照片、新闻速写、新闻漫画和新闻图表。

（一）新闻照片的选择

选择新闻照片，应从鉴别真伪、判断价值、预测效果、考虑版面需要几方面把握。

1. 鉴别照片真伪

首先，要深入分析新闻照片的内容，看它是否反映了生活的本质，有没有歪曲事实、违反客观规律的嫌疑，是不是拍摄者摆布或假造出来的，新闻照片尤其要强调画面内容的真实性，这种真实包括画面中的形象是真实的，人物的表情和新闻细节是真实的，现场气氛是真实的。

其次，要把照片与图片说明作对比，看它们之间有无矛盾。

最后，从各种角度审视照片，看它的光线角度是否一致、人物动作和表情是否自然、景物的各部分是否合乎透视比例、有没有造假留下的痕迹，等等。

2. 判断新闻价值

新闻照片必须具有新闻价值。新闻价值低或根本没有新闻价值的照片，不能作为新闻照片使用。新闻照片的新闻价值应从时新性、重要性、显著性、接近性、趣味性等方面进行分析。此外，挑选新闻照片还应注重艺术价值，要求画面清晰、构图新颖、反差适度、色彩鲜亮、层次丰富、对比清晰、制作精良，场面有典型性，人物形象和景物能很好地揭示主题，画面形象具有视觉冲击力和感染力，达到新闻性与艺术性的完美统一。

3. 预测传播效果

对新闻照片的社会效果应作通盘考虑，既要看它的主题思想、主体形象会给读者带来什么印象，又要看照片细节会不会产生副作用。比如，对社会阴暗面或丑恶行为的揭露，尤其是对一些犯罪场面、淫秽行为的赤裸裸的展示，这样的照

[1] 王永赋. 报纸版面学 [M]. 北京：人民日报出版社，2001：183.

片刊登后会产生不良的社会后果。

4. 考虑版面需要

照片内容和形式应符合报纸特点和版面需要。

在照片单发的情况下，挑选新闻照片，一方面要重视照片内容，从题材、主题的角度，看它能否丰富和深化版面主题；另一方面要重视照片形式，看它能否提高版面艺术水准。这就要求版面编辑在选择照片时应有版面意识，有目的地选择最能体现这个主题的照片。

在照片配发的情况下，首先，必须弄清楚新闻照片与文字稿件的内在联系，即两者在时间、地点、人物、时间上的一致性，切忌张冠李戴。其次，要确认照片的内容（场景、人物、拍摄时机和角度等）有助于印证、深化文字稿件主题，而不是削弱甚至否定文字稿件主题。

选择系列照片编辑专题新闻报道或图片专栏、专版，还要考虑照片之间的配合，避免出现画面重复，使照片组合后的整体效果大于每幅照片机械相加的总和。

（二）新闻速写的选择

1. 新闻速写的应用场合

新闻速写包括新闻场景速写、新闻人物速写等，是用绘画的手法对新闻事实作形象化的展示。它一般用于以下三种场合：

一是报道重大新闻事件，如重要会议、文艺演出、建设成就等，以其艺术感染力达到新闻照片无法达到的效果。

二是展示新闻人物的风采，通常作为通讯、特写的插图。

三是在文字新闻稿件没有合适照片配合的情况下，用新闻速写弥补文字新闻稿件形象性的缺陷。

2. 新闻速写的挑选

挑选新闻速写，主要应从真实性和艺术性两方面进行把握。一方面要从写实的角度衡量，要求画面内容真实，有现实依据，反映所画对象的外部特征和内在本质；另一方面要从艺术的角度衡量，要求构图新颖、技法娴熟、形象生动[1]。如2009年3月16日《海峡导报》头版就选择了一张新闻速写来报道"中国最大

---

[1] 王永赋. 报纸版面学 [M]. 北京：人民日报出版社，2001：214.

渔政船抵西沙宣示主权"的新闻。

（三）新闻漫画的选择

新闻漫画是针对社会现实问题，用夸张、变形、比拟、象征等艺术手法创作的绘画作品，通常具有讽刺性或幽默性。

1. 新闻漫画的应用

新闻漫画单独使用时，实际上是作者通过漫画评论时事，是一种形象化的评论，由于受画面形象限制，分析问题不像文字评论那么深刻，观点表述不像文字评论那样准确明了，需要读者结合自己的知识积累和经验去思考，因此挑选新闻漫画要考虑到读者的知识水平和理解能力。

新闻漫画与文字稿件配合有以下三种情况：

一是文字报道与新闻漫画配合使用，这时新闻漫画的作用是深化文字报道的主题思想，渲染报道内容的感情色彩。由于新闻漫画只能选择最有趣味性或最有典型性的一种角度来进行形象描绘，它所包含的信息必然是有限的，这就要注意新闻漫画与文字报道主题的联系，尽可能挑选与报道内容最贴切、能够充分表达报道主题的新闻漫画作品。

二是文字评论与新闻漫画配合使用，这时新闻漫画的作用是强化文字评论的观点、意见和倾向，两者相得益彰，这就要求新闻漫画的角度、观点与文字评论的角度观点一致。

三是利用新闻漫画图解文字报道中比较艰深难懂的内容，帮助读者掌握相关知识。

2. 新闻漫画的挑选

挑选新闻漫画，一是要在政治思想上把关，分析新闻漫画反映的问题是否典型、反映的时机是否恰当、表现的方式是否合适、揭露和讽刺的分寸是否把握得当；二是要在表现艺术上把关，分析新闻漫画揭示的意义是否深刻、构思是否新颖、笔法是否幽默风趣，要尽可能采用思想性强而不落俗套的漫画作品。

总之，挑选新闻漫画应该从题材、角度、观点、画面形象、艺术技巧、读者理解能力等多方面综合考察，选择那些紧扣现实、题材新颖、构思巧妙、观点鲜明、讽刺尖锐的作品，摒弃那些思想浅薄、观点错误、格调低下、图解式、公式化、以丑化对象为能事的作品。如 2009 年 3 月 16 日《海峡导报》A10 版《超九成厦企无注册商标》一文中，就配了一幅新闻漫画。

（四）新闻图表的选择

新闻图表是以图表的形式提供信息，是报纸常用的手段。新闻图表简明、直观、信息量大、占用篇幅少，还可优化版面。

1. 新闻图表的选择标准

首先，报纸上刊登的图表，所涉及的都是较为重大的题材，而且是那种不用图表就不易说明白的题材。

其次，弄清图表来源，不是权威部门提供的，不轻易采用。

再次，仔细审核图表的内容，最好与有关资料对照，大处不能错，细节也不能疏忽。

最后，图表上的每一个线条、符号、文字、色块，都应该清清楚楚，合乎统一规范，不能乱七八糟。

2. 新闻图表的处理

有些图表的原件是彩色的，在选择时应该考虑制成黑白版后效果如何。有些图表的原件尺寸较大，而字符、符号较小，如果版面不能提供较大面积，缩小制版后势必模糊一片，这样的图表必须重新绘制，不能原样照用。如 2009 年 2 月 16 日《楚天都市报》头版推出《本报再推年度巨献，纪念新中国成立 60 周年大型系列报道今起拉开序幕（引题）中国红 1949：我的解放时刻（主题）》，配了一张新闻图表，是根据国家测绘局 1:1 200 万政区版标准地图绘制的，图上标明了全国 31 个省会城市、自治区首府城市和直辖市的地理位置和名称。

第三节

新闻稿件修改

新闻稿件修改是新闻稿件选择的延续，是对基本合格但在内容、思想倾向、结构、语法等方面有差错、缺陷和瑕疵的稿件进行增删、订正乃至改写的过程。新闻稿件修改可从以下几方面着手。

一、消除事实性错误

稿件内容基本真实，但在细节上出现差错，如人名、地名、时间、数字等方面不准确，就是事实性错误。新闻稿件报道新闻事实的基本要求是真实、准确、科学、清楚、统一。真实性存在问题的稿件在选稿阶段就会被淘汰。因此，在改稿阶段，主要就是对新闻事实的订正，消除稿件中对新闻事实表述得不准确、不科学、不清楚、不统一的内容。

（一）不准确

准确是指构成事实成分的名称（姓名）、时间、地点、数字、引语都必须准确，没有瑕疵。不准确是新闻稿件对新闻事实描述常见的差错。

中国历史悠久，疆域辽阔，行政区划层次多，行政区划变化频繁，地名变化多，方言种类繁多，地名相同或读音相同、地名相似或读音相似、地名相近或读音相近的现象比较普遍，报纸编辑在修改稿件时，对那些细小的地方要特别注意，比如有些不常见的地名，记者容易误听误记，如果编辑也不认真把关，错误就会见诸报端。如《南方周末》2009 年 1 月 15 日 A2 版《自下而上是高成本的改革》一文第 19 段中，"红河州江川县"应为"玉溪市江川县"。再比如，《华商报》2007 年 7 月 24 日 A10 版《走出黑屋 妈妈拉起儿的手》第 6 段第 3 行"董萍所在的白斑村"应为"董萍所在的北斑村"。有些政府官员的名字相近，稍不注意，也会出现差错，如《南方周末》2009 年 2 月 12 日 B9 版《地方政府应重拾万里当年的勇气》一文第 1 段"商务部副部长姜伟新表态"，其中所言商务部副部长应为姜增伟，姜伟新是住房和城乡建设部部长。

（二）不科学

科学是指涉及自然科学、社会科学的新闻报道，文字表述要符合科学。新闻报道中往往有许多内容涉及自然科学和社会科学原理、知识、概念、定义等，表述不清，不但不能正确反映报道对象，而且会歪曲科学含义[1]。比如，有的报纸报道"消费信贷"时，要人们"敢于花明天的钱"，把"消费信贷"说成"负

---

[1] 蒋晓丽. 现代新闻编辑学［M］. 北京：高等教育出版社，2002：100.

债消费"，这是对开拓信用资源的曲解。消费信贷的根本目的是要引导一种正确的理财观念，造就一种私人财富合理配置和提高利用效率的方式，促进私人财富资本化，扩大消费或投资能力。一笔 50 万元的私人资产，一种有益组合是先购买住房，然后将住房抵押，贷出款来再用于投资，这样，私人资产价值因为运用信用资源而增值。曲解经济名词，势必误导消费者，使之陷入消费误区[1]。

（三）不清楚

清楚是指对于事实的描述要让读者看得明白，不留疑问。新闻稿件写得不清楚，大致有以下几种原因。

一是人名、地名和单位的名称过于简单。2009 年 3 月 15 日福建《海峡导报》A8 版《落户泉州将不受暂住证年限所限》一文第 1 段 "记者从泉州市户政处了解到，泉州市拟出台一份针对企业中高级技师、技工的落户规定"，其中 "泉州市户政处" 应为 "泉州市公安局户政处"。在稿件中第一次出现的地名，应该用全称，后面可用简称；对于人物的交代也是一样，不能一开始就称呼其 "张市长"、"李主任"、"王局长"，而应该写清姓名。

二是时间过于笼统。比如，有的稿件出现 "今年以来"、"今年 3 月以来" 之类的字眼。

三是缺少新闻要素，与新闻事实相关的时间、地点、人物、原因等要素有遗漏，读者不知所云。如 2008 年 12 月 8 日《楚天都市报》A7 版发表了一篇题为 "按图寻失主" 的新闻，大意是：市民刘先生丢失了钱包，内有 1 300 元现金、银行卡和身份证；一位卖粥师傅拾到后，根据钱包里的照片寻找失主，终于找到钱包主人。故事写得生动感人，可是从头到尾看不到卖粥师傅的名字，连姓也没有，钱包主人也是只知其姓、不知其名，令人不解。

（四）不统一

统一有两层含义。一是指在同一篇或同一组稿件中，关于事实的表述前后一致，在同一篇稿件中，简称、译名、计量单位、数字应该前后一致，如 2003 年 1 月 7 日《新华日报》第 1 版题为 "通州：新机制催生一片经济新亮点" 的报道，文章的引题写道 "通州自营出口额 3.2 亿元"，而正文却是 "通州自营进出口额

---

[1] 汤莉萍，殷俊. 经济报道常见问题剖析 [J]. 中国记者，2003 (8)：39.

3.2亿元"，出口额只是进出口额的一部分，标题与正文表述不一致。二是指新闻事实的表述方式要与全国规定的或通用的方式一致，对计量单位的表述应与国家质量技术监督局颁布的相关规定一致，重量单位一般用"克"、"千克"而不能用"两"、"斤"，长度单位一般用"米"、"厘米"而不用"丈"、"尺"。

有些稿件，初看没什么问题，但是结合上下文就能发现问题。2007年1月6日《人民日报》第5版通讯《用爱心温暖学生——记鞍山科技大学化工学院辅导员张春霞》，文章开头写道："自1991年大学毕业后，张春霞就一直工作在鞍山科技大学的辅导员岗位上。14年来，她以自己的一颗爱心温暖着每一个学生。"其中，"14年"计算有误，应为"15年"。

有些稿件，可依靠稿件自身提供的材料和常识，对稿件内容进行分析、归纳、推理和判断，发现其中的不当之处。例如，我们平常所说的"参加革命"，都是从参军、参加工作或入党之日起计算。但有一篇纪念某位已故老一辈革命家的稿件，提到"他在90多年的革命生涯中"。查人物词典，这位老革命家享年91岁。也就是说，他从生下来就参加了革命，这显然是不可能的，后来改为"他在70多年的革命生涯中"。

二、消除政治性和政策性错误

有些稿件主题是好的，主要观点也是正确的，但由于写作时不够严谨，个别词句会出现政治性或政策性错误。

（一）政治性错误

例如，世界上只有一个中国，台湾是中国的组成部分，香港、澳门是中国的特别行政区，但有的稿件在列举外贸成就时，却出现"产品远销美国、日本、英国、台湾、香港等国家"的错误提法。在"等国家"之后加上"和地区"，或者把国家和地区分开排列，这种错误就消除了。另外，有的稿件受"香港回归"和"澳门回归"提法的影响，讲到中国统一前景时就冒出"台湾回归"的错误提法。香港、澳门原来在外国管治之下，政权移交给中国可称"回归"，而台湾自1945年以来一直在中国人治理之下，结束两岸分离状态不能称"回归"，而应称"实现祖国统一"。

（二）政策性错误

新闻稿件直接涉及政治问题的很少，但与政策、法律、法规有关的比比皆是。农业报道，涉及农业政策和法规；非公有制经济报道，涉及非公有制政策和法规；计划生育报道，涉及计划生育政策和法规；扶贫报道，涉及扶贫政策和法规；体育报道，涉及体育政策和法规；国际关系报道，涉及外交政策和国际法；文物报道，涉及文物政策和法规；民族报道，涉及民族政策和法规；妇女儿童报道，涉及妇女儿童政策和法规。比如，一只野生动物跑到村里，农民出于爱心将其养起来，也涉及野生动物保护方面的法规。有些关于计划生育的报道，用了"不准"、"不允许"、"只许"等硬性的提法，与提倡计划生育的政策不相吻合。

三、消除导向性错误

一篇从头到尾在导向上都有问题的稿件，在选稿阶段就会被淘汰。但有些稿件从总体来看，导向是正确的，然而由于写作时不够认真、严谨，或由于认识水平、采访条件的限制，个别段落、句子、词语会流露出不正确的思想倾向。

（一）歧视

歧视包括国家歧视、地域歧视、民族歧视、宗教歧视和职业歧视等。比如，国家不分大小，应该一律平等，这是中国的外交政策，可是有的稿件在提到某些小国时，用了藐视的语气；宗教信仰自由是我国宪法规定公民享有的自由，有的稿件却对某些民族的宗教习俗妄加评论；有的稿件流露出对某些职业的歧视，如"北大毕业生沦为屠夫"、"清华毕业生沦为搬运工"、"全国冠军沦为搓澡工"，还有的报纸把环卫劳模称为"粪头"，等等。

（二）偏激

有的稿件，尤其是批评、揭露性稿件，语言偏激，分寸失当。有一篇稿件批评个别干部贪污、受贿时，写道："把这些当官的排成队，用机枪扫射，保证都不会冤枉，全都够判死刑。"这种话其实只是个别人的一时怨言，而且是过激之辞，也不完全符合事实，发表出去，只会误导读者，引发不满情绪，甚至造成有关部门及人员的误解以致消极对抗。对这类稿件，报纸编辑要讲究策略和表现艺术，恰当处理，既要表现事物性质，又要冷静掌握好事物性质的界限，进行有节制的导向性处理，注意舆论引导，形成正面的社会效果。

（三）暧昧

有的稿件，对一些明显有社会危害性的行为用大量笔墨给予正面的描写，对其危害却很少提及，轻描淡写，态度暧昧。2006 年 3 月 15 日，北京某报以"二环十三郎细数京城飙车内幕，地下飙车动辄赌资上万"为题，说肇事车主陈某是"名震京城的飙车手"、"精湛车技"、"高超车技"；提到飙车事件，记者着重描写的也是肇事者如何冲过警方关卡，以及耗费了多少警力，处处凸显其"神勇"；谈到飙车的危害，记者也是"有闻必录"肇事者的观点："任何事情都是有危险的……怕？就不要上路了。"这篇报道对飙车者的本领极尽渲染之能事，对飙车的社会危害只字不提或一笔带过，这样的报道角度、切入点以及遣词用语，如何让读者特别是青少年读者明辨是非、分清美丑[1]？

（四）低俗

有的作者在稿件中掺入一些格调低下、品位不高的描述，迎合一部分读者的低级趣味。有的报纸对一些明星绯闻大做文章，如某报 2009 年 1 月 7 日刊登的一篇题为"郭晶晶与霍震霆出席活动"的报道，不仅在标题上突出郭晶晶与其绯闻男友霍启刚的父亲霍震霆，而且在报道中细说郭晶晶的钻饰、吴敏霞的首饰、刘璇的钻饰价值多少，记者的关注点偏离了教育基金慈善活动的主旨，其倾向性是值得商榷的；有的报道关注奇异事件，喜欢渲染光怪陆离之处，甚至加入迷信色彩，似乎越荒诞越有趣，而不注重阐明其中的科学道理；有的报纸对报道富豪、大款的生活方式过度热情，羡慕其一掷千金的高消费；有的报纸对一些社会名流的矫揉造作、无病呻吟之举也竭力追捧；有的报纸夹杂一些方言或外文字母，故弄玄虚；有的报纸在报道某些官员腐败案件时，刻意描述官员与情人的不正当男女关系；有的报纸在报道某些犯罪案件时，着重描述犯罪分子与多个女人的畸形关系；有的报纸把因触电而死的人比喻成"烤鸭"，有的报纸把一行人因头部遭车轮碾压而死称为"中头彩"，等等。报纸担负着引导读者的审美活动向健康方向发展的职责，报纸编辑在修改稿件时要校正低俗、粗俗和媚俗的倾向。

---

[1] 翟楠楠．惊诧于"负面报道造英雄"[J]．新闻战线，2006（5）：44.

（五）狭隘

体育新闻中的导向偏差是比较常见的问题。第17届世界杯足球赛上，当沙特以0∶8败给德国队时，国内有的报纸报道说"丑陋的0∶8"，"此次沙特队担负着亚洲球队在本届世界杯上的首演重任，结果他们却以令人'作呕'的方式结束表演"，字里行间流露出一种狭隘的心理。在国内体育新闻中，一些报纸记者也从狭隘的地方利益出发、从本地球迷的心态出发，爱用"报一箭之仇"、"痛宰"之类的字眼，将对手视为"死对头"，将体育比赛视为"报仇"，不仅背离了体育精神，不符合体育报道的职业道德，造成消极影响，也使记者陷于"酿仇"的情结，导致报道倾向出现偏差[1]。

（六）误导

有的稿件，从表面上看，没有直接表明作者的观点，而是通过对材料的不平衡选择来表明作者的观点和倾向，误导读者。2009年2月2日《新京报》以"秀水封停'售假'商户"为题，报道了秀水街市场管理方与商户的冲突，近一整版的报道，左一个"据商户们介绍"，右一个"商户们表示"，基本上都是商户在说话，虽然也有市场管理方的看法，但分量不足、意思模糊，给人不客观之感。冲突双方话语相差悬殊、厚此薄彼，记者的观点和倾向性也就不言自明。

四、消除逻辑性错误

逻辑性错误主要表现在以下两方面：

（一）事理不清

理清事理是新闻稿件修改的基本内容。事理是指客观事物内在的规律，包括前后顺序、因果关系、局部与整体关系、个别与一般关系、过程与结果关系，等等。报纸编辑应认真阅读新闻稿件，透过文字弄清事物本身脉络，然后回过头来看稿件对这一事物的描述是否准确、精当。稿件描述清清楚楚，事理昭昭，无需再作清理。稿件描述事实逻辑混乱、时间错乱、因果不明、以偏概全，把原本脉

---

[1] 王再承. 新闻报道中的情感偏差 [J]. 新闻战线，2003（6）：28-31.

络清晰的事件说得云遮雾罩，报纸编辑就应重新整理材料，改变结构，分清层次，理顺逻辑关系，还原事实。

有些记者因采访受限制不能获得全面信息，或因认识水平有限，看问题片面，理解事实不准确，选择素材不全面，报道角度不恰当，那么稿件对新闻事实的反映往往有问题，而且此类问题隐藏在字里行间，不仔细推敲、琢磨，很难发现。如报道污染企业从市区迁往郊区，改善城市环境，却忽视这些企业是否进行了技术改造，彻底消除污染源，是否又污染郊区环境。

（二）文理不通

文理是对事理的反映。一般说来，事理不清，文理也不清。有时，事理大致可看得清楚，但文理不通，脉络不清，语焉不详，逻辑混乱，容易产生歧义。文理不通，通常表现为语法错误、推理错误、概括不当、判断有误、因词害义等。对文理不通的稿件，报纸编辑应通过修改文字，理清文理，使稿件流畅、清爽，使事理清晰、明白。

有些稿件，单纯从新闻事实方面看没什么问题，但将事实与观点对照，就会发现新闻事实不能支持稿件的立场和观点，事实与观点缺乏合理的内在逻辑关系。如2002年6月14日《金融投资报》第5版《银行提高门槛 调查储户说"不"》的报道中，有"当调查问卷中，问到如果中资银行都对低于2 000元的小额账户不予开户的话，储户是否会选择不存银行或将钱转存其他金融机构时，选择'是'的仅占13%，选择'否'的占17%，而有70%的人选择了'不好说'；选择'是'和'不好说'的人占到了83%。由此可见，一旦其他银行推行类似政策，将有一大部分储户要流失"。很显然，上述结论是站不住脚的。选择不存或转存的储户只占被调查总数的17%，有70%的储户并没有明确说明存、不存或转存，按照逻辑学"同一律"原则，该报道得出的"将有一大部分储户要流失"的结论是错误的[1]。

五、消除文字性错误

从一定意义上讲，稿件内容的任何错误，都是文字性差错。这里的文字性差

---

[1] 汤莉萍，殷俊. 经济报道常见问题剖析 [J]. 中国记者，2003（8）：39.

错，是指那些尚未构成政治性、政策性、事实性、导向性、逻辑性错误，但从文字学、语言学角度看确实有错误的文字，这种错误的数量是相当大的。

（一）错字错词

一是古语今用出错。如把"多年的愿望实现了"表述为"圆梦"，其实"圆梦"的原意为解释梦的吉凶，是一种迷信的说法。

二是望文生义出错。如"万人空巷"、"差强人意"、"空穴来风"等成语常常被用错。

三是成语容易出错。如把"一如既往"错写成"一如继往"。

四是字形、读音、意思相近的字容易写错。如把"狙击手"错写成"阻击手"。

五是术语、专业词汇容易出错。如把"核磁共振"错写成"核磁共震"。

六是外来语容易出错。如报纸采用的译名与读者熟悉的译名不一致，如把加拿大城市"蒙特利尔"写成"满地可"。

七是计量单位容易出错。报纸必须使用法定计量单位，而有些稿件使用非法定计量单位。

八是电脑打字容易出错。

（二）病句

一是成分残缺。在一个句子中，主语、谓语、宾语、状语、定语、补语等成分，根据上下文意思，有些可省略，有些不能省略，否则会造成语义残缺，成为病句。

二是有赘词。如"凯旋归来"中"归来"就是赘词，"税收收入"中"收入"就是赘词。

三是前后矛盾。如"基本上"与"全部"同时出现在一个句子里，就自相矛盾。

四是成分搭配不当。成分搭配不当包括主语与谓语搭配不当、谓语与宾语搭配不当、谓语与补语搭配不当、修饰词与被修饰词搭配不当等。如《楚天都市报》2009年1月19日A5版《困难群体开公司可减免登记费》一文中写道，"到目前为止，困难群体可以免缴工商登记费、个体管理费、工商年检贴花费等政策扶持"，应将"政策扶持"改为"费用"。

五是关联词不配套或残缺。关联词不配套的，如"只要鼓起勇气，我们才能获胜"，应为"只有鼓起勇气，我们才能获胜"；关联词残缺的，如"尽管资金不足，他们有钱出钱，有力出力，按时把学校建成了"应为"尽管资金不足，他们还是有钱出钱，有力出力，按时把学校建成了"。

（三）标点符号使用错误

一是陈述句错用问号。如"他问她为什么这样做？"这是一个陈述句，句尾不能用问号，应该用句号或逗号。

二是顿号、逗号、分号、句号之间的同属关系不当。这四种标点不仅用法不同，而且有等级区别：逗号高于顿号，分号高于逗号，句号高于分号。一些作者在分层次叙述一件事时，喜欢在各层次的结尾用分号，以示各层次之间是并列关系。但问题是有的层次内部包含若干层次，用逗号无法区分，只好使用句号，这就造成"分号管句号"的情况，逻辑混乱。改正方法是用分段表示各层次的并列关系。

三是成对的标点不配套。如引号、书名号、括号应成对出现，不能有头无尾。

六、删除繁冗文字

（一）繁冗文字

1. 繁冗文字的表现

繁冗文字主要有以下三种：

一是内容重复的部分，比如某种意思，前文已经提到了，后文又提一次。

二是超出描写、叙述正常需要的部分，比如，一件很简单的事情，三言两语就可以说清楚，作者却写上一大段，反倒让人读不懂，遇到这种情况，就应该进行必要的压缩和概括。

三是无助于表现主题和深化主题，游离于事理、文理之外的文字。稿件中的繁冗文字，可能仅仅是一个字、一个词、一个句子，也可能是一段甚至几段文字。删除繁冗文字，可使主题更鲜明、重点更突出、节奏更紧凑、文字更简练、篇幅更合理。

2. 繁冗文字的判断

怎样判断繁冗文字呢？

首先要弄清事理和文理，从中提炼主题，然后以主题为标准，去衡量每个字、词、句、段。与主题无关或无助于表现主题的，就是繁冗文字。

主题蕴藏于材料中，但并不是材料越多，主题越突出。材料既可突出主题，也可冲淡主题。不说明问题的材料越多，主题越模糊。材料贵精不贵多，关键在于说明问题，在于材料质量。

（二）繁冗文字的处理

报纸编辑不仅要尽力剔除与主题无关或关系不大的材料，而且对于与主题关系较大的材料也要进行挑选，要选择那些更能说明问题的材料。有些材料虽然与主题关系较大，但只是量的增加，无助于主题的深化，也应坚决删除。另外，与主题关系间接而又不可缺少的内容应当压缩，写得概括、简略一些，可有可无的部分还应删除。

删除繁冗文字后，应重新审视保留下来的文字，看看事理、文理是否通顺。如果不通顺，可采取一些补救办法：一是恢复一些被删除的文字；二是从被删除的文字中找出对事理、文理有重要作用的句子，把它移植到保留下来的文字中；三是在适当的地方，加上几句过渡性的文字，把保留下来的文字串起来，以完整、准确地表述报道内容，使得全文通畅、一气呵成，不致因删改出现新的问题或差错。

七、补充新闻稿件

补充新闻稿件，主要包括如下几方面：

（一）增加过渡词、句或段

有的新闻稿件，句与句之间、段与段之间、各部分之间的过渡不自然、生硬、突兀。对这种情况，报纸编辑应分析它们之间的关系，增加适当的过渡词、句或段，使稿件内容的转折更自然，让读者的阅读、理解一气呵成。

（二）补充背景资料

有的新闻稿件，对新闻事实缺乏必要的背景材料，新闻价值大打折扣。对这种情况，报纸编辑应补充背景材料，帮助读者了解前因后果，或为读者提供一个参照系，加深对新闻事实和观点的理解。如提到一位著名的历史人物，可用简明的文字把这个人物介绍一下；提到新闻发生的地点，可对当地的地理、历史、人文、景观作简要介绍，凸显新闻价值。

（三）交代必要情况

有的新闻稿件，对新闻事实的情节缺乏必要交代，这种情况多出现在连续报道或追踪报道中。连续报道或追踪报道，要考虑到读者不一定都看过已发表的稿件，或者看过报道但已记不清楚。在后续报道中，报纸编辑就要对之前报道过的内容加以简要的复述，帮助读者全面了解情况，更好地理解新闻。

（四）补充必要解释

有的新闻稿件，对新闻事实缺乏必要解释。在经济、金融、科技和医学等专业性较强的新闻稿件中，往往涉及艰深的专业知识，外行人很难理解，没有通俗化的解释，读者很难看懂；在国际新闻中，往往涉及读者比较陌生的内容。在这些情况下，报纸编辑应注意补充资料，让读者读懂读透，理解新闻事实的意义和价值。

（五）润色稿件

有的新闻稿件，语言平淡无奇、刻板老套，无法引起读者的兴趣。在这种情况下，报纸编辑应该对稿件进行润色，画龙点睛，点石成金。要对稿件进行润色，就必须字斟句酌、反复推敲，尽量保持原稿的风格，同时也要尽量克服一些稿件的老调子、八股腔，克服千篇一律的俗套，使文章清晰明快、鲜活生动、通俗易懂。

八、改写新闻稿件

改写新闻稿件，主要包括如下几方面：

（一）提炼新闻主题

有的新闻稿件，尽管材料很丰富，可通篇都是罗列事实和堆砌材料，主题不深刻，或者主题不明确。对于这种情况，报纸编辑应深入分析事实之间的内在联系，挖掘稿件内涵，将其中应有之意加以阐发，并以此作为稿件的主题，使稿件形神具备，突出新闻价值。

（二）提升新闻主题

有的新闻稿件，主题比较明确，内容比较完整，情节曲折有趣，具有一定的报道价值，但主题立意不高、不新，新闻价值得不到充分体现。对这种情况，报纸编辑应深入分析稿件，找出最有新闻价值的事实，提升主题。

（三）改变主从关系

有的新闻稿件喧宾夺主，颠倒新闻事实中的主从关系，新闻的主角处于次要、陪衬和被动的地位，而新闻的配角反倒成了主要、主导和主动的地位。对这种情况，报纸编辑应根据稿件提供的基本事实，改变主从关系，围绕主角改写新闻，使主角在新闻稿件中处于主要、主导和主动的地位。

（四）改变新闻角度

新闻报道能否吸引读者，把最有价值的信息提供给读者，与新闻角度的选择有很大关系。有些在机关工作的作者，习惯于从工作角度、领导角度而不是从读者角度、社会生活的角度写作新闻稿件，一些本来与读者切身利益密切相关的政策、措施刊登在报纸上，读者却并不感兴趣。对这类稿件，报纸编辑可从贴近读者、贴近社会生活的角度来改写新闻稿件，拉近报道与读者的距离。

（五）调整稿件结构

所谓稿件结构，是指稿件各个部分的搭配和排列，具体表现为语句先后、段落顺序、事件层次，等等。稿件结构服务于事理和文理，如果它不能有效揭示事理和文理，不能很好地反映内容，就应作适当调整，例如，把顺叙结构改为倒叙结构，把中间最精彩的一段挪到开头去，把一个自然段拆成几段，或把几个自然段合为一段，等等。

（六）改变新闻体裁

有些稿件包含有新闻价值的成分，但其写法不适合报纸版面需要，又无法通过删改、调整、分解、综合等手段使之达到刊登的要求。对这类稿件，报纸编辑就要变通，以原稿为素材重新构思和写作。在改写中，可根据稿件内容和版面需要，改变原稿体裁，例如把通讯改写为消息或特写，把法规、讲话、文件等改写为新闻报道，把学术文章改写为新闻评论，把评论改写为消息，把消息改写为简讯。改变体裁，一般都是将信息含量较大、篇幅较长的体裁改写为信息含量较小、篇幅较短的体裁。

（七）分拆新闻稿件

有的新闻稿件包含多个主题，为把每个主题说清楚，篇幅很长，结果是面面俱到，哪个主题都不突出。这时，报纸编辑可根据版面情况，把长稿分拆，变成几篇相对独立的短稿。分拆新闻稿件，原稿一般是由几个报道重点构成的，压缩其中一个或几个就不能保全要点，损害报道内容，同时这些重点相互联系又相互独立，可分开表述，而不会影响读者对新闻内容的理解。

（八）综合新闻稿件

报纸编辑部经常出现这种情况：不同单位、不同地区、不同作者分别来稿反映同一问题、同一主题、同一内容，各具特色和新意，不能相互替代。每篇都发，既占版面又重复过多；只发其中某篇，又难以取舍，而且覆盖有限；都不发，又浪费稿源，有失片面。最好的办法是在同一主题下，各取所长，集中优势，全面反映某一问题。这些稿件的材料都与一个共同的主题相关，或者能从它们当中提炼一个共同主题。

（九）摘编新闻稿件

摘编新闻稿件也是对几篇新闻稿件的一种处理方法，摘编处理的新闻是一种集锦荟萃，结构松散，更接近几条简讯、短讯的汇编。摘编新闻稿件，可将几篇反映同一问题的稿件精华部分摘取出来，分别编成一则短消息，然后分层次、依次序编在一起，或者把反映同一地区不同问题、不同题材的稿件压缩后编在一起[1]。

九、根据版面需要修改新闻稿件

新闻稿件修改，与新闻稿件选择一样，都要受版面需要制约，归根结底要受办报方针和版面编辑方针制约。换言之，除上述一些方面外，新闻稿件修改还要根据报纸性质、办报目的、读者对象、报纸内容和形式来进行。

（一）根据报纸性质修改新闻稿件

从性质上讲，我国报纸有综合性报纸与专业性报纸之分，它们对同一篇新闻稿件的修改要求是不同的。综合性报纸对重大新闻的处理往往很详细、突出，而专业性报纸对重大新闻的处理往往比较简单，并且从本专业的角度出发进行处理。如 2009 年 3 月 4 日《人民日报》第 1 版都是与"两会"相关的新闻报道，全国政协十一届二次会议开幕消息处理很突出，3 层标题、2 张照片和全国政协会议开幕的文字稿件；而 2009 年 3 月 4 日《中国体育报》第 1 版只有 3 条全国政协会议的消息，其他都是体育新闻，全国政协十一届二次会议开幕消息的处理相当简单，只在头条位置加框刊登了"全国政协十一届二次会议 3 日下午在京开幕"的一句话新闻，"全国政协热情支持和参与北京奥运会、残奥会"是从全国政协常委会工作报告中摘编的，"从大国到强国 体育人共同在努力"是体育界政协委员以及其他界别政协委员中的运动员和体育工作者讨论全国政协政协常委会工作报告的新闻。

（二）根据办报目的和功能定位修改新闻稿件

从功能上讲，我国有日报与都市报、晚报之分。日报侧重于政策性内容，强调宏观指导性。晚报、都市报侧重于生活性内容，强调微观服务性。因此在新闻的要求上，日报多侧重新闻的重要性和显著性，政治色彩较浓，其语言表达要稳重、严肃；晚报、都市报则注重新闻的新鲜性、生动性和趣味性，生活气息较重。如 2009 年 2 月 23 日，上海市出台落户上海的新政策，上海市委机关报《解放日报》以"持有《上海市居住证》人员申办本市常住户口办法今起试行 户籍

---

[1] 蒋晓丽. 现代新闻编辑学 [M]. 北京：高等教育出版社，2002：136.

新政：条件管理 集聚人才"为题进行报道，上海《新民晚报》以"落户须持证 参保七年 上海居住证转户籍政策今天凌晨公布"为题进行报道。前者主要从宏观角度分析和报道，后者主要从微观角度报道。

（三）根据读者对象修改新闻稿件

1. 地域

不同地域的读者文化背景不同，对新闻信息的表述方式要求不相同，改稿要注意从各方面保留这种特色。广州的报纸版面和内容都体现出岭南文化特色，北京、上海的报纸分别显示北京和上海的文化特征。

2. 职业

不同职业的读者对新闻信息的表述方式要求也不同，如主要面向体育工作者的《中国体育报》与主要面向体育爱好者的《体坛周报》对稿件修改的要求不同，对一场体育比赛，前者只要刊登比赛的简单过程和结果即可，后者却要刊登比赛的详细过程和细节。

3. 年龄

不同年龄的读者对新闻信息的表述方式要求不同，青年报纸的语言要求活泼、明快，老年报纸的语言要求平和、舒缓。

4. 文化程度

不同文化程度的读者对新闻信息的表述方式要求也不同，主要面向较高文化程度读者的报纸，改稿应注重增加文化内涵，注意提高文化品位，注意挖掘深度，立意要高；主要面向一般文化程度的读者，改稿应注重通俗化和可读性。

（四）根据报纸风格修改新闻稿件

报纸风格是指新闻报道在内容、角度、体裁、语言风格等方面的个性。有的报纸以社会新闻见长，改稿时就要注意内容精练、结构明快、篇幅短小，满足读者了解新闻的需要，实用性强；有的报纸以深度报道见长，这就要求稿件观点鲜明，用词造句要谨慎，文章结构要合理，逻辑推理要严密，思辨性强。

《南方日报》以权威性、公信力、高品质的主流新闻和深度报道见长，塑造"最权威"的风格。《广州日报》以超大信息量见长。上海《新民晚报》以"飞入寻常百姓家"为宗旨，提出"广些广些再广些、短些短些再短些、软些软些再软些"的理念，新闻报道以"广、短、软"为特色；上海《新闻晚报》提出

"主流 民生 本土 时尚"的理念，突出"今日新闻"。福建《海峡导报》提出"临海 听风 读两岸"的理念，新闻报道突出服务性；福建《海峡都市报》提出"阳光 空气 都市报"的理念，新闻报道突出必读性和必需性。

（五）参照过去有关同类报道修改新闻稿件

新闻报道中总有大量题材是大众传播媒介共享的，报纸可报道，电台可报道，电视台也可报道；还有不少题材是去年报道了，今年报道了，明年还要报道。这就要努力避免老调重弹和千报一面，不重复本报以前的报道，也不重复其他媒体以前的报道，并吸取经验和教训，与时俱进，在体裁、角度、结构、素材选择等方面力求有所创新，给读者以新鲜、独特的感受。

（六）参照当时报纸稿件的总体情况和版面需要修改新闻稿件

读者首先接触的是报纸版面，每一篇新闻稿件的阅读效果与它在版面上的位置和排列形式有关，读者一般会先阅读处于突出位置的稿件和突出处理的稿件。一篇稿件安排的位置不显著，又没有突出处理，标题也不醒目，这条新闻将被淹没在其他稿件中，传播效果将大打折扣。因此，改稿应有版面意识。比如，一篇内容丰富的长篇报道，写得很生动，但排到版面上，由于篇幅太长，黑压压一大片，感觉很沉闷，无法引起读者的阅读兴趣。对这类稿件，可给它加上几个小标题，活跃版面气氛，或者化整为零，分拆为几篇新闻稿件，提高传播效果。

十、新闻图片修改

新闻图片的修改包括以下两种情况。

（一）新闻图片本身的修改

新闻图片特别是新闻照片，可剪裁、整饰、叠加，但不能改变画面内容，否则就是造假。

1. 新闻图片剪裁

剪裁就是通过切掉新闻图片的某些部分，改变外部轮廓，使主题更集中、画面更完美的一种修改方式。新闻图片需要剪裁，一般有以下几种原因：

一是图片本身存在缺陷。比如主体形象不是位于视觉中心，背景杂乱无章，

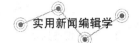

边缘部位与主体无关的影像面积太大以致淹没主体，原稿边缘被损坏，出现缺角、折痕等。

二是新闻图片原来的形状与版面要求不一致。比如版面留给图片的空间是1∶4的扁方形，而图片原件的比例是2∶3；版面需要横片，而图片原件是竖片或正方形片。

三是新闻图片作者的意图与版面编辑的要求不一致。比如新闻图片是合影，而版面编辑只想用其中一个人的肖像；作者想表现一种宏大场面，而版面编辑只对其中一个局部感兴趣，等等。

四是版面编辑想达到某种特殊的视觉效果，而原件上这种效果并不突出。比如原件既有主体形象又有背景，而版面编辑为突出主体形象，只想保留主体，不想要背景。

剪裁图片前，要仔细审视原件，分清哪些部分是好的，应予保留和突出；哪些部分是有缺陷的或可有可无的，应裁掉。为取得最佳的剪裁效果，可把原件平放在桌上，用白纸遮住计划裁掉的部分，看保留的部分能否独立存在、是否完美无缺。这样的实验可多次进行，直到选出最佳的剪裁方案。

2. 新闻图片整饰

整饰就是对画面进行整理和修饰，消除缺陷，使画面变得清晰、完美。新闻照片原则上不允许修饰，但在有些情况下可作一些修饰：

一是照片被损坏，出现裂痕或被粘掉一小块，这时可用颜料将露白部分补上，或在电脑上进行修补。

二是拍摄时因闪光灯的作用，人物瞳仁变白，看上去像盲人，这时可按人物的本来相貌把瞳仁涂黑。

三是根据法律有关保护公民隐私权的规定，照片上有些人物不能暴露其全貌或正面形象，如未成年人、戒毒者、艾滋病人、卖淫妇女、被拐被骗妇女、性侵害案件中的受害人等，这时就应进行技术处理。

其他新闻图片的整饰也应有所节制，能不动尽量不动，例如，对示意图，为保证印刷质量，可把不清晰的线条描清楚，但不能改变线条的形状，不能更换图片上的文字。新闻速写、新闻漫画的修饰也只限于补上由复印、传真等造成的缺损。

3. 新闻图片叠加

新闻图片常用的叠加手法主要有三种：

一是叠字，就是把其他文字叠印到图片上。有的图表、漫画等，上面的文字是手写的，大小不一，不美观，难辨认，还可能夹杂着错字、异体字，这时可以将规范字体叠印到图片上，替换手写字；有的图表缺少某些内容，例如一张铁路示意图缺少某个车站名称，而与之配合的文字稿件恰好写的是这个车站，这时可用叠加字的方式，把车站名称叠加到原图上。

二是移植，就是把其他图片上的人物图像移植到另一张图片上。有的漫画是以真实人物为对象绘制的，人物体态画得很好，但头部画得不像，这时可把该人物头部照片剪下来，叠印到画面上。

三是集纳，就是把其他景物移植到图片上，把两张或更多的照片用叠加的方式合为一张照片。比如，2008年8月14日《人民日报》第5版《六女将各怀绝技》配的就是由六张照片叠加而成的一张新照片。

（二）图片说明的修改

图片说明是一种特殊的文字稿，其基本作用是以文字形式对图片内容加以解释、补充和提炼，让读者了解画面内容，领会画面意义。图片说明篇幅应尽可能短小，甘当新闻图片的配角，不能喧宾夺主。

1. 图片标题的修改

有的图片说明只有标题，没有正文。新闻漫画和新闻图表经常以标题的形式对主题加以提示，并标明作者姓名，如"武大郎开店 方成 作"、"××铁路示意图×××绘"等。这类图片说明的标题，有些是作者精心构思、拟定的，加工余地不大，只有那些反映现实生活的摄影作品，可根据画面具体内容，修改原标题，或重新作题，使之更加简练、传神。

2. 图片配套文字稿的修改

有的新闻图片与文字稿配套使用，文字稿已对图片内容、意义作了详细提示，无需另写图片说明。对这种图片说明，无需单独加工，而是与文字稿的加工一并进行，一边加工文字稿，一边审视图片，用图片来校正文字稿的内容，使图文完全一致。如果文字稿未对图片作必要的提示，可根据图片画面予以补充。

3. 图片画面文字的修改

有的图片画面中带有说明其主题、作者的文字，没必要另配图片说明。例如，一些新闻漫画、新闻图表，作者在创作时已将作品名称、主题、作者姓名等写在画面上，对这类图片说明的修改，只限于对画面上内容有误、字体潦草的文

字，用整饰、叠加等方式加以修补。

4. 另写图片说明

在同一块版面上，既有新闻图片，又有与之相关的文字稿，但文字稿对新闻图片的背景、意义交代得不清楚，有必要另作一个简短的图片说明。对这种图片说明，修改时既要与文字稿的主题一致，又要避免与文字稿重复。

5. 加标题

有些图片说明内容完整，形式上自成一体，可单独加上一个标题。当同一版面上没有与之内容相关的文字稿时，该图片的内容、主题等只能用这种图片说明来提示。报纸上多数新闻照片就是这样的。对这种图片说明的加工和修改，与一般文字稿相似，需要弄清文理、事理，改正病句、错字，删除繁冗文字；还可根据图片画面增加一些情景描绘、抒发情感的文字，帮助读者理解图片。如上海《新民晚报》2009 年 3 月 21 日 A14 版刊发了一张照片，以"天边云缠雾绕 柳州若隐若现"为题报道 3 月 20 日广西柳州出现的平流雾奇观。

第四节 新闻标题制作

新闻标题制作是报纸编辑工作的重要内容之一。从工作流程上看，新闻标题制作其实是修改新闻稿件的一部分，也就是说，一边修改新闻稿件正文，一边修改新闻稿件标题，但新闻标题制作也有其特殊性。

一、新闻标题的类型

（一）依据标题内容划分

依据内容不同，标题可分为以下三类。

1. 实题

所谓实题，就是以提示事实为主的标题，其主要功能是叙事，直接标明正文中的事实。实题的主要特征是记事，是具体的，包含新闻五要素，并以之为主干。换句话说，判定一个标题是不是实题，只要看它是否含有新闻五要素，是不是以五要素为主干。

实题所提示的，可以是一件事本身，即告诉读者正文中所说的是什么事，如"泉三高速昨日全线通车"、"朝鲜发射卫星"；也可仅仅点明事实的主体，而舍去其他要素，即正文中说的是什么人（包括单位、部门），如"毛乌素治沙人"；或什么物（机器、动物、景物），如"一封不知寄往何方的信"；也可以是事件过程，如"打工者变成创业者"；也可以是事件的起因，如"为什么选择上海"；甚至可仅仅是事实所属的范围，如"关于中国工艺美术技艺的传承"。

实题可单独存在。一些重大新闻本身就具有重大意义，应该做实题，不必发表议论；一些新闻性特别强的报道，也需要做实题。

2. 虚题

所谓虚题，就是以发表议论、标明态度立场和观点为主的标题，着重说明原则、道理和愿望等。与实题相反，虚题不以提示事实为主，不以新闻五要素为主干，而着重表现正文中的观点。虚题的主要特征是说理，是抽象的，是从大量事实中概括出的观点和道理。虚，不是说这种标题空洞、虚无，而是说其内容属于观念范畴。

虚题主要有四种作用：一是表现某种思想、原则、道理，如"浪费也是罪过"；二是提出某种主张、建议、号召，如"高调问责，不能低调复出"；三是评价、评论正文中的事实，如"三北工程是一项壮举"；四是表现某种情绪、感慨，如"忆旧西藏的苦 品新西藏的甜"。

虚题可做引题，也可做主题，但一般不能单独作为新闻报道的标题，必须依托实题而存在。

实题和虚题各有优势，也蕴涵着可能有的缺点。虚题容易陷于空泛，不着边际；实题容易陷于呆板，就事论事，挖掘不深，立意不高。因此，实题和虚题常结合使用，以实带虚，不仅标出新闻的主要内容和事实，而且阐明新闻的意义，揭示本质，引导读者[1]。

3. 虚实结合题

所谓虚实结合题，就是既含有事实又说明道理的的标题。这种标题比单纯叙事更有思想性，比单纯说理更实在。

---

[1] 左克. 标题一得录［M］. 2 版. 北京：新华出版社，1998：24.

虚实结合题有三种情况：一是在标题中直接针对事实说明道理、表明态度立场和观点，如"申花取胜来之不易"；二是实题虚化，即用说理的手法提示事实，如"迎寒绽放花更香"（写云南花卉产业面对压力主动爬坡），既是描述事实，又说明一条道理，实中有虚；三是虚题实化，即用写实的手法阐述道理，如"爱拼才会赢"（写天津女排七个赛季六夺冠军），既是说理，也是叙事，虚中有实。可见，在特定情况下，虚实结合题比纯粹的虚题或实题更耐人寻味。

（二）依据标题结构划分

依据结构不同，标题可分为以下两类。

1. 单一结构标题

所谓单一式结构标题，又叫单式题，就是由一句话、一个词组或一个单词组成的标题，它通常只包含一层意思，在版面上排成一个单行，没有引题和副题。通讯、特写、评论、新闻文件、理论文章等，一般采用单一式结构标题，如"生命接力"（通讯）、"春到拉萨"（特写）、"在全国政协十一届二次会议闭幕式上的讲话"（新闻文件）、"应是'佳电'下乡"（评论）、"增强坚持中国特色社会主义政治发展道路的自觉性和坚定性"（理论文章）；内容比较单纯的消息，也常用单一式结构标题，但必须是实题，如"我科学家发现超级稻高产奥秘"。单一式结构标题一语中的，不绕弯子，文字精练，字号可放得比较大，为读者迅速了解正文内容提供便利。

2. 复合式结构标题

所谓复合式结构标题，又叫复式题，就是由两层或两层以上意思复合而成的标题，通常排成两行或两行以上。中文报纸复合式结构标题的最典型、最完整的形式，是由引题、主题和副题组成的标题，主题是骨干，引题和副题都有解释和说明主题的作用，统称为"辅题"。复合式结构标题的其他形式都是这种形式的变体，有的标题没有引题，只有主题和副题；有的标题没有副题，只有引题和主题；有的标题把引题、主题、副题中的某一项加以扩展，变成由多行引题、多行主题或多行副题组成的标题；有的标题省略引题，扩充副题；有的标题省略副题，扩充引题；有的标题省略引题和副题，扩充主题，变成多行主题。复合式结构标题及其变体适用于任何体裁的稿件[1]。

---

[1] 王永赋. 报纸版面学 [M]. 北京：人民日报出版社，2001：278-279.

（三）依据标题功能划分

依据功能不同，标题可分为以下九类。

1. 稿件题

稿件题就是放在正文前面、对整篇稿件内容作提示的标题，在版面上最为常见，除某些简讯用一些特殊符号加以区分外，几乎每篇文字稿件都有自己的稿件题。稿件题着眼于稿件的全部内容，而不是某个局部。尽管它只从稿件中抽取一点，也能涵盖全篇。

2. 插题

插题，又叫分题、小题、小标题，是插入稿件正文中的标题，用于对稿件中相对独立又有重要内容的部分作提示，概括某一部分内容，帮助读者更好地理解稿件思想内容。插题适用于较长的稿件，不限体裁。运用插题，能让读者更方便地了解长稿的具体内容，同时通过空间分割，使长稿变得短小，减轻读者的心理负担。插题还可美化版面，避免长稿给读者一片灰蒙蒙的感觉。

从形式上看，最简单的插题是数字"一"、"二"、"三"，较复杂的插题不但有主题，还带有引题或副题。从内容上看，插题可以是内容提要，概括出某一部分的主要内容；也可以是画龙点睛，只写出某一部分最精彩的一点；可以是客观的表达，也可以是作者的主观评说。

插题是稿件的脉络，也是概括文意的纲目，各个插题之间，意思要连贯，要能清晰地显示出稿件的思想脉络[1]。如"人民日报"2009年3月22日第5版在主题为"三元能否异地开花"的报道里，3个插题分别是"奶源供应：打造三元新模式"、"三鹿员工：结束焦急等待"、"乳业格局：三元向第一集团发起冲击"。

一篇稿件里常有两三个插题。同一篇稿件的插题，应力求结构、角度、句法、虚实和字数的统一，所用字体、字号应完全一致，给读者以整体感。也就是说，在不妨碍表达稿件内容的前提下，追求形式上的整齐美观，每个插题统领的字数、篇幅大致相当，分段的长短要大致相当，而且插题的字数也要大致相当。

3. 大标题

大标题，又叫横幅、牌子、刊头、栏目题、专栏题，是多篇稿件共同的标

---

[1] 彭朝丞，王秀芬. 标题的制作艺术 [M]. 北京：新华出版社，2005：35.

题，是为内容相似或有联系的若干篇稿件甚至一个整版的稿件所做的总标题，一般具有高度的概括性、鲜明的思想性和较强的鼓动性[1]。

大标题的作用是统领该栏目的各篇稿件，强化这些稿件的共同特点或内在联系，帮助读者理解稿件的中心思想或主要内容，激发读者的阅读兴趣。一般说来，大标题所统领的各篇稿件也都有自己的标题，如《人民日报》2009 年 3 月 24 日第 9 版有一组稿件的大标题为"聚焦中国发展高层论坛（引题）应对危机，我们一起努力（主题）"，这个大标题统领 4 篇稿件，标题分别为"长期油气价格 必须谨慎评估"、"收购境外企业 发挥协同效应"、"利用航空引擎 推动经济发展"、"贸易保护主义 加剧经济恶化"。

大标题可用于提示本栏稿件的中心内容，总领其下的各篇稿件，突出这些稿件之间的内在联系；可用于概括本栏稿件的中心思想，或必须突出的某个事实或观点，加强舆论引导；可用于凸显某方面的成就，或集中体现某种精神风格，并使之醒目；可用于提要求、发号召，或提倡某种精神、做法等，增强稿件的鼓动作用；可用于给连续专栏挂上一块相对固定的牌子，引起读者注意，如《北京日报》2009 年 3 月 23 日在连续专栏"扩内需 保增长 促发展"专栏里刊发"多项新政助企业保增长（引题）开发区投 45 亿元夯实基础设施（主题）"。

4. 提要题

提要题，又叫提示题或纲要题，是为重要稿件所作的内容提要。它提纲挈领地概括稿件主要事实、做法、经验或问题等，向读者作概括扼要的介绍[2]。其特征是字数比较多，字号比正文大，但比稿件题小。它通常放在稿件题和正文之间，相当于副题。有时也放在稿件题之前，相当于肩题。如《福建日报》2009 年 3 月 20 日第 2 版在主题为"我省将今年定为'全省残疾人康复年'"的稿件中，有三个提要题，分别为"免费为 1 万名贫困白内障患者实施复明手术"、"免费为 5 000 名贫困精神病患者实施医疗救助"、"首批重点建设 100 所智力残疾人'福乐家园'"。

提要题有三种作用：提示稿件中的重要事实；提示和强化稿件的重要观点、内容、经验、事实；评价稿件内容，顺便提出引入思考的问题，与编者按的作用相似。

---

[1] 蔡雯. 新闻编辑学 [M]. 北京：中国人民大学出版社，2006：306.

[2] 彭朝丞，王秀芬. 标题的制作艺术 [M]. 北京：新华出版社，2005：36.

5. **组合题**

组合题，又叫类题，也就是将若干篇内容相关、带电头的消息并列组合而成一篇新闻稿件，并拟定一个能统领与概括各篇稿件内容的题目。各篇稿件的排列顺序，一般是按新闻价值规律要求，先重后轻，一次排序；新近发生的在前，先发生的在后；表扬在先，批评在后。各篇稿件的相关性，主要表现为题材和主题两方面的内在联系，即连带、对比、相关对照、呼应等关系[1]。

根据各篇稿件相关性的不同，稿件的组合方式也不同。有同一性组合，即报道性质相近、内容相关、题材相同的各篇稿件的同题组合，如"湖南河南建立就业指导体系 北大北科大开设就业观必修课"，就是3篇性质相近、内容相关、题材相同的稿件组合；有延续性组合，即报道同一事件或问题连续发展的阶段性或过程的各篇稿件的同题组合；有参照性组合，即报道同一事物或问题的不同认识、态度的各篇稿件的同题组合；有呼应性组合，即报道对某个重大决策或问题的继发性、回应性的各篇稿件的同题组合；有对立性组合，即报道同类事物但内容截然不同的两篇稿件的组合，等等。

稿件组合方式的多样性决定了组合题形式的多样性。它可以是只有主题而无辅题的单式题，一般主标题多为双行。它可以是复式题，一般是重点新闻占据题目的主要部分。它可以是提要题，将各篇稿件中的具体事实标示出来，并以字号相同、字体相异的方式加以区别。它可以是对角题，一般用于两篇稿件构成的组合稿件。它还可以是主题加插题的形式，或者报道同一事件，由于消息来源不同，要具体展示各方面观点；或者报道同一问题，必须具体展示各篇稿件的特点。这时一个主标题难以表达清楚，就必须为各篇稿件制作插题，揭示各自的内容，如《人民日报》2009年3月30日第10版，主题为"各地政府带头过'紧日子'"，这个主题统领四篇稿件，插题分别为"山东停批楼堂馆所 严禁以节能名义改建办公楼"、"浙江压缩公用经费 公务用车采购将冻结一年"、"江西严控因公出访 总数和经费压缩20％以上"、"广东简化'迎来送往'会场布置不得摆放水果香烟"。

6. **边题**

边题，又叫边标题，是稿件题的一个从属部分。它位于重大新闻稿件正文一侧，或用不同于正文的字体将新闻中若干观点、经验、做法、问题标示出来；或

[1] 彭朝丞，王秀芬. 标题的制作艺术 [M]. 北京：新华出版社，2005：42.

集纳介绍与新闻事实有关的小资料；或用与副题相同或小于副题的字号，把文中某一重要的内容摘引出来，加框突出处理，引起读者的特殊关注，强化传播信息效果[1]。

7. 尾题

尾题，又叫文尾题，是稿件题的一个从属部分。它以略大于正文的不同字体，将文中凝聚信息的重点内容，特别是重要的新思想、新观点集纳起来，用与字号相同的中圆点作标示，置于文尾，与稿件题在版面上形成对角对称。这样，可使新闻中某些极为重要的内容，多次进入读者视线，加强传播力度，诱发读者联想和思考。需要制作尾题的稿件，一般都是针对性与指导性很强、篇幅又不太长的重要稿件。尾题内容是客观的观点摘引，不允许有作者的主观介入，力求把稿件中最吸引人的思想观点，原原本本地奉献给读者[1]。

8. 导读题

导读题，就是放在靠前的版面（通常为第1版），对后面版面的内容加以提示的标题，其作用是展示后面版面的精彩内容，吸引读者阅读。它经常采用复制的手法，把后面版面的稿件题原样拿到前面的版面上，同时提示"见第×版"。有时也可在复制的基础上，作一些改动，或增加一些说明[2]。如《钱江晚报》2009年3月26日A1版的导读题是"个人信息资料外泄后有多惨（引题）核电站工程师成了'通缉犯'（主题）"，而在A9版的标题是"谁把我的身份信息卖给了通缉犯？（引题）核电站工程师警局惊魂（主题）"。

9. 标题新闻

标题新闻，又叫目录新闻、一句话新闻、大字新闻，是以标题形式对新闻事实的简要报道，是介于标题与简讯之间的一种新型新闻体裁。标题新闻以简洁明快的方式报道新闻事实，节省版面空间，节省读者阅读时间。标题新闻具备标题的结构和特点，新闻要素比较齐全，通常比较严肃、简洁，不加修饰或渲染，主要适用于内容比较严肃，单一的政治、经济、外事、文化等题材的新闻上，要用尽可能少的文字说清新闻事实，不能给读者造成误会或悬念。

标题新闻在我国报纸上使用最频繁的是有关国家领导人的外事活动报道、工作报道和一般性的政策发布消息。对那些新闻要素比较复杂、应详细交代或者分

---

[1] 彭朝丞，王秀芬. 标题的制作艺术 [M]. 北京：新华出版社，2005：41.

[2] 王永赋. 报纸版面学 [M]. 北京：人民日报出版社，2001：280-281.

析解释新闻事实的报道内容，不宜采用标题新闻[1]。

（四）依据标题句式划分

依据句式不同，标题可划分为三种类型。

1. 句子式标题

句子式标题，是由一句完整的话语构成的标题。人们在日常生活中所用的各种句式，如陈述句、判断句、疑问句、祈使句、感叹句、反问句等，都可用来做标题。句子式标题要求结构完整，遵守语法规则，具有必要的句子成分（主语、谓语、宾语、补语、定语、状语等）。例如："失足未必千古恨"、"创新托起塔里木"、"特色食品农产品热销海外"、"白鸭闹春富路宽"、"烟票成了官员行贿受贿的'遮羞布'"，等等。

2. 词组式标题

词组式标题，又叫短语式标题，是由两个以上的词组组合而成、省略了某些句子成分的标题。被省略的部分往往不言而喻，不影响人们的理解。复式题里某一行所省略的句子成分，常常由其他各行补充。用做词组式标题的词组，常见的有偏正词组、动宾词组、介宾词组、联合词组和述补词组。例如："永远的巴山红叶"、"伟大的变革 光辉的节日"、"草根创业"、"在挑战中强身"、"扶贫与扶智"、"行得正 走得端"，等等。

3. 单词式标题

单词式标题，是由单独一个词构成的标题，其作用是提示正文的范围，或提示正文中的某个细节，或仅仅对正文作某种提示。如"秋"（诗歌）、"角度"（评论）、"追求"（报告文学）、"谜（主题）德法关系（副题）"。单词式标题最简练，只适用于少数场合，不能滥用。

二、新闻标题结构

单一式结构标题只有主题，没有引题和副题，结构相对比较简单。

在复合式结构标题里，最典型的是由引题、主题和副题组成的"三件套"标题。如"自主创新与引进消化吸收相结合（引题）我国核电接近世界先进水平

---

[1] 蔡雯. 新闻编辑学［M］. 北京：中国人民大学出版社，2006：306－307.

（主题）基本具备第二代百万千瓦级核电站设计能力（副题）"。

（一）引题

在"三件套"的三行题中，第一行叫"引题"，又叫"肩题"、"眉题"，放在主题的前面，引出下面的主题，字号一般小于主题而大于副题。引题可叙事，可说理，可抒情，可虚可实。引题的作用主要有七方面：

（1）交代主题的由来。如"央行银监会联合下发指导意见"（主题是"加强信贷结构调整 促进经济平稳较快发展"）。

（2）交代背景、原因、目的、范围等，引出主题。如"利率降了，手续简了，促销力度大了"（主题是"贷款买车的人多起来了"）。

（3）创造一种意境或气氛，烘托主题。如"留下一个长寿故事，相信一个善意谎言——"（主题是"广州最长寿老人带着牵挂走了"）。

（4）交代部分事实，由主题去补充。如"临时扮演父亲角色"（主题是"英前副首相将中国新娘送上红地毯"）。

（5）概括全部事实，由主题去具体说明。如"奥巴马开工第一天风风火火忙外交"（主题是"首个国际长途打给阿巴斯"）。

（6）发表议论，引出主题。如"再显分裂险恶用心"（主题是"达赖鼓动农牧民'罢耕罢种'"）。

（7）提出疑问，引出主题。如"传言满天飞 足协秘而不宣等待什么?"（主题是"国足选帅越选越神秘"）。

（二）主题

"三件套"中间的一行题叫"主题"或"主标题"，是复合式结构标题的核心部分和精华所在，字号最大，位置最显著，最先进入读者视线，常用来揭示稿件中最重要的事实或观点。主题可虚可实，所提示的必须是最精彩、最能吸引人的内容，文字也应最精练。

（三）副题

"三件套"最后的一行题叫"副题"，也叫"子题"，放在主题的后面，其作用是解释、说明、印证主题，内容比较具体，一般不做虚题。副题对主题的补充、解释和印证，主要有以下几种方式：

（1）补充主题中未交代的事实。如"成立调查组与水富县对接 水富县尚未提供具体名单"（引题是"安徽凤阳县——"主题是"停产整顿石英砂企业"）；又如"全市卫生系统开展大排查"（引题是"天津蓟县妇幼保健院'新生儿死亡事件'"，主题是"处理相关责任人"）。

（2）补充交代主题所揭示的新闻事实所产生的结果。如"广州痢疾再现，市区多处交通瘫痪"（主题是"暴雨冰雹龙卷风傍晚袭羊城"）。

（3）补充交代主题所揭示的新闻事实所发生的影响。如"实现冰雪运动集体项目历史性突破"（主题是"中国女子冰壶队首夺世锦赛冠军"）。

（4）印证主题的观点。如"年产值已占高新技术产业四分之一"（主题是"'新材料'领航泰州新型工业化"）。

（5）回答主题提出的问题。如"把培训资金直接补到农民身上，使有限的培训资金用出了最大的培训效益"（主题是"就业培训券有效吗？"）。

（6）解释主题中概括的事实。如"年轻、有创造力的人才缺乏 经费不足 评审制度不健全 人文教育匮乏 开放性、普识性不够 研究与教学脱节管理体制不利于创建一流大学"（主题是"丘成桐炮轰中国高等教育七大弊端"）。

（7）解释主题所提示的细节。如"歼十飞行员李峰回忆战机迫降详细过程"（主题是"'感觉地面向我直冲过来'"）。

三、新闻标题的基本要求

（一）题文一致

标题从属于正文，来源于正文，题文一致是新闻标题制作的首要要求和最基本的要求。新闻标题所提示的信息必须是正文中已有或可从正文中推断出来的。

题文一致具体是指：

（1）标题中所标出的事实要与正文中的事实一致，如名字、名称、时间、地点、数量、概念、措词等与正文相同，标题对新闻内容的归纳、概括要完整、全面、准确，不能言过其实，也不能顾此失彼。

（2）观点与事实一致，标题中的观点、态度、立场要建立在正文所提供的事实基础上，对观点的把握、表现要准确。

（3）逻辑上一致，主题、引题和副题之间的逻辑关系与正文内容一致，标题所作的陈述、判断、推理与正文一致，能从正文中找到依据。

（4）运用语言文字要准确，标题概括新闻内容是通过遣词造句来实现的，要字斟句酌，善于用最恰当的字、词、句或成语、典故、俗语和修辞手法，恰如其分地表述新闻内容，不夸大，不缩小，不会让人产生误解，不会给人造成歧义。

（二）重点突出

一篇新闻稿件可能包含很多信息，一条信息也可能有若干部分。标题应标出哪条信息，不标出哪条信息；应强化哪条信息，弱化哪条信息；应标出信息的哪部分，不标出信息的哪部分；应强化信息的哪部分，弱化信息的哪部分，大有讲究。一般来讲，标题应标出或强化新闻中最重要、最突出、最新鲜、最生动、最有趣、最有特点的信息，应标出或强化新闻信息中最重要、最突出、最新鲜、最生动、最有趣、最有特点的部分。这就是突出重点。

例如，有一对情侣被困在厦门附近的礁石上，一家报社为这条新闻所做的标题为"情侣困礁石，警艇夜施救"，《厦门晚报》的标题为"被困礁石，用小电筒发讯号"。前一个标题是有通用性的，有人被困是常事，警艇施救也是常态，此类新闻很多，这个标题随便拿来即可套用为"小孩困礁石，警艇夜施救"或"老人困礁石，警艇夜施救"，等等。其实，两家报纸稿件的情节几乎一样，而《厦门晚报》的标题中突出了"用小电筒发讯号"这一最有特点的信息，就不可能随便套用在其他相似的新闻上了[1]。

新闻中有些信息或信息的某个部分虽然很有特点，与众不同，但有损于新闻的传播价值，产生不正确的导向，这些信息在新闻标题中就不宜标出或强化。如"古稀老人勇救妙龄女子"，这个标题反映的是两位老人泅水救起一名落水女子，救人者是古稀老人，被救者是妙龄女子，这些确是这条新闻的特色，但"妙龄"这个信息一上标题，容易使读者对老人的义举产生误解，给高尚的行为蒙上了低级趣味的误解[2]。再如"俄52名权贵子弟丧生空难"，从新闻报道看，这52个孩子大都是官员子女，可以说是"权贵子弟"，也是这条新闻的一个特点，但是强化这一点没什么意义，而且容易把不幸的偶然灾难与人的身份之间形成一种必

---

[1] 卢小波. "像情侣一样"具有排他性 [J]. 新闻战线，2008（7）：60.

[2] 张子让. 标题制作与版面设计 [M]. 上海：复旦大学出版社，1991：9.

然的认识逻辑，不符合人们惯有的悲天悯人的思想感情[1]。

（三）讲究分寸

讲究分寸，是指用标题评价新闻事实要把握时机、火候、尺度和规格。不宜表态时，标题应该客观、公允、平和、含蓄、不偏不倚；应该表态时，标题应态度鲜明，褒贬适度，有所节制。有些只让人觉得有趣但没有具体意义的事，没有必要评价。

不宜表态的情况包括：一些微妙的国际关系事件，国内一些出现不久、一时看不出好坏、尚未定性的新动向、新现象、新做法、新事物，一些突发性、性质和发展不明朗的事件等。这些事件一般不公开报道，即使公开报道，标题一般不宜表明倾向性，对事件本身也只作纯客观的揭示，过早地表示支持或反对，容易陷入被动局面。

应该表态的情况包括：事实性质不难判定、事件已经有了结果、权威部门已明确表态、民心所向不容置疑等。这时标题应褒贬分明，让读者明白地看出报纸的倾向性。比如，达赖鼓动农牧民罢耕罢种，报纸就用"再显分裂险恶用心"、"不种田吃什么"等标题来表明立场和态度。褒贬分明，也要有所节制，褒贬要适度，用词要恰当，与报纸性质和特点相符[2]。

（四）具体实在

具体实在，是指标题应言之有物，摆事实要具体，讲道理要实在。实题应标出具体事实，避免笼统和空泛。标题应尽量用事实说话，事实已经说明了道理，就不必下结论。虚题应标出正文中的主要观点，观点应以事实为基础，体现事实的特点和个性，不应抽象、空洞，也不应是放之四海而皆准的观点。

标题标出的事实已经表明报纸的立场和态度，读者一看就清楚，就不必使用虚题来表明态度和立场。如"8人镇土管所占地51亩"、"9名工作人员11辆车"，这些事实足以表明报纸对一些单位铺张浪费、大手大脚的批评。

概括事实，表明态度和立场，应尽量少用概括性词语。一般说来，概括性越强，词汇包含的具体内容越少，没有特点，没有个性，用在标题里就会空洞无

[1] 王晓宁. 现代新闻编辑学 [M]. 郑州：郑州大学出版社，2004：132.

[2] 王永赋. 报纸版面学 [M]. 北京：人民日报出版社，2001：293-296.

物。如"密切联系群众"、"理论联系实际"、"贵在持之以恒"等。

标题应尽量避免使用枯燥、抽象的概念语言，多使用新颖、具体、形象、有特点的个性语言。如"红色赣州 绿色发展（主题）120万人相继脱贫，森林覆盖率提高到74.5%（副题）"中，主题是虚题，很有个性和特点，赣州是革命老区，可以称为"红色"，森林覆盖率提高，印证了"绿色"，120万人脱贫印证了"发展"；副题是实题，标出具体事实。

（五）言简意赅

标题应简明扼要，短小精悍，言简意赅，以少胜多，让读者在一瞥之间，就能了解主要内容。

标题的字数，尤其是主题的字数，要严格限制。心理学研究表明，人在一瞥之间所能接受的文字信息很有限。标题字数多，读者理解就得多花时间，性急的人早没了耐心，标题的提示功能、吸引阅读功能就大大减弱。有些报社有一些不成文的规定，如除特殊情况外，主题不得超过13个字。香港有的报纸更简练，主题每行不超过9字。短标题读起来省事，放在版面上也醒目。著名报人邵飘萍说，主题最好用十余字就能将时间、人物、地点、结果等新闻要素标出，可引起读者注意，仔细阅读；也可让比较忙的读者看了标题就知道主要内容。因此，制作标题应惜墨如金，注意炼字、炼句、炼意，制作完了再看看有没有多余的字，一经发现，坚决删掉。如果标题字数无论如何减不下来，可换一种角度或改一种句式。

（六）生动活泼

生动，是指标题简洁流畅、具体形象、清新活泼、通俗易懂，给人以美的感受，做到思想性与艺术性的结合，让读者一看就能产生感情，激起阅读的兴趣，增强传播效果[1]。

标题生动活泼，可从以下几方面着手。

一是用词要具体形象，化静为动，化虚为实，引人入胜，让读者如闻其声，如见其人，如临其境，如见其景。如"成都市温江区花木产业升级发展，农民腰包渐鼓——（引题）美丽产业映笑脸（主题）"中，主题化静为动、化虚为实，生动形象。

---

[1] 左克. 标题一得录［M］. 2版. 北京：新华出版社，1998：20.

二是用词要通俗易懂，应多使用读者熟悉的语言，避免使用生僻、晦涩难懂的词汇，避免使用专业性强的艰深词汇。如"奖金丑闻点燃怒火 舆论讨伐民众'围剿'（引题）美国 AIG 高管成了'过街老鼠'（主题）"中，主题中的"过街老鼠"就是中国读者熟悉的歇后语，读者一看就明白。

三是用词要朗朗上口，注意语音美。如"让海西天更蓝山更绿水更清（主题）省领导卢展工、黄小晶等昨在榕参加全民义务植树活动（副题）"中，"天更蓝山更绿水更清"简洁凝练，有韵脚，读起来朗朗上口。

四是运用各种修辞手法。在标题中经常采用的修辞手法有比喻、借代、排比、复叠、对偶、对照、衍化、双关、设问、质问、反问、粘连等，如在"'怪楼'每天抖不停（主题）绍兴一幢楼晃了两年查不出原因（副题）"中，主题运用拟人手法，让读者如临其境；又如"乌克兰通气 俄罗斯生气"中，巧妙利用汉字一字多义的特点，运用双关手法，前面一个"气"指"天然气"，后面一个"气"指"不愉快"。

四、新闻标题制作程序

标题的制作过程，是一种非常复杂的分析、判断、归纳、推理、遣词造句、谋篇布局的过程，先做什么，后做什么，都有一定的程序。

（一）确定列入标题的内容

标题的基本作用是提示稿件内容。标题比正文篇幅短、字数少，不可能将正文中的所有要点和细节都表现出来。制作标题的第一步，是精心阅读稿件，了解稿件的基本内容和观点，从中挑选出应该在标题中突出的内容。根据题文一致、重点突出和具体实在等要求，列入标题的内容应该是正文中最新鲜、最重要、最有特点、最有价值的事实或观点，应该是与正文内容本质上相一致的事实或观点。

（二）确定标题立场和态度

报纸经常利用标题表明立场和态度。党和国家的路线、方针、政策、纪律以及各项工作的具体措施和要求，国家的各项法律、法规和规章，社会主流价值观，社会主义道德，是确定报纸立场和态度的依据之一，报纸应旗帜鲜明地讴歌真善美，鞭笞假丑恶。当然，对那些纯粹的信息性新闻，没有必要进行评价，也

就谈不上确定立场和态度。

当前的国内外形势也是确定报纸立场和态度的依据之一。社会总是在不断发展进步，人们的思想观念、国内外形势也在不断发展变化，制作标题应认真分析当前形势，了解社会主流舆论，了解读者心理状态，紧扣时代脉搏，从稿件中找出最具现实意义、最具时代色彩、最能对形势发展起促进作用的内容，写进标题中。

（三）确定标题角度和切入点

同一事实或观点，会因为观察者所处角度不同而呈现不同的特点，要用标题把事实或观点表现出来，必须选择恰当的角度，表现事实的主要特征。

角度贵在独特，要尽量避开其他媒体可能选择的角度，找一种别人想不到的角度，同时标题角度要服从并服务于报纸立场。如，大学毕业生就业难有很多种原因，涉及大学生就业观念、大学生素质、高校专业设置与社会需求脱节、金融危机、资金限制等诸多方面，每方面都是一种角度。这些角度，可单选一种，作单式题；也可多种角度并用，作复式题。如"摆正心态天地宽（主题）——记石家庄山泰装饰工程有限公司副总经理王继龙（副题）"就是从转变就业观念这种角度来表现新闻事实的。

角度选好后，还要寻找切入点。切入点是标题最先触及的稿件表层部位，单式题的切入点通常是标题开头的几个字，如"'香丹注射液'被卫生部叫停"中，"香丹注射液"是切入点，由此引出"被卫生部叫停"。而在"卫生部紧急叫停'香丹注射液'"中，"卫生部"变成了切入点。复式题的切入点通常为第一行题，即引题或主题，如"谁在放大网络声音（主题）'网络推手'正在影响网上诚信度（副题）"中，"谁"就是切入点。

（四）确定标题结构类型

标题的结构类型可从稿件内容、报道意图、报纸风格以及当日版面编排等方面来考虑。

稿件重要性、篇幅长短和体裁是确定标题结构类型的首要因素。一般来讲，重大题材、头条新闻、篇幅较长的稿件可考虑采用长标题、复合式标题，重要的长稿有时还要运用提要题和分题；不重要的、短小的稿件，应更多地考虑采用单一式标题、短标题。消息标题一般要标出事实，表现事物的发展动态，简短的消息一般用单一式标题、实题；复杂的、重要的消息一般采用复合式标题。通讯标题可标出事实，也可不标出事实，重在抒情或议论；表现事物的静态，可用单一式标题，也可用复合式标题。

当日版面编排也是确定标题结构类型的重要因素。报纸编辑制作标题应通盘考虑，综合分析版面其他标题、其他稿件的情况，分析这篇稿件的重要程度，这篇稿件、这个标题与其他稿件、其他标题之间有无内在的联系。如 2009 年 4 月 2 日《人民日报》第 1 版用一个大标题统辖了三篇稿件，大标题为"胡锦涛主席出席二十国集团领导人第二次金融峰会"，三篇稿件是胡锦涛分别会见美国总统奥巴马、俄罗斯总统梅德韦杰夫和英国首相布朗的消息，其中"胡锦涛会见美国总统奥巴马"这篇稿件放在头条位置并且是复合式标题，其他两篇稿件是单式题，这样的安排表明我国对中美关系的重视程度高于中俄关系和中英关系。

此外，报纸的地位、办报方针、版面编辑方针、风格和报道意图也是确定标题类型不可忽视的因素。

（五）确定标题各部分逻辑关系

不管什么类型的标题，都要符合逻辑，即事物本身的客观规律。单式题比较简单，只能通过句法来表现逻辑。复式题不仅通过每行题的句法，还通过各行题之间的排列方式，表达各层意思之间的逻辑关系，如因果关系、虚实关系、详略关系、局部与整体关系等。一个复式题相当于一篇小文章，必须有头有尾、言之成理，而不能前后脱节、自相矛盾。

为做到逻辑通顺，制作标题前需要设计一种合理的逻辑关系，确定每行题所要表达的意思，然后借助于标题的排列方式，明白无误地揭示各行题之间的内在关系。当一行题省略主语时，其他各行标题的主语就被看做是它的主语；当一个标题中含有不止一个行为主体时，每行题都要有自己的主语。

（六）确定标题用字用词

制作标题的过程既是发现和开掘稿件价值的过程，也是锤炼文字的过程，即炼意、炼字、炼词、炼句的过程。标题要达到题文一致、重点突出、言简意赅等要求，制作标题时应字斟句酌、惜墨如金。

有些标题做得长，是因为没有分清主次、突出重点，可通过压缩标题内容并突出或强化最有价值、最有特点的信息等方式解决；有些标题做得长，是因为句式不合理，或者有废字、冗字，可通过调整句式、改变叙述方法、分层分行或删

除废字、冗字等方式解决。有的标题字数不多，但所用词汇司空见惯，不够凝炼，仍有推敲余地，可运用修辞手法解决。

还有的标题不够简明，是囿于日常生活中养成的语言习惯，忽略了报纸标题用字、用词和句法的特殊性。词汇方面的特殊用法有："晤"代替"会见"、"称"代替"指出"、"抵"代替"到达"，等等；句法方面的特殊用法有：介词"在"、"被"、"于"等经常被省略，被动语态经常改为主动语态，如"某罪犯被依法枪决"，在报纸标题上可写做"某罪犯伏法"。古汉语中的词类活用在现代报纸标题上用得很普遍，如"中国玩具风光美利坚"（"风光"是名词、形容词，此处活用为动词）；古代汉语中的倒装句在现代报纸标题上也有运用，如"北京出台房改新办法"。

（七）确定标题排列方式

标题最终要落实到版面上，因此制作标题应考虑版面需要。当版面发生变化时，标题应服从版面，在结构、句式、字数等方面作一些调整。除特别重要的稿件有特殊要求外，一般稿件标题的长度、结构和句式都是可调整的。短标题补充一些成分，就变成长标题；长标题通过折行、减字或改变标题类型等方式，可以变得短小。

五、新闻标题制作技巧

（一）直接引用

直接引用，就是从稿件中选取现成的词汇或句子，用做标题。报纸上很多标题，尤其是提要题，就是采用这种方法制作的。

1. 遴选适宜做标题的词句

稿件中含有大量词句，但不是每个词句都适宜做标题，应根据稿件的题材、体裁和主题等，反复遴选。特别是那些篇幅较长、内容丰富、语言生动的稿件，可做标题的词句很多，摘哪个，不摘哪个；是完整地摘录一句话、一段话，还是东摘一句、西摘一句，效果大不一样。如2009年3月24日《福建日报》第1版"以山入股规模经营 绿了山包鼓了腰包（主题）光泽县探索股份合作制造林成效显现（副题）"中的主题就是分别从几个段落里摘录的。

2. 发现适宜做标题的词句

直接引用的关键是眼力，即从稿件中发现最精彩、最简练、最能揭示主题的词句的能力。这些词句的位置是不固定的，可能在导语中，可能在结尾，也可能藏在中间某一段；可能是作者的话，也可能是引用别人的话；可能原样拿出来一字不改，也可能需要掐头去尾或删去中间一些字。如《人民日报》2009 年 3 月 27 日第 1 版"加大减排治污力度 建设集中处理设施（引题）合肥明年起不向巢湖排一滴污水（主题）"中，"明年起不向巢湖排一滴污水"就是从合肥市委书记孙金龙向全市人民承诺的原话"到 2010 年，绝不让一滴污水流进淝河、巢湖"中摘录的。

（二）间接引用

间接引用，就是指稿件没有提供现成的、拿出来就可用做标题的词句，报纸编辑可根据稿件材料，进行归纳、推理，得出结论，把结论写到标题里。间接引用有三种方法。

1. 概括

概括就是对正文中的事实或观点进行归纳。有的作者受认识水平和认识角度的限制，缺乏概括和归纳能力，或者概括和归纳得不深刻、不准确，这时报纸编辑就要超脱出来，在重视和尊重新闻事实的基础上，对稿件中的材料进行概括。如有一篇稿件报道吴邦国在湖北调研时强调，把解决当前困难与实现可持续发展结合起来，在经济结构调整和产业优化升级上狠下工夫，某报制作的标题为"吴邦国在湖北调研（引题）强调做好三篇大文章（主题）"。

2. 计算

计算就是对正文中的数字和材料进行运算。有的稿件引用了许多数字，以此来增强说服力，但没有一个现成的、简明易懂、可直接写入标题的数字。这时报纸编辑可对数字进行一些计算、换算，变成一般读者容易接受的提法，写到标题中。有一篇报道的导语是："科技部、教育部、国资委、中国科学院、国家自然科学基金委和中国科协今天联合出台意见，组织动员广大科技人员深入一线服务，帮助企业特别是中小企业破解发展难题。"数一数，共有 7 家联合出台意见，所以标题可写做"七部委动员科技人员深入一线企业服务"。又如，某报报道以色列入侵黎巴嫩军费开支很大，不堪重负，经济很不好过，标题为"以色列侵黎每天一亿美元"。

3. 引申

引申就是即对正文中的材料进行推理，得出新的提法。例如，有一篇稿件写到捷克政府下台，欧盟内部有许多人担心轮值主席国政府垮台将对事关欧洲一体化进程的《里斯本条约》产生不利影响，某报为此做的标题是"捷克政局牵动欧盟神经"，正文中没有一句提到"牵动神经"，但这种说法是合情合理的，欧盟内部许多人担心，可以说"牵动神经"。类似的还有，"宠儿"代替"招人喜爱的角色"，"恼火"代替"猛烈抨击"，"贼"代替"小偷"，"强盗"代替"实施抢劫的人"，等等。

（三）分层分行

一个标题需要提示的内容很多，做单式题势必很长，可以把它分为若干个层次，做成复式题。这样，每一行题的字数都不多，版面容易安排，读者也容易接受和理解。例如，胡锦涛主席出席二十国集团领导人第二次金融峰会（离京、抵达伦敦、回京），为领导人活动消息制作标题，由于有些限制词是不能省略的，做成单式题肯定很长，如果做成折行的双行题又不容易使两行题字数相等，这时候可以把活动与活动背景分开处理，作成三个复式题"赴英国出席二十国集团领导人第二次金融峰会（引题）胡锦涛主席今日离京（主题）"、"出席二十国集团领导人第二次金融峰会（引题）胡锦涛主席抵达伦敦（主题）"、"出席二十国集团领导人第二次金融峰会后（引题）胡锦涛主席回到北京（主题）"。类似的标题还有"就解放军先遣组提前进港事宜（引题）中英联合联络小组举行专家会议（主题）"、"就解决澳门问题（引题）中葡将举行谈判（主题）"，等等。

（四）简而化之

1. 使用简称

我国各省、自治区、直辖市甚至一些重要的大中城市都有众所周知的简称，如福建省简称"闽"，上海市简称"沪"，广东省简称"粤"，海南省简称"琼"，重庆市简称"渝"，广州市简称"穗"，南京市简称"宁"，宁波市简称"甬"，等等。

简称最常用的手法是使用缩写，如"中国共产党中央委员会"可缩写为"中共中央"，"中国人民政治协商会议"可缩写为"政协"，"妇女联合会"可缩写为"妇联"，"神舟七号卫星"可缩写为"神七"，"消费者权益保护法"可缩写为"消法","亚洲和太平洋"可缩写为"亚太","波斯尼亚和黑塞哥维纳"可缩写为"波黑","美国联邦储备委员会"可缩写为"美联储","北大西洋公约组织"可缩写为"北约","欧洲联盟"可缩写为"欧盟",等等。

2. 使用别称、绰号

使用别称、绰号等代替冗长的正式名称,如用"白宫"代替美国政府,用"五角大楼"代替"美国国防部",用"青瓦台"代替韩国政府,用"面的"代替"微型厢式出租车",用"的士"代替"出租小轿车",用"网虫"代替"上网成瘾的人",等等。

3. 换个说法

事物的发生、发展、变化和现状等,也可以换个说法的方式进行简化。例如,一项决策正式公布实施,可以说"出台";一件事情已由权威部门作出最后决定,可以说"拍板";在野党议员向执政党内阁提出不信任案,可以说"倒阁";某团体内部发生争吵,可以说"内讧";某行动中途停止,可以说"夭折",等等。

(五)形象思维

1. 形象思维在标题制作中的表现

在标题制作中,抽象思维无处不在。分析稿件内容,选择角度和切入点,构筑逻辑框架等,显然是抽象思维在起作用。

然而在很多时候,形象思维更具优势,特别是写景状物、抒发情感,使用形象思维,诉诸感觉和联想,效果更好。北京奥运会报道中就有许多运用形象思维制作的标题,如"举重若轻陈燮霞"(女子举重48公斤级冠军)、"刘春红卫冕势如虹"(女子举重69公斤级冠军)、"中国姑娘一飞冲天"(体操女团首夺奥运桂冠)、"泳坛新秀双凤齐飞"(刘子歌、焦刘洋包揽女子200米蝶泳金银牌)、"射场老将一箭风流"(张娟娟摘得中国女子射箭首枚奥运金牌)、"仲满挺身而出担纲主角"(男子佩剑个人冠军)、"中国大力士扛鼎赛场"(中国举重运动员整体实力强劲)、"9秒69!博尔特在飞!"(男子百米冠军)等。这些标题既交代了事实,又营造了意境,生动、有气势,更容易打动读者。

2. 抽象思维与形象思维共同作用

在标题制作中,抽象思维往往同形象思维一道起作用。抽象思维确定标题意境,形象思维用想象、联想和幻想的手法进行构思、创作。如"法德一体

美英结伙（引题）G20会前，'两个世界'打嘴仗（主题）在出台新全球金融监管规则方面有分歧（副题）"中，主题用"打嘴仗"表现法国、德国与美国、英国的分歧，风趣幽默，生动形象，通俗易懂。又如"本市4月起实施医疗就业缴费一卡通（引题）'社保卡'向前几大步（主题）市民可到相应服务中心申领（副题）"中，"向前几大步"也属于形象思维的结果。当一种意思用抽象思维很难表达或显得很平庸时，用形象思维来构思，往往会柳暗花明、峰回路转。

（六）巧用修辞

制作标题的过程就是思维和语言互动的过程。在这个过程中，修辞大有用武之地。标题中常见的修辞有以下几种。

1. 比喻

比喻就是打比方。运用这种修辞手法，可把陌生的东西变为熟悉的东西，把深奥的道理浅显化，把抽象的事物具体化、形象化。如"推动科技与经济'自由恋爱'"、"粮农变茶农 绿山变金山"、"俄开出反危机'新处方'"、"扶贫坐上科技'特快'"、"'报春花'今年别样红"、"出版界组建'联合舰队'"、"'拓荒牛'垦出'文化绿洲'"、"既要抱西瓜 也要捡芝麻"、"高职生缘何成了'香饽饽'"，等等。

2. 借代

借代就是不直接说出所要表达的人或事物，而借用其他有关联的人或事物来代替，多以特征代替本身、以具体代替抽象、以别称代替本称，使标题简洁、生动、意味深长。如用"格桑花"代替西藏，用"白衣天使"代替护士，用"中南海"代替中共中央和国务院，用"锅碗瓢盆"代替家务活，用"入洞房"代替结婚，用"红领巾"代替少先队员，等等。又如，培养中小学生科技创新意识，可以说"播下科技创新的种子"；几家企业横向联合，可以说"联姻"；降低某种限制条件或标准，可以说"降低门槛"；某人连续遭受挫折，可以说"走麦城"；遮遮掩掩，隐匿事实真相，可以说"躲猫猫"；骗子行骗，可以说"忽悠"；用键盘写作的人，可以说"网络写手"，等等。要注意的是，事物名称采用了借代手法后，与之配合的动词、形容词、副词也要作相应改变。

3. 对仗

对仗又叫对偶，就是把字数相等、句式相同、意义相关的词句对称地排列在一起。采用对仗手法，会使标题形式整齐，富有节奏感和韵律美。如"百年奥运梦 今夜终成真"、"五千里通衢 六百村欢笑"、"涨价很市场 降价很计划"、"鲸搁浅 人着急"、"让市民吃上放心菜 为菜农解决卖菜难"、"老帅急流勇退 少帅迎难而上"、"产业升级 农民增收"、"中超诸强再争高下 花滑群英又踏征程"、"一道算术题 一笔廉洁账"、"手中技术新 脚下道路宽"、"一场球赛 一个球迷派对；一声呐喊 一曲球场交响"、"1 条'牛奶河'10 亩'雪花田'"、"进三球 杰拉德威风凛凛；赢五球 利物浦咄咄逼人"，等等。

4. 排比

排比就是将几个结构、字数相同的词句排在一起，表现同一性质或同一范围的内容，使标题语气紧凑、连贯，具有气势。如"问计于民 问需于民 问政于民（引题）西安以群众需要为'第一选择'（主题）"中，引题就是用排比手法。又如"工业向工业集中区集中 土地向规模经营集中 农民向集中居住区集中（引题）成都城乡一体化夯实发展基础（主题）"中，引题也是用排比手法。再如"浙江省嘉兴市嘉善县在学习实践活动中（引题）高起点谋划 高标准定位 高质量推进（主题）"中，主题也是用排比手法。

5. 套用

套用就是把成语、俗语、诗词、小说、戏剧、影视、歌曲、自然科学和群众生活中的一些语言以及网络语言，原封不动或稍加变化，拿来做标题。这些语言为许多人熟悉，可收"言有尽而意无穷"之效。如"失足未必千古恨"就是成语"一失足成千古恨"的套用；"土总统访伊 相逢泯恩仇"中"相逢泯恩仇"就是古诗"度尽劫波兄弟在，相逢一笑泯恩仇"的套用；"停车多少事 都付笑谈中"套用小说《三国演义》中的"古今多少事 都付笑谈中"；"没人愿当市委书记，怎可能?"中"怎可能?"就套用了电视剧《走西口》中的一句台词；"'山寨'停车位蒙了很多人"中的"山寨"就套用了网络语言；"一道二选一题目足协做了一个月"就套用了教育考试语言；"企业过冬要'活血化瘀、强身健体'"套用了医学语言；"中部:'弯道超车'值得关注"套用交通术语。又如，"金满箱银满箱不如教育子女有理想"、"金杯银杯不如群众的口碑"、"拿了这个忘那个 说了上句忘下句——（引题）部分妈妈感叹'生个孩子傻三年'（主题）"等，都套用了群众语言。

新闻稿件配置

各种来源、各种渠道、各种题材、各种体裁的稿件，先由编辑部负责人按版面配置情况分门别类分配给各个版面，再由各个版面编辑按照一定的意图将它们集中起来，搭配、组织成一个个有机整体。这种对稿件进行分流、集中、调配、组合的过程，就是稿件配置。

一、报纸版面组合与配置

除特殊情况外，现代报纸每期至少有四个版，多则上百个版，这样就产生了版面与版面之间的组合以及版面配置问题。

（一）版面配置的标准

现代报纸版面配置同时采用多项标准，而不是只用一项标准。例如，有的版面按稿件内容的重要性来配置，如"要闻"、"国内要闻"、"国际要闻"，等等；有的版面按报道对象所属行业来配置，如"经济新闻"、"政治新闻"、"体育新闻"、"教育新闻"、"文化新闻"、"科技新闻"、"法制新闻"、"综合新闻"，等等；有的版面按报道对象所属地域来配置，如"国际新闻"、"国内新闻"、"省内新闻"、"本埠新闻"、"长三角新闻"、"珠三角新闻"、"闽南新闻"，等等；有的版面按稿件来源来配置，如"读者来信"、"文摘"，等等；有的版面按稿件体裁来配置，如"理论"、"图片新闻"、"摄影"，等等；有的版面按新闻事件的性质来配置，如"民生新闻"、"社会新闻"，等等；有的版面按稿件的情调来配置，如"亲情热线"、"芳草地"、"现代人家"、"人间万象"，等等；有的版面按稿件功能来配置，如"视点新闻"、"现场直播"、"视觉新闻"、"议政建言"、"社会观察"、"观察与探索"，等等；有的版面按稿件的性质来配置，如"副刊"、"公告"、"广告"、"特刊"、"文艺评论"、"夜光杯"，等等。

（二）特殊的版面配置

报纸上还存在着三种特殊的版面配置。

1. 一个版面同时承担多项分工

有的报纸由于版数较少，一个版面同时承担着两项或两项以上的版面分工，如在一个版面的报眉上标明"国际·体育"，上半版刊登国际新闻，下半版刊登体育新闻；有的报纸在报眉上标明"教育科学·法治社会"，上半版刊登教育科学方面的新闻稿件，下半版刊登法制建设方面的新闻稿件。

2. 一个版面交替承担多项分工

有的报纸按照固定周期，由一个版面交替承担两项以上的分工，如 2009 年《中国青年报》第 2 版交替出现"思想者"、"青年话题"、"青年调查"等，2009年《光明日报》第 10 版交替出现"科技周刊"、"理论周刊"、"教育周刊"、"光明讲坛"、"文荟副刊"，具有很强的周期性，为读者选择阅读内容提供方便。

3. 随机配置

在某一类稿件数量过大、分量很重的情况下，打破原有分工，随机配置。例如，在 2009 年 5 月，四川汶川特大地震一周年纪念日，许多报纸打破原有的版面分工，或用几个版推出"汶川特大地震一周年特别报道"，或用几个版推出特刊，报道各地支援地震灾区重建。

二、报纸新闻稿件配置概说

对一篇新闻稿件而言，稿件配置就是将它落实到具体版面上的一个具体位置；对一个版面而言，稿件配置就是为版面设计准备原料。

从大的方面看，稿件配置由两个步骤组成：

一是新闻稿件的宏观配置，也就是俗称的"分稿"，对初选合格的稿件进行分类，然后根据版面配置情况（版面分工），将稿件按类别、轻重等标准分配给不同的版面，这是对新闻稿件的第一次配置。

二是新闻稿件的微观配置，也就是俗称的"拢稿"，在一个版面的范围内，从分配来的稿件中筛选出适合当前这一版需要的稿件，再对稿件进行搭配、组合，是对分稿结果的再选择、再配置。

（一）分稿

分稿，通常由编辑部的各级负责人承担，如值班总编辑、总编室主任、群工部主任等，他们从大局着眼，对不合格的稿件予以淘汰，对合格的稿件作出放在第几版、是"必用稿"还是"选用稿"、是突出处理还是淡化处理等判断，交有关版面编辑去落实。

分稿具有如下作用：

1. 把关作用

分稿的过程也是选稿的过程，对有些稿件来说，如电讯稿，分稿是初选；对已由编辑人员初选和加工的稿件来说，是一次再选择。分稿人的责任之一就是卡住不合格的稿件，只允许合格稿件流向版面。对特别重要、质量上乘的稿件，分稿人应给予特别重视，分配给重要版次，并指示版面编辑安排在突出位置。

2. 分流作用

分流就是把合格稿件按照其类别和价值大小，分配到与之对应的版面上，使之各得其所。通过分流，来稿被分解成若干份，各版责任编辑所拿到的，只是适合本版需要的那一部分稿件，在此基础上进行拢稿就容易得多。

3. 统筹作用

统筹就是从总体上把握来稿情况和稿件流向，特别是重要稿件的情况和流向。这种统筹，既要考虑稿件数量（篇数和字数），使每一个版面都能得到充足的稿件；又要考虑稿件质量，使每一个版面的稿件都能达到应有的分量[1]。

分稿实际上是从总体上把握稿件流向，合理利用版面资源和稿件资源。放任自流，就会出现优质稿件漏登、劣质稿件充斥版面的现象，就会出现重要稿件被安排在不重要的版面、不重要的稿件被安排在重要版面的现象，就会出现稿件题材与版面分工不符的现象，就会出现重复用稿的现象。

分稿渠道宜少不宜多，分稿权不能分散。在多头分稿的情况下，由于各位分稿负责人接触的稿件数量较少，无法全面了解情况，再加上各自掌握的稿件价值标准不尽相同，势必出现稿件处理畸轻畸重、随意性强、混乱不堪的现象。

（二）拢稿

拢稿，通常由各版责任编辑承担。他们在版面编辑方针指导下，根据编辑部

---

[1] 王永赋. 报纸版面学 [M]. 北京：人民日报出版社，2001：244-245.

负责人的批示，对分来的各种稿件进行分析、比较，筛选出适合当前这一版需要的稿件。拢稿是各报普遍设计的程序，因为不经过这道程序，稿件只是一盘散沙，报纸编辑、版面设计无法进行。

三、新闻稿件的宏观配置

由于时间紧、工作量大、情况多变，要做到又快又准又好地分配稿件，编辑部负责人必须掌握下列要领。

（一）把握全局

对质量上乘的稿件，编辑部负责人应给予特别重视，分配给重要版次并作出批示。对有问题的、质量低劣的稿件，则应该毫不留情地予以淘汰，绝不让它们流到版面上。取舍的依据就是本章第二节"新闻稿件选择"中确定的几个标准。编辑部负责人应该具有把握全局的能力，心中装着所有的版面，对以往的用稿情况心中有数，对当前的报道重点、报道计划、上级指示、读者需求等了如指掌，对以后的用稿未雨绸缪。编辑部负责人应该全面掌握、自觉维护这些标准，该灵活时可适当变通，该坚持原则时就坚定不移，全力维护报纸的质量标准和一贯风格，保证正确的舆论导向。

（二）紧扣版性

版面分工不同，对稿件的类别、题材、体裁、写作手法、语言风格等的要求也不同，这就是版性。编辑部负责人应该精确把握各版的版性，对版面配置烂熟于心，对版面编排的程序、规范、规律等心中有数，拿起一篇稿件，就知道它应放在哪一版甚至哪个位置。只有紧扣版性，分稿结果才能得到各版编辑认同，好稿件才不会被埋没。

（三）掌握平衡

新闻稿件宏观配置的平衡包括两方面：一方面是数量的平衡，各版的容量都是有限的，假设有 20 条质量上乘、时效性很强的稿件，而一个版面只能容纳 10 条稿件，如果把 20 条稿件全部分给一个版面，那么有 10 条稿件用不上，不仅浪费了稿件，还会导致重大失误。另一方面是质量的平衡，由于报纸版面的特殊组合方式，不同的版面在重要性上是有差异的，编辑部负责人应该把重要稿件分配

给重要版面，把次要稿件分配给不那么重要的版面。

（四）保证重点

新闻稿件总是有轻有重的，编辑部负责人应分清主次、轻重，区别对待。对次要稿件可以过目即忘，对重要稿件则要另眼看待，反复权衡，慎重分配，并把稿件去向记在心头，追踪其下落，确保按时见报。

重点稿件一般可分为两种：一种是"随机重点"，即原来没有预料到的、不在计划之列的重点稿件，大量突发性事件报道、始料不及的重要来稿，就属于这一类。对这类稿件，应做到随到随分，急稿急用。另一种是"计划重点"，即预先经过策划、列入报道计划的稿件，如制定见报日期的社论、预先准备的重要文章、系列报道、专栏稿件等。对这类稿件，应根据预定计划，按部就班。

（五）注重时效

对新闻稿件来说，时效性越强，稿件价值越高。有些稿件要求立即见报，哪怕只压一天也会毫无价值。分稿程序处于稿件流程的前半段，这里一耽搁，后续程序自然会受到不利影响。因此，编辑部负责人要有很强的时效观念，努力提高工作效率，把时效性强的稿件尽快分下去，给后续程序留出充裕的时间。

（六）多谋善断

编辑部负责人要充分发挥主动性和创造性，多谋善断，一边分配稿件，一边透过稿件分析现实，思考这一期报纸应该怎么办。当某一主题的来稿数量大、内容丰富、体裁多样时，编辑部负责人可以指示版面编辑把它们组合到一起，在版面上形成重点。当某一重大主题的稿件超过一个版面甚至几个版面的容量时，编辑部负责人应及时作出决断或请上一级领导作出决定，打破原有的版面配置，临时改变某些版面的用途，使重要稿件能够及时、全部见报[1]。

四、新闻稿件的微观配置

新闻稿件的微观配置就是拢稿。拢稿是报纸编辑人员的一项日常工作。每设计一个版面之前，报纸编辑都要把适合上版的稿件归拢起来，使一篇篇稿件组成

---

[1] 王永赋. 报纸版面学 [M]. 北京：人民日报出版社，2001：245-248.

一个"稿件群"。

拢稿的作用有两项：一是选出质量上乘的稿件。由于分来的稿件已经过一次或多次选择，因而拢稿是一次再选择，保证每篇稿件都达到见报标准。二是对稿件进行组合，把题材各异、来源不同、体裁有别的稿件组合成一个有机的整体，保证整个"稿件群"质量上乘。

拢稿与分稿一样，也有一些基本规则：

（一）选好重点，兼顾其他

不论什么版面，都需要一条或几条分量较重的稿件，形成版面的重心，吸引读者注意。对要闻版来说，大部分稿件应是重要的。其他版面也要有各自的重点稿，用以统领全版。因此，在拢稿时，版面编辑必须把内容重要、价值较高的稿件优先挑选出来，作为版面重点。选准重点稿之后，还要兼顾版面的其他要求。例如，在综合性报纸的要闻版上，稿件题材范围应该宽一些，以体现其综合性；稿件体裁应该多种多样，以收琳琅满目之效。另外，不论在什么版面上，都要求长短搭配、图文并茂、软硬结合、花叶相映。

（二）办好本期，考虑下期

在拢稿时，版面编辑不能只考虑本期版面的需要，还应该把目光放远一点，考虑下一期有什么好稿件可用，适当预留一点储备，使版面保持长久的吸引力。事件性新闻报道时效性较强，经不起压，应立即安排；但也有一些稿件，分量虽然很重，但时效性不强，可以存放一两天。至于非新闻版，由于稿件时效性都不强，更应注重各期版面用稿情况的均衡性。

（三）巧妙组合，相得益彰

拢稿是一个组合的过程，大组合当中有小组合。大组合的结果，是形成了一个能满足整版需要的"稿件群"。小组合的结果，是在部分稿件之间建立起紧密联系。对大、小两种组合，版面编辑都应重视，某一题材的稿件，单用一篇，意义并不明显；选择几篇内容相关的稿件，放在一起刊登，其意义立刻凸现出来。版面编辑应学会搭配，通过巧妙组合，化平凡为神奇，发挥报道的整体效应。

（四）控制总量，留有余地

"稿件群"既不能太大，也不能太小，以切合版面的实际需要为好。因此，

版面编辑在拢稿时要有数量概念，知道什么时候稿件已经够用。对总量进行控制，就是分别计算每篇稿件所占的面积，然后相加，直到与版面容量相等时为止。为防止进一步删节而使总量不足，在拢稿时可留出一些富余[1]。

五、新闻稿件的版面组合

新闻稿件的版面组合即大组合，是指整个版面的稿件组合方式或稿件配置方式。这种组合着眼于整个版面，可以分为四种类型。

（一）专版

专版亦称专页，是整版刊登一组具有共同性质的稿件。专版与专栏相似，是专栏的放大。这里所说的专版与我们所说的分类版有所不同，分类版指的是每期报纸的固定专版，如要闻版、社会新闻版、科教文卫版、国际版、体育版，而专版是因某些重要、特殊的原因临时设置的[2]，整版都刊登具有共同性的稿件。比如在上海市被国务院确定为建设国际金融中心和国际航运中心后，2009年3月26日《新民晚报》在第2、3、4版设置"国家战略"专版，报道这一事件；4月30日，《新民晚报》在第2、3版设置"严防猪流感特别报道"专版，在第4、5版设置"上海'两个中心'建设解读"专版，报道有关事件；2009年4月7日《中共中央、国务院关于医药卫生体制改革的意见》出台后，《楚天都市报》在第3、4、5、6版设置"聚焦新医改"专版，分别从蓝图、医院、医药和医保四方面报道医改方案。每逢重大节日和重大事件，各报常采用专版的形式，全面而集中地加以报道。

（二）综合型版

整个版面所包含的稿件比较多，它们之间虽然有主次之分，但并不特别强调这种区分。它不是有意引导读者去特别注意版面上某一特定的内容，而是以版面内容的丰富多彩去吸引读者，让读者根据自己的兴趣判断、选择。当版面内容比较多且没有什么特别需要强调时，一般采用这种版面组合方式。由于稿件内容比

[1] 王永赋. 报纸版面学 [M]. 北京：人民日报出版社，2001：248-250.
[2] 蒋晓丽. 现代新闻编辑学 [M]. 北京：高等教育出版社，2002：156.

较杂，在编排这种版面时，既要注意稿件分类，即把有关联的稿件安排在一起；又要把握版面的平衡，即对上半部给予足够的重视，也要在下半部安排一些有分量的稿件。

（三）重点型版

有时，某一两条或某一两组稿件非常重要，需要突出，就可以采用重点型的版面组合方式。通过各种编排手段，使这一两条稿件或这一两组稿件显眼、夺目，成为整个版面的重点，这种稿件的版面组合方式在各报也较为常见。如2009年3月22日《光明日报》第2版"教科文卫新闻"中以"关注高校毕业生就业"专栏集中编发了一组三篇稿件：《河南："十件实事"力促毕业生就业》、《东北师大：力保经济困难生就业》、《长江大学：订单培养破解就业难》，在版面上形成强势，并用线条与其他稿件分隔，进行突出处理。

（四）集中型版

集中型的版面组合方式是用整个版面或版面的绝大部分刊登若干内容有紧密联系的稿件，这种联系既可以是同一主题，也可以是同一视角；既可以是相互补充，也可以是相互并列，还可以是相互对立。采用这种组合方式，稿件与稿件之间关系密切，集中起来，给人的印象深刻[1]。其特征是主题集中，常用大字标题统领全版或大半版，比较强势。它适用于对重大事件、重大典型作集中、全面、详尽的报道，也可用来刊登围绕同一主题展开的学术争鸣、理论研讨、社会调查结果等。成功的集中型版面，在主题相关的前提下，重视稿件的角度、体裁的多样化，既有消息、通讯、评论、资料等文字稿件，也有图片、图表绘画等图片稿，内容丰富，形式活泼。但由于这种版式主题单一，常常占用其他稿件所需的版面，不宜经常采用。

集中型的版面组合方式与专版的版面组合方式形似，都是整版刊登具有共同性质的稿件。其区别在于，专版往往要着意说明，通过标出"专版"或"特别报道"的字样告诉读者，而集中型的版面组合方式则不必标出，也不必用编排手段来表明与其他版的差别，仅仅是报纸编辑安排版面的一种方式，对于读者来说是隐性的，不显山不露水地集中受传。如2009年5月5日《福建日报》第1版

---

[1] 蒋晓丽. 现代新闻编辑学 [M]. 北京：高等教育出版社，2002：156.

刊登《国务院原则通过"关于支持福建省加快建设海峡西岸经济区的若干意见"》的新闻稿件,在第2版以"海西历程"为通栏标题刊登了一组文字稿件和新闻照片,都是关于海西建设方面的内容,没有标明"专版"或"特别报道",也没有用编排手段表明与其他版的差别,报眉上仍然标明"要闻",属于集中型的版面组合方式。

六、新闻稿件的综合性配置

新闻稿件的综合性配置就是新闻稿件综合型的版面组合,也是"大组合"中的一种,是新闻稿件配置最常用的方式之一,它强调内容和形式的多样化。

(一)点面结合

点,是指重点;面,是指一般。点面结合,就是突出重点,兼顾一般。报纸版面上要有重点,要有反映当前主要矛盾和矛盾的主要方面的新闻稿件,要有反映当前群众普遍关心的热点问题的新闻稿件,也要有反映次要矛盾和矛盾的次要方面的新闻稿件、反映非热点问题的新闻稿件。这样,才有利于读者全面地了解和认识现实,才能满足读者的多样化需求。

(二)庄谐结合

庄,是指庄重严肃的新闻稿件;谐,是指生动活泼的新闻稿件。庄重严肃的新闻,有些是读者欲知的,有些是读者应知的,不能不予以报道。一个版面上都是庄重严肃的新闻,读者情绪得不到必要的调节,兴趣和注意力也会减弱。因此,在可能的条件下,也要适当配置一些轻松活泼的新闻稿件。

(三)褒贬结合

褒,是指表扬性新闻稿件;贬,是指批评性新闻稿件。报纸应当褒扬先进,先进代表事物的发展方向,不褒扬先进,就不能很好地引导群众前进。先进与落后是相比较而言存在的,只褒扬先进,不批评落后,就不能有效地促使落后向先进转化,就不能很好地发挥报纸的舆论监督作用。

（四）图文结合

图，是指新闻照片、新闻速写、新闻漫画、新闻图表等图片稿件；文，是指文字稿件。报纸应当既有文字稿件，又有图片稿件。新闻图片既可以配合文字稿件一起发表，又可以作为一种独立的报道形式单独发表。新闻图片具有美化报纸版面的功能，可以不受读者的语言文字和文化水平的限制，起到"一图胜千言"的作用。

（五）长短结合

就篇幅而言，应尽量做到长短结合。报纸版面应该以短新闻为主，这样有利于增加信息量，有利于扩大报道面。若一个版面上都是短稿件，版面就会显得很零散，所以应该配置一定的长稿件。有些新闻稿件内容重要，虽然长一些，读者也愿意阅读。若一个版面上都是长稿件，既不利于扩大报道面，也不利于调节读者的视觉，妨碍新闻信息的传播效果，所以也应该配置一定的短稿件。

（六）多种文体结合

消息是报纸传播新闻最常见、最便捷的新闻体裁。在一个版面中，以消息为主是正常的，也是必要的。除此之外，还应尽可能安排一些通讯、评论、新闻特写、调查报告、记者来信、记者调查、采访札记、读者来信、工作研究、简讯等新闻体裁，以避免体裁的单调，活跃报纸版面[1]。

以2009年5月4日《解放日报》第3版为例。该版共有13篇稿件：《"世界在你眼前 我们在你身边"——上海世博会志愿者招募见闻》（通讯，1 600字），《为民族复兴奏响青春乐章》（言论，1 600字），《市政区类地名保护名录征求意见》（消息，400字），《楼宇白领自编自导话剧献礼世博》（消息，200字），《华山路天桥电梯增开一小时》（消息，150字），《〈倡廉文摘〉第5期出版》（消息，500字），《雇用异地农民非法加工鞭炮》（消息，200字），《"大力绳"栓气球"空中卫士"保平安》（消息，700字），《"心灵港湾"随时解百姓心结》（通讯，900字），《五月婚庆市场看点多》（通讯，600字），《"体育"排第一"升学率"居末》（消息，500字），《牢记四点希望 奉献美好年华》（第1版消

---

[1] 张子让. 当代新闻编辑 [M]. 2版. 上海：复旦大学出版社，2004：184-187.

息转文，900字），《乍浦社区开展"世博宣传进家庭"活动》（照片）。

这些稿件，就点面结合而言，反映当前工作重点的稿件稿件有3篇，即《"世界在你眼前 我们在你身边"——上海世博会志愿者招募见闻》、《为民族复兴奏响青春乐章》和《乍浦社区开展"世博宣传进家庭"活动》（照片），占了整版差不多半个版面，重点突出；同时，又安排了反映教育、文化、廉政建设、社区建设、市政建设、婚庆市场等方面的新闻，比较好地兼顾了面。

就庄谐结合而言，既有反映纪念五四运动90周年的严肃新闻，也有反映婚庆市场的轻松活泼的新闻。

就褒贬结合而言，既有"世博会志愿者招聘"这样褒扬先进的稿件，也有"雇用异地农民非法加工鞭炮"这样的批评性稿件。

就图文结合而言，既有文字稿件，又有新闻照片。

就长短结合而言，既有两篇1 600字左右的长稿件，也有200字和400字的短稿件，还有500字到900字的几篇稿件。

就多种文体结合而言，既有消息，又有通讯，还有言论，其中以消息居多。

七、新闻稿件的同题组合

同题组合，又叫同题归类、同题集中，就是把内容相关的新闻稿件置于一个标题下发表，是局部版面稿件组合（小组合）方式中的一种，以稿件之间的相互联系为条件。采用同题组合形式编发的稿件，原稿各自的标题均已撤除，稿件之间除了电头外，无明显的标识相隔，它们连接编排，形同一篇稿件，稿件之间的联系更加紧密，内容相互印证和补充。同题组合内容全面，在版面上所占空间相对较大，因而具有整体优势。一般而言，同题组合的类型有五种。

（一）联合

联合是指把有某种共同性的稿件集中在一个标题下统一发表。这种编发形式可以更好地突出相同的一面，这种共同性可以是相同的内容、相同的主题、相同的报道对象、相同的特色、相同的时空等，将这些稿件冠以一个共同的标题，旨在强调不同稿件中相同的方面。如2009年3月26日《人民日报》第3版《中国藏学家代表团——（引题）在美驳斥西方对我西藏政策指责 向德国各界人士介绍真实的西藏（主题）》就是两篇主题相同、内容相同的稿件联合；3月30日第3版《我藏学家代表团访问意大利、瑞士》也是两篇主题相同、内容相同的稿件联合。

（二）连续

连续是指把报道同一事件连续发展的几篇报道集中起来，在一个统一的标题下发表，从而使读者仅通过一次阅读就能对这一事件的整个经过及前因后果有较为全面的了解。如2009年3月17日《人民日报》第5版以"京津地区出现今年首次浮尘（主题）北京今春沙尘天气预计6到10天（副题）"为题统领两篇稿件和一张新闻照片，一篇稿件的内容是"国家林业局重大沙尘暴灾害应急办公室今日向媒体通报，西北、华北包括京津地区出现浮尘天气"，另一篇稿件的内容是"北京市气象台发布今春沙尘天气气候趋势预测"，新闻照片的内容是"山西太原市民在风沙中活动"。

（三）对比

对比是指把报道内容有鲜明对比或有矛盾性的稿件置于同一个标题下发表。这些稿件内容之间的反差极大，或者是一正一反，或者是一褒一贬，或者是一美一丑，读者比较容易从这种编排中读出其中隐含的意义。这种对比性的内容或结果往往能给读者以启发和深思，稿件的深刻意义也就被体现出来，这种方法远比单独编发稿件更能说明问题，也能取得更好的效果。如2009年5月8日《参考消息》第1版刊登总标题为"外媒非议中国'隔离'外国人"的七篇稿件，来自法新社和美国《华盛顿邮报》网站的消息称"墨被隔离者声称遭歧视"，来自路透社和美国《华尔街日报》的消息称"加政府要求中方作解释"，来自中国香港《南华早报》、美国《华盛顿时报》和美国广播公司网站的消息称"防疫情措施国内获支持"。这七篇消息中，前四篇的态度是"贬"，后三篇的态度是"褒"。

（四）参照

参照是指把几篇内容大致相同而消息来源不同的稿件置于一个标题下，相互参照，相互映衬，从而使读者了解到来自不同地区、不同立场的人或组织对同一新闻内容的不同看法，读者可根据这些稿件的内容或观点的异同作出自己的判断。如2009年4月6日《海峡导报》A16版《调高个税起征点：减负 VS 帮富》中，就调高个税起征点刊发了三篇稿件：一篇稿件的观点是"提高起征点对消费作用有限"，一篇稿件的观点是"个税起征点有必要提高"，一篇稿件的观点是

"个税征收应综合考虑",这些稿件的观点不尽相同。

(五)相关

相关是指新闻稿件的主题或内容虽然不同,但有某种内在联系。这种联系或者是因果关系,即几篇稿件中,前一篇稿件的内容是后一篇稿件中事件发生的原因,后一篇稿件的内容是前一篇稿件中事件发生的后果;或者是呼应关系,即不同稿件中所报道的事件前后发生,形成呼应;或者是述评关系,即把报道事实的稿件与对此事的评论性文章同题发表,使读者通过新闻报道了解事件经过,同时又能通过评论分析、梳理新闻内容,认识事件的本质和内涵,报道和评论两相对照,相得益彰。如2009年3月3日《人民日报》第3版刊登题为"加沙重建国际会议在埃及开幕"的稿件,与两位专家的点评形成述评关系。

同题组合的稿件配置一般顺序是:重要的在前,次要的在后;最新发生的事件报道在前,早发生的事件报道在后;表扬稿件在前,批评稿件在后[1]。

八、新闻稿件的专栏组合

(一)专栏组合概述

专栏组合,是由若干篇有共同性的新闻稿件组织在一起,形成版面上相对独立的一个区域,是局部版面稿件组合(小组合)的重要形式之一,是我国报纸常用的一种编辑方法。组成专栏的稿件,至少应该具有某方面的共同性,这种共同性可以是同一主题、内容、体裁,可以是相同的视觉、相同的特征等。

专栏的命名很有讲究。一是要名实相符,专栏名称是对具有共同特征的一组稿件的抽象化反映,是某一范围内一组稿件的共同代码,这就要求这个名称与它所刊载的稿件内容相符;二是要有特色,叫人难以忘怀,新颖独特的专栏名称,易产生较强的刺激性和感染力[1]。

(二)专栏组合分类

按照不同的标准,专栏可以分为许多类别。

---

[1] 陈红梅. 新闻编辑 [M]. 武汉:武汉大学出版社,2005:122.

1. **按稿件内容划分**

按稿件内容划分，可分为新闻性栏目、评论性栏目、知识性栏目、服务性栏目、趣味性栏目、专门性栏目、商业性栏目和综合性栏目。新闻性栏目，如《时代先锋》、《光明聚焦》、《观点新闻》、《新闻人物》、《直面国际金融危机》、《经济观察》、《记者传真》、《喜看农村新貌》、《深入开展学习实践科学发展观活动》等；评论性栏目，如《人民时评》、《人民论坛》、《国际观察》、《国际论坛》、《光明时评》、《一家之言》、《教育时评》、《未晚谈》、《今晚谈》、《街谈巷议》、《八闽聊斋》、《打开天窗》、《入木三分》等；服务性栏目，如《养生之道》、《旅游风景线》等。

2. **按刊出时间划分**

按刊出时间划分，可分为固定性栏目、非固定性栏目、阶段性栏目和临时性栏目。固定性栏目，又叫定期栏目，其刊出具有周期性，一个周期可以是周，可以是双周，也可以是月，如《光明日报》的《七日谈》专栏就是每周一期的固定性专栏；非固定性栏目，又叫不定期栏目，其刊出视版面稿件和来稿情况而定，如《人民日报》的《人民论坛》专栏；阶段性栏目，是为了完成一个特定的宣传报道计划而设定的，宣传报道任务完成，栏目即告结束，如《人民日报》在2009年全国"两会"期间设置的《代表委员议国是》专栏，又如《新华日报》在2009年推出的《推动科学发展 建设美好江苏（主题）学习实践科学发展观活动特别报道（副题）》专栏；临时性栏目，又叫一次性栏目，一般是根据来稿具体情况临时设置的。固定性栏目、非固定性栏目和阶段性栏目合称连续性栏目，临时性栏目又称非连续性栏目。

3. **从读者群上划分**

从读者群上划分，可分为行业性栏目、层次性栏目和职业性栏目。行业性栏目，如《农家春秋》、《农村天地》、《企业天地》、《企业巡礼》、《校园内外》、《军营内外》等；层次性栏目，如《声音》、《老总信箱》、《白领生涯》、《百姓生活》、《社区百态》等；职业性栏目，如《农家乐》、《军旅生涯》、《武警生活》、《导购小姐》等。

4. **从地域上划分**

从地域上划分，可分为地方性栏目和域外性栏目。地方性栏目，如《大江南北》、《闽南新闻》、《燕赵大地》、《三秦风采》、《长城内外》等；域外性栏目，如《大洋彼岸》、《环球博览》、《国际体坛》、《域外春秋》、《海外风情》等。

5. 按汇集的稿件数量划分

按汇集的稿件数量，专栏组合可以分为以下两种。

（1）单一专栏。每期只有一两篇稿件，具有连续性和稳定性，它可以是定期的，如《南方周末》E29 版《漫画一针》专栏，每期只有一幅漫画；也可以是不定期的，如《人民日报》第 1 版《今日谈》专栏，每期也只有一篇稿件，稿件的共同性是从稿件的连续性中体现出来的。

（2）集纳专栏。由三篇以上的稿件集合而成的，有非连续性和连续性两种。非连续性的集纳专栏，其稿件的共同性是在稿件的集纳中表现出来的，兼有单一专栏的特点，可视稿件的具体情况随时设置，这类专栏一般都是报道型专栏，是日常组织稿件的一种重要形式。非连续性的专栏，因为只出现一次，不必考虑如何进行后续报道的问题，可以根据报道需要与稿件的实际情况，临时组织，比连续性专栏更为灵活。连续性的集纳专栏，其稿件的共同性是通过集纳和连续两方面表现出来的，其设置一般要从长计议，在报纸版面上的位置相对固定，有自己的栏目名称，或有固定的图案作为专栏标识，通常情况下还用围框、线条等方式将专栏同其他稿件在版面上区别开来，是报纸风格和特色的一种重要体现。

（三）集纳专栏的组合形式

集纳专栏是专栏组合中比较复杂的类别，有两种组合形式。

1. 一个总标题统领若干篇稿件

这是传统的集纳专栏组合形式，其特点是总标题可以做得较长，含有较多的信息，还可以做成复合式标题，即除主题外还有引题或副题。总标题是各篇内容的概括，下属的各篇文章共同反映了总标题。以总标题统领若干篇稿件的专栏一般是临时性专栏，编辑要根据这些稿件的共同特征临时制作总标题。

这种形式的集纳专栏组合，除总标题外，每篇稿件都有标题。如 2009 年 4 月 4 日《人民日报》第 5 版以"清明寄哀思 圣地慰英魂"为总标题刊登了四篇新闻稿件和一幅新闻照片，一篇稿件的标题为"井冈山（引题）唱红歌 祭英烈（主题）"，一篇稿件的标题为"延安（引题）在烈士陵园入党入团（主题）"，一篇稿件的标题为"西柏坡（引题）圣地重温革命故事（主题）"，一篇稿件的标题为"韶山（引题）'成人宣誓'抒壮志（主题）"，新闻照片的内容是"清明节前夕，广西柳州市小学生向革命烈士纪念碑敬献鲜花，缅怀先烈"。

2. 一个类题统领若干篇稿件

以类题统领的集纳专栏组合不但有类题，各篇稿件仍然有自己的标题，类题不是对各篇稿件内容的具体概括，而只是一种抽象的表述，这几篇稿件在内容上不具有统一性，只是具有某种相关性，如相同的时间、空间、行业等。这类集纳专栏的稿件不要求内容绝对相同、相似，只要这些稿件有某种共同性即可，它们可以通过"手机短信"、"环球短波"、"法眼"、"经济快报"、"农村新事"、"信息荟萃"、"新闻通道"等形式而得以集纳，要注意语言的简练。

以类题统领的集纳专栏，可以是连续性的，也可以是非连续性的。

连续性专栏有栏目名称（类题），或有固定的图案作为专栏标识，通常情况下还用围框、线条等将专栏与版面的其他稿件区别开来。有时一些连续性专栏在版面的位置也相对固定，如《南方周末》E29 版《方舟评论》专栏，一般由两篇新闻评论与一幅新闻漫画组成，用围框将专栏与其他稿件分隔，固定放在版面的中间位置，非常突出。

非连续性专栏，如 2009 年 5 月 11 日《海峡导报》A15 版，以"灾区表情"为类题，统领 4 幅新闻照片，一幅新闻照片的标题是"开怀"，内容是"5 月 4 日，龚新兰在自己的猪场里开怀地笑了"；一幅新闻照片的标题是"坚韧"，内容是"4 月 30 日，刘敏在教室里上课"；一幅新闻照片的标题是"喜悦"，内容是"5 月 8 日，周文堂和女儿在新居前悬挂灯笼"；一幅新闻照片的标题是"自强"，内容是"5 月 9 日，石光武抱着自己的孙子，脸上尽是笑容"。

（四）集纳专栏稿件的编辑

1. 提炼主题

主题是把所有稿件组合起来的灵魂所在，是专栏的中心思想。提炼主题的关键在于找出所有稿件的共同点，即找出分散的稿件之间的某种联系，再以适当的形式表现出来。提炼集纳专栏稿件的主题，既有内容上的要求，也有形式上的要求。

提炼主题要在熟悉稿件的基础上，挖掘出新颖的内容来，并将其凝炼为专栏的主题。编辑这类稿件时，不但要熟悉每篇稿件的内容、主题，还要站在一个更高的层次上，统领所有稿件，从最基本的内容上提炼出有新意的统一主题来，而不能仅仅局限于微观层次的稿件内容上，这是对主题内容的提炼。

提炼主题要在形式上使统一的主题简单明了、形象生动。编辑想好了标题内容后，还要用适当的形式将其表现出来，这是对主题形式的提炼。

2. 整合内容

把稿件放在整体中去认识,注意各篇稿件之间的相互呼应、配合,而不能片面地追求每一篇稿件的完整性。单篇稿件只是反映同一主题的一个侧面,只有所有稿件共同突出主题,才能达到专栏组合的目的。各篇要有各篇的特点,这些特点可以是内容上的,也可以是形式上的,要体现这些特点,各篇稿件标题的文字就不能重复。

3. 位置安排

这类稿件在编排上有一些基本的规则:主稿在前,配稿在后;概括报道全貌的稿件在前,报道详细过程或细节的稿件在后;报道最新事件的稿件在前,报道背景性的稿件在后;报道已有定论的稿件在前,报道渐变过程的稿件在后;报道动态新闻的稿件在前,报道事件原因的稿件在后[1]。

九、新闻稿件的集纳组合

(一)集纳组合概述

集纳组合,又叫集中编排,是局部版面组合(小组合)的一种形式。它将若干内容有相互联系的稿件组合在一起,相互映衬、相互补充,使读者在联系、对比中掌握全貌。

1. 集纳组合的特点

集纳组合与同题组合不同,采用集纳组合的稿件通常有各自的标题,有时设有总标题,有时也可不设总标题,集纳组合都为非连续性的。集纳组合与专栏组合也不同,集纳组合没有专栏名称,总标题可有可无,在版面上也不一定自成格局,形式灵活,不以勾线、围框等形式与其他稿件分隔,只是将各篇内容接近的稿件编排在一起。集纳组合可以占据局部版面,也可以占据整个版面,占据整个版面的集纳组合就成了专版。就组织统一的稿件群来说,集纳组合比同题组合、专栏组合专版更为自由,稿件群之间的联系一般不通过明显的编排手段表现出来。

2. 集纳组合的作用

集纳组合可将对同一新闻事件或同一性质事件从不同角度进行报道的稿件集

---

[1] 陈红梅. 新闻编辑 [M]. 武汉:武汉大学出版社,2005:126.

纳起来，这些稿件具有相关性，集纳在一起，容易形成版面强势，突出主题。

（二）集纳组合的形式

1. 各自为政

集纳组合的稿件，可以是各自为政，每篇稿件的标题只统领自己的局部内容，主次关系不太明显，稿件之间只是因为内容的统一性、相关性而被编排在一起。如 2009 年 3 月 30 日《人民日报》第 5 版就云南水富"怪病"事件刊发了三篇新闻稿件和一幅新闻照片，一篇稿件题为"云南水富农民工群体确诊矽肺病，凸现农民工职业病维权困境（引题）职业病防治 疾呼省际合作（主题）"，这篇稿件主要从宏观角度对这一事件进行分析；一篇稿件题为"云南水富县 30 名返乡存活人员被确诊矽肺病——（引题）维权的路还很长（主题）"，这篇稿件主要报道云南水富县处理这一事件的动态；一篇稿件题为"安徽凤阳县——（引题）停产整顿石英砂企业（主题）成立调查组与水富县对接 水富县尚未提供具体名单（副题）"，这篇稿件主要报道安徽省凤阳县处理这一事件的动态；新闻照片的内容是"一提起'怪病'，水富县永安村村民刘树芬及其家人依然难掩悲痛"，从微观的角度报道云南水富县一名农民工患矽肺病后家庭生活的困境。

2. 形式上的统领

集纳组合的稿件，也可以是将其中一篇稿件的标题放大，从形式上统领所有稿件。一般被放大的标题是经过深思熟虑后选择出来的，是最重要的新闻点，这种标题在内容上并不统领稿件群，只是形式上的统领而已。如 2009 年 3 月 19 日 5 版就商务部禁止可口可乐收购汇源事件刊登了三篇新闻稿件和一幅新闻图片，一篇稿件题为"商务部进行反垄断审查后作出裁决——（引题）禁止可口可乐收购汇源（主题）认定该收购案将对竞争产生不利影响（副题）"，将这篇稿件的标题放大，从形式上统领三篇稿件和一幅新闻照片，一篇稿件题为"汇源表示尊重商务部裁决"，一篇稿件题为"可口可乐公司表示尊重商务部决定并宣布（引题）不会继续收购汇源果汁（主题）"，新闻图片的内容是可口可乐公司收购汇源的事件进程。

3. 集纳短消息

集纳组合还可将几篇形式相近的短消息放在一起集纳。短消息分散放在版面的不同位置分别刊发，显得比较零散。将短消息编排在一起的前提是它们形式上的接近，这种接近包括大致相同的篇幅及标题字体相同等。这些短消息在内容上

并没有相同的地方，在编排上也无围框等形式而自成一体，只是版面上的就近排列而已，因其形式上的相似性而使读者不由自主地将它们当做一组稿件来阅读，增加了在单位时间内的信息阅读量。如 2009 年 3 月 25 日《福建日报》第 2 版刊登一组新闻稿件，一篇稿件题为"龙海 筹集亿元善款惠民生"，一篇稿件题为"集美 退役后就业培训给补贴"，一篇稿件题为"古田 实施警民相约常态化"，一篇稿件题为"平和 200 万建农民休闲公园"，这些稿件篇幅大致相同，标题字体相同，形式相同，但内容不同。

十、新闻稿件的配补

受篇幅或体裁限制，新闻稿件对新闻事实的报道往往有某些不足，比如报道某一突发事件的现场新闻稿件，交代了最新的情况，却没有介绍这一事件的起因与过去状况；报道某一建设成就的新闻稿件，只有文字的叙述，却没有直观的形象；揭露某一问题的新闻稿件，虽然事实确凿，但对这一问题的分析与见解却不够深刻。对诸如此类的新闻稿件作资料、观点或最新信息的补充，就是新闻稿件的配补。这种配补与修改稿件中的增补不同，这种补充是另外加发稿件，单独成篇，对原稿进行补充说明、论述或阐释，扩展广度，增加深度，揭示新闻背景和新闻意义。新闻稿件的配补方式有配评论、配资料、配图片、配新闻。

（一）配评论

报纸上的评论种类较多，有些是单独发表的，有些是配合新闻稿件发表的，配合新闻稿件发表的评论称为配置评论。配置评论着眼于提高信息质量，开拓新闻内涵，深入揭示新闻事件的意义。配置评论有以下几种：

1. 社论

社论是报纸旗帜鲜明地表明观点和立场的形式，对于那些带有方向性、指导性的重大新闻，往往配发社论。如 2009 年 4 月 7 日《人民日报》第 1 版发表稿件《中共中央国务院关于深化医药卫生体制改革的意见》，配发社论《逐步实现人人享有基本医疗卫生服务》。

2. **本报评论员文章**

本报评论员文章是署名为本报评论员的评论，表面上是代表个人的立场，实际上是报纸的观点，是作为报纸的发言人而发言的，没有社论那么权威和郑重其事，议题也显得灵活一些、自由一些，通常配发于某些具有重要意义的新闻。如2009年3月24日《光明日报》第1版发表新闻稿件《湖南文化产业：逆境中突围》，在4版配发本报评论员文章《积极推动文化产业的勃兴和发展》。

3. 短评

作为直接代表报纸发言的一种篇幅较小的评论形式，短评往往配发于一些较为重要的具体的人与事的新闻。如2009年3月17日《人民日报》第8版为通讯《青春与沃土的对话》配发短评《一个标本的内涵》，评论湖南城步县人武部干事向军华的先进事迹。

4. 编者按

编者按是代表报纸编辑部所作的一种最简短的评论，形式灵活，可置于新闻稿件前，也可置于新闻稿件中，还可置于新闻稿件后；可以三言两语，抓住新闻稿件中的一段、一句、一人、一事、一个细节进行议论，也可高度概括，对整个新闻事件发表感想；编者按一般无需标题，或在按语前注明"按："，或在按语前注明"编者按"，或在按语前注明"编者的话"，或在按语后标明"——编者"，或者什么也不标，但用不同字体排出来放在文前或文后。编者按除主要用作议论外，还可用于说明、批注、解释等。一些报纸在推出新专栏时以"开栏的话"、"开篇的话"等作为按语的标题，但从内容上看，它其实还是一种编者按。如2009年3月24日《光明日报》第1版推出《应对国际金融危机 加快发展文化产业》专栏，以"开栏的话"为题发表编者按，对专栏进行说明和解释。

5. 编后语

编后语是介于短评与编者按之间的一种配置评论，可有标题，也可没标题。它往往侧重于从新闻中提出一些值得思考的问题，并直接或间接地表明自己的看法，引起读者重视，启发读者。如2009年3月25日《光明日报》第1版刊发了题为"广东实施'科技创新十大工程'"的新闻稿件，在新闻稿件后以"编后"为题发表编后语。

6. 个人署名评论

个人署名评论是配发于新闻稿件之后的个人所写评论，在形式上代表一家之言，言路较广，随机性较大，对于那些有必要进行评议、但采用代表编辑部发言的评论方式又过于严肃的情况，采用个人署名评论就比较恰当，如2009年3月27日《人民日报》第10版刊登新闻稿件《鸡蛋还要"国标"？》，配发个人署名评论《鸡蛋缘何变皮球？》。

配置评论为深化新闻服务，就应注意立意。评论切忌就事论事、述而不作，或仅仅对新闻内容加以概括，然后加上"应当提倡"、"必须反对"之类的表态性话语了事。评论应有独到、深刻的理念和见解，而不是人所共知的、一般化的评论。这就需要将新闻与现实进行认真的对照和思考，看看哪方面是最重要的、又是为人们所忽视的；或者说哪方面最值得阐发，最可能给人启迪[1]196。

新闻稿件要不要配发评论，通常取决于其题材有没有普遍的指导意义，有没有较强的启迪作用。配发何种形式的评论，通常取决于新闻题材的指导性的强度。由于配置评论是配合新闻稿件发表的，所以这种评论必须依托新闻事实，但不能就事论事，而是从就事论事中引申出观点，也不要面面俱到，而要抓住重点。这种评论还要超越具体的新闻事实，一针见血，鞭辟入里，入木三分，指出新闻事实的本质，或者根据新闻事实引申出广泛的意义[1]195。

（二）配资料

配资料，又叫配发新闻资料，是为新闻稿件配发相关的重要的说明材料，对新闻进行补充，增加相关信息，增强新闻的广度。

给新闻稿件配补的新闻资料主要有以下几种类型：

1. 新闻背景

新闻背景是指新闻事件的背景资料，介绍新闻事件的历史渊源和发展过程，如2009年3月27日《人民日报》第5版刊发新闻稿件《三鹿系列刑事案件二审宣判（引题）河北高院维持一审判决（主题)》，配发新闻背景，交代检察机关的指控到石家庄中级人民法院一审判决的有关情况。

2. 新闻人物与组织

新闻人物资料主要包括个人简历、家庭情况、个人爱好等，如2009年5月10日《海峡都市报》A5版刊登题为"李文华昨晨病逝"的一组新闻稿件，并配发了题为"关于李文华"的稿件，对李文华的个人简历、家庭情况作了简要介绍；新闻组织资料主要包括组织的创建与发展历史、工作或经营范围、主要业绩等，如2009年5月10日《人民日报》第7版刊登了题为"科威特石油公司传奇"的稿件，对科威特石油公司进行介绍。

---

[1] 张子让. 当代新闻编辑［M］. 上海：复旦大学出版社，2004.

3. 新闻地理

新闻地理指新闻所涉及的重要地点的地理知识介绍，如 2009 年 3 月 24 日《光明日报》第 4 版《百城赋》专栏刊发了题为"梅州赋"的稿件，以"城市沿革"为题详细介绍了梅州的地理位置和历史沿革。

4. 科学知识

科学知识是指新闻中涉及的有关自然科学与社会科学的知识。

5. 词语解释

词语解释主要是指对新闻稿件中比较难懂的专业术语、典故、方言、外来语等进行解释，如 2009 年 3 月 19 日《人民日报》第 5 版题为"广州'瘦肉精'致人中毒案（引题）15 名犯罪嫌疑人被批捕（主题)"的新闻稿件后，对稿件中出现的"瘦肉精"和"莱克多巴胺"这两个专业术语进行解释。

（三）配图片

从现代报纸来看，图片具有两种存在状态，一种是作为文字新闻稿件的补充，一种是作为独立的新闻传播形式。报纸以文字信息传播为主，单纯的文字信息传播具有视觉上的局限性，借助新闻图片可以增强文字信息的传播效果，起到吸引读者、形象直观地给读者提供新闻信息的作用。

1. 配发新闻照片

文字新闻稿件适合用新闻照片加以配合的有这样几种情况：一是需要提供视觉形象，加强纪实性的，如盛大集会、外事活动、体育比赛、文艺演出等；二是需要作实物展示以加深印象的，如旅游景点、科技成果等；三是需要人物活动照片以介绍近况的，如国家领导人、公众人物、歌星、影星等；四是需要提供实证材料以现身说法的，比如表扬社会良好风尚和批评不良社会现象。

（1）文字稿件配发新闻照片有两种形式。

一是配发单幅照片，即通过一幅照片反映新闻事件。如 2009 年 5 月 11 日《南方日报》A2 版刊登一篇题为"香港昨接获 6 例甲流怀疑个案（主题）政府发起'全城清洁日'活动（副题)"的新闻稿件，配发了一幅题为"全城清洁日"活动的新闻照片。

二是配发多幅照片，即通过多幅照片反映新闻事件。

多幅照片之间可以是不连续关系，即照片之间只是共同反映了事件，可以是在不同地点、不同时间拍摄的，这是报纸上很常见的一种形式。如 2009 年 3 月 31 日

《人民日报》第8版刊登了一篇题为"发挥优势 突出特色 建设京畿科学发展强县（主题）——河北省张家口市怀来县开展深入学习实践科学发展观活动调查报告（副题）"的新闻稿件，配发了两幅新闻照片，一幅照片的内容是"3月27日，河北省怀来县桑园镇，一名妇女正在葡萄园中忙碌"；一幅照片的内容是"3月27日，河北省怀来县中国长城葡萄酒有限公司，工作人员正在生产线上紧张工作"。

多幅照片之间也可以是连续关系，即通过对同一连续动作的前后不同瞬间的抓拍组成图片组，如同电视慢镜头一样，完整展示了一个连续的动作走向，这种方法可以在一定程度上克服照片的转瞬即逝性，从而赋予事件以动感。如2008年8月2日《新民晚报》A8版刊登题为"'让美丽的星空与人们的心灵相会'（引题）国内外天文爱好者集体'发烧'（主题）"的新闻稿件，报道国内外天文爱好者在新疆伊吾县观测日全食活动，同时配发了8张新闻照片，比较完整地展示了初亏、食既、食甚、生光、复圆的全过程。

（2）新闻照片与文字稿件的配合方式有两种。

一是直接配合，文图紧扣，相互印证，新闻照片是文字新闻稿件一部分内容的再现，文字与照片是不可分割的整体。如2009年5月11日《中国青年报》第5版刊登一篇题为"红场阅兵昭示'续写俄罗斯强国史'决心"的新闻稿件，配发了一幅新闻照片，照片内容是俄罗斯防空导弹部队9日在莫斯科红场举行的阅兵式上接受检阅。

二是间接配合，文图有这样那样的关联，但新闻照片不一定是文字新闻稿件的某些内容的再现。如2009年5月11日《中国青年报》第12版刊登一篇题为"高楼易起 人才难得（引题） 基层疾控人员问题亟待解决（主题）"的新闻稿件，配发了一幅照片（资料图片），内容是：3月27日，河南省民权县人民医院把全部确诊的手足口病儿童隔离治疗。

2. 配发新闻图画

新闻图画包括新闻速写和新闻漫画。一般情况下，报纸多用新闻照片配文字，但在有些情况下，用新闻图画配文字效果会更好。比如，一些具有突发性、秘密性的活动和事件，配发新闻速写会更自然真实，更令人信服；还有一些规模宏大的场面，因新闻照片表现的局限，也可用新闻速写来代替。

新闻图画不仅仅是照片的一种替代形式，它也有自身独到的作用和魅力，因其自身对生活的反映更集中、更典型，在似与不似之间诱导人们发挥联想而成为报纸上不可或缺的要素，特别是一些新闻漫画，往往因其源于生活又高于生活的立意，揭示问题一针见血，更能触动读者的神经，因而成为各报经常采用的一种手段。如2009年5月11日《海峡导报》就有4篇文字稿件配发了新闻漫画，A8版刊登新闻稿件《厦门"民告官"案件平均每年增长近3倍（引题）老百姓越来越"刁"了吗（主题）》，配发一幅新闻漫画；A14版刊登新闻评论《大学里还有多少"王佳俊"》，配发新闻漫画《大学版"潜伏"》；A14版刊登新闻评论《"友情提示"的泛滥与变质》，配发一幅新闻漫画；A14版刊登了新闻评论《卡拉OK版权，替谁维权?》，配发一幅新闻漫画。

3. 配发新闻图表

新闻图表包括统计图表、示意图和新闻地图三种。

统计图表就是将统计数字制成表格图，便于读者集中阅读，一目了然。

示意图不但将统计数字绘制成图，而且用形象化的手法表示这些数据所说明的意义，用曲线图、柱状图等形式表示一段时间数据的变化走势，使数字的类比或对比更加鲜明生动，如2009年5月11日《海峡导报》A8版用柱状图表示厦门两级法院审结行政案件排行；示意图还可以将复杂的情况以图表的形式表现出来，使其直观易懂，如2009年5月11日《海峡导报》A8版以扇形图表示厦门两级法院行政案件一审近四成百姓告赢。

新闻地图是将新闻事件发生的地理位置绘制成更加简洁明确的地图，可以使读者对新闻事件发生的地理位置、地理环境等有关背景情况形成感性认识，进而加深对新闻稿件的理解。如2009年5月5日《海峡都市报》A2版和A3版以连版的形式刊登题为"海西20城实力榜"的新闻地图，非常直观地展示了海峡西岸经济区的范围，使读者对海峡西岸经济区20个城市的地理位置、人口和GDP等形成感性认识。

（四）配新闻

报纸编辑在处理一些意义重大或内容复杂的新闻稿件时，越来越多地配发新闻稿件，扩大报道信息量，帮助读者全面、深入地了解事物全貌，准确地把握事物本质。

1. 配新闻的意义

配发新闻稿件可体现所报道的客观事物与其他事物之间的联系，使读者看清事物发展变化的客观环境和客观动因。新闻报道要全面反映客观事物，单篇新闻稿件有时难以胜任，报纸编辑有必要对相关的事实进行补充，这种补充可直接添

加在原来的新闻稿件中（即增补），也可另写一篇独立的新闻稿件，配发在原来的新闻稿件旁边。

2. 配新闻的作用

配发新闻稿件可对新闻事实的最新发展或新闻事实引发的结果进行补充报道。新闻是对变动的新闻事实的报道，但具体到某一条新闻稿件，却只能是对新闻事实发展变动的某一点或某一阶段的报道，记者的稿件完成了，报道客体的变动并没有结束。报纸编辑处理新闻稿件应该考虑到这一因素，注意补充事物发展变化的最新信息。

3. 配新闻的形式

随着网络媒体影响力的日益扩大，报纸越来越多地借鉴网络传播中"超链接"的做法，以"相关新闻"、"新闻链接"等形式为一些重要新闻配发新闻稿件。如2009年4月6日《海峡导报》B8版刊登新闻稿件《首季经闽赴台游客突破1万人次》，在旁边就以"相关新闻"的形式配发了新闻稿件《"海西旅游年"今启动》。

第六节

报纸版面设计

报纸版面设计就是运用各种编排手段，制订稿件安排方案，使零散的稿件组合成一块块版面，是报纸编辑出版工作中最重要的一环。版面设计的实质，是为新闻信息赋予一种形式，把报纸立场、观点等抽象概念反映到版面，变成读者可直观感受和理解的东西。

一、报纸版面空间

报纸版面包括报头、报眼、版心、中缝、报眉等区域。版心即容纳新闻正文、标题和图片的地方。从印刷角度看，一定大小的纸张所提供的空间只是一种印刷的物质材料，它们各局部之间不存在差别。但从编排角度看，这种空间是表达编排思想的一种手段。这种表现报纸编排思想的一定大小的纸张所提供的空间，就叫做版面空间[1]。一篇稿件放在第几版，放在版面的什么位置，占多大面积，排成什么形状，与什么稿件为邻，都反映了报纸编辑对稿件的评价和态度。

（一）位置

稿件在报纸上的位置体现在以下两方面。

1. 版面次序

不同的报纸，版面次序设计不同，但共同的规则是：第一版比所有其他的版重要，版组的第一版比本版组的其他版重要。版面次序的运用有三种方式：一是开设导读，使第一版和版组的第一版更多地集中最重要的信息；二是长稿转版，使第一版与版组的第一版得到充分利用；三是精编第一版和版组的第一版稿件，链接其他版面相关详细报道[2]。

2. 版面区序

版面不同区域的强势不同，各区域按强势排列的顺序叫做版面区序。一般认为，版面最具有强势的是左上区，即头条位置，其次是右上区。放在头条位置的稿件，总是比第二条显得重要；放在左上区的稿件，总是比左下区的稿件显得重要。在横排报纸版面上，版面区序的运用比较重要，对重要稿件，应放在上半版刊登，最重要的稿件，应放在头条位置。详见图2－1所示。

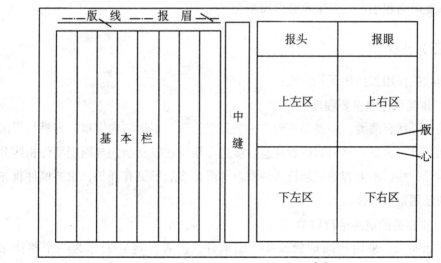

图2－1　报纸版面及区序示意图[1]

[1] 肖伟. 报刊电子编辑教程 [M]. 广州：暨南大学出版社，2006：27.

[2] 蔡雯. 新闻编辑学 [M]. 北京：中国人民大学出版社，2006：422.

（二）面积

面积的作用包括如下几方面：

1. 形成稿件强势

面积大的稿件比面积小的稿件显得更重要，更有强势。文字稿件面积包括正文面积和标题面积，其中标题面积对视觉影响更大。正文短、标题大的稿件往往比正文长、标题小的稿件更醒目，也显得更重要。文字稿件的价值，主要通过标题制作和编排实现。标题面积由两方面决定，一是标题结构和字数，二是标题字体字号。字体字号相同的标题，多行题比单行题面积大，长题比短题面积大；结构、相同字数的标题，字体越粗，字号越大，标题面积越大[1]。

2. 决定图片强势

图片面积对形成强势具有决定作用，其面积要根据图片价值决定，特别重要的图片应不惜版面，但使用大幅照片要考虑照片的清晰度。

稿件面积对稿件的作用常与稿件位置对稿件的作用配合使用，即稿件位置重要，标题面积也很大；稿件位置偏轻，标题面积也偏小，位置和面积按同一方向起作用，共同增加或减弱稿件的强势。稿件面积与稿件位置也可以反向使用，即位置重要但面积小，位置不重要但面积大[2]。

（三）形状

形状的作用包括如下几方面：

1. 体现稿件的重要程度

稿件形状有两类，一类是矩形，一类是多边形。矩形结构简单，容易与周围稿件相区分，也更容易引起读者注意。多边形结构比较复杂，与周围稿件相区分相对困难一些，不太容易引起读者注意。矩形比多边形更有强势，重要稿件首先应该考虑用矩形编排。

2. 将相关的稿件进行归类

在版面上，采用相同形状编排一组稿件，读者会将它们作为一个整体来看待。

---

［1］蔡雯. 新闻编辑学［M］. 北京：中国人民大学出版社，2006：424.

［2］王永赋. 报纸版面学［M］. 北京：人民日报出版社，2001：126.

3. 表达一定的情感

水平的矩形给人以平稳感，垂直的矩形给人以险峻感，不规则的多边形给人以活泼或随意的感觉。一般说来，内容严肃、庄重的稿件，应排成矩形；不太重要的或轻松活泼的稿件，可以排成多边形。另外，各种形状，包括标题的形状、图片的形状、正文的形状和各个稿件群的形状，都有其适用范围。

（四）距离

距离是指稿件之间的位置关系。不同稿件之间是相邻还是明显分离，所表达的意思是不一样的[1]。从视觉效果上说，人们面对众多的物体，很容易将距离上最靠近的一组物体从其他物体中分离出来，作为一个整体看待。这种道理在版面的稿件组合上也是一样的，编辑应将相关联的稿件编排在一起，使读者把它们看做一个整体；也要避免将容易引起误解的稿件编排在相邻的位置。

二、报纸版面元素

版面元素是指填充版面空间的各种材料。一方面，它们都有各自的实际功能，比如字符用来组成正文和标题、线条用来分割空间和美化版面、图片用来表现人物和场景，等等；另一方面，它们又可以通过缩小、放大、变形和不同的搭配方法，表达不同的态度和情感。

（一）字符

字符的变化主要表现在以下两方面。

1. 字体

按照字符的笔画特点，字体可分为宋体、黑体、楷体、仿宋体、隶书体、魏碑体等。各种字体笔画形状不同、结构不同、字面密度不同，给人的印象也不相同。

（1）宋体。字形方正，结构匀称、齐整，字面密度适中，给人的印象是端正、平和、大方，因此宋体成为报纸上用得最广泛的字体。消息、通讯、文章等

---

[1] 王永赋. 报纸版面学 [M]. 北京：人民日报出版社，2001：126.

许多体裁的稿件正文，通常用宋体字。标题也经常使用宋体字，暗含公正、客观、不偏不倚之意。

（2）黑体。字形方正，结构端正、匀称，粗壮醒目，刚劲有力，给人的印象是严肃、冷静、雄浑、有力。在稿件正文中插用黑体字，有强调的意思。在标题上用黑体字，特别是粗黑体，可表示严肃、重大、沉痛等含义。

（3）粗圆体。笔画粗细一致，折角圆滑，是黑体的变体，既具有黑体的庄重、严肃，又有几分清秀、平和，适用范围很广，可表示各种评价和情感。

（4）楷体。形体方正，各个笔画都有圆滑的外形，给人以灵活、轻快、清秀的感觉，常用于不太重要的稿件标题，以示轻松、活泼、随和，在特别严肃的场合，不宜使用楷体。主观色彩较浓的稿件正文常用楷体排印，如编者按、评论、信函、诗歌等。

（5）行楷。具有很强的书法韵味，特别适用于抒情的稿件，令人回味无穷。比较严肃的新闻，不宜使用行楷做标题。

（6）隶书体。笔画浑厚、圆润，字面呈扁方形，给人的印象是古朴、典雅、俊秀、飘逸，带有很强的书法味和艺术性。它所传递的情感，既可以是热烈、活泼、抒情，也可以是严肃、庄重。它的笔画比楷书粗，在活泼中透出几分凝重；笔画两头粗、中间细，形似飞燕，在庄重中透出几分随和。

（7）魏碑体。字面呈正方形，结构与楷体相同，笔画粗，多硬角，给人的印象是粗犷、苍劲、洒脱、质朴，特别适合表现雄壮、激昂的情绪。魏碑体有较强的书法味和抒情性，在使用上受到一些限制[1]127-131。

2. 字号

字号是指字的大小。任何字体都有字号变化，需要强调时用大字号，需要淡化时用小字号，大到多少，小到多少，取决于所要表达的评价。现在有些报纸规定只用一两种字体做标题，这时编辑评价稿件主要通过字号来实现，而情感表达主要通过字体变形（勾边、空心、反白、倾斜等）来实现[1]132。

（二）线条

1. 线条的分类

线条大致可分为两类。

---

[1] 王永赋. 报纸版面学 [M]. 北京：人民日报出版社，2001.

一类是直线，直线是指粗细一致、没有细节变化的线条。直线有粗线、细线、文武线、双细线、双粗线、曲线和点线等。直线给人的印象是严肃、冷峻。直线越粗，越显得沉重、有力。用粗黑线装饰标题或版面，常有哀悼之意。

另一类是花线。花线总体上也是直的，是某一种花纹的连续反复，带有较强的抒情性，传达一种轻松、舒展、乐观的情绪。当花线形状与稿件内容一致时，含有肯定、欣赏的意味，如农业丰收报道用麦穗花线、水利建设报道用水波纹形花线。

2. 线条的作用

线条的作用包括如下几方面：

（1）强调和烘托稿件。重要的稿件使用围框或线，使线条包围的稿件显得突出、重要。将稿件四周围成全封闭的围框，比将稿件三边或两边围成半包围的勾线有强势；使用线条的稿件比不使用线条的稿件有强势。线条的形状和粗细不同，强势也不同，同样粗细的线条，花线比直线有强势；同样是直线，粗线比细线有强势。另外，用线条将若干稿件围在一起，能够表现稿件之间的内在关系，使它们形成一个整体，在版面上形成一定的强势。

（2）表达一定的情感。花线比较绚丽，直线比较朴实。在直线中，曲线比较活泼，粗线比较深沉。所以，线条能够表现不同的感情色彩，内容趣味性强、报告好消息的新闻可以用花线装饰，讣告性的新闻用粗线围框。

（3）分隔稿件。围框或勾线，可将版面上相邻的稿件分隔开来。两条稿件之间用线分隔，不仅体现了形式上的区别，也体现了内容上的区别。

（4）美化版面。线条是一种有形的存在，花线和弯曲的直线具有一定的造型美，对版面起到装饰作用。在字符和图像之间适当采用线条，可增加变化，活跃版面。

（三）色彩

在报纸版面上，运用色彩主要是为了追求丰富多彩的视觉效果。色彩在美化版面的同时，还能传达某种特定的含义。

1. 突出稿件强势

在单色印刷的报纸版面上，照片与大面积标题最有强势；在彩色印刷的报纸版面上，色彩丰富的照片、报头、版头最有强势。因此，彩色报纸版面上的标题

字号变化不宜太多，否则不利于突出重点；色彩不宜运用过多，颜色的种类也不宜运用过多，否则也不利于突出重点，并会干扰读者阅读。

2. 表达一定情感

不同的颜色作用于人的心理，能够产生不同的效果。版面面积较大的色彩的运用，能够表达情感，影响读者的情绪，从而使版面更具有感染力。

3. 突出报纸风格

色彩对人的心理影响与象征效果，使版面编辑能够利用色彩奠定版面的基调。一些报纸选择某种颜色作为版面的主色调，报名和一些版头、栏头都统一用这种颜色，从而给读者与众不同的形象。版面色彩基调应与报纸的性质、功能、特点相吻合，还要与读者对象相适应[1]。

（四）图片

图片包括照片、绘画、图表、题头（经过美术装饰的标题）、栏头（专栏名称）、刊头（又称版头，专版专刊上标出名称、期数等内容的部分）以及报花（专作装饰用的小画）等。图片形象而直观，视觉冲击力较大。

图片可传递信息，可平衡版面，可构成版面的风格和个性，还可通过形状和规格的变化来表达评价和情感。例如，一般新闻照片通常制成三栏宽，如果一张报道农业丰收的照片被制成六栏宽，这无疑是在抒发丰收的喜悦。围绕同一主题刊登多幅照片，表明报纸对此事特别重视。人物肖像制成多大规格、采用什么排列顺序，都表达不同的评价。照片外部轮廓采用矩形还是不规则形状，其感情色彩也大不相同。

（五）底纹

底纹的基本功能是美化版面，使版面显得平衡、匀称，以弥补图片较少的缺陷。底纹可起强调作用，还可通过不同图案以及图案浓淡来抒发情感。

底纹大致有两大类，一类是黑底纹，一类是花底纹。黑底纹上没有图案，由黑网点或黑色块组成，其上面的字符通常使用阴文，俗称"反白"，给人的印象是凝重、冷峻，常用来表示强调和警示。花底纹由抽象的几何图案组成，也表示一种强调，但在强调的同时往往透出几分欢快和轻松。

---

[1] 蔡雯. 新闻编辑学［M］. 北京：中国人民大学出版社，2006：428－429.

（六）空白

空白的作用有三种：一是分割，二是烘托文字和图片，三是强调稿件的重要性。一般来讲，字号大、面积大的标题，周围多留一些空白，会显得更加突出和重要。在某些非常时期，空白可以表达报纸的不满和抗议。按常规，版面上的标题、文字、图片等应正好把版面填满。报纸版面出现不应有的空白，有时是技术事故，如刊头丢失、文字出现亏空等；有时是一种被迫采用的发言手段，比如在清政府、北洋军阀统治时期和蒋介石统治时期，由于新闻检查，有些稿件被强行抽去，版面出现空白，这时空白表达的意思就十分明显。

三、版面布局结构

版面布局结构是指版面各组成部分之间相互联系的形式，包括以下两方面。

（一）稿件布局结构

稿件布局结构是指版面上各篇稿件相互结合的形式，分为以下两种。

1. 排列

排列是指稿件以规则的矩形一篇一篇整齐地排放在版面上，稿件之间界线分明，方便读者阅读，方便组版。因此，在报纸版面增多后，排列开始成为版面结构的趋向和主流。但是，使用排列方式的版面缺少必要的变化，显得呆板和单调。

2. 穿插

穿插是指稿件以多边形互相交错结合在一起。穿插的方式有多种，有的稿件只被一篇稿件穿插，有的稿件同时被多篇稿件穿插。穿插排列的版面因稿件相互咬合，版面富于变化，而且篇幅长的稿件采用穿插方式编排，避免了正正方方一大块，在视觉效果上可以化整为零、化长为短。但是，使用穿插方式的版面不方便阅读，也不方便组版，所以现代报纸上采用穿插结构的越来越少。

（二）题文布局结构

题文布局结构是标题与正文之间相互联系的表现形式，它主要包括以下四方面。

1. 排文基本形式

排文的基本形式分为基本栏与变栏两种。基本栏式是版面结构的基础，标题按基本栏排，有助于版面的整体美观和读者阅读。但基本栏长度有限，有些重要稿件的标题需要突出，或者标题字数较多，这时就需要打破基本栏的限制，采用变栏的方式编排。变栏有三类：一是"长栏"或"并栏"，即把基本栏成倍合并，一般是两栏并成一栏，也有三栏并成一栏的，但比较少见；二是破栏，即把基本栏打破，重新划分，一般是"三破二"、"四破三"、"五破二"、"五破三"、"五破四"；三是不等分栏，比较少见，也影响阅读。现代报纸以基本栏与长栏排文为主流趋势。详见图 2-2 所示。

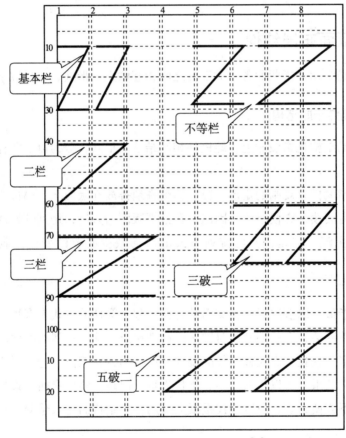

图 2-2　排文基本形式示意图 [1]

---

[1] 肖伟. 报刊电子编辑教程［M］. 广州：暨南大学出版社，2006：30.

2. 题文长度关系

主要有题栏文栏等宽、题栏宽等于文栏宽整数倍、题栏宽不等于文栏宽或文栏宽整数倍等三种（如图2-3所示）。比较而言，前两种有助于版面的整齐美观，有助于读者阅读，有助于组版；后一种打破了基本栏的节奏，不方便版面编排，不宜多用。竖题与文的高度关系也与横题一样有三种情况，只是以标题竖排的总高度与文章的总行数相比较，有题高与文高相等、题高是文高分栏的整数倍、题高不是文高分栏的整数倍等三种，最后一种也应该少用。处理题文长度关系，应避免标题长度超过正文长度[1]434。

题栏文栏等宽　　　　　题宽等于文栏宽整数倍　　　题宽不等于文栏整数倍

图2-3　题文长度关系示意图

3. 标题排列形式

横题主要有单行式标题、多行均列式横题（左右对称）、多行斜列式横题（均衡向有倾斜）、多行左齐式横题（左边对齐）、多行右齐式横题（右边对齐）、多行低列式横题（副题短于主题，左右对称）、主辅题左右分列式横题（主题与辅题分两边排）等；竖题主要有单行式竖题、多行斜列式竖题（均衡向右倾斜）、多行半斜列式竖题（各行题开头位置均衡向右倾斜）、低格式竖题（副题短于主题，上下对称）[1]435。详见图2-4所示。

4. 题文位置关系

主要有盖文横题（标题与文等宽）、一般竖题（标题与文等高）、元宝题（标题横排并且标题与正文栏宽总倍数相等或竖排在正文中上部位，标题两端各有相等宽的文字）、串文横题（标题与正文栏宽总倍数不等，可居上面中间位置，也可偏于一侧）、串文竖题（竖排在正文左或右侧占正文大半高度）、上左题（标题是正文栏宽的整数倍，并在左上位置）、中心题（又叫文包题，标题被正文包围在中心位置）、对角题（标题对角对称排列）、尾式题（又称脚题，标

[1] 蔡雯. 新闻编辑学 [M]. 北京：中国人民大学出版社，2006.

题在正文尾部)、腰带题(标题在正文中间并隔断正文)、旗式题(标题长度或高度大于正文的总宽度或总高度)、左侧题(标题面积大于正文,位于正文左侧并与正文等高)、碑式题(标题面积大于正文,位于正文上方并完全盖住正文)等。此外,还有一些不规则的题文关系,如中左题、中右题等[1]。详见图2-5所示。

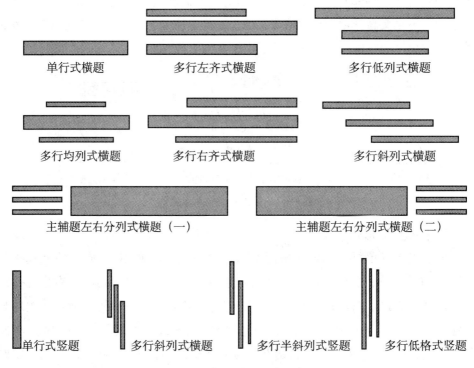

图2-4 标题排列形式示意图

从方便读者阅读、方便排版和版面风格简洁明快的角度出发,越来越多的报纸在倾向于使用标题与正文等宽或是其整数倍标题时,还注意使题文的位置关系稳定在某两种形式上,如主张采用盖文题、上左题和一般竖题,避免采用标题对正文的统领作用不强或者不方便读者找到文章开头的标题,如腰带题、中左题、中右题、中心题、串文题、尾式题等。

[1] 蔡雯. 新闻编辑学 [M]. 北京:中国人民大学出版社,2006:436.

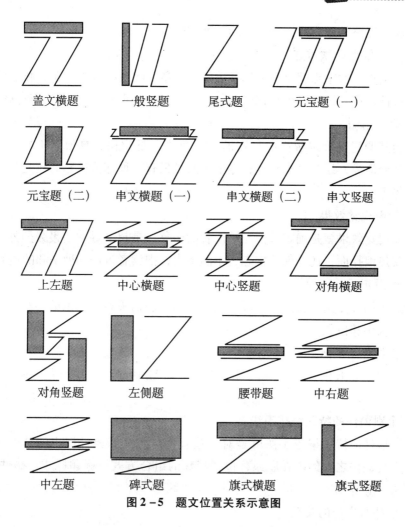

盖文横题　　一般竖题　　尾式题　　元宝题（一）

元宝题（二）　串文横题（一）　串文横题（二）　串文竖题

上左题　　中心横题　　中心竖题　　对角横题

对角竖题　　左侧题　　腰带题　　中右题

中左题　　碑式题　　旗式横题　　旗式竖题

图 2 - 5　题文位置关系示意图

四、报纸版面策划

版面策划包括：长期策划，即对相当长一段时期内的报纸版面所进行的策划；中期策划，即在某段特定时期，为完成某项特定任务而进行的版面策划；本期策划，即对同一天见报的各个版面进行的整体策划；单版策划，根据某一个版面的稿件配置情况对这个版面进行的策划。

（一）版面意图

版面策划的直接产物是版面的总体构想和基本设计思路，即版面意图或版面

编排思想。完整的版面意图通常包括下列内容：

1. 版面重点、次重点

版面重点、次重点就是确定哪条稿件放头条，哪条稿件放二条，哪条稿件位置可高可低，哪条稿件必须淡化处理，等等。其中最重要的是选择头条稿件。

2. 版面基调

版面基调就是确定版面应呈现的感情色彩，是欢快、热烈，还是庄重、冷峻；是轻松活泼，还是一本正经；整个版面是只有一种感情色彩，还是几种色彩并存，等等。

3. 版面视觉效果

版面视觉效果就是确定版面应给读者的印象，是超乎寻常、轰轰烈烈，一打开报纸就热浪扑面；还是保持常态、不温不火，把读者带进一种平和的境界中。

4. 版面布局总体构想

版面布局总体构想就是确定版面大致轮廓，包括头条、二条的形状、图片分布，专栏大小和位置，等等。

5. 稿件加工要求

稿件加工要求包括文字稿增删、改写，标题制作，图片剪裁，稿件补配，等等。

6. 个别稿件的特殊编排手法

个别稿件的特殊编排手法就是对某些有特殊意义的稿件提出特殊的编排意见，以表现稿件之间的内在联系，包括特殊的组合方式、标题样式、稿件形状、美化手法，等等。

7. 稿件与广告的关系

处理好稿件与广告的关系就是根据广告的内容、面积、形式考虑版面上的稿件与广告不能发生内容或形式的冲突。内容上的冲突，如批评某家企业的新闻与这家企业的广告刊登在同一个版面上，导致相互矛盾；形式上的冲突，如以图片形式出现的广告与新闻照片放在一起，既影响广告传播效果和新闻传播效果，也使版面失衡[1]。

（二）版面策划要领

版面编辑要在有限的时间内融合各种相关因素，形成高水平的版面意图，需

---

[1] 王永赋. 报纸版面学 [M]. 北京：人民日报出版社，2001：350-351.

要极强的分析力、判断力、想象力、创造力、整合能力、应变能力和娴熟的版面艺术技巧。在版面策划过程中，应掌握下列要领：

1. 熟悉稿件

版面策划首先要熟悉稿件的内容、性质和特点，向稿件要思想，要灵感。这里的熟悉稿件，指的是把握一个版面上的全部稿件以及稿件之间的相互关系。

2. 审时度势

版面策划不能就稿件论稿件，应把目光放长远一些，审时度势，把握时代脉搏，把时代精神融入版面意图中。这样，设计出来的版面才会有鲜明的时代特色，才能引起读者的共鸣，对社会进步起推动作用。

3. 紧扣报性

报性，是由报社特有的办报方针、版面编辑方针决定的报纸性质。报性决定了版面策划的出发点和落脚点。对同一批稿件，不同报纸的版面编辑往往会提出不同的版面意图。

4. 适合版性

版性，是由版面分工决定的版面特性。版性决定了这个版面可以登什么稿件，不可以登什么稿件；决定了这个版面应突出什么稿件，淡化什么稿件。

5. 选准头条

头条稿件是版面上位置最显要、处理最突出的稿件。头条稿件是报纸思想性、指导性的集中体现，是每期报纸的精华所在，是版面策划最重要的一环，是确定版面意图的关键。

6. 灵活主动

稿件性质对版面意图有很强的制约作用，但在很多时候，合格稿件数量多于版面容量，画版前要作最后取舍。这样，版面编辑可根据部分稿件情况，提出一种版面意图，然后通过稿件取舍和配置，实现这种意图。

五、版面布局原则

稿件在版面上的分布情况，包括每篇稿件的位置、形状以及稿件之间的结合方式等，叫做版面布局。版面布局应体现以下原则。

（一）突出性原则

突出性原则是指突出重要新闻，揭示稿件之间的主次关系。分清轻重、主

次，突出重要稿件，淡化次要稿件，版面才有生气、有个性、有思想，才能够把读者引导到确实重要的稿件上来，同时把编辑部对稿件的评价准确地传达给读者[1]。

1. 突出性原则的体现

在版面策划阶段，突出性原则集中体现在选择头条稿件。进入画版阶段，则是灵活运用版面空间与版面元素，赋予稿件较大的强势。

重要稿件安排在强势较大的区域，次要稿件安排在强势较小的区域，利用版面位置突出重要稿件；加大重要稿件所占面积，特别是加大重要稿件标题所占面积，增加强势；采用变栏、题压照片等方式，使稿件的外形发生变化，引人注目；在横排的版面上，适当地用一些直排的标题和文字，也可起到突出稿件的作用；将评论文章排成楷体字，就比一般稿件的字体突出；在文字中划出黑体字段落，其效果近于插题，比较醒目；通过四周加线、标题美化等方法，使稿件在版面上凸显出来；标题周围多留空白，可增加强势；围框内外多留空白，能使围框更突出；重要稿件配发图片、评论，也能起到突出的作用。

2. 突出性原则的前提和界限

当然，新闻的重要或次要，在版面上的表现也是相对的。一条新闻的突出或强化，是以周围几条消息的弱化为条件的。突出或强化的前提是各得其所，切勿轻重失当，这是突出或强化的界限。

（二）相关性原则

相关性原则是指同类报道或相关报道要尽可能安排在一起，以揭示其内在关系。坚持相关性原则，第一步是为稿件划分类别，第二步是把同类稿件安排在相邻的位置，使版面变得眉目清楚、条理分明、层次丰富，保持版面秩序，方便读者阅读和选择，引起读者注意，加深读者印象，增大信息量。

1. 划分稿件类别的标准

划分稿件类别，可根据具体情况灵活地选择角度。从内容角度，可把稿件分为政治、文化、教育、国际、体育等；从体裁角度，可把"特写"、"读者来信"分别组合成专栏；既考虑内容又兼顾稿件篇幅，可以用"经济短波"、"信息快递"、"读者来信"将一些稿件组合在一起；可以将地区或行业相近的报道编排

---

[1] 王永赋. 报纸版面学 [M]. 北京：人民日报出版社，2001：365.

在一起；可以将反映同一条信息的各个侧面的稿件组合在一起；可以将反映同一条信息的各种体裁和形式，如消息、通讯、评论、图片组合在一起，等等。

当然，我们还可以有目的地将内容同属一类但性质不同、甚至截然相反的稿件放在相邻位置，如真善美与假丑恶、成绩与缺点、表扬与批评、过去与现在等，在对比中揭示其深刻含义。运用这种方法时，要注意两种事物在本质上一定要有可比性，符合逻辑，切忌胡乱对比、不伦不类，更要避免对比不当而引起的不良联想。

2. 相关性原则的体现

体现相关性的做法很多，一种做法是将几条比较短的消息合为一个标题；一种做法是将同类稿件组合成一个整体，或者辟栏，或者围框，用线条与其他类别的稿件分开，有时可以加一个主要标题，这种做法可以鲜明地表现报纸的倾向性；一种做法是先确定一条主要稿件，然后围绕这个稿件安排其他稿件，但这些稿件并不聚成块状，却彼此靠近。例如，在综合性报纸的要闻版上，可以将几条外事活动的新闻组合成一种规则的四边形，还可以将简讯集中到一个专栏里[1]。

（三）分离性原则

分离性原则是指感情色彩反差较大的稿件应尽可能分开，避免读者受空间组合的引导而产生错误的联想，进而产生错误的结论，或产生不好的情感。

1. 稿件需要分离的几种情形

在综合型组合的版面上，有些稿件具有截然相反的感情色彩，如歌颂与谴责、欢快与悲哀、庄重与活泼等，放在相邻位置，不仅不伦不类，而且可能引起不好的联想；一些稿件在内容上有相似之处，但并不具有内在联系，放在一起会产生纠葛；有些稿件，虽然从字面上看没有什么格格不入，但放到一处，读者连着读下来，可能产生某种不当的联想或推测，造成不好的社会效果，也不宜紧挨在一起。如某报刊登一家企业狠抓产品更新换代的消息，与其相邻的一幅漫画是：一个人正拿放大镜在看产量表格上的"成绩"二字，这会让人产生不好的感想。把欢庆节日的报道与讣告放在相邻的位置，很容易被认为是对死者的不敬。遇到这种情况，应坚持分离性原则。

---

[1] 王永赋. 报纸版面学 [M]. 北京：人民日报出版社，2001：366.

2. 稿件分离的方法

稿件分离有几种处理方法。一是错开见报日期；二是放在同日的不同版面上；三是尽可能隔开一段距离，中间安排一些感情色彩呈中性的稿件，作为缓冲和过渡[1]。

（四）呼应性原则

呼应性原则是指同一期报纸各版之间的内容相互配合，保持整体性；各期报纸的内容前后一致，保持连续性。

1. 同期报纸各版之间的呼应

在同一期报纸的各个版面之间，第一版与后面各版要彼此关照，优势互补。第一版在承担要闻版职能的同时，应经常为后面的版面作提示，刊登"今日提要"、"今日导读"等。后面各版必须对此给予呼应，如实地刊登第一版所提示的内容。此外，第一版刊登某一事件的简要报道，后面的版面刊登其详细内容，也是一种呼应。

2. 不同期报纸之间的呼应

在各期报纸之间，也要遵循呼应性原则。对正在发生的新闻事件作同步报道、追踪报道和连续报道，需要几期甚至几十期报纸连续刊登。版面编辑安排这种连续报道要有预见性，有意识地为后续报道埋下伏笔，后续报道应呼应以往的报道。体现在布局上，就是把同一主题的报道安排在大体相同的位置，采用相似的标题样式、美化手法，使读者能一眼看出这是连续报道[1]。

3. 连续性栏目的呼应

许多报纸都有一些连续性栏目，安排这类稿件也要遵循呼应性原则，位置相对固定，形状彼此相似，篇幅基本相当，标题样式也大体相同。

（五）同一性原则

同一性原则是指同一期报纸各版之间在版面规范方面必须有共同点，保持整体性；各期报纸之间在版面规范方面必须有共同点，保持连续性。

1. 同一性原则的意义

多数报纸版面设计是由不同部门承担的，就是同一个版面的编辑人员也不固

---

[1] 王永赋. 报纸版面学［M］. 北京：人民日报出版社，2001：368.

定，由几班人轮流值班。但是在读者眼里，报纸的各个版面是一个整体，各期报纸属于同一个系列。各版可以有自己的风格，但在布局和细节方面必须有共同点，一看就是一家报纸。这就要求各版的版面编辑要有集体意识、团队意识和全局意识，彼此之间建立一种默契，切忌自成一体、各行其是。

2. 同一性原则的体现

体现同一性原则的关键是各版、各期报纸都要遵守同一种版面规范[1]。版面规范分为内容规范和形式规范。内容规范是指在安排稿件位置、选择处理手法、确定标题等级时必须遵守的规范，主要包括明确的版面分工、稿件价值判断标准、标题等级规范、大致的区位分工、稿件正文的转版、电头和电尾的处理等。形式规范是指与版面形式有关的规范，主要包括常用版型、稿件外形的规范、标题样式和题文结合方式规范、正文区内分栏的规范、正文走向的规范、字体字号规范、线条底纹规范等。

（六）平衡性原则

平衡性原则是指稿件的重要性和价值应该与版面的次序和区序相一致，同一版面的各个局部之间，同一期报纸的各个版面之间，都必须达到综合平衡。

1. 平衡性原则的要求

具体地说，确定一篇稿件在版面布局中的地位，不能只考虑这篇稿件，必须将这篇稿件与同一版面的其他稿件、同一期报纸其他版面的稿件作一番比较，该赋予多大强势就赋予多大强势，以达到本期报纸的整体平衡。

2. 平衡性原则的表现

平衡有正式平衡与非正式平衡之分。

正式平衡，是指与某一版面内容相对称的另一版面内容，分量必须保持完全一致。例如，在左半版上刊登一幅 8 厘米 ×12 厘米的照片，那么在右半版上的那幅照片也得是 8 厘米 ×12 厘米。

非正式平衡，是指左半版刊登了一幅照片，右半版也得刊登一幅照片，二者尺寸只要不过于悬殊即可，并不要求双方毫厘不差。左半版的一个大标题可以与右半版的一幅大照片保持平衡，上半版一个大标题可以与下半版一个大专栏保持平衡，长文章造成的一片灰色可以插进小标题来取得平衡，一个三栏的黑体字标

---

[1] 王永赋. 报纸版面学 [M]. 北京：人民日报出版社，2001：369.

题可以与一个四栏的宋体字标题保持平衡[1]。

六、版面的形式美

稿件内容对版面形式有制约作用，但是有一定的限度，版面形式在相当大的程度上是自由的，具有相对的独立性。

（一）单纯齐一

在单纯中，见不到明显的差异和对立，给人的感受是明净、纯洁。齐一是一种整齐的美。同一形式的连续出现，即"反复"，也属于整齐的范畴，因为反复是就局部的连续再现而言的，但就各个局部所构成的整体看，仍属于整齐的美。齐一、反复给人以秩序感，在反复中还能体现一定的节奏感。

在版面上，单纯齐一体现在许多方面。首先，多数稿件正文通常排成统一的字体和字号，就是单纯齐一。其次，同一稿件内的小插题使用同一字体和字号，占据同样大小的空间，排成同样的形状，也是单纯齐一。最后，各期报纸报头一致，内页各版报眉格式一致，作者署名的字体、字号一致，版面分栏方法一致，等等，都体现了单纯齐一。

（二）对称均衡

对称，具有安静、稳定的特性，还具有凝聚力和向心力，可以衬托中心。均衡的特点是两侧的形体不必等同，大体相当即可。均衡在静中倾向于动，显得活泼、有生气。

就版面整体而言，对称式版面无疑是应用了对称法则。就版面局部而言，"中心题"一般位于稿件正中，"盖文题"、"元宝题"通常居于正文上方的正中或接近正中，多行题一般以主题为基准，引题或副题居中排列，对角题位置相对，字体字号及面积相似，等等。这些都是追求对称的美学效果。

报纸版面上的均衡是指版面的上与下、左与右之间的重量上平衡，这种重量不是物理上的重量，而是心理上的重量、视觉上的重量。在单色印刷的报纸上，构成版面的材料分为黑色块（标题、照片、刊头等）和灰色块（正文、图表

---

[1] 赵鼎生. 西方报纸编辑学 [M]. 北京：中国人民大学出版社，2002：150.

等），其中对版面均衡起决定作用的是黑色块。黑色块太小、太少，会使版面没有重心；黑色块过于集中，会使版面显得呆板；黑色块无规律分布，破坏版面整体感；黑色块偏向一边，破坏版面平衡。报纸版面均衡不仅需要照顾上半版与下半版，也需要顾及左半版和右半版，有时还要留意左上与右下、右上与左下的均衡。

（三）调和对比

调和是把两个相接近的东西并列，使人感到融和、协调，在变化中保持一致。对比是把两种极不相同的东西并列在一起，使人感到鲜明、醒目、活跃。

在版面上，既要讲调和，也要讲对比。就整个版面而言，我们可以把篇幅短小的一组稿件集纳成一个专栏，使专栏所占面积与长稿件的面积大体相当，以避免短稿单个地分散在长稿之间而产生不和谐感。同一稿件的多行题，字号之间应有差异，以产生对比，但不能过于悬殊，破坏协调。标题面积与正文面积也应调和，题过大而文过小或题过小而文过大都是不美的。在对比中，必须把握好对比的度，不要因对比过于强烈而破坏版面的整体和谐。

（四）比例

比例是指一件事物的整体与局部以及局部与局部之间的数量关系。

版面设计处处离不开比例。把握稿件外形的长宽比例和稿件与稿件之间的比例是版面设计的基本功之一。就稿件外形而言，长和宽比例最好是 5∶3 或 3∶5，如果不能达到这种比例，长和宽的比例最好不要相等。有的稿件，受到周围稿件挤压，只能排成高而窄的一条，如果将标题放在顶部，下面的文稿形状就比较难看，这时可将标题移到文稿中间，把文稿分成上、下两块，比例接近黄金分割率。一般情况下，横照片的比例应为 5∶3，竖照片的比例应为 3∶5，过扁或过窄都不美观[1]。

此外，还要注意版面局部与整个版面的比例。版面某个局部加了围框，围框面积最好不要超过版面的 1/3，太大了会显得笨重。当版面被一条水平线分割成两个部分时，应注意各部分自身的比例和两部分之间的比例，如果其中一部分的形状太扁，那么最好缩短宽度、增加高度，放到版面一角。

---

[1] 赵鼎生 . 西方报纸编辑学 [M]. 北京：中国人民大学出版社，2002：151.

（五）节奏韵律

在报纸版面上，题、文、图交替排列，黑、灰色块有规律地分布，随着读者视线移动，就产生了节奏。一题一文，题在上，文在下，是最简单的节奏。一题一文一图、两题一文（对角题）、文—题—文（中心题和腰带题）或一题之下文图交替出现，等等，则是变化的节奏，给人以更强的节奏感。

节奏是由轻、重音交替出现组成的。满版都是灰蒙蒙的正文，标题字号小得与正文差不多，相当于一连串的轻音，构不成节奏；满版都是大标题、大照片，看不到灰色块，相当于一连串的重音，也构不成节奏。版面布局要有轻有重，并把握好轻重之间的间隔和对比度。

节奏的另一项要素是节拍的长短。不同的节拍，所表现的气氛、情绪是不同的。体现在版面上，就是黑、灰色块的交替都要疾徐有致。一般说来，新闻版节奏应快一些，以体现现实生活的快节奏；文艺副刊版节奏应舒缓一些，给人以悠然、恬静的感受；理论版节奏可以更慢，使人们能静下心来思考一些问题。

由于版面是一个平面，是纵横交替的，所以布局时既要注意横向的节奏，也要把握好纵向、斜向的节奏，并通过节奏的变化来表达特定的情感，达到节奏美、韵律美。

（六）多样统一

多样体现了事物的个性，统一体现了各个事物的共性或整体联系。

多样统一是版面形式的最高境界。一方面，版面各个局部的形式应该是多样的。从标题样式、标题面积大小和字体字号到正文的形状、大小和分栏方式，从底纹样式、线条走向到图片尺寸、形状、位置等，都应有变化。

另一方面，局部变化必须有机地组织起来，形成一个和谐的、统一的整体。整体布局固然要有整体观念，在局部美化时也应有整体观念，不能因局部的畸轻畸重而破坏整体的统一。脱离了整体，局部的美是很难存在的。

七、画版技巧

绘制版样，俗称"画版"，是根据一定的版面意图，在版样上划定各篇稿件的空间、形状，确定标题样式、题文结合方式、正文走法的过程。

（一）计算行数

稿件篇幅是用数字表示，放到版面上占多大面积，则用行数表示。用行数来表示面积，是因为报纸正文字号、字距行距和基本栏宽度通常都是固定的，只要知道了行数，也就知道了面积。由字数转变成行数，通常使用除法，即"字数÷栏宽＝行数"。

（二）图片测量

图片稿很容易预测其上版之后所占的面积。按1∶1比例制版的图片，拿图片在版样上比量一下就可以知道它占多大面积。有些大图片需要缩小，有些小图片需要放大，在很多时候也无需测量和计算，用肉眼即可预测其缩小或放大后的尺寸，有一点误差，无关紧要。

但是，在特殊情况下，有些图片需要精确地预测缩小或放大之后的尺寸。可以用两种方法计算：

一是套用数学公式进行计算。图片缩小或放大是按比例进行的，因而可以套用数学公式，如 A∶B＝C∶D。

二是对角线测量法。这种方法所依据的是平面几何学的定理，即有公共对角线的矩形必然是相似矩形。

（三）版面分割

画版就是分割版面，把一个大的长方形分割成一个个小的空间，有的放标题，有的放正文，有的放图片。

版面分割可分为两种：一种叫"外分割"，就是把一个版面分割成一个个稿件区，由此产生各个稿件区的外部轮廓。另一种叫"内分割"，就是在稿件区内进行第二次分割，画出标题的空间和插图的空间，余下的就是正文的空间。两种分割的逻辑顺序是：外分割在前，内分割在后。版面分割应注意以下几点：

1. 重视外分割

外分割决定了版面的总体布局和每个稿件区的面积，外分割做好了，就为内分割创造了条件。

2. 内外兼顾

任何一条外分割线都有双重作用，它既为线内的稿件规定了面积和形状，也

为线外的稿件设定了面积和形状。因此，在画版时，不能只考虑线内的稿件面积是否合适、形状是否美观，还要考虑这样分割之后，剩下的空间对其他稿件是否合适。

3. 灵活多变

垂直分割走不通，就搞水平分割。直线分割不成，就改用折线。只要稿件的总篇幅与版面总容量相等，总会找到一种最佳的分割方式[1]410。

（四）改变稿件外形

在不改变稿件面积和标题等级的前提下，改变稿件外形，使之符合版面需要。

画版时，经常会遇到剩余版面形状与剩余稿件的要求不一致的情况。这时，可改变稿件外形，对前面的其他稿件形状进行转换，例如可以将正方形改为长方形、水平矩形改为垂直矩形、矩形改为非矩形，以便为剩余稿件留下合适的空间。

一条文字稿占多大面积，取决于稿件字数和标题等级。其中，标题等级是由稿件内容和性质决定的，不能随意改变。有些稿件的字数是刚性的，不能增减。但是，面积不能变不等于形状也不能变。即使按惯例应排成矩形的稿件，其长宽比例也可以调整。版面编辑拿到一条文字稿，应该能想象出它排成水平矩形是什么样，垂直矩形是什么样，非矩形又是什么样。这样，稿件外形不合适时，能够很快拿出变通方案[1]411。

（五）改变稿件面积

一般情况下，在同一个版面上，只有少数稿件是刚性的，大多数稿件可根据版面需要改变稿件面积。即使是刚性稿件，也可运用一些方法，稍微改变一下面积。改变稿件面积的方法有以下几种：

1. 转文

转文就是把长稿登不下的部分转给后面的版。

2. 改变标题面积

大题改小题，减少标题面积，增加正文面积；小题改大题，增加标题面

［1］王永赋. 报纸版面学［M］. 北京：人民日报出版社，2001.

积，减少正文面积。这种方法只是在版面意图允许改变标题等级的前提下进行。

3. 扩大或减少图片面积

这种方法要根据新闻图片的新闻价值决定图片能否扩大或缩小，以及扩大或缩小多少面积。

4. 运用线条或底纹

一条稿件差三五行文字，不必增加文字，只需把稿件宽度收缩一下，在周围加一个线框，就可解决问题；某标题的面积留得太大，标题显得空荡荡，既可加一个线框，也可铺一个网底，标题就会变得紧凑、饱满。

5. 均衡删减稿件

版面某个局部有几篇稿件已经安排了，但还有一篇安排不下，弃之不用实在可惜。这时最好的办法是将那些稿件各自均衡删去一点，为最后一篇稿件腾地方。

6. 半角、全角转换

全角改半角，会使稿件的行数明显减少；半角改全角，会使行数增多。稿件越长，伸缩效果越明显。

7. 接行、改行

接行，是指把两个自然段合为一个自然段；改行，是指把一个自然段拆成几个自然段。这种办法只能以稿件内容许可为前提。

8. 长栏、短栏转换

短栏每行字数较少，出现末尾一行字数较少、空格较多的可能性较小，所以正文区面积利用率较高。长栏每一行的宽度较大，很容易出现每段末尾几个字就占一行、后面空格较多的情况。因此，在同样大小的稿件区内，长栏变短栏，可多装几行字，当稿件自然段较多时尤其如此；短栏变长栏，情况则相反。

9. 改变字距

这种做法会影响美观，不到万不得已，不得使用。

10. 图文叠加

在某个稿件区内，正文区和与之相关的图片区画好之后，留给标题区的面积很小，甚至没有，而这个标题的等级是刚性的，不容许缩小面积。这时，就可以把部分标题甚至整个标题放到图片上，即题图叠加。还有些报纸经常把图片说明

叠印到图片上，只要被文字覆盖的部分不是图片的主体即可[1]。

八、画版顺序

画版是否顺利，往往同先安排什么稿件、后安排什么稿件有很大关系。由于每个版面的稿件情况和版面意图各不相同，一种顺序用在这个版面上很顺手，用在另一个版面上可能就很困难。常用的画版顺序有：

1. 先重后轻

按稿件的重要程度，由重到轻地安排。先把稿件按重要性大小排出顺序，然后按照区序理论和稿件之间的联系，逐一作出安排。

2. 先长后短

根据稿件篇幅的长短，兼顾其重要程度，先安排长稿，后安排短稿。一般说来，短稿占用面积较小，容易作出安排；而长稿占用面积大，比较笨重，对版面的整体平衡起着重要作用，安排难度较大。长稿安排得当，短稿就容易安排了。

3. 先特殊后一般

根据稿件的敏感程度，先安排内容敏感、感情色彩微妙的特殊稿件，再安排其他一般稿件。

4. 先刚后柔

根据稿件的刚柔程度，先安排字数不能增减或形状不能改变的稿件，再安排字数可增可减、形状可以改变的稿件。

5. 先图后文

先安排图片，再安排文字稿件。

6. 分类处理

根据稿件之间的关联性，把稿件分成若干类别，一类一类加以处理。

本章练习

1. 简述报纸编辑的地位与作用。
2. 简述报纸编辑的任务。
3. 概述报纸编辑的流程。

---

[1] 王永赋. 报纸版面学［M］. 北京：人民日报出版社，2001：413.

4. 概述新闻稿件选择的标准。

5. 如何鉴别新闻稿件内容的真实性？

6. 新闻稿件的新闻价值体现在哪些方面？

7. 新闻稿件的宣传价值体现在哪些方面？

8. 怎样分析新闻稿件的社会效果？

9. 怎样鉴别新闻照片的真伪？

10. 说明下列文字有无明显差错和不当，并给予适当处理（修改或淘汰）。

（1）中央人民广播电台以精堪的波音艺术和高品味的节目，受到全国各族观众的好评。

（2）甲县三中高三（1）班学生张三等5人，经常到县一中勒索钱财，调戏女生，聚众斗殴。一周前，这伙罪犯被甲县公安局逮捕。

（3）本报上海七月五日电 上海的苹果、香蕉和猪肉等商品的价格自4月中旬放开以来，价格平稳，货源充沛，购销两旺。一些不常见的紧俏水产品也开始露面。3个多月的实践证明，放开购销，按人补贴的做法，对于搞活副食品供应是有利的，也是可行的。

（4）乙县丙乡丁村80岁的顾秀珍老太，日前在求神拜佛时，不慎引火烧身，惨死在火焰中。去年岁末的晚上，顾老太感到身体不舒服，萌生了求神的念头。她趁小辈们熟睡之际，独自一人在客堂内烧草纸。她边烧边磕头，嘴里念念有词，祈祷菩萨保佑平安。不料，火舌燃着她的围裙，未来得及呼救，火已烧着了全身，第二天清晨，小辈起床后，发现顾老太已烧成焦黑一团。

（5）一只有智能的机械手，向来自全国三十几个大学、研究所和企业的专家、技术员作了精彩表演。它把插针按不同规格准确无误地分别堆放开。它昨天顺利通过了鉴定。今后将第一个使用这台机器的青年女工陈兰高兴地说："过去我上班后就是拣啊挑啊，总是头昏眼花，几年来视力大减。今后有了智能机械手，我只要坐着看管，它将比我干得好。干得快。"

（6）在十一号台风袭来时，由于事先采取了防范措施，全市没有倒下一棵树。

（7）青浦有一个远近闻名、约七千年前的金山坟，据县志和市、县博物馆开掘鉴定，地下有古井、石器、瓷器等文物。

（8）长途汽车站来了一批操黄岩口音的温州客。

（9）船老大张孝善进渔业公司二十七年了。今年，他又在海上度过了第二十四个春节。在妻子的记忆里，结婚二十多年来，无论春节、元旦、五一、国庆，丈夫很少在家里度过。张孝善在近十年中积下了五百二十个休假日……妻子发病，在她微弱的心脏每分钟只搏动三十八次的情况下，最后他仍然奔向渔港，出海抢渔汛。

（10）上海一位年轻的母亲过去曾因买菜、做饭、洗衣，花掉了她的大部分业余时间。但近两年来，这位在上海一家磨料冶金厂工作的年轻职工张明莲已发生了戏剧性的变化。目前，她每周有四个晚上去夜校学习，不听课时就看看电视或给三岁的女儿讲故事。

（11）上海交通邮电系统"十大窗口"竞赛自去年4月16日拉开序幕以后，各单位积极采取措施改进服务工作。近一年来，他们共采纳旅客建议四百多条，整改服务工作中的问题四百多个，解决了多年来未解决的问题九十六个，为旅客排忧解难二十万件，收到旅客用户表扬信五十万件。

（12）在市委、市政府的正确领导下，在各部门的配合下，在广大人民群众的支持下，在市农业局全体干部职工的共同努力下，坚持马列主义、毛泽东思想、邓小平理论和"三个代表"重要思想，贯彻落实科学发展观，心系农业，情系农民，大力推广农业新技术，受到了农民朋友的欢迎和好评。

（13）昨天下午，本市江段发生两船相撞、一船沉没的交通事故。沉没的船只经水上航运部门职工奋力抢救，已于昨晚打捞上岸。

（14）有些选手年逾三十，仍气贯长空，锐不可当。

（15）在服务性行业的工作前进一步之后，差强人意的现象时有发生。

（16）人，活着，总有追求。有人追求享受，有人追求刺激，有人追求安逸，有人追求虚荣，有人追求奉献。"一个共产党员，总得对人民有所贡献。"这是广州中医学院副院长李国桥的追求。

（17）面对万元巨款人人会动心吗？广东省对外经济发展公司职工李四、王五主动把客户私下赠送的一万元交公。他们面对不义之财作出了应有的回答。

（18）中国提琴制作大师戴鸿翔亲手制作的稀世珍琴"戴氏提琴"，昨日被一位香港收藏家购买收藏，其售价创造了我国乐器售价新纪录。

（19）某地兴建目前当地最高的大楼。这座大楼占地××平方米，建成后有××间客房，还有餐厅、花园……等等。

（20）有一个旅客和他的妻子一道上船。

（21）产品已销售到美国、英国、东南亚、香港等国家。

（22）在一项国际小提琴比赛中，中国有五名学生获奖，台湾也有一名学生获奖。

（23）在北京奥运会上，中国女排战胜古巴女排，跻身三甲。

（24）每天早晨7点，杨明华高大的身影就出现在大同中学绿树掩映的小径上了。20年来，每天都是他第一个到办公室，扫地、擦桌子，然后又精神饱满地走上讲台。讲台前的杨明华永远都是那么神采飞扬，那充满激情和力度的嗓音有力地扣动着学生们的心弦。然而大家都知道，他身患严重的胃病和高血压，两次胃出血检查出来3个"＋"，至今天天靠吃药维持血压。他常对人说："我是一名共产党员，自己的事再大也是小事，教育事业再小也是大事。"

（25）德国19岁的吉他手奥吉把头发染成绿色，并剪了一个古怪的发型。一天下午，他去汉诺威动物园与女友约会，对方迟到，于是他沐浴着阳光在长凳上睡着了。这时适逢骆驼"托尼"路过，看中了他的头发，于是决定饱餐一顿。奥吉从疼痛中醒来，发出阵阵尖叫声。骆驼把头发在嘴里嚼了几口，发觉上当，于是吐了出来。"托尼"的饲养员说，"托尼"这是第二次犯同一错误，几年前它也拔掉了一个留有绿头发的小伙子的头发，它显然是把绿头发当成了青草。

（26）初夏的济南，垂柳依依，清泉潺潺。

（27）北京的盛夏，骄阳如火。

（28）初夏的海南，处处生气盎然。

（29）6月22日，正午，杭州笕桥场上，晴空万里，骄阳如火。

（30）天真烂漫的红领巾欢度"六一"国际儿童节。

（31）一位老态龙钟的老人颤颤巍巍地走过马路。

（32）驻扎在甲省乙市的37321部队全体官兵发扬自力更生的光荣传统，开荒种地，开辟菜地30亩，平均10人一亩菜地，基本实现了蔬菜自给。

（33）抓获犯罪团伙两名主要犯罪嫌疑人的马自立家住甲省乙市胜利街10号，父亲马成是市一中教师，母亲张兰是市财政局一名普通公务员。

（34）张强1996年毕业于一所名牌大学，如今沦落为一名环卫工人。

（35）哟呵！王宏的9根手指被机器齐刷刷切断。

（36）市检察院副院长张三元昨天主持召开了全市检察宣传工作会议，对全市检察宣传工作作出了具体部署。

11. 阅读下面三篇稿件并完成其后的作业。

（一）

据新华社基辅3月24日电 乌克兰总理季莫申科24日说，乌克兰与欧盟委员会日前签署的关于乌输气系统现代化改造问题的联合宣言并未把俄罗斯排除在改造项目之外。季莫申科在基辅举行的记者招待会上说："俄罗斯可以和其他国家一样参与乌克兰天然气输送系统的升级改造项目。"她说，俄方可能对有些事情的安排不满意，但乌克兰有权"捍卫自己的国家利益和输气管线"。

乌总统能源问题代表索科洛夫斯基同一天说，乌方愿意看到俄方专家和企业参与乌克兰输气系统改造项目，但俄方应首先与欧盟和欧洲金融机构就参加该项目条件进行磋商。索科洛夫斯基强调，乌克兰和欧盟委员会签署的联合宣言表明，乌克兰输气系统是"欧盟能源体系不可分割的一部分"。

乌克兰、欧盟委员会以及世界银行、欧洲投资银行和欧洲复兴开发银行23日在布鲁塞尔签署了关于乌输气系统现代化改造问题的联合宣言，希望不要再发生像去年冬天那样的天然气危机。据报道，俄总统梅德韦杰夫和总理普京对俄被排除在该问题的谈判进程之外表示强烈不满。俄方已宣布推迟举行原定于4月8日召开的俄乌总理级政府间经济合作会议。

（二）

乌克兰、欧盟委员会以及世界银行、欧洲投资银行和欧洲复兴开发银行日前签署了关于对乌输气系统进行现代化改造的联合宣言，决定加强乌欧这方面的合作。对此，俄罗斯反应强烈，因为俄一直主张俄、乌、欧三方协商改造乌输气系统，但此次却被排除在外。

俄总统梅德韦杰夫24日表示，俄将推迟原定于下周与乌方举行的总理级政府间磋商，直到乌欧天然气联合宣言的问题得以澄清。俄总理普京对此表示支持。他当天即表示，乌欧宣言"未经过深思熟虑"，避开俄这个主要供气方谈论扩大供气量简直就是儿戏。如果俄的利益被忽视，俄将重新考虑同欧盟的关系。

乌克兰总理季莫申科24日则表示，乌欧联合宣言并未把俄排除在改造项目之外，俄可以同其他国家一样参与乌天然气输送系统的升级改造项目。此间媒体认为，乌欧联合宣言触动了一个敏感问题，即对过境国的天然气管道的监督权，俄一旦失去对乌天然气管道的监督权，其对天然气消费国的依赖将会加强。

据报道，乌克兰打算从欧洲投资银行、世界银行和欧洲复兴开发银行获得25.7亿美元的贷款，用于改造天然气输送系统，欧盟已表示支持。除了获得贷款，乌还有更深层次考虑，那就是通过让欧盟国家参与乌天然气输送系统的改造工程，避免再发生去年冬天那样的俄乌天然气争端，加强乌天然气主要过境国的地位。

（三）

3月24日，俄罗斯总统梅德韦杰夫在俄安全会议例行会议上宣布，由于乌克兰和欧盟在乌输气系统改造问题上排斥俄罗斯，俄决定推迟本轮俄乌政府总理级磋商。

乌克兰输气系统现代化国际投资会议3月23日在布鲁塞尔举行。乌克兰承诺，将对本国输气系统的运营模式进行改革，以保证其稳定性和透明度。乌克兰、欧盟委员会以及世界银行、欧洲投资银行和欧洲复兴银行还签署了加强合作的联合宣言，希望欧盟天然气供应不再受俄乌天然气争端的影响。

使人感到意外的是，布鲁塞尔会议竟把欧洲天然气主要供应国俄罗斯完全排除在外，这引起了俄罗斯的强烈不满。普京3月23日在俄南部城市索契举行的新闻发布会上说，乌克兰输气系统现代化国际投资会议上所签署的联合宣言"欠考虑、不专业"。他表示，在缺少能源主要供应方——俄罗斯的情况下讨论增加过境乌克兰向欧洲输气问题，"是不严肃的"。普京对乌克兰和欧盟在乌输气系统现代化改造一事上排除俄罗斯的做法表示不满。他说，如果俄罗斯的利益被忽视，俄方将重新考虑与欧盟的关系。

俄罗斯能源部长马科特23日在布鲁塞尔曾表示，乌克兰输气系统与俄罗斯有着"有机联系"。如果没有俄罗斯的合作，乌克兰输气系统的现代化改造"将不会成功"。俄罗斯愿意参加乌克兰输气系统的改造，其中包括出资。

对于俄罗斯的"强烈反应"，乌克兰总理季莫申科却不以为然。她在24日举行的记者会上说，"乌克兰和欧盟在布鲁塞尔通过联合宣言并不意味着俄罗斯在此问题上遭到什么挫折，俄可能会对此感到不悦，这就像几天前乌克兰矿工足球队赢了俄罗斯中央陆军体育俱乐部足球队一样，不能说是俄的国家利益受到了伤害"。

季莫申科进一步强调指出，"乌克兰和欧盟签署的联合宣言并没有剥夺俄罗斯参与乌输气系统现代化进程，俄罗斯可与其他国家一道，共同参与该方案的投资，参与该系统的改造和现代化建设"。她还说，"我和欧盟主席巴罗佐及欧盟其他专员们在此问题上看法一致。"

乌克兰总统能源安全国际问题全权代表索科洛夫斯基也表示，乌克兰欢迎并邀请俄罗斯参与乌方输气系统的现代化进程。对此，普京24日在俄安全会议上进一步表示，"布鲁塞尔会议讨论的关键问题是如何落实乌克兰输气系统的发展。而这一问题的关键因素是输气的总量和与之相关的还贷能力问题。众所周知，经过乌克兰向欧洲输送的天然气，除了俄罗斯，没有第二个供应国。但没有任何人与我们讨论这一问题"。

乌克兰输气系统对欧盟能源供应至关重要，欧盟1/4的天然气需从俄罗斯进口，其中80%经由乌克兰输送。今年1月，由于俄乌双方在天然气供应价格和过境费用等问题上发生争执，俄罗斯一度切断了经乌克兰输往部分欧盟成员国和其他一些欧洲国家的天然气供应，导致十多个东欧国家天然气供应受到影响。现在乌克兰和欧盟讨论天然气供应事宜不邀请俄罗斯参加实在令人不解，更使俄乌关系和俄欧关系罩上一层阴影。

（1）给这三篇稿件分别制作标题。

（2）给这三篇稿件制作一个总标题。

（3）将这三篇稿件改写成一篇稿件，制作标题，撰写一篇短评。

12. 修改下列稿件并重新制作标题。

因对方逃避赡养母亲义务

妹夫欲状告大舅子

子女赡养父母本是天经地义的事情，却有人以种种借口，企图逃避应尽的责任。

8月26日，在解放军第175医院五官科病房内，笔者见到即将出院的郭香兰老人和她的女婿陈明森。两人已经收拾好简单的行李，郭香兰老人的左眼依然缠着纱布，静静地坐在床头。

据陈明森介绍，他的岳母今年79岁，家住南靖和溪镇月明村。虽然她终生未能生儿育女，却含辛茹苦地把三个儿女抚养成人，一个是丈夫跟前妻生的女儿，另外一男一女是自己领养来的。去年春节，老人的眼睛碰到蜘蛛网，不曾想一阵揉搓后，竟引起感染。从那以后，她看东西总感觉很模糊。

一次，出门办事的陈明森路过岳母家，才知道她的眼疾越来越严重，便再三劝大舅子陈永淮带她上医院治疗，但对方找种种理由推辞。后来，陈明森实在不忍心看岳母痛苦下去，先后3次带她到南靖县医院诊治，老人的病情才有所缓解。此后，陈明森隔三差五就给大舅子陈永淮打电话，询问岳母病情的变化，但每次陈永淮都说"母亲的病全好了"。正好那段时间陈明森脱不开身，对大舅子的话半信半疑。谁知，今年7月中旬，当陈明森来到岳母家时，发现郭香兰老人神情憔悴，左眼失明，右眼几乎看不清东西，行动十分不便。

为了给岳母治病，陈明森可是煞费苦心。在他的提议下，亲戚朋友开始筹集治疗费用。原来商量好几个儿女都出1 000元钱的，结果陈永淮拖了好几天，最后才掏出800元钱。

8月12日，陈明森跟大舅子带着岳母住进解放军第175医院。据该院眼科专家游向东介绍，患者左眼已经失明，为了防止感染，将予以摘除，而右眼角膜开始出现穿孔症状，如果不尽早治疗的话，右眼也将失明。

可就在母亲住院后的第4天，陈永淮便借口要办点事情，独自回家了。过了几天，因为治疗费用不够，陈明森多次打电话给他，他要么说"没有路费"，要么说"不认识路"，再后来就干脆连电话都不接了。

对大舅子的这种行为，64岁的陈明森十分气愤："我们自己也会有生老病死的一天，如果晚辈同样对我们，我们会怎么想！"他透露，他和一个亲戚正准备将陈永淮告上法庭。

这种促销活动应取缔

一段时间以来，记者发现市区一些沿街店铺，在店门口用大白纸写着"本店欲装修，全场清仓血本大甩卖"、"不惜血本大甩卖，只因想回家再种田"等广告。在瑞京路与建设路岔口处，有一家只进行简单装修的服装店在店门口贴出"欲装修，全场大甩卖"广告，可早在2009年春节前，该店家就贴出如此广告，至今半年多的时间过去了，经营者不但没有装修，还天天用这种办法搞促销经营活动。

在鑫荣小区附近也有一间不大的店面，被外地人租赁经营景德镇瓷器。在店门口，歪歪斜斜地用红、黑笔写一行大字，上面写："流血流泪大甩卖，本人准备尽早回家再种田"。可住在周边的市民说，该店大甩卖持续了一个多月了，所谓的流血大甩卖还照旧进行。不少人看了很反感。不少人认为：这种不良促销活动如果泛滥成灾，既污染市容环境，还玷污市民的眼球，希望有关部门加以整治。

尚未退房进新客　客人投诉获赔偿

尚未退房结算，旅馆就擅自将包间安排他人进住，落得夜无归宿。8月26

日，王先生在龙海市工商局 12315 执法人员的调解下，获得两倍住宿费的赔偿。

8月23日，王先生在龙海市"顺心"旅馆交押金包一间房间。8月24日晚上一点多，办完事务的王先生回到旅馆，拿出锁匙要开门，门被反锁打不开，就敲门。一个不相识的男子来开门，告诉是旅馆服务员安排他住宿的。王先生只得三更半夜找镇上朋友家住了一个晚上。第二天早上，王先生找旅馆索赔未果。

执法人员核实王先生所诉情况。旅馆承认服务员工作疏忽，退还王先生两天的住宿费用 300 元；赔偿精神损失费 300 元。

拿遥控器沿街寻爱车　　两窃贼当场被擒

摩托车被盗，失主拿着防盗遥控器沿路寻找，居然找回爱车。

8月25日晚6时许，南靖某学校王老师发现停放于学校宿舍区的摩托车被盗。王老师抱着试试看的心理，拿着摩托车的防盗器到街上、居民小区、停车场等处寻找爱车。晚7时许，王老师来到南靖县医院路段时，一按遥控器，竟然听见从医院的停车场传出摩托车报警声。民警立即赶到现场蹲守，当晚9时30分左右，抓获一男一女两名盗车嫌疑人。

13. 改写新闻稿件。

王欣教授向学校捐赠图书

本报讯 11月12日，教务处处长朱振全、图书馆馆长李克明和院办主任吴忠良受院长的委托，前往上海接受我校历史系老教授王欣的赠书。王欣教授为我校图书馆捐赠了两箱近 60 年的美国英文版珍贵图书，具有较高的使用和保存价值。校领导向王欣教授颁发了荣誉证书，并赠送了礼品，对王老表示谢意。王欣教授激动地说："我还能工作，我要发挥余热，为学校的发展贡献微薄之力。"王欣教授 20 世纪 30 年代末曾在美国纽约州立大学学习，长期从事历史学研究，在历史学界有很高的声望，退休前在我校历史系任教。

14. 阅读下面一篇报道，将其改写为一篇短消息。

昨天上午 10 时许，记者来到江滨路江滨大厦的施工现场，看到一段长约四五十米的机动车道被挖得面目全非，机动车道一侧和人行道旁分别筑起了一道高约七八十厘米的"长城"，将施工地段与车辆通行的道路分割开来，施工的非机动车道、绿化带和一部分机动车道被围在了墙里面。路面一旁散乱地堆放着石块和砖块，陷下去的地面已变成大坑，里面盛满了水。十来位泥水师傅正忙着拌水泥和砌墙。附近一些居民告诉记者，这段路面原先出现破损的面积比较小，去年有关部门也曾修过，但修好后又出现了破损现象，有关部门将路面挖开后，在路两边放置了安全护栏，但一直还没有修好。江滨大厦一楼的兴业银行温州鹿城支行的保安王先生悻悻地说："道路没修好，给沿街店面的生意造成了不小的影响。行人和自行车过人行道时偶尔还会被碎石绊倒。前几天，这条路又突然砌起了两堵墙，真不知还要多久才能恢复原貌。"

温州市市政管理办公室的何小姐说，该路段出现大面积下陷，主要是由于打桩等原因所致，目前有关部门成立的一个专门工作组已在商讨修复路面工程。临近春节，为了让大家平安过年，保障过往车辆和行人的安全，有关部门在这里砌起两堵墙，是为了给大家的安全"买个保险"，估计三四天就能砌好。正在施工的张师傅称，他们已经施工3天了，1月29日早上还没有砌好时，曾看见一辆出租车经过该路段时不小心撞上护栏，幸好没有冲下大坑。现在砌好了墙，应该对行人来讲要安全很多。

15. 选择当地主要报纸最新一期的一个版面，分析稿件和版面处理情况：稿件是否适合报纸性质、是否适合版性，稿件位置是否恰当；稿件是否精练，能否修改得更好；标题是否恰当，能否制作出更好的标题；版面是否美观，版面处理是否平衡。如果你是该版的编辑，会怎样处理和编排这些稿件和这个版面？

16. 简述画版的顺序及理由。

本章参考文献

[1] 陈红梅. 新闻编辑 [M]. 武汉：武汉大学出版社，2005.

[2] 张子让. 当代新闻编辑 [M]. 2版. 上海：复旦大学出版社，2004.

[3] 张子让. 标题制作与版面设计 [M]. 上海：复旦大学出版社，1991.

[4] 左克. 标题一得录 [M]. 2版. 北京：新华出版社，1998.

[5] 蒋晓丽. 现代新闻编辑学 [M]. 北京：高等教育出版社，2002.

[6] 王永赋. 报纸版面学 [M]. 北京：人民日报出版社，2001.

[7] 蔡雯. 新闻编辑学 [M]. 北京：中国人民大学出版社，2006.

[8] 赵鼎生. 西方报纸编辑学 [M]. 北京：中国人民大学出版社，2002.

[9] 陆炳麟. 怎样当新闻编辑 [M]. 北京：新华出版社，1989.

［10］彭朝丞. 新闻标题制作 ［M］. 北京：中国广播电视出版社，2000.

［11］彭朝臣，王秀芬. 标题的制作艺术 ［M］. 北京：新华出版社，2005.

［12］韩松，黄燕. 当代报刊编辑艺术 ［M］. 上海：复旦大学出版社，2006.

［13］魏永征. 新闻传播法教程 ［M］. 北京：中国人民大学出版社，2002.

［14］蓝鸿文，郑保卫. 新闻伦理学简明教程 ［M］. 北京：中国人民大学出版社，2001.

［15］肖伟. 报刊电子编辑教程 ［M］. 广州：暨南大学出版社，2006.

第三章

广播新闻编辑

第一节 广播新闻编辑的任务

广播新闻编辑是指在广播电台从事编辑工作的所有职业新闻工作者，包括负责新闻稿件加工、话题选择、节目策划、制作和播出的编务人员以及电台台长、总编辑、编辑部主任等宏观指导和组织参与编辑工作的人员。

广播新闻编辑的责任重大，有着光荣的使命和传统。中国共产党领导创建的第一座广播电台——延安新华广播电台，1940 年 12 月 30 日首次播音，至今已70 年。创办之初，电台编辑仅 3 人，广播稿是由新华社的广播科（后改为编辑科）提供的。1946 年 5 月，广播编辑人员增加到 7 人。它从一开始就以编辑工作为主，基本上以编稿为主，没有专职采访人员。广播编辑工作是整个工作的核心，是联系党和群众的桥梁，是上情下达、下情上传的枢纽。

新闻媒体是党和人民的耳目喉舌，其重要的任务就是要宣传党的路线、方针、政策，反映人民群众的愿望和呼声。广播作为传统媒介之一，其新闻编辑工作必然也要服从于这一根本任务。广播新闻编辑要通过精心编制的各种节目，迅速把党的方针、政策及时地传递给听众，进而影响听众的认知，最终将其变为听众的自觉行为，变为建设社会主义物质文明和精神文明的巨大动力。同时，还要更好地反映人民群众在实践中创造的新经验以及新成就，反映他们在改革过程中的正当呼声、愿望和要求。广播新闻编辑工作的每道环节，都要为完成这项根本任务而服务。

广播新闻编辑在实际工作中，除了担负广播宣传总任务外，还担负着自身特定的具体任务，具体包括以下内容。

一、明确新闻宣传方向，拟定编辑方针

（一）新闻宣传方向的重要性

广播新闻宣传的方向必须与党中央保持高度一致，这是由广播工作的根本性

质和任务决定的。因此，必须根据每段时期党的中心任务和宣传精神，结合具体实际情况，明确这一时期广播新闻宣传的方向。

广播新闻宣传的方向，不可能由记者制定，只能由编辑部通过具体的编辑工作来把握。因为编辑部了解全局，熟悉中央精神，信息灵通。因此，做好广播新闻宣传的定向问题，是广播新闻编辑的首要任务。

（二）编辑方针的重要性

在具体工作中，广播新闻宣传的方向是由编辑方针保证其贯彻执行的。编辑方针是广播电台编辑工作的指针，是编辑部全体人员进行编辑工作的依据，是对广播电台具有何种宗旨、指导思想、立场、态度、基本内容和形式的一种确定，它直接关系到办一家什么样的电台的问题。同时，编辑方针也包括各个节目具体的编辑方针。每个广播节目由于对象、内容、特点不同，其编辑方针也是不同的。凡是优秀的广播节目，必有一个明确而成功的编辑方针。

例如，中央人民广播电台的《新闻和报纸摘要》栏目，多年来一直是党和政府重要的宣传阵地，深受人民群众喜爱，就是因为其有非常明确的编辑方针：扬独家之优势，汇天下之精华。黑龙江人民广播电台的《早餐前后》栏目也是全国知名的广播栏目，其编辑方针也很明确：关注社会热点，倾吐百姓心声。这些栏目的成功都有一个共同点，就是都有明确并且准确的编辑方针。

二、提出报道思想，制订报道计划

（一）报道思想与报道计划的意义

长期以来，广播一直被视为报纸的"有声版"和通讯社的"传声筒"，这是因为广播没有自己的报道思想和报道计划。广播要摆脱这种从属地位，关键要有自己的报道思想和报道计划。同时，为了使宣传报道更有计划性，更能掌握宣传报道的主动权，广播新闻编辑要根据中央宣传精神，结合广播新闻自身的规律、特点和特有方式，提出报道思想，并制订报道计划。

（二）报道思想与报道计划的关系

报道思想和报道计划两者密不可分。报道思想是制订报道计划的前提，决定报道计划的方向；报道计划是报道思想的具体体现和结果，也是报道思想的反映。提出报道思想，制订报道计划，是一个主观与客观相结合、"上头"和"下头"相结合的过程，也是一种群策群力、集中全体编辑智慧的过程。

（三）报道思想的具体要求

提出报道思想的具体要求是突出重点，力求全面。在一段时期或一组专题性报道中，所要报道的问题和内容比较多，通过这些问题和内容所反映出来的报道思想也是多方面的，即使是同一客观事物，其反映的报道思想也可能不止一种，因此要在众多的报道思想中抓重点，突出主要矛盾；同时，报道思想不仅要突出重点，还应兼顾全面，处理好重点与非重点之间的关系，不要孤立地报道某一事物。

（四）报道计划的具体要求

在明确报道思想的基础上，为了使报道更加具体化，需要着手制订报道计划。报道计划是一项关乎全局性的工作，一般时间跨度较长，只提示要点，如这段时间的宣传重点、报道重点是什么，哪些是必须报道的，在此基础上还有哪些题材是可以挖掘的，等等。记者、通讯员在领会精神之后，应根据实际情况，充分发挥主观能动性，进一步考虑报道选题。

可以说，这里的报道思想和报道计划都是宏观层面上的，是针对一段时期的总体规划，是给记者、通讯员指明方向的。

三、策划和组织报道

策划和组织报道，实际上就是能动地体现报道思想和具体地落实报道计划的过程。广播新闻策划是广播编辑部门通过主动的、有创意的谋划，围绕一定的报道思想和主题目标进行的有计划、有组织的报道。谋划的内容包括选题、选择角度、选择时机、设计报道进程、确定发稿计划等方面。

（一）广播新闻策划兴起的背景

广播新闻策划是为了满足听众日益提高的信息需要，也是广播自身角色地位的觉醒——广播不愿意再做报纸的"传声筒"，广播要走出一条属于自己的道

路，要有属于自己的独特风格、属于自己的忠实受众群。在这种情况下，广播新闻策划兴起。

（二） 广播新闻策划的尺度

广播新闻策划虽然具有一定的前瞻性，能够优化报道，实现传播效果的最大化，但是在策划的过程中，要把握好尺度。

第一，要区分介入与造假。新闻策划不是制造假新闻。新闻真实性原则是在新闻策划中要坚守的底线。

第二，严禁商业影响。新闻报道策划不等于广告宣传策划。不能因为眼前的蝇头小利而舍弃了新闻的价值判断，不能把新闻媒体当做为某些企业或组织进行宣传的工具。

第三，把握好能动性尺度。能动性体现在对报道内容的选择、表达、评价等方面，要顺应事物发展的规律，不能把主观认识强加于事实本身。根据事实本身所包含的新闻价值进行新闻策划，是一项基本准则。

四、做好组稿、约稿工作

组稿、约稿就是组织或约请编辑部以外的人员撰写稿件，作广播讲话。这是广播新闻编辑的日常工作之一。组织稿件，一般是指一些重点稿件，广播电台除了组织本台记者、通讯员进行采写外，还有相当一部分的稿件需要约请有关专家、学者、社会名流、专业人员来撰写。

组稿、约稿是一门学问，既要有一定的社会经验、某方面的专业知识，又要有一定的耐心和技巧。

（一）目的明确

广播新闻编辑组稿的过程，实际上是不断宣传电台意图的过程，不断了解实际情况的过程，不断把电台的宣传意图变为撰稿人写作指导思想的过程，不断把电台的宣传意图和撰稿人的实际情况相结合的过程。约什么稿、为什么要约这篇稿、要求作者从什么角度阐述问题、希望这篇稿件广播后起什么宣传作用，广播新闻编辑要做到心中有数。为此，在约稿前，广播新闻编辑首先要对有关问题进行学习和研究。

（二）选择合适的撰稿人

首先，约请的撰稿人必须具有权威性。作者若是某一问题的专家、权威人士，其稿件自然可信度高，说服力强。

其次，约请的撰稿人必须有实践经验。作者若是某一问题的实际工作者，往往有丰富的经验和第一手材料，对所谈问题能够有较深刻的认识，他们所写的稿子就有说服力。

再次，约请的撰稿人必须有代表性。作者若是一个阶层的代表人物，有一定的知名度，说话就能代表一部分人，自然会有一定的影响力和号召力。

最后，约请的撰稿人必须有一定的写作能力，能够把问题说清楚。这也是最起码、最基本的要求。

（三）明确写作要求

广播新闻编辑要向撰稿人详细说明约稿的意图和写稿的要求，虚心听取撰稿人的意见，尊重撰稿人的意见。广播新闻编辑要和撰稿人通过讨论、交流，共同确定稿件的主题和要求。对于不熟悉广播新闻稿件写作的撰稿人，广播编辑有责任向撰稿人介绍清楚广播新闻稿件的写作要求。

（四）了解写作进度

稿件约定后，广播新闻编辑要经常和撰稿人保持联系，向他们传达编辑部的最新要求，提供最新材料，了解写作进度，确保其按时交稿。定期联系，即使有时没有帮助撰稿人解决什么具体问题，对于撰稿人而言也是一种精神上的支持。

（五）严格把关

稿件写成后，广播新闻编辑要严格把关。广播新闻编辑要从宣传报道需要出发，细心推敲内容，认真核实材料。观点上如有需要斟酌的地方，要和撰稿人商讨。稿件如需作较大的修改，最好尊重撰稿人的意见，由撰稿人亲自动笔。如果撰稿人没有时间或有困难，可由编辑修改后征求撰稿人意见。

总之，一位优秀的广播新闻编辑，要想在关键时刻能拿出高质量的广播文稿，就必须结合自己主办的节目，建立起一支稳定、高素质的撰稿队伍。

五、处理稿件

处理稿件,是广播新闻编辑工作中难度大、要求高、相当复杂的一项工作。其中主要包括选择稿件、修改稿件、改编稿件等工作。

(一)选择稿件

选择稿件,一要根据选稿的标准,即选择政治倾向性正确鲜明的稿件,选择重要性强、新鲜性强、知识性强、趣味性强的稿件;二要根据声音的传播规律,选择符合说、听要求的稿件,即选择语言朗朗上口、悦耳动听,内部层次简洁、脉络清晰的稿件;三要根据特定节目的需要。

(二)修改稿件

修改稿件即我们所说的校正稿件。广播新闻编辑选出来备用的稿件,来自各方面、各地区、各阶层、各界人士,由于作者的政治水平不同,其工作性质和所在地区及实践内容不同,稿件不大可能完全符合要求,对稿件进行审核、校正,是广播新闻编辑日常的一项重要工作。广播新闻编辑要校正稿件中的各种差错,认真做好把关工作,即把好政治关、事实关、知识关、辞章关,确保电台的宣传方向和宣传质量。

(三)改编稿件

改编稿件是通过摘编、压缩、增补、改写和综合等方法,使各种稿件能符合广播新闻节目的要求。广播新闻编辑处理稿件,要在"快、短、新、多(题材多)、实(用事实说话)、广"六字上下工夫,要敏锐、果断,要有大刀阔斧、快刀斩乱麻的本领。除此之外,广播新闻编辑还要负责处理各种音响稿件,或审听,或剪接,充分发挥广播的特点。

六、自编稿件

(一)撰写广播稿件

广播新闻编辑经常要根据新闻宣传任务的需要,自己撰写、编制各种具有广播特点的稿件或节目，如广播特写、广播对话、录音报道、配乐（音）广播等，这类广播新闻体裁可以充分利用听觉媒介的优势，发挥多种声音（包括文字、音响、音乐）的长处，达到声情并茂、感染力强的效果。广播对于编辑人员的素质要求是比较高的，因此，广播新闻编辑平时要注意锻炼自己，加强思想、知识、艺术等方面的修养。

（二）编写配套稿件

有时广播新闻编辑还要编写节目配套稿件。节目配套稿件是指编辑根据节目内容和实际需要，配合主要稿件而编写的各种附属性稿件。配套稿件种类繁多，如新闻提要、串联词、有关人物或新闻事件的资料链接，等等。配套稿件虽然是配合性的，但对增强稿件的表现力、揭示报道的深层含义、完善节目、强化节目的整体传播功能，具有不可忽视的作用。如配发新闻资料可以帮助听众加深对有关新闻人物或新闻事件的理解，增强收听效果。

七、撰写评论

广播新闻编辑要善于通过评论表态，这是由广播电台的性质和任务所决定的。

（一）广播评论的写作要求

撰写广播评论，贵在下工夫研究广播评论的特点和规律。广播评论写作要求内容深入浅出，口语通俗；手法单刀直入，开门见山，不打迂回；一事一议，一篇评论只讲一项内容，提出一个论点，讲清一条道理，解决一种认识；题目宜小不宜大，从小处落墨，据事论理，逐步从小到大、小中见大；篇幅短小精悍，段落短、文句短、结构小、层次少、观点明确、思想深刻、材料典型、针对性强、切中要害；声情并茂，一般采用谈话体，善于将文字、声音、感情融为一体，力求亲切生动、感染力强；结尾要点明全篇的主旨，嘎然而止，切忌拖泥带水。

（二）配发评论的写作要求

有时广播新闻编辑还要根据新闻报道和广播宣传的需要，及时配发评论，深化新闻报道，扩大影响。配发评论的原则是：依托报道，深化报道。配发评论要注意两个层次，一是扣题，即落笔一般先联系报道，讲清立论根据；二是引申，即分析说理，这是配发评论的关键。

下面这篇配发的广播评论，就很好地做到了扣题和引申。

从筷子的轮回看我们的进步

北京开始对一次性筷子说"不"了——从昨天开始，北京市1 000多家餐馆开始共同抵制使用一次性木筷，并号召全市同行加入这一行列。此前，上海市已经开展了类似的活动，一次性筷子首先从餐饮业开始"撤离"。全国最为重要的两个城市首先走出这一步，其示范作用自然不可低估，拒绝一次性筷子的潮流很快就将具有巨大的声势。（扣题）

（以下是引申）

这真是个有趣的轮回——从20世纪80年代末期开始，一次性筷子开始出现在我们的生活中，并迅速成为现代、文明生活方式的标志，开始了由点到面的普及过程。那时候卫生主管部门的规定是：餐饮业，尤其是小型餐馆，如果不使用一次性筷子就不允许开业。尽管现在人们对一次性筷子的卫生状况已经产生怀疑，但那一轮一次性筷子的普及过程，至少在观念上促进了人们对饮食卫生的重视，完成了一次生活观念的飞跃。十几年过去，当初的强力推广，变成了强力取缔。从"必须用"到"不许用"，在新的观念指导下，我们开始了又一次飞跃。

关于一次性筷子与多次使用的筷子谁更卫生的争论，在短时间内估计还难有结论，但拒绝一次性筷子的行动显然建立在更宏观的"卫生"观念上，那就是：拒绝一次性筷子，就是节约资源，就是保护环境，就是呼唤一种更绿色、更"卫生"的生活观念和生活方式。

我们这个资源有限的星球上已经承载了60多亿人口，而且还将承载更多，人与资源之间的关系将日趋紧张。同时，随着生活水平和要求的不断提高，随着"现代"生活方式的日益普及，人均资源的需求欲望却不断高涨，方便、快捷、卫生、时尚……无数的现代化生活需求促使各种一次性或短周期的产品层出不穷，一次性筷子、桌布、纸杯，和花样翻新、淘汰不断的时新产品，引导人们对各种资源保持一种拿来就用、用过就扔的轻率态度。而我们这个星球上的资源究竟能否长久地支持这样的生活方式，实在是巨大的悬念。在有限资源的压力之下，人类必须对自然作出让步，必须调整我们的生活态度和生活方式，近年来风靡全世界的环保运动，就是一批先觉者的自觉行为所促成的。

在有关一次性筷子的故事中，有一个关键的情节几乎被所有人引用：日本是一次性筷子的发明者和最大使用者，但是日本自己已经不再生产一次性筷子，而全部从外国，尤其是中国进口，因为他们舍不得砍伐他们的森林。而日本的森林覆盖率是65%，中国却只有14%。这个故事告诉我们两点，一是中国是一个资源相对匮乏的国家，人均资源格外紧张，我们必须善待、善用我们的有限资源；二是在全球资源普遍紧张的情况下，相对落后的国家还要格外面对资源相对富足的发达国家的资源掠夺——尽管这种掠夺是以贸易的形式，但它带给我们的破坏和伤害却同等重要，我们还必须看护好我们有限的资源。一次性筷子只是无数细节中的一个，拒绝一次性筷子，也只是无数工作中的一项。[1]

八、构思和编排节目

稿源齐集后，编辑要把它们组编成各种节目，不同的组合会产生不同的传播效果。因此，每次节目，内容如何搭配，开头话怎么写，怎么写提要，整个节目如何串联，中间穿插什么歌曲和音乐，间奏乐怎么安排，结束语怎么写，编辑都要精心设计安排。

构思和编排节目是一项任务的两个紧密联系的方面。

（一）新闻节目的构思

新闻节目的构思过程包括聚集材料、提炼思想和结构布局等三个环节。前两个环节主要解决节目内容由什么构成和如何构成的问题，一般是在占有稿件和其他素材的基础上，经过筛选和提炼形成本次节目的整体意图或主题，然后按体现意图或主体的需要确定和加工入选稿件；后一个环节侧重于寻求恰当的表现形式，包括结构形式和播出方式，以及赋予什么样的表现风格，等等。节目构思是节目的孕育阶段，从构思到制作成可供播出的完形节目，还需要经过编排组合。

（二）新闻节目的编排

节目编排既是节目构思的继续，也是构思方案的实现。节目编排，包括多稿节目和单稿节目的编排。单稿节目的编排，主要是按照节目的定位加工、润色稿件，同时按照播出要求作适当的包装，如为稿件加上"开场白"、"结束语"、

---

[1] 沈鹏飞. 播音文体作品解析［M］. 北京：中国广播电视出版社，2002：151－153.

"间奏乐"等。多稿节目的编排是按照节目的定位和本次节目的构思意图，把各种稿件组织成脉络清晰、层次分明的有机整体，形成某种组合优势。

九、保证节目安全播出

确定稿件、编排节目后，广播编辑要根据录播或直播的不同方式，与播出人员（播音员、主持人、录音员等）密切合作，做好录制或导播工作；严格按程序操作，防止重播和空播等技术故障；在节目播出过程中，认真监听，如果发现问题，重播节目要在重播前处理，非重播节目也要设法消除影响（如在以后的节目中更正或作适当说明）；及时妥善安排播出刚刚收到的消息。

十、编写好内参

广播新闻编辑要把不适宜公开广播的，但又反映社会生活中存在的带有普遍性、倾向性的来信来稿，编写成内参，供上级领导参考。内参和普通的新闻一样，都是对新近发生的事实的报道。在写作手法上，内参通常采用平铺直述的手法，不宜采取过多的写作技巧。写作语言尽量减少感情色彩，以保持中立的倾向，方便领导作出准确的判断和批示。

十一、培训通讯员

加强通讯员队伍建设，培训通讯员，建立通讯网，积极依靠社会力量办广播，是广播新闻编辑工作的任务之一。通讯员的作用相当于编辑的耳目，耳目多了，自然能够眼观六路、耳听八方，及时捕捉到所需的各类信息。

培训通讯员，可以举办各种业务学习班，请有经验、懂理论的老师讲课，系统地讲授新闻业务和广播业务知识，提高通讯员的理论和业务水平；也可以通过办业务刊物的方式来培训通讯员。

十二、做好通联工作

广播新闻编辑要认真处理听众来信，经常性地调查了解听众情况，征询听众意见，注意听众信息的反馈，不断根据听众的要求改进节目，提高节目质量。广播新闻编辑还要利用听众来信举办各种"听众信箱"节目，缩短电台与听众之间的距离，增强节目的接近性。

第二节
广播新闻稿件的写作与修改

广播新闻有广义和狭义之分。从广义上讲，广播新闻包括广播电台播出的所有新闻性稿件，如广播消息、广播专稿（通讯、特写）、广播评论，等等；从狭义上讲，广播新闻指的就是广播消息。我们这里所讲的广播新闻主要是广义上的广播新闻。

一、广播新闻稿件写作

广播，通过电波传播有声语言传递信息，进行宣传；听众，通过听觉器官感知有声语言，接受广播传送的信息内容。听觉感知是广播的本质属性，用声音传递信息是广播的主要特点。因此，广播新闻写作要符合广播传播"口说耳听"的要求。

广播新闻稿件除实况音响外，都是由记者、编辑或其他作者"写"的，这个"写"的活动实际上是记录口头语言的活动，"写"出来的广播稿件不是直接给受众"看"的，而是由作者本人或播音员"说"给受众"听"的。因此，应该把广播稿件看作是放到嘴上去"说"的说话稿，必须做到清楚、简洁、准确、口语化，才能保证传播效果。

除此之外，由于广播"一过性"的特点以及收听方式的限制，有的听众是边听广播边做别的事情，有的听众是在广播节目中途插入收听，很可能遗漏一些重要信息。这就要求，广播新闻稿件写作应充分注意到这一点，对重要、关键的信息、人名、地名、数字进行必要的、适当的重复。

因此，广播新闻稿的基本写作要求是：为"说"而"写"，清楚，简洁，准

确，适当重复。此外，各种广播新闻稿件又有各自不同的写作要求。

（一）广播消息写作

广播消息写作的要求，是由广播消息的特点决定的。广播消息要做到先声夺人，就要尽快地把最新、最重要的内容，通过听众喜欢并接受的方式传达出去，即"短、平、快、软"。广播消息写作应从这项要求出发，安排和组织材料。例如下面这则广播消息：

今天上午11时许，山东省济南市月光大酒店发生火灾。据警方有关人士透露，目前已有5人死亡。

这家位于济南市经十路上的酒店，共有四层，楼上设有歌舞厅、夜总会、桑拿浴室等。记者在现场看到，三、四楼歌舞厅、夜总会的窗户在火灾中爆裂，楼外墙面被大火烧成黑黑一片。[1]

这则消息非常简短，短短四句话就将整个新闻事实交代得清楚、明白；现场情景的描述简洁、到位，使听众容易在头脑中形成图景；语言平实、朴素，听众不易误听、误解；消息报道及时，当天消息当天播出。

1. 广播新闻提要写作

广播消息一般不报标题，而是借助新闻提要，使听众知道这次节目要播什么内容，哪些是重要的，哪些是听众感兴趣的，哪些是听众听过了不必细听的，哪些是听众虽然听过还想再听的。

并不是所有的广播新闻节目都有新闻提要。一般来说，只有重点新闻节目才报新闻提要。可以是全部新闻都写新闻提要，也可以是部分新闻写新闻提要；可以是一条新闻写一条新闻提要，也可以是同一主题或内容相关的几条新闻合写一条新闻提要。

新闻提要的写作要求如下：

（1）准确、鲜明、生动。写新闻提要，首先要准确，提要与稿件内容一致。其次要鲜明，让受众听了提要就能够清楚消息报道的事实的特点，知道广播新闻编辑对消息所报道的事件是鼓励还是批评、是颂扬还是谴责。最后要生动，要用精练、优美、新鲜、活泼的文字来概括新闻内容。

---

[1] 沈鹏飞. 播音文体作品解析 [M].北京：中国广播电视出版社，2002：5.

（2）注意概括性。写新闻提要要炼意、炼字，用尽可能简练的话概述新闻的主要内容和实质。

（3）注意政治倾向性和客观性的结合。广播编辑写新闻提要，首先要如实地反映客观事实，其次要体现编辑对事实的分析和判断。分析判断以新闻内容为依据。

（4）注意相邻两条新闻提要是否适合排在一起。如果不适合，可以撤掉一条新闻提要，或是在这两条提要之间增加一条新闻提要。

（5）重点新闻节目在播完全部内容以后重播一次新闻提要，能加深听众印象，能让从节目中间开始收听的听众知道全部节目内容。

下面，我们看一下中国国际广播电台《中国商务》一期节目的新闻提要。

（主题音乐，渐起）

各位好，欢迎来到《中国商务》，我是钟秋。即将播出的是：

——洗衣机生产商上海水仙成为中国股市的第一只摘牌股票。监管者拍手称快，而投资者却喜忧参半。

——美国一位著名经济学家认为，虽然全球经济衰退，他对中国经济发展抱有信心。

——为扩大经营与市场，众连锁店携起了手。

好了，很快进入上述内容。[1]

《中国商务》这一期节目新闻内容并不仅仅是新闻提要中的这些内容，新闻提要只是对部分新闻作了提要，提要写得准确、鲜明，概括性强，简单的一两句话就概括了新闻的主要内容。同时，相邻两条新闻提要的安排，内在逻辑关联性强，体现了编辑的素质和用心。

2. 广播消息导语写作

导语是消息中扼要表述最重要或最精彩的新闻事实的开头部分。作为消息开头的基本方式，导语一般位于消息的第一段或前几段，具有点明新闻核心内容、唤起听众注意和兴趣的作用。导语是消息的开头，但消息开头不一定都是导语，有些按新闻事件发生的先后顺序写作的消息，它的开头就未必是导语。

广播消息导语写作的要求如下。

---

[1] 陈敏毅．国际广播节目精品集［M］．北京：中国国际广播出版社，2006：1.

（1）用最简洁的文字突出最主要的要素。广播消息篇幅受节目播出时间的制约，比较短小。要在有限的篇幅内，把丰富的有效信息诉诸听众的听觉，就要将信息优化、浓缩，用最简洁的文字报道最有效的信息。目前，业界较流行的一种趋势是"一句话导语"。例如下列导语——

上海一家四星级宾馆近日在杭宣布：只要住店时出示杭州身份证，房价就优惠 130 ~ 230 元。[1]72

越来越多的上海市民今年将享受更为凉爽的夏夜，因为夜间的上海电价不足白天的一半。[1]81

记者今天上午获悉，经维修、加固后的钱江桥将于 5 月 1 日正式恢复通车。[1]85

中国民航总局昨天宣布，按照"企业自愿、政府引导、发挥集团优势"的原则，民航重组将迈出实质性的一步，五大民航集团即将形成。[1]46

这些都是"一句话"导语，用最简洁的文字突出了新闻报道最主要的信息。

（2）用最生动、具体的语言讲述最重要的事实。广播消息力求塑造听觉形象，使所报道的人或事形象化、立体化，在听众大脑中留下记忆，收到良好的传播效果。我们来看这样一则广播消息：

空调像萝卜、白菜一样"称"着卖，听起来让人不可思议，而 4 月 1 日，记者在北京市一百货大楼的空调专柜还真发现了这样的"新鲜事"。

记者看到，一家空调企业把两款空调解体成几段，空调的"心脏"——压缩机等核心部位完全暴露在消费者面前。被解体的空调旁边还搁着个秤，标示的价格每公斤在 40 元到 100 元之间。

据透露，厂家这样做的目的是为了让消费者看得明白。因为压缩机、钢管壁厚度、散热片、蒸发器上的铝铂等关键部位，因材料用量不同，在重量上会产生差异，也会影响空调功能的发挥。

这种"奇特"的销售方式，还吸引了不少消费者。4 月 1 日，这种空调仅在百货大楼就销售了三四十台，据说是平时销量的七八倍。一位刚买了一台"足镑"空调的消费者说，虽然知道活动只开展几天，商家也有"作秀"成分，可让消费者看到空调的"本来面目"，还真是买得踏实。

---

[1] 沈鹏飞. 播音文体作品解析 [M].北京：中国广播电视出版社，2002.

有业内人士认为，只要是符合国家技术标准的大企业生产的空调在重量上不会有太大出入，所以这样促销不一定有必要。但是，在伊莱克斯等许多空调企业都举起降价大旗、"价格战"一触即发之时，生产企业必须提醒自己，空调业让利无可厚非，可千万别让"价格战"毁了产品质量。[1]30-31

这则广播消息导语，就通过生动、活泼的语言，吊足了听众的胃口，使听众想要深究个"为什么"，进而继续收听该则消息的主体内容。

（3）最好使用单句，即主、谓、宾的句式，少用或不用复合句。单句结构简单，播音方便，听起来也不费劲；而复合句正好相反，播起来吃力，听起来更吃力。因此，广播消息的导语要尽量使用单句，少用或不用复合句。下面是一则广播消息导语：

延续8年的党政机关县处级以上干部不能炒股的规定，即日开禁。中共中央办公厅本月初发文，明确党政机关工作人员可以在工作时间之外，像普通人一样买卖股票。[1]67

这则导语的首句使用了一个复合句，频繁使用定语，使听众难以捕捉基本信息；同时，这则导语的措辞不够口语化，妨碍收听效果。这则导语可改为：

党政机关县处级以上干部不能炒股的规定，延续了8年。现在这条禁令取消了。

（4）最好不用倒装句。倒装句有几种情况：一种是主语和谓语颠倒，把谓语提到主语前面；一种是宾语和主语、谓语颠倒，把宾语提前。这两种情况都会妨碍听众的收听与理解，容易引起歧义与误解，影响传播效果。下面是一则广播消息导语：

伴随着春茶上市，价格最贵的茶叶也将来沪，这是日前从食品一店获得的信息。据悉，这批新茶四两的价格为5888元。[1]24

这则广播导语使用了倒装。报纸导语使用倒装句，一点问题都没有，读者可以看得明明白白。可是广播导语使用倒装句就有问题了，听众有可能还没有做好收听的准备，直接上来就说重要信息，听众可能捕捉不到；就算听众已经做好了收听准备，注意力高度集中，但是由于播音的"一过性"，很容易使听众听了后

---

[1] 沈鹏飞. 播音文体作品解析 [M]. 北京：中国广播电视出版社，2002.

面的，忘了前面的，而不知道"这条从食品一店获得的信息"是什么了。因此，从这两方面考虑，广播消息导语不适合用倒装句。此外，这条导语还犯了单音词和文言词的毛病。

这则导语可改为：

记者日前从食品一店获悉，价格最贵的茶叶也将来到上海。这批新茶四两的价格是 5888 元。

3. 广播消息主体写作

广播消息主体的作用和功能有以下两点。

一是对导语进行解释、深化和具体化。导语一般简明扼要，只是概括交代全篇最基本的事实。消息主体对导语中涉及的内容进一步提供有关细节和背景材料，使其更清楚、明确、具体。请看新疆交通广播的一则消息报道。

今天上午 9 点，中断 14 小时的 312 国道终于恢复通行。新疆卫星音乐广播全程关注事故救援工作，帮助 500 多辆汽车脱离了困境。

（录音起："312 国道发生了山洪，我们被困在这了，距精河县城 20 公里左右。"录音止）

昨天晚间 20 点，新疆卫星音乐广播直播间接到了听众的求助电话。记者立即和相关部门进行联系，自治区公路局值班人员称不清楚具体情况。自治区交通厅值班室值班人员则说没有得到 312 国道中断的消息，并要求记者详细介绍相关情况。

同时，现场的两位被困司机的电话被接入了直播间——（录音起："你们现在怎么样？中午 14 点左右，洪水就下来了，高 70 厘米左右，水过后，车底下有 10 多厘米的泥沙。能不能让人送些铁锹，我们把车挖出来！我们前后有 200 多辆车吧。都亮着灯呢。"

"我们已经十个小时没吃饭了，能不能让人送点饭？经常听新疆卫星音乐广播的节目，一出事就想起给你们打电话。"录音止）

精河县交警大队大队长张毅江介绍——（录音起："县里正组织营救，但缺机械设备，救援工作进展缓慢。估计 18 号中午可能打通道路。我们正准备给被困人员送一些食物进去。"录音止）

消息一播出，听众纷纷来电询问相关情况。主持人当即提示：准备通行 312 国道精河段的听众应暂缓进入事故区段，避免影响救援工作的正常进行。

随后，记者再次联系自治区交通厅——（录音起："我们已经通知了博州公路总段。他们正在组织人力、机械，连夜赶赴现场，用最短的时间恢复交通。"录音止）

今天凌晨1点，新疆卫星音乐广播报道小组赶赴水灾现场进行现场采访。312国道横穿新疆至伊犁霍尔果斯，一旦中断，霍尔果斯口岸的国际贸易将会停滞，伊犁地区的物资供应也将会紧张。

今天早间9点，报道组进入水毁路段，虽然已经恢复了通行，但现场四处是泥浆，最深达一二十厘米。正在检查水毁情况的自治区交通厅穆铁里普·哈斯木厅长介绍——（录音起："二月份发洪水实属罕见。得到消息后，我们立即派人到现场进行救援，并疏通了道路。媒体在这次救助中发挥了信息传递、多方协调的积极作用，同时也督促了我们的工作。现在这里还只是仅仅恢复了交通，我们已经安排了，48小时内让交通彻底畅通起来，谢谢你们。"录音止）

据新疆气象台消息：2月17日，精河出现罕见的"冻雨"天气，降水58毫米，导致山洪暴发。[1]

这则消息导语只概括交代了全篇的基本事实，具体内容和背景放入主体部分交代。主体部分按照时间顺序安排，保证听众清晰地了解事件；众多具体事实细节的交代，使听众能够全面地了解事件。

二是补充新的事实。在全部新闻要素中，导语只突出一两项新闻要素，其他未提及而又能表现新闻主题的事实和要素，要由主体补充，以便听众对主题和事件的来龙去脉有更深的了解。请看中国国际广播电台2002年的一篇报道。

中国国际广播电台消息（记者耿庆庆）：中国运载火箭研究院的一位负责人黄春平先生今天（16日）在北京指出，建立空间站是中国载人航天计划的发展目标。

黄春平说，中国的载人航天计划分三个步骤，一是发射载人航天飞船，二是在太空实现飞行器对接，三是建立长期有人工作的空间站。另外，在财力允许的情况下，中国还将派宇航员登陆月球以及其他星球。

据悉，中国于1992年推出载人航天计划。目前，中国已自行设计制造了专门用于飞船发射的长征2号F运载火箭和载人飞船，并培训了宇航员，而飞船也已成功进行了三次无人试验飞行。

---

[1] 潘力，汪湃. 最值得倾听的声音——中国交通广播节目展评实录［M］.北京：中国传媒大学出版社，2005：46-47.

据黄春平透露，如果载人飞船的第四次试验飞行取得成功，中国将在第五次飞行中实行载人飞行。[1]182-183

再来看中国国际广播电台2003年的一篇优秀报道。

中国国际广播电台报道（记者田薇）：美国国务院发言人鲍彻1日表示，美国反对任何可能导致改变台湾目前地位或走向"台独"的"公投"。

这是布什政府高官首次在公开场合使用"反对"一词对"台独"问题进行评论。

鲍彻是在当天美国国务院举行的例行发布会上作上述表态的。他说，美国反对台海两岸单方面改变台海局势，同时也敦促双方避免任何可能加剧台海紧张局势的言论和行为。鲍彻重申，美国认为海峡两岸进行对话对保障台海地区的和平与稳定是十分重要的。他强调，美国反对任何可能改变台湾目前地位或走向"台独"的"公投"。

鲍彻还表示，美国对台湾当局领导人陈水扁曾作出的"不宣布台湾独立"的表态一直持认真态度。[1]192

我们不难发现这两篇报道都有共同的特点：层次清晰，脉络清楚，语言平实，文字简洁；导语开宗明义，点出整篇新闻的主题；导语都属于部分新闻要素导语，都突出三项最主要的新闻要素，即人物、时间、事件，其余新闻要素均放入主体部分展开。这种叙事风格或模式最大的优点，就是能让听众在抓住主要信息的同时，了解事情的来龙去脉。

广播消息要在最短的时间里使听众弄清事实的来龙去脉，就应在主体上下工夫，选择最有效果的材料，使听众既知其然，又知其所以然。一般来说，要做到以下几点：

（1）紧扣导语、围绕主题。消息主体内容较多，因此要重视材料的取舍。与主题无关或没有多大关系的材料，即使再具体、生动、感人，也要舍弃。

（2）叙事具体、选材典型。应该选取具体、典型的材料来说明、解释导语，避免写得太概括、太抽象。

（3）层次清晰、逻辑严密。广播消息的主体部分，由于材料多，需要认真构思，精心安排，切忌逻辑混乱、不分重点、不分主次。要在认真消化材料的基

---

[1] 陈敏毅.国际广播节目精品集［M］.北京：中国国际广播出版社，2006.

础上，提炼观点，并根据消息主题的需要，把观点和材料排队，再按照事物发展的逻辑顺序或时间顺序，有条不紊地写下来，力求中心突出，层次分明，条理清晰，顺理成章。

（4）行文灵活、叙述生动。广播消息写作应力求手法多样化、语言生动化，避免平铺直叙，枯燥乏味。

4. 广播消息结尾写作

结尾是新闻事件的必然结局，是意尽言止时的自然收笔，它能充分显示主题思想，使听众领悟事件意义。但并不是任何消息都有单独的结尾。

广播消息结尾的写作要求如下：

（1）完整性。好的新闻作品，应该是新颖内容和完美形式的统一体。而要完美，首先必须做到完整，即结构完整，在完整的前提下求美、求好。

（2）深化主题。消息结尾，有的加入补充性材料，有的进行社会性评论，有的发出哲理性情思，把新闻所要提倡的精神、思想揭示出来。

（3）增强感染力。好的结尾，可以是一个充满激情的收尾，也可以是一段回味无穷的余韵，它能加深报道在听众头脑中的印象，引起听众对整篇报道的回味与思索，明显增强报道的感染力，使报道的情感得到升华。

我们看下面这篇报道。

最近，著名节目主持人杨澜在接受采访时透露她在工作中的一些失误——

我经常被问及，作为电视台主持人，是否在镜头前有过失误和尴尬？岂止是有过，还不少呢。

记得1991年去广州主持一场大型晚会，地点在体育馆，晚会进行了一半，轮到我上台报幕。不知怎的，我的一只高跟鞋的鞋跟卡在舞台地板的夹缝里。没等我反应过来，人已应声扑倒，我懵了。第一个念头就是："赶快起来，多丢人哪！"我爬起来，幸好话筒还在手里，定了定神自嘲道："我刚才这个动作可不怎么优美，可是在接下来的杂技表演中，您将欣赏到精彩的动作表演《狮子滚绣球》。"说完，我提着裙摆，小心翼翼地走下台去。背后传来热烈的掌声。一开始，我以为那是欢迎杂技节目的掌声，直到观众席中有人喊道："杨澜，你真棒。欢迎你再到广州来。"

另一次失误就没有这么容易过关了。那是1997年的服装节，正式演出那天突然断电了。大约20分钟以后，供电恢复。我刚开口："女士们，先生们，晚上好！"但是我突然愣住了。我的耳边传来四面八方的回音。我懵了，语言完全失

去了应有的节奏，甚至有些音开始走调。

我不知道自己是怎么走下舞台的。我已经完全不在状态了，精神也无法集中。那一刻是我职业生涯里的噩梦，后来我了解到，断电以后，音响设备重新启动，以前的设置不起作用了，所以才会出现这么大的回声。但我无法不自责："如果我的词背得再熟一点，情绪控制得再稳一点……"这件事让我几个星期都处于抑郁之中。有人说："杨澜从美国回来，连中国话都说不利索了。"我甚至写了封信给当时的市长薄熙来为此事道歉。

后来怎么样了？生活还在继续。如果你在失败中停下脚步，那么所有的人只会记住这次失败。只有更加努力地去做下一件事，才有希望超越阴影。成功的喜悦让人振奋，失误的伤痛让人成长。当然，失误还是少一点为好。[1]

这篇报道的结尾就做到了深化主题，把消息中所要揭示、提倡的最重要的精神、思想展现出来，即如何去面对失败和失误："如果你在失败中停下脚步，那么所有的人只会记住这次失败。只有更加努力地去做下一件事，才有希望超越阴影。"使听众印象深刻，从中受益。

5. 广播消息背景写作

背景材料在消息中位置灵活，可独立成段，也可穿插于导语、主体或结尾，运用得好，不但可以揭示、烘托和深化主题，代替作者的议论而使报道显得客观，还可以补充情况、介绍知识、增添情趣。

广播消息背景材料的写作要求如下：

（1）为新闻主题服务。新闻背景的主要作用就是深化主题，因此背景材料的选择要有针对性，紧扣报道主题或新闻事实，抓住难懂和关键的问题进行说明、解释，尽可能少而精。

（2）既要灵活穿插又要保持完整。在广播新闻报道中，背景材料的位置灵活，没有固定的格式，如何安排和穿插，根据消息的内容和结构布局的需要而定。但是，在灵活穿插背景材料的同时，要注意保持消息结构的完整，不要把背景材料分割得过于零散。

（3）语言要凝炼。背景材料是消息的从属部分，它的交代应该简洁概括，切忌拖沓冗长、东拉西扯。

---

［1］沈鹏飞. 播音文体作品解析［M］.北京：中国广播电视出版社，2002：3－4.

下面看一则报道。

山东台记者报道：

昨天，我省日照市一货车司机在南京肇事逃逸被警方查获，成为《道路交通安全法》生效当日，南京境内第一个面临终身禁驾处罚的司机，同时也将成为山东省第一个面临终身禁驾处罚的司机。

昨天早晨6点多，南京浦口区西山村村民张氏夫妇驾驶摩托车，被一辆同向行驶的大货车刮倒，滚进路边水沟中，伤势较重。但事发后大货车却继续向南京市区方向行驶。

南京交通广播记者晓帆介绍说：（出音响）

"民警在走访中得到一条重要线索，案发前曾有一辆牌号为鲁LA2553的解放牌大货车，从离现场不远的一家公司驶出，车辆特征与肇事车极为相似。经现场比对，在事实面前，曾百般抵赖的大货车司机乔光辉终于承认了肇事逃逸的违法事实。"

根据昨天正式实施的《道路交通安全法》第101条规定，机动车驾驶员造成交通事故后逃逸的，由公安机关管理部门吊销其机动车驾驶证，并且终身不得重新取得机动车驾驶证。

山东省交警总队事故科科长李发生表示：（出音响）

"《道路交通安全法》已经生效，尽管这种肇事逃逸行为发生在异地，但这并不影响对他的处罚。提醒广大驾驶员，无论在何时何地都要遵章守法，不要存在侥幸心理。"[1]

这则广播消息灵活使用了背景材料，选择了报道中最关键的问题——《道路交通安全法》如何规定肇事逃逸的处罚——进行了说明，使听众听后就能明白该货车司机被终身禁驾的原因；背景材料语言凝练，紧紧围绕主题，没有多余的字词。

（二）广播专稿写作

广播专稿主要包括广播通讯和广播特写。

1. 广播专稿选题

广播专稿选题通常都是关系国计民生的重大新闻宣传选题或是小中见大的具

---

[1] 潘力，汪洋. 最值得倾听的声音——中国交通广播节目展评实录 [M]. 北京：中国传媒大学出版社，2005：41.

有重大意义的选题。比如，党和政府的中心工作、民众关心的热点问题、社会焦点问题、重大社会新闻，等等。

2. 广播专稿标题写作

广播专稿的标题有单一标题和复合标题（主题、引题、副题）之分，但单一标题使用的频率较高，其次是双行题（主题、副题）使用得较多，三行题在广播专稿中基本没有。

来看看中国国际广播电台 2004—2005 年的优秀广播专稿标题：

《爱剪纸的北京老奶奶》

《乘着歌声的翅膀》

《多边主义引领当代国际关系健康发展》

《情义无价》

《布农铃——来自滇藏茶马古道》

《逛庙会》

《永远的歌者——蒙古族歌王哈扎布》

《好大一棵树——记法国园艺师马克·阿罗远》

《快乐才是家——记一位墨西哥拉丁舞教练在北京的生活点滴》

《中国文化节受到美国各界人士的欢迎》

《草原卫士——记呼伦贝尔草原上的环境保护者》

《一群学习汉语的保加利亚孩子》

从上面这组标题可以看出，单一标题在广播专稿中使用得相对广泛。因为单一标题更容易让听众清楚地捕捉到报道的主要内容。其次是"主题+副题"的双行题的使用也较为频繁。

广播专稿标题的写作要求做到以下四点：

（1）准确。准确概括、反映新闻事实；准确评价事实；准确运用语言。

（2）鲜明。立场明确，态度鲜明，不能模棱两可、含含糊糊。

（3）凝练。要用点睛之笔，剔浮词，去空话，以最少的文字传达最准确的信息。

（4）生动。力求以优美的形式吸引读者，如使用修辞手法、引用诗词或名言警句、民谚等。

3. 广播通讯写作

广播通讯是广播电台播出的各类新闻通讯的统称。广播通讯既然是新闻通讯，就必然具备新闻通讯的特点。但是，由于广播通讯是给听众"听"的，从"听"的需要出发，广播通讯又有自己独有的特点。从这点上讲，广播通讯写作又有新的要求。

（1）明白流畅、通俗易懂。只有通俗易懂，听众听起来才不觉得吃力，才不会因为一句话或是一个词听不明白而影响收听。广播通讯要做到通俗易懂，要注意做到以下几点：少用半文半白的话，多用群众语言；少用长句子，多用短句子；少用技术术语和专有名词，多用大家都能听得懂的词语；运用数字要少而精，不要堆积过多数字，让听众算账。

（2）思路连贯、线索清晰。广播通讯的作者应该研究听众心理，把稿件写得合乎人们听的习惯。按照这项要求，广播通讯在安排和组织材料时，应力求做到在一条线上写作，即按照事件发生、发展的先后顺序或是逻辑联系，由浅入深地写作。

（3）有情有景、声情并茂。广播通讯和广播消息的一个重要区别在于，广播消息要以明确的观点和结论影响听众；而广播通讯，则要以生动的情节、感人的事实来达到这个目的。因此，广播通讯要用活的语言和活生生的典型材料，要有情节，有故事，有感人的细节，把通讯中所要述说的事实变成活动的画面。

（4）运用音响。广播通讯要根据主题和内容的需要运用音响。广播通讯运用音响要真实、恰当、少而精，同时必须注意，音响不是叙述的重复，音响要和叙述语言构成统一的整体。

永远的歌者——蒙古族歌王哈扎布

听众朋友，中国的蒙古族是个能歌善舞的民族，有许多歌唱家都诞生在他们中间。今天的节目里，我们就为您介绍著名蒙古族歌唱家哈扎布。

（音响，哈扎布唱歌）

有的人唱歌是为了活着，有的人活着是为了唱歌。今年83岁的哈扎布就是那种将生命融入歌声中的人。

哈扎布出生在中国北部内蒙古的阿巴嘎旗，族姓孛儿只斤，是中国历史上蒙古族民族英雄成吉思汗家族的一支。"哈扎布"这个名字用的是藏文，意思是"天的恩赐"，从中可以看出父母对他的喜爱。

在鲜花盛开的8月，记者在内蒙古锡林郭勒大草原见到了已是83岁的哈扎布。老人虽然眼睛有些看不很清楚，但说话流利，思维清晰。回忆起往事，哈扎布混浊的眼眸渐渐湿润了，他说，从呱呱落地的那一刻起，他的耳边便萦绕着父

亲的歌声。他就是在母亲的乳汁和父亲的歌声中泡大的。当他第一次被抱上马背走向草原深处的时候，父亲的歌声和无边的草原让他陶醉了，他情不自禁地用稚嫩的声音随着父亲呼喊着……从此，哈扎布开始了他的长调人生。

（音响，采访录音）

"我的父母都是民间歌手，我是他们的独子。受他们的影响，我从小就喜欢唱歌，六七岁就开始跟着父母唱歌了。只要他们弹起琴，我就唱歌。我那时已经学会不少民歌了。"

无忧无虑的日子直到哈扎布13岁，那年父亲病故，母亲不久也去世了，锡林郭勒草原上从此多了一个吃百家饭的流浪汉，也多了一名走到哪儿唱到哪儿的歌手。哈扎布开始跟随当地著名的蒙族歌手学习唱歌，掌握了很多长调歌曲演唱技艺。到十七八岁的时候，他已经学会不少民歌，也小有名气了。

长调是蒙古族民歌的一种，流行于内蒙古牧区。长调的曲调悠长辽阔，节奏自由，情绪热烈奔放。哈扎布演唱的长调跌宕自由，奔放无羁。歌声紧凑时，像马蹄点地；歌声悠扬时，又像白云一般闲逸。他以对长调的深刻理解和无人企及的颤音处理，把人的气息、情绪和声音控制得贴切自如。他的长调比传统长调更为厚重、婉转和悠扬。中国著名作家叶圣陶曾用短诗描写哈扎布的歌声："韵味醇厚，像新茶，像陈酒，像松风，像溪流……"中国著名诗人席慕容的诗中也写到："他的歌声横过草原，天上的云忘了移动，地上的风忘了呼吸；所有的心，所有的灵魂都跟随着他的歌声在旷野里上下回旋飞翔，久久不肯回来……"

而哈扎布形容他的长调：就像辽阔无际的草原，就像他的父亲、母亲。

哈扎布以震撼人心的歌声为自己赢得了荣誉，在几届草原牧民的盛会——那达慕大会上，他先后获得了三匹骏马，这在草原上是最高的荣誉。整个草原都在传扬着哈扎布的名字。

有意思的是，长调不仅使哈扎布名扬草原，还救过他的命。那是哈扎布24岁那年，布里亚特匪帮抓走了他，并要将他处决。临刑前，匪徒问他还有什么话要留下，哈扎布唯一的遗言是：再让我唱首歌吧！

（音响，《走马》）

这是一首草原老歌，名叫《走马》，蒙古族人常把马作为草原的化身，布里亚特人（蒙古族的一支）也一样。这首歌唱完，匪徒们愕然未动，于是，第二首、第三首……同是马背民族的布里亚特人落泪了，歌声击中了他们的心灵，匪首一声叹息：算了，放了他吧，还是让他在草原上唱他的歌吧。

　　1953 年，哈扎布以他动人的长调演唱被招入内蒙古歌舞团，他的舞台由草原搬到了剧院。开始的一切令哈扎布很不适应：闪烁的灯光，厚重的音响，狭小的舞台……所有都让他感到不自然。然而，当他把心灵的草原呈现给城市的观众时，观众们被他的歌声感动了，以至于忘记了鼓掌。片刻寂静后雷鸣般的掌声，让哈扎布感受到了心灵的碰撞，而这碰撞也为哈扎布赢得了更多的知音。哈扎布开始走遍中国，走向世界。在蒙古国的演出中，哈扎布连续谢幕 11 次；在瑞典、丹麦等国的舞台上，哈扎布的蒙古袍里被涌上台来的观众塞满了各色礼品。哈扎布从此明白，世界上只有一种语言不需要翻译，那便是音乐。

　　（音响，采访录音）

　　"我每场演出都特别投入，每次唱完有很多观众上台拥抱我。我去过日本、前苏联、瑞典等十几个国家演出，唱长调，他们都特别喜欢听，不停地鼓掌，非常兴奋，在国内演出也是这样。只要听众要求让我唱，我就尽情地唱给他们听。"

　　经过几十年的艺术实践，哈扎布创造性地发展了长调歌曲演唱方法，将其提高到一个崭新的阶段，使长调歌曲演唱法逐步走向系统化、规范化，为创立独具特色的蒙古族草原声乐学派推波助澜。1989 年，内蒙古自治区人民政府正式颁给他"歌王"的头衔。这是内蒙古草原上的歌唱家第一次得到了这样的荣誉。

　　哈扎布在他的歌唱生涯中多次往返于城市和草原之间，但最终他选择了定居在草原。1987 年从内蒙古歌舞团离休后，哈扎布回到故乡阿巴嘎旗，他深知，他的生命和歌声就在草原。他开始长期致力于培养新一代长调歌手。中国著名歌唱家胡松华、拉苏荣等人，都是他的得意门生。他还自筹资金创办了民歌训练班，为家乡人民培养年轻歌手。那些十几二十岁的牧民孩子，对歌唱生涯充满了憧憬，一如当年的他。哈扎布用尽心力带引这些年轻人，为了长调民歌后继有人。老人激动地说：

　　（音响，采访录音）

　　"我成为著名歌唱家，成为长调歌王，得到很多荣誉。如果不把我所学到的唱技继承、发扬下去，那么我的艺术，长调艺术就会消亡。我喜欢歌唱，我希望长调永远唱响。内蒙古每个地方的长调曲调都有差异，唱长调讲究用气，包括嘴张大张小都有说道，不太好学。人们爱学，我就会毫无保留地教给他。"

　　直到现在，人们还常常看到，夏日黄昏，在内蒙古锡林郭勒大草原的陶高山旁，哈扎布老人站在那里，久久凝视着草原。牧民们知道，老人又在唱歌……

　　（音响，歌曲）

听众朋友，以上为您介绍的是蒙古族歌王哈扎布，感谢您的收听，我们下期节目再见。[1]

这篇广播通讯明白流畅，通俗易懂，其中用到的专业术语都进行了解释说明；整篇通讯按照时间顺序安排材料，线索清晰，便于听众对人物生平经历的了解；选取的细节材料比较典型，情节性、故事性都较强，较容易引起听众的兴趣；音响的运用与叙述的语言丝丝入扣，形成一个有机整体。

4. 广播特写写作

广播特写有独特的要求：选材特殊，强调选择事物的横断面、片段性的细节和场面；手法特殊，主要使用细描手法；风格特殊，要轻松、灵活，充满趣味性。

针对广播特写的特殊要求，要把广播特写写好，必须做到以下几点：

（1）抓住特征。广播特写要求在有限的篇幅里挖掘出人物或事件的深意，这就需要作者抓住它们最能揭示本质的特征，作为焦点，加以放大。

（2）绘声绘色。广播特写的描述性特点决定了它要把故事讲得绘声绘色。那么，如何才能把故事讲得绘声绘色呢？

第一，要注意表现动感，重点刻画出新闻现场中的人的活动或新闻事实的发展变化。广播特写只有着力表现出处于变动中的人物、事件，使它们活动起来，才能在听众的心目中打下深刻的烙印。

第二，要有画面性。广播特写要通过对现场感人情景或细节的描写，使其形成画面，出现在听众的脑海之中。

第三，通过音响渲染。广播特写可以依靠生动、真实的音响来表现内容，渲染气氛，塑造人物和烘托环境。

香港百姓的心态素描

听众朋友，还有20多天，香港就要回归中国了，面对这一巨大变化，香港普通市民的心态如何呢？下面请听本台记者张惠玲从香港发回的报道。

30多岁的香港牙科医生杨永明说，香港回归中国，结束英国对香港的统治，不仅是香港人的大事，也是中国人民的共同愿望。为了这一天，中国人已经等了100年。

---

[1] 陈敏毅. 国际广播节目精品集［M］.北京：中国国际广播出版社，2006：259－261.

杨先生说，香港地理位置优越，各行各业发展成熟，加上中国经济逐渐强大，相信 7 月 1 日香港回归中国后，仍将保持其在世界上的金融、贸易、航运中心地位，并将继续成为全球投资的热点。

正在香港大学修读制造业的刘姓大学生对回归的感觉是十分喜悦。他表示，毕业后一定要到内地去工作，因为内地的制造业有较大的发展潜力。在他看来，7 月 1 日以后，香港青年可以大有作为，随着香港和内地的关系日益密切，利用香港的地理位置条件发展业务的机会越来越多，只要肯动脑筋，能吃苦，创业和开拓自己的业务就有机会。

16 岁的中学生小丽，衣着入时，蓄有一头短发，典型的香港时下青少年模样。她不回避地称自己崇洋，为自己起的英文名是 RON。一想到 1997 年 7 月 1 日，小丽担心香港以往教学以英文为主导，日后实行母语教学会降低英文水平。

当记者问到她最怕的是什么，她说，最怕的是回归后大批内地人涌入香港，同香港人争饭碗。问她对前途有没有信心，她说，相信香港会 50 年不变，所以充满信心。

公务员陆先生说，现在的大多数香港人，长期在英国政府殖民管制下生活，已经习惯了。这里所指的习惯，并不只是说居于香港的中国人甘于在港英政府有殖民主义色彩的管制下生活，只是由于多年的香港生活已习以为常。

香港 1997 年 7 月 1 日回归，对于整个中华民族来说是一件大事。中国能够用和平的方式收回香港，表明中国国力日益强大，居于香港的中国人，理应欢欣鼓舞。但脱离母体达 100 多年的香港，由于英国政府长期带有殖民色彩的统治，阻碍了香港同胞对中国的了解，由此在部分港人心中产生一些对 97 后香港前途的种种疑问，那就不奇怪了。

但是，随着中国实行改革开放政策以来，经济不断发展，人民生活改善。中国日益向好的方向发展，这是有目共睹的，任何人也否定不了。中国好，香港的前途也会好。

一位陆姓摄影师对香港的前途十分有信心，他说："如果没有信心，我已经去加拿大了！"他说，眼见一些亲朋好友移民海外，又最终回港，他对自己的选择一点也不后悔。

那位陆姓公务员说，记得当年中英为香港前途问题谈判时，有人预言，香港将会出现移民高潮，资金撤走，香港经济会出现大萧条，但现在 1997 年 7 月 1 日已近，上述预言并没有成为事实。相反，移民的人回流了，外国的投资更多地

涌入香港，一般市民仍然平静地生活下去。[1]

这篇特写是中国国际广播电台采制的系列报道《回归前夕的香港》中的一篇，着重运用白描的手法以及朴素的语言介绍了较有代表性的五位香港人士面对回归时的心态，如实转述符合个人身份和特征的话语，客观地展示了香港普通市民面对回归的感情。美中不足的是，整篇特写没有使用生动、真实的音响来增强报道的效果。

5. 广播评论写作

目前，各广播电台使用的评论大致可以分为以下两类。

（1）文章体评论。这类评论包括本台评论、本台评论员文章、记者述评、短评、编后话这五种样式。这类评论是从报纸评论移植过来的，写法和报纸评论相仿，只是篇幅短小一些，口语化一些。这类评论的写作要求是：

第一，结构要求线索单一，紧凑连贯。文章开头最好单刀直入，一开始就提出总论点，表明态度，抓住听众，不要打迂回、兜圈子。文章由一条主线贯穿，支线越少越好。各段间最好不要用过渡段。结尾要点明全篇主旨，戛然而止，切忌拖泥带水。

第二，论证要求重点突出，据事论理。广播评论一般篇幅都限制在千字以内，在有限的篇幅内，要把道理说清、说明、说透，就必须重点突出，围绕重点据事论理。

第三，论据要求典型，少而精，生动形象。这是由广播评论的篇幅以及广播传播的特性决定的。广播评论的篇幅短，使用的论据就必须典型有力，少而精，不可太琐碎、太具体。同时，由于广播传播的特性，决定了广播评论必须生动形象，少一点艰涩、权威的话语，多一点形象、生动的比喻。

下面我们看一篇广播评论。

谁对构建责任社会负责？

"连头发都是空心的"，说的是温州人的聪明。温州发生了假运钞车在真车到来之前运走百万元现金的惊人奇案，日前经过警方高度负责的努力，案件已经破获。反思该案，"责任"二字萦绕于心：由于一方一环紧扣一环的不负责任，才会让另一方将这起惊天奇案实施成功。比如在屋内盘账的出纳没有出来验车验

---

[1] 孟建，祁林. 广播电视新闻范文评析 [M].北京：新华出版社，2001：60-61.

人，而吩咐保安将3箱现金直接搬上车——负责和不负责只有一步之遥、几秒之差。比如保安人员发现运钞人员是陌生面孔，"以为"是换了新人，也就没有盘问——负责和不负责只有张口之别、一言之差……直到真运钞车来了才如梦初醒，这不是歹徒施了什么"迷幻药"，而是"不负责"注射了"麻醉剂"。

责任总是容易被表面现象所迷惑。假运钞车、假运钞人与真的"一模一样"，"假作真时真亦假"。责任总是容易被自然习惯所迷惑，天天都是如此，"张君们"不来仿佛就没事。不负责最终被"负责"所压倒——你想想吧，假如假运钞车上的导演、演员们如果不是"高度负责"，让每一道环节考虑周全，出奇制胜的"成功"怎么会属于他们？

在温州警方全力破案忙碌务"实"的同时，我不知道那里是否有人在忙碌另一件更重要的事：那就是如何构建责任体系以防后患的务"虚"。仔细看看，有诸多事故、许多事情，都是"责任事故"，都是"不负责任"惹的祸，都是该有人负责的时候无人负责，丑剧、悲剧、惨剧就发生了。温州有过惨痛的教训：过去温州皮鞋与低压电器曾因假冒伪劣臭名昭著，制假的聪明最终被不负责任所打败。

一个健康的社会，都应该是负责任的社会。一个健全的人生，都应该是负责任的人生。有人说："世界上有些事你不愿做，但必须做，这就是责任的全部意义。"因为要"负责任"的事都是劳心、劳力、劳精神的，需要奉献和付出，常常"与己不利"，所以许多人便多一事不如少一事，"不愿做"就不做。而那些乐此不疲趋之若鹜"很愿意"去干的事呢，恋钱恋色，贪污受贿，是对谁的负责？我要说：世界上有些事你很想做，但不能做，这也是责任的一种意义。"以德治国"怎么治？脱离了"责任"二字，家庭美德、社会公德、职业道德，都会变成一句空话。

构建责任社会，打造责任人生，是谁的义不容辞的责任？[1]

这篇广播评论简短有力、旗帜鲜明；论证紧凑，说理透彻；语言通俗幽默、生动、形象，能够引起听众的收听兴趣，从而较好地达到影响和引导舆论的目的。

（2）谈话体评论。这类评论，各台使用的名称不太一样，有称"广播杂谈"

---

[1] 沈鹏飞. 播音文体作品解析 [M].北京：中国广播电视出版社，2002：140－141.

的，有称"广播漫谈"的，有称"广播谈话"的，不管使用哪一种名称，实质都是指的同一类内容的东西，我们统称之为广播谈话体评论。这是最具广播特点的评论形式。谈话体评论的写作要求是：

第一，要有"谈"的味道。既然是"谈话体"，就应该具有浓厚的谈话味，这是不言而喻的。既然是"谈"，就必须是双向的，不能是播音员自说自话，必须形成类似直接交换意见、商讨问题的说理氛围，促进听众进入主动收听、主动思考的状态。

第二，对听众要有称呼。谈话体评论对听众的称呼，一般有两类：一类是"一对众"，如"各位听众"、"亲爱的听众朋友们"；一类是"一对一"，如"亲爱的听众，当您……"，"一对一"表达上是面对单个听众，实质上也是面对广大听众的。对听众加称呼，可以增强谈话的对象感，有极强的感召力，使听众集中精力来收听，有助于增强宣传效果。

第三，要同听众有交流。这里的交流是指同听众进行思想交流。谈话体广播评论，可以采用设问的方式，启发听众思索问题，激发听众的共鸣，从而达到思想交流的目的。

漫谈信用的可贵

春秋时有位书生叫尾生，约友人桥下相会，河水涨而友未至，尾生抱桥柱继续等候，宁遭灭顶之灾，不负一诺之约。战国时商鞅变法，为了树立新法威信，植木于门，移木酬五十金，从而取信于民，为秦横扫六国统一天下，夯实了诚信基础。诚信作为一种传统美德，深深植根于中华古老文明中，成为我们道德观和社会伦理观的重要组成部分。

可如今不知怎么的，不讲信、不守约，渐渐成了一种风气。买商品房交了款之后，逾期半年、一年交房是常事；看货样订货，到货时往往质量比样品差；而更多的失信是发生在银钱收支和借贷上的，稍不小心，便会迈上漫长的讨债旅程。

失信的兴起，大体上是因为银行和企业都姓国，甲企业经营不善，把向银行借来的钱赔光了，无力归还贷款，只好耍赖。耍赖又有当婆婆的地方官员护着，让另一些企业看着眼红，"人家亏损了欠着钱，发的奖还比咱们多，咱们可不能犯傻"，有能力还贷款的也不还了，信用的可贵难以抵挡失信的诱惑。不得已的偶一为之，逐渐成了泛滥的普遍现象。如若不信，可以用"大锅饭"中的事例来作佐证。一家企业被列为债转股对象，本来意味着企业偿债能力差、信用等级低，可是千百家企业打破头争着往里挤，争的就是欠债可以不还。

企业不讲信用，欠银行钱拖着不还，民间借贷受其影响，也出现拖着不还的失信现象。私人不容易从银行借到钱，急需用钱的人不得不高息求贷，民间借贷的利息率比银行高。过高的利息使对方负担过重，可能是民间信用欠缺的重要致病源。至于有些借贷的利息率并不高，却因为对失信者的制裁不力，树立坏榜样，坏了风气。

市场经济是信用经济，如若在经济活动中不能建立起信誉，就会像血液循环出现堵塞那样，影响到心肌跳动和四肢活动。社会信用是靠每一个人的行为来建立的，构建一个健康的信用社会是艰难的，但规范自己的信用行为是容易的。人人从自己做起，社会也就有了信用。一切烦恼和无奈都可以避免，只要你能够把握自己。

信用可贵正同空气可贵一样，平时你感觉不到它，但一旦没有了空气便会窒息死亡。[1]

这篇谈话体评论，"谈"的味道比较浓，如"可如今不知怎么的，不讲信、不守约，渐渐成了一种风气"、"一切烦恼和无奈都可以避免，只要你能够把握自己"、"平时你感觉不到它"……能够形成类似于和听众商讨问题、直接交流的现场氛围，使听众自发地进入思考状态。同时，语言浅显形象，能够引起听众的收听兴趣。

二、广播新闻稿件修改

广播新闻编辑往往会收到很多新闻稿件，但是这些新闻稿件并不一定适合播出，这就需要做好"把关"工作，把那些符合宣传政策、中央指示以及最新事实的稿件挑选出来备用。而这些备用的稿件也不能直接播出，有可能存在其他各种各样的问题，这就需要经过编辑修改以后再行播出。广播新闻编辑修改广播新闻稿件比较常用的方法主要有以下几种。

（一）修改文字

1. 文理通顺

注意改正稿件中文理不通的地方。语言不规范，要修改；提法不准确，要修

---

[1] 沈鹏飞．播音文体作品解析［M］．北京：中国广播电视出版社，2002：134－135.

改；逻辑性不强，要修改；文字不简练，要删去那些多余的、累赘的字、词、句、段。

2. 文字通俗、口语化

注意文字是否口语化、通俗，是否适合"听"，是否"听"得懂。一些文言词、单音词和行业术语要修改。如：文言、半文言词改口语，为——是、便——就、与——跟、即将——将要、迄今——到今天、届时——到这一天、闻讯——听说、途经——路过；单音词改双音词，现——现在、已——已经、但——但是、虽——虽然、曾——曾经、能——能够、并——并且；同音异义词要进行区分，如伏法——服法、治癌——致癌、拘留——居留、切忌——切记、实用——食用、期中——期终、全部——全不。

3. 句式简明

注意句式是否简明。长句要改成短句，倒装句要改成陈述句，复合句尽可能改成简单句。

（二）修改标点

有些书面上使用的标点，如顿号、引号、括号、破折号、省略号和书名号，用口语无法表达，广播时就要加以修改或说明。

1. 顿号

对并列的两个词，可以把中间的顿号改为"和"，例如"节约煤、油"，如果照念，很容易听成"节约煤油"了；"召开党员、干部座谈"，如果照念，很容易听成"召开党员干部座谈"。将顿号改为"和"字，就不会产生这样的误解。

2. 引号

引号在广播新闻稿件中经常遇到，有的不会引起歧义，就不必更改，但有些容易引起误会的，就非改不可了。比如，"全国'双拥'先进代表大会在京闭幕"，这里"双拥"是简称，要恢复全称；"××一贯标榜'客观'、'公正'，实际上不过是骗人的幌子"，这里的引号含有贬义，要加文字说明，可以加"所谓"二字，就不致引起歧义。

3. 括号

广播新闻稿件中有些括号没法读或是读出来容易造成混淆，这样就必须对括号加以处理。这种情况经常发生在一些人物的生平简介之中，比如"××同志（1900—1985）"，广播时要改成"××同志，1900年出生，1985年逝世"。

4. 破折号

一般来讲，用做表示意思的补充、注释或者是表示时间起止的破折号，容易引起误听，需要修改。比如："焦裕禄——县委书记的榜样"，在广播新闻稿件中要改为"焦裕禄是县委书记的榜样"；"1978—2008，改革开放三十周年"，广播中要改成"从 1978 年到 2008 年"。

5. 省略号

在广播中往往读不出省略的意思，因此要将省略号改为"等等"。

6. 书名号

如果是众所周知的书名或作品，广播时不必改动。如果是听众不熟悉的或容易产生歧义的书名或作品，广播时要在书名号前后加以说明，如一本名叫《××》的书、一篇题目是《××》的文章。

（三）修改篇幅

大多数听众是工作完毕以后利用较少的时间收听国内外大事，或者是一边做别的事，一边听自己感兴趣的节目。为适应这种收听状况，广播新闻稿件要尽可能简明扼要、短小精悍。此外，广播节目时间有限，在有限的时间里要安排较多的内容，只能对每项内容作简要的报道。因此，有时根据节目需要，广播新闻编辑要对新闻稿件的篇幅进行压缩。

1. 突出主题

有些作者由于贪大求全，常常将很重要的主题淹没在大量平淡的材料中。广播新闻编辑要帮助作者做去芜存菁、去粗取精的工作，删去那些与主题无关或关系不大的枝节和情节，使稿件所表达的主题鲜明突出。

2. 突出重点

有的稿件，铺得太开，面面俱到，反而使听众无所适从，抓不住重点。因此，编辑要反复推敲，从中抓住重点问题，精选一两个最能说明重点问题的事例，这样才比较容易给听众留下深刻印象。

（四）增补内容

稿件中如有事实不足、问题没有讲明白，或者重要内容的背景交代不够清楚，或者问题虽已讲明，但过于简单的情况，编辑应当补充一些内容。

（五）改写稿件

改写是对原稿进行比较大的改动。主要有以下几种：改变角度；改变结构；改变体裁；改变语言和表达方式。改写的稿件，基本上是把原稿当做素材。改写的要求是突出各种广播稿的风格，这必然不可能保留原稿的风格。

（六）综合稿件

综合，是化零为整的方法，即把几条同一主题的新闻集中起来，改编成一条综合新闻；或是把报道同一个人或同一集体、同一事件、同一问题的几条消息综合改编成一条消息。

第三节 广播新闻节目的策划与编排

一、广播新闻节目策划

广播新闻节目策划，依据具体节目形态的不同，可以分为现场报道策划、录音报道策划、现场直播报道策划等；依据报道题材的不同，可以分为重大宣传报道策划、突发性事件报道策划、动态性新闻报道策划、预告性新闻报道策划等；依据报道体裁的不同，可以分为消息报道策划和专稿报道策划。我们这里主要是从报道体裁的角度来看广播新闻节目策划。

（一）广播消息节目策划

广播消息节目策划的目的是：通过策划，提升节目质量，塑造节目品牌。广播消息节目策划的主要任务是：提出消息报道选题策划；提出消息采访、写作及编排策划；提出消息制作、播发及反馈策划。

在策划过程中，要充分利用广播的优势，以达到策划与传播效果的最大化。

1. 发挥时效优势

快速、及时是广播最大的优势之一。通过现代技术手段，广播完全可以做到与报道对象的发展变化同步。因此，保证"第一时间"是广播消息策划最关键的一条。

2. 发挥时空优势

在保证第一时间的前提下，展示在这一刻不同地点的情况，这也是广播的一大优势。现在的交通广播多半都用到了广播的这一优势，比如某一时刻各个路段的交通路况报道。

3. 发挥声音优势

在报道当中，任何具有代表性、典型意义、历史价值的声音，都可以起到反映事实本质、渲染报道氛围、加强报道力度的作用，因此，发挥声音优势在广播新闻策划中占有重要的地位。

中国国际广播电台 2001—2005 年的 12 篇优秀新闻中，有多篇新闻都充分发挥了广播的时效优势、时空优势和声音优势。比如 2001 年的一篇新闻报道《北京取得 2008 年奥运会主办权》[1]，这一消息报道做到了时效快、时空广、音响活。首先是时效快，萨马兰奇宣布北京为 2008 年奥运会的主办城市是在北京时间 22 点，当晚北京时间 23 点这篇新闻报道就和听众相会了；其次是时空广，整篇报道涉及从 22 点到 23 点这一个小时中各方面的反应，有国家领导人、普通北京市民、华侨代表，等等，从北京到台北，到马来西亚、到美国，时空范围非常广泛；最后是音响活，新闻中不仅有国家领导人的现场讲话、记者的现场报道，还有电话录音等，丰富的音响增强了报道的可听性。

（二）广播专稿策划

广播专稿策划的任务和广播消息策划的任务基本一致，广播消息策划基本适用于广播专稿策划，但是毕竟体裁不同，两类新闻节目还是存在各自的特质。

广播专稿策划要尽量发挥以下优势：

1. 容量优势

广播专稿节目的容量是比较大的，相应地就要求节目的容量也要大一些。但并不是说，广播专稿节目的容量大，就什么内容都可以使用，还必须通过精心组织选题，使广播专稿节目的时段得到充分利用。广播专稿的选题，我们在上一节已经论述过了，这里不再赘述。

---

[1] 陈敏毅. 国际广播节目精品集 [M].北京：中国国际广播出版社，2006：180 – 182.

2. 参与优势

受众参与也是广播的一种优势。受众直接参与到广播节目中来，对于广播弘扬主旋律、实施舆论导向、履行舆论监督职责起到不可忽视的作用。

3. 声音优势

广播专稿的声音运用较广播消息而言更为广泛，不仅包括语言声音、音响声音，还包括音乐声音和音效声音。对其策划得好坏，会直接影响广播新闻专稿的播出效果。

河北人民广播电台《阳光热线》栏目的一期专稿节目——《为用药安全保驾护航》[1] 就充分发挥了以上优势。首先是容量大，《阳光热线》是一档20分钟的热线节目，在这一期节目的20分钟里，围绕用药安全的主题，总共为听众解决了七方面的问题；其次是互动强，受众积极参与节目，与主持人、嘉宾共同推动节目的进展；最后是运用了多种声音，除了语言声音外，还有音乐声音，如在节目开始时有开始曲，节目进行中有间乐，很好地调动和调节了报道的气氛和节奏。

（三）节目策划方案

节目策划方案，一般要有节目的标题、节目的受众方向（或者节目的趋向）、节目的目的（即方针）、节目的形式和栏目的设置、节目的时间安排以及节目的整个流程，其中包括开场、串词、背景音乐、结尾，等等。

下面是中央人民广播电台《新闻纵横》节目的策划方案（胡占凡、王明华、邓斌）。

一、节目方针

配合《新闻和报纸摘要》、《新闻联播》进行深度拓展和延伸报道。主要职能是：对重要的新闻事件作深入报道和背景分析，揭示来龙去脉、前因后果；对重大方针加以阐述，释疑解惑；发表一事一议、短小精悍的言论；对热点问题作跟踪连续报道；播发大型、系列、专题性重要报道。

二、节目时间

第一套节目7：00—7：20首播，19：00—19：20重播，每次20分钟。

---

[1] 张莉，张君昌. 中国广播名栏目［M］.北京：新华出版社，2005：88－97.

三、节目形式和栏目设置

本节目将以栏目板块形式与听众见面，20分钟原则上分为 10+5+5 三个板块（其中包括广告和特约播出）。

1. 前10分钟为固定栏目，也是本节目的核心，主要进行深度报道，栏目名称为《今日话题》（后改为《今日观察》），每天播出，每次一个主题。选题原则为：

（1）配合党和国家重大方针政策的出台，进行深度报道。

（2）对重大新闻事件进行深入报道、背景分析或连续报道。

（3）对群众关心的社会问题作深入报道和连续报道。

2. 接下来的5分钟原则上选择比较轻松的话题，以活跃这一节目的整体气氛。准备先期出台《新闻万花筒》，主要摘编各报的社会新闻，基本上沿用目前16：00《新闻万花筒》的节目方针。在以后增加采编人员的情况下，可考虑改为《社会广角镜》，采编结合。同时，陆续出台《热线留声》《新闻寻呼》《街谈巷议》等栏目。

3. 最后5分钟的安排是：

星期一、四：《警方热线》

星期二、五：《国际风云》

星期三、六：《权威论坛》

星期日：《一周要闻回顾》

如上述某一栏目不能在10月1日如期推出，可由《公民档案》代替；如能正常推出，《公民档案》稍后一段时间在第二板块推出。

四、播出方式

1. 本节目不设主持人，由采编人员自己主持。主持形式可多种多样，基本方针是：《今日话题》将全部由采编人员口播（其中包括大量录音采访）。《新闻万花筒》由值班编辑主持。《警方热线》和《权威论坛》或由特约嘉宾主持，或由栏目负责人串编录音。《国际风云》由栏目负责人串播驻外记者谈话传回的现场报道和电话录音。《一周要闻回顾》由值班编辑主持。

2. 本节目正常录音制作时间是每天16：00—17：00，急稿晚间录制，每天发次日节目。

五、人员配备及分工（略）

六、选题计划制订、执行及审定

1.《今日话题》选稿

（1）日常选题由个人或各组提出，报中心同意后，原则上由选题提出人自己完成采制，特殊情况也可由本室另派他人协助完成。

（2）特殊选题由中心领导确定，指派人员完成，所派人员不受日常联系行业限制。

（3）时效不强的选题均由各组制定，中心审定，实行责任编辑制，由中心领导审定后录制合成；时效性强的选题可直接审听录音资料，即刻合成。

2. 其他栏目选题均由各组制定，中心审定，实行责任编辑制，由中心领导决定需要审听的选题或下放审听权限。

3. 选题计划的制订与执行应广泛与本台各部、各大报社、地方电台合作，以弥补本室人员的不足。同时在有关部委、研究机构、大专院校聘请一批专家作为本节目的顾问、特约记者或特约主持人。

七、轮班制度与例会制度（略）

八、稿件评优制度

为鼓励多出好稿，本室建立一月一度的评比制度，评比分三类进行：

1. 选题评比：最佳《今日话题》选题，一个；优秀《今日话题》选题，两个

2. 采制评比：最佳《今日话题》采制，一个；优秀《今日话题》采制，两个

3. 栏目评比：最佳栏目，一个；优秀栏目，三个

（《今日话题》不再参加第三项评选，其他栏目原则上各占一个名额）

九、节目基本模式和预告

1. 开始曲20秒（混播本节目介绍广告语）

2. 协助播出5秒

3. 广告30秒

4. 开始曲15秒（混播《今日话题》）

5.《今日话题》10分钟

6. 间奏20秒（混播本节目介绍广告语）

7.《新闻万花筒》开始曲10秒（混播《新闻万花筒》）

8.《新闻万花筒》3分钟

9.《国际风云》等栏目开始曲10秒

10.《国际风云》等栏目 4 分 40 秒

11. 结束语 20 秒（配乐，介绍节目监制等名单，加带广告）

（注："中心"指中央人民广播电台新闻中心，"本室"指《新闻纵横》编辑室。）[1]

二、广播新闻节目编排

新闻节目编排就是若干篇新闻稿件在一次节目中的排列组合，是编辑方针的体现，也是编排思想和编排水平的体现。

广播新闻节目编排应做到以下几点。

（一）重点突出

注意突出节目的中心，突出重点新闻的地位，使重点新闻在一般新闻的烘托下给听众留下深刻的印象。

（二）精选头条

美国哥伦比亚广播公司资深记者特德·怀特等认为："决定哪条新闻放在广播新闻节目的头条位置，比写新闻导语更为重要。"编辑面对若干头条新闻，必须考虑很多相关联的问题及其彼此间的联系，反复进行多种情况的权衡、比较。

（三）统筹兼顾

广播新闻的编排要注意统筹节目布局，兼顾各层次的听众，尽量包容多地域、多行业、多层次的新闻信息，相同题材、体裁的稿件要穿插排列。英国曾作过一次相关的调查：同质的新闻放在一起，听众很容易忘记所听到的内容，尽管在同质的新闻中最重要的新闻放在了最前面，仍然难以记住。消息、通讯、音响报道、评论最好分层次间隔编排。稿件要长短搭配、体裁多样、形式灵活。节目中声音的情调、气氛要和报道内容相吻合。

（四）听记结合

广播新闻的编排还应符合听记规律，让最重要、最具有新闻价值的稿件充当

---

[1] 方毅华. 广播电视新闻编辑原理与实务 [M]. 北京：中国广播电视出版社，2007：74-77.

头条新闻，同时要注意在结尾部分放置比较重要的稿件，从而创造收听记忆的良好条件。对于不易引起听众注意的中间部分，要设法强化听众的注意力，比如趣闻或新颖的音响报道，以引起听众收听的兴趣。

比如中央人民广播电台历史最悠久、影响最大、地位最高的新闻节目《新闻和报纸摘要》，其编排就体现了重点突出、统筹兼顾、听记结合的特点。这从它的五个子栏目的设置就可见一斑。它们分别是《国内要闻》、《今日天气》、《简讯》、《媒体介绍》、《国际新闻》。对于国内受众而言，国内新闻当然是最重要的，是他们最关心的；其次是全国各地的新闻（媒体介绍部分内容，全国各地报摘）；最后才是国际大事。但是人的注意力不可能长时间地高度集中，要在相对重要的内容之间加入一些不重要的内容进行调节，因此加入了《今日天气》栏目。

三、广播新闻直播节目的组织

广播新闻直播节目是指广播新闻报道的播出不经过录音，直接在播出的同时就将声音转成信号发射出去。由于广播新闻直播节目在第一时间真切、生动地满足了听众对新闻信息的需求，受到了听众的喜爱和欢迎。于是，近几年，各家广播电台都在直播节目上大做文章，期待以此方式赢得更多的听众。

广播新闻直播节目分为以下两种。

（一）演播室新闻直播节目的组织

演播室新闻直播节目是指由主持人和其他有关人员（如嘉宾、记者、听众等）共同参与、在播音间内直接播出的新闻节目。这种广播新闻直播节目强调的是以主持人为纽带，多方参与，共同完成节目的播出。一般都要邀请嘉宾，或设有电话连线记者，或设有热线电话或短信平台供听众参与，等等。

演播室新闻直播节目的组织，一般要做好以下几步工作。

1. 做好策划

演播室新闻直播节目的成功，关键在于做好事先策划，准备得越周详，成功的几率越高。演播室新闻直播前的策划包括：确定本次演播室直播节目的选题，商讨本次节目的编排设置，交流内容的走向，等等。

2. 案头准备

直播前的案头准备工作，只要时间允许，应该做得越细越好。首先是背景资料的准备。背景资料使用得好，能够起到使新闻增值的作用；由于直播中的不确定因素很多，有时候背景资料还能起到救场的作用。其次是解说词的撰写。解说词要紧扣主题，突出重点，要口语化，要留有余地。

3. 邀请嘉宾

根据直播节目的话题以及难点，决定邀请的嘉宾人选。要选择这个话题最有发言权、最具权威的嘉宾参加节目。

4. 重视沟通

在演播室直播节目中，导播的作用不可忽视。导播是幕后英雄，作为节目的第一"把关"人，导播往往决定哪些打进热线的听众能够和主持人通话。因此，在直播前，要重视与导播的沟通，使其了解节目的主题、编排、要求等，以便直播时更好地相互配合，保证节目的播出质量。

下面是 2007 年 11 月 19 日中央人民广播电台《中国之声》新闻直播节目《直播中国》的演播室直播节目的摘录。

伊利牵手奥运　成就梦想

（《直播中国》开始曲）

主持人：听众朋友，上午好。这里是《中国之声》午前报道。欢迎进入《中国之声》大型新闻直播节目《直播中国》，我是主持人覃越，今天要带给您的是《直播中国》特别节目"伊利牵手奥运、成就梦想"。

今天距离北京 2008 奥运会开幕还有 267 天。随着 2008 年奥运会的日益临近，越来越多的企业和民众为此倾注着越来越高涨的热情。作为北京奥运会赞助企业的伊利集团，也在为奥林匹克运动的发展，为北京 2008 年奥运会的成功举办作着充分的准备。"有我中国强——伊利奥运计划 2.0"今天正式启动，我们《直播中国》特别节目把直播间就设在了中华世纪坛——环幕演播中心，"有我中国强——伊利奥运计划 2.0"新闻发布会正在这里举行。

作为 2008 奥运会乳制品的唯一赞助商，伊利会给 2008 北京奥运带来哪些惊喜呢？奥运又会给伊利带来怎样的机会和前景呢？今天我们就一起来关注伊利，关注奥运经济。

"有我中国强——伊利奥运计划 2.0"新闻发布会已经开始了，现在我们把信号切到发布会现场，来听听发布会现场的内容。

（现场实况音响）

主持人：我们的特别直播间里也请来了两位特殊的嘉宾，我们来介绍一下两

位现场的嘉宾——一位是北京奥组委专家顾问奥运经济研究专家委员会主任纪宁。纪主任您好！

嘉宾：您好！

主持人：另一位是伊利集团品牌管理部总经理靳彪先生。靳总您好！

嘉宾：您好！

主持人：我们已经是第二次见面了！

收音机旁的听众朋友，你眼中的伊利品牌和奥运有着怎样的联系？您对于伊利打造奥运计划有着怎样的建议或者意见？或者您对奥运、对伊利有什么样的祝福都可以通过手机短信的方式和我们进行互动联络。手机短信的发送方式是，输入英文字母"th"，加上您想说的话，发送到9500168。在节目结束时，我们将从短信中抽出三位幸运听众，这三位听众将获得由伊利集团提供的精美奥运产品一份。

片花一：2005年11月16日，伊利集团成为中国食品业有史以来第一个奥运品牌，独家为北京奥运会提供世界标准的乳制品。此后，伊利集团推出了新的品牌主张——"为梦想创造可能"，邀请奥运冠军刘翔、郭晶晶，国家田径队，国家羽毛球队，国家乒乓球队，国家跳水队，国家花样游泳队等作为形象代言大使，向全社会推广奥林匹克理念，追求营养和健康的完美结合。欢迎您继续收听《直播中国》特别节目——"伊利牵手奥运、成就梦想"。

主持人：现在伊利集团的发布会还在启动过程中，我们稍后会把信号切到发布会的现场。成为奥运赞助商是很多企业梦寐以求的事，2005年11月16日，伊利集团成为唯一满足奥运标准、为奥运会提供乳制品的中国企业。我们的记者郑颖当时采访报道了伊利集团与北京奥组委签约的盛况，我们再来回顾一下当时的情况。

（录音）

主持人：想问一下靳总，两年过去了，再次听到这段声音，有什么不一样的感受吗？

靳：真是百感交集，因为当时那段时间我们是非常开心、非常兴奋、非常高兴，甚至很多人流下了高兴的眼泪，但是很多的话，我们现在想到的是一种责任，因为两年过去了，我们在尽自己最大努力去推广奥运的健康理念，来推广全民健康的概念，那么今天我们看到两年过去了，对我们来说奥运会只有短短的200多天了，对我们来说责任更大，因为在剩下的有限时间里，我们要更进一步地提升我们企业对社会、对人民身体健康的这种责任，同时的话我们要更进一步地把我们的奥运精神传递得更远，让更多的人来感受奥运、体验奥运。

主持人：好的，谢谢靳总，那么奥运为什么会选择伊利，感觉选对了吗？纪主任。

纪：这个问题问得很好，首先奥运会选择企业，作为合作伙伴是一种双向选择的过程，那么伊利肯定是会有这样的诉求、需求。

主持人：现在刚好现场是伊利总裁潘刚带领员工进行宣誓的活动，我们来听一下他们的诉求是什么。

（推现场信号）伊利总裁潘刚带领员工宣誓：我们将全力做好每一个细节，保证每一包产品都是冠军品质、奥运标准，对每一位消费者的健康负责。为每一位运动员实现梦想而创造可能，向全世界展示中国乳品行业第一品牌的实力和形象。我们承诺，为奥运的精彩、中国的精彩，全情投入，积极奉献。为奥运会奉献绿色、奉献营养、奉献健康。奥运有你有我，有我中国强。

主持人：这是一个宣誓的过程，刚才可能由于现场的背景音乐太大，很多听众都没有听清这一段宣誓的内容，这一段宣传的伊利总裁潘刚带领员工，包括奶农、经销商、供应商、荣誉员工、产品代言人、健康大使等一起来为大家做的一个保证就是：他们要做好每一个细节，保证每一包产品都是冠军品质、奥运标准，对每一位消费者的健康负责。短信平台上很多听众也发来了信息，连云港手机尾号1426的朋友说——激情奋进展鸿图，勤奋伊利中国福，创新创优创风采，品牌牛奶立新荣，奥运梦想芳香荣，更高更快更强，扬中国风采壮中国神威，祝我们深爱的伊利越走越好，越走越远。也欢迎更多的听众朋友通过短信方式，参与到节目互动中来，编辑短信加上"th"加上您的交流内容，发送到9500168，每条短信资费0.50元，不含通信费。

那么刚才在宣誓之前呢，我们请纪主任给我们谈了一下，每家企业，应该说参加奥运，就是成为奥运的赞助商都有一个诉求，那么，您觉得从奥运经济的角度来说是怎么来看的？

纪：从大的奥运经济角度来看呢，实际上每一届奥运会都会为举办国的企业提供一种很好的氛围和土壤，那在奥运经济的大环境下会产生一批佼佼者，这是一种互动的过程，企业需要有良好的诉求和愿望，那么奥运会也会对企业的品质进行一次衡量，我想伊利是在这种过程中，首先它是有这样一种强烈的参与奥运的诉求，那么奥组委也会对企业的品质进行衡量，最终才会成为合作伙伴。那么在这种过程中呢，实际上企业是把这种品牌品质，包括企业的发展战略，全都把奥运的文化精神进行同构，我想这种同构过程是企业能够做到优秀的一种最好保证。

主持人：这是纪主任给我们解释的，这是奥运企业包括这些赞助商他们为什么要成为赞助商的原因之一。刚才我们从伊利的这段宣誓当中，听到了这样一句话，就是——奥运有你有我，有我中国强。伊利人的铮铮誓言，也表达出了我们所有人的心愿。伊利有一句奥运宣传口号，我不知道收音机旁的听众朋友是否还有印象，反正我的印象特别深刻，就是"为梦想创造可能"。今天伊利又响亮地提出来"有我中国强"这样一句新的口号，我想这句宣传口号的变化也会意味着它的一种新的内涵的扩充，宣誓词里还特别提到了"责任"这个词，那么对于伊利人来说，这是一种什么样的责任？

靳：奥运会第一次在中国举办，在奥运会这个伟大的舞台上去展示自己的形象，对民族品牌集群来说，这是第一次。所以说，尽可能短地把握住奥运的内在节奏，尽可能快地学到奥运推广的精髓，这对大家，无论是联想也好，还是伊利、海尔、青岛啤酒，都十分重要。我从两个方面来谈谈自己的理解。第一个方面，先来看伊利为什么要积极参与到奥运推广。那么，我要用"推广"来代替"营销"这个词，因为对伊利这样一家乳制品厂商来说，我们参与奥运，首先，是要积极承担起自己的社会责任，为的就是不能让外国运动员背着牛奶来北京，来参加奥运会。让参加奥运的运动员喝上中国的牛奶，证明中国制造是完全符合全世界最严格的奥运标准，所以我们也很高兴自己为整个行业赢得了这项荣誉，这是关系到中国食品质量安全整体形象的问题，作为以责任为导向的行业领导者，伊利当仁不让。其次，是要积极地把奥林匹克精神传播到我们的消费者心中，让更多中国人拥有健康的生活方式，积极进取，为普通中国人的梦想创造可能。最后，要给伊利的品牌理念注入奥运精神，这样，即使北京奥运有闭幕的那天，但是可以在中国社会留下珍贵的奥运精神，让人们长期在"营养"和"健康"之间划上等号。所以，这是一种以责任为核心的全推广过程，而不只是着眼于营销。第二个方面，就是伊利的奥运推广周期，我们在实践中不断丰富和完善自己的推广体系，今天这项 2.0 计划就是这样一种成果的体现，是一个新的开始。

主持人：在刚才我们探讨的过程中，许多听众发来短信。手机尾号为 0135 的听众朋友说——蓝天碧草白云羊群，美丽的草原之花，牛奶行业的一朵奇葩，伊利牛奶关注奥运，情系中国人的健康，祝愿伊利的明天更加辉煌。也欢迎更多的听众朋友通过短信方式，参与到今天的互动探讨当中来，编辑短信加上"th"加上您对于伊利、对于奥运或者您对于伊利和奥运的结合，有怎样的看法，都可以通过手机短信发送到9500168，每条短信资费0.50元，不含通信费。

……

主持人：是一个纯粹的公益，还是也能够带来企业自身实际利益的一个双赢，纪主任？

纪：这个对奥运赞助有浅层次的理解和深层次的理解。比如从浅层次的理解，你就把奥运作为你的产品服务和品牌的一次营销的机会。那从深层次的理解，像奥运百年的赞助商一些企业，它把奥运作为它的一个新技术、新产品发布的平台和应用的平台，把它作为一个公益的平台，甚至把它作为一个企业内部文化基地的平台。比如说麦当劳，它每次参与奥运会都是作为它企业内部文化的基地的这种政策，它在全球选择最优秀的员工，然后成为奥运会的志愿者；比如说可口可乐，它是让所有的人民广泛地去参与，可口可乐最大的战术就是跑哄战术，跑出来的巨头嘛，大家都参与到长跑接力和火炬传递。我觉得在这点上伊利很聪明，它能够通过对前人榜样的学习，对奥运赞助的理解，我觉得是很深刻的，就是从这种浅层次的产品和服务的营销，上升到的飞翔的这样的一个平台，是公益的一个平台，是它自己展现社会责任感的一个平台，这点上我认为伊利是做得相当好的。

主持人：靳总呢？您怎么诠释这个双赢的过程？

靳：其实呢，我们在这样去做，看起来我们是通过努力让更多的人、更多的消费者分享到了奥运，去分享到了奥运的精神，参与到奥运中。但是双赢的另外一面就是通过他们参与的话，他们更了解、更认识了伊利，对伊利产生了一种信赖，那这样的话，奥运会结束以后，我们的消费者还会跟着伊利，还会长期地成为我们的忠实消费者。

主持人：听众朋友，您现在正在收听的是《直播中国》特别节目——伊利牵手奥运、成就梦想。

主持人：欢迎收音机旁的听众朋友继续锁定我们的节目，收听我们的特别直播，那么就在刚才这段片花的时候，我们请来了伊利的董事长潘刚先生，他现在也在我们的直播现场。我们稍后会和潘刚先生来进行互动，还是先请纪主任来给我们解释一下，就是以奥运品牌伊利为例，未来的体育营销和奥运营销相比会呈

现哪些的不同点？

纪：体育营销和奥运营销呈现的不同点在于就是您所选择的价值，那么奥运营销肯定是在体育营销中最高的价值取向才是奥运营销。那么实际上奥运营销作为一种营销的短期规划和奥运营销的长期打算。如果一家企业作为奥运的战略来说呢，他应该作一种长期的打算，比如说在后奥运的时段，那你要做好是不是重新再参与下一届奥运会，或者是对整个奥林匹克事业有一种长期的坚定的支持，如果这点上做得好的话，那你就是一项长期的奥运战略；如果你仅仅是一届奥运的营销，那你只能停留在奥运营销这个层面，所以我觉得在这点上看到伊利2.0发布计划有一点我非常赞赏，就是它的蒲公英计划，就是它在后奥运时代就是赞助中国的青少年，就是这点上我觉得它已经把长期的发展作为奥运战略的一部分了，而不是短期的奥运营销行为，所以我觉得从这点上，它走的是奥运营销的路子。至于体育营销，就是你可以选择不同的赛事，你可以选择奥运会，你可以选择全运会，你也可以选择世界杯。体育营销是更多的针对不同的赛事节奏来采取不同的营销策略。那每一场赛事会呈现出不同的特点，那么根据这些特点你来采取自己的营销策略和参与策略，这才是体育营销的本质。所以，奥运营销和体育营销就在于奥运是对奥运精神的一种长期的坚持，而体育营销仅仅是通过体育的平台来进行企业的营销。这是奥运营销与体育营销最本质的区别。

主持人：谢谢纪主任！那么我们看到短信平台上，有很多听众朋友发送过来了信息，手机尾号3247的鞍山朋友说——开拓进取，伊利写下辉煌，携手奥运伊利再谱篇章，有你有我共祝国人健康！明年今日伊利实力更强。还有手机尾号是4048的朋友说——08，奥运花满开，伊利携手点国魂，天造乳业聚华池，八方迎宾待此时。那么很多听众朋友都在通过手机短信的方式来进行互动联络，我们也欢迎收音机旁更多的听众朋友通过手机短信的方式，参与到我们今天的节目互动当中来，编辑短信"th"加上您的交流内容发送到9500168，每条短信资费0.5元，不含通信费。

主持人：欢迎收音机旁的听众朋友继续锁定我们中国之声的调频，收听我们《直播中国》特别节目，那么刚才呢伊利董事长潘刚已经坐到我们直播间，也是准备好接受我的提问了。首先请潘总跟我们的听众朋友打个招呼吧。

潘总：各位听众大家好！感谢各位听众多年来对伊利的支持和关爱，也感谢对我们所有产品的关爱和喜欢。

主持人：刚才您没来，很多听众朋友都发短信说——他们家孩子从一出生就开始喝伊利的奶粉，刚才我在听您致辞的时候，您是一直把两个字挂在嘴边，那就是"责任"，我们也注意到了，作为我国的民族工业代表，伊利始终关注公益事业。我想问您一下，伊利关注公益事业的初衷是什么？您刚才说的责任，对于伊利来说又意味着什么？

潘总：伊利是从事乳业的，乳业的产业链非常长，它的前端从奶农养牛开始，一直到……，可以说是横跨了服务业、加工业，还有畜牧业，在这个过程中伊利发展的过程中不仅实现了企业的一个发展，同时我们也带动了几百万奶民脱贫致富。在这个过程中，就是说我们已经为国家上缴了将近70亿元的税金，为奶农发放了200多亿元的奶款，同时这几年累计给农牧民发放贷款，让农牧民去买牛来养，送20多亿元。所以，发展的过程始终是伴随着一种不断的承担社会责任的过程。那么我们认为伊利这种关注公益事业也是勇于承担社会责任的一个重要组成部分。所以我们在发展的过程中，到现在我们已经累计投入了将近6亿多元用于支持社会的一些文化体育事业。我们把支持奥运、参与奥运也是当做一种公益来做，因为我们的目标就是让更多的人通过伊利，成为奥运不可或缺的一分子，"有我中国强"是这样的理念，那么我们这次推出的"蒲公英计划"也是实现这样一种理念的手段，而我们"为梦想创造可能"是这样一项长期的目标。因为我们是做乳业、做牛奶的。那么我们希望通过伊利的发展给消费者提供优质乳制品，来实现让我们中国人体育更强壮这样的一项目标。

……

主持人：伴随着超越梦想，今天我们《直播中国》特别节目也要暂告一段落了，"有我中国强——伊利奥运计划2.0发布会"还在继续，节目最后我们还是要按照我们节目之前要从所有的发来短信的听众朋友中抽取三位幸运的听众朋友。一位，手机是159、尾号是3247的鞍山朋友；一位，手机是130、尾号是8257的晋城朋友；还有一位，手机是139、尾号是7468的苏州朋友，恭喜以上三位听众朋友。

主持人：奥运会是世界顶级的体育赛事，为企业带来了树立品牌的绝佳机会，在奥运文化的交融中，每家企业都在尽力赢得自己的奥运商机。因此从这种角度，奥运会也是一次企业的大赛场。在这次奥运经济的赛场上，希望我们的企业都会收获更多。面对奥运，伊利及更多与奥运合作的中国品牌，将满怀激情与信心，让我们的民族品牌闪耀在全球最闪亮的舞台。好了，感谢收音机旁所有的听众朋友，参与我们今天的《直播中国》特别节目，那么也欢迎收音机旁的听

众朋友收听以下《中国之声》的节目。今天的节目到这里就结束了，感谢您收听。再见！

（歌曲《超越梦想》压混）[1]

《中国之声》的这次直播节目的选题，是结合伊利奥运计划2.0发布会的契机，打奥运牌。随着北京奥运会的临近，奥运经济逐渐显出势头，这期节目的播出不管是对于伊利的品牌推广，还是对奥运精神、奥运理念的宣传，奥运经济的刺激，都具有不可估量的作用。直播前的案头准备工作做得很充分，这一点可从其运用两年前的录音采访报道可见一斑。嘉宾人选的确较有代表性，选择了伊利集团的代表，以及北京奥组委专家顾问奥运经济研究专家委员会的代表，给受众留下节目并不是为伊利作宣传的、节目比较中立的印象。直播节目采用短信参与的方式，让听众参与到节目中来，为节目的内容服务。

（二）新闻现场直播节目的组织

新闻现场直播节目是指广播新闻工作者在新闻事件发生的现场即时采访、即时观察、即时解说、同步播出的节目形式。它集采访、编辑、播音、播出于一体，极大地简化了新闻生产的过程，具有很强的时效性。它一般是针对可预知的重大活动或重大事件的报道，可以选取事件的某一部分重点介绍，也可以是全程介绍。

新闻现场直播节目的组织，主要做好以下几点工作。

1. 做好策划

包括确定采访报道意图，确定现场主持人、记者及其他工作人员，确定直播流程，确定现场被采访者人选及人数，准备后备方案，等等。

2. 案头准备

主要是背景资料的准备、采访准备以及解说词的撰写。现场直播解说词的撰写要注意突出现场感，同时由于现场可变因素很多，因而要给主持人即兴发挥留有余地。

3. 通力配合

新闻现场直播节目规模较大，持续时间较长，要投入较多的人力和设备，如

---

[1] 中国广播网.中国之声《直播中国》2007－11－19.

现场调度人员、技术人员、调音师以及转播车，等等。各方通力配合，才能保证节目安全、正常地播出。

下面是中国国际广播电台 2003 年某期优秀现场直播节目的摘录。

北京 2008 年奥林匹克运动会会徽发布仪式

（女）中国国际广播电台华语台！

（男）中国国际广播电台华语台！

（女）晚上好，各位听友，我们现在是在中国北京具有 583 年历史的天坛祈年殿前向您作现场直播。现在是北京时间 8 月 3 日 20 时 11 分，待会儿，北京奥运会组织委员会将在这里举行"北京 2008 年奥林匹克运动会会徽发布仪式"。我是主持人刘红，今晚和我一起主持直播的还有我的同事赵健。

（男）听众朋友，你们好，我是主持人赵健。

（女）除了我们两位之外，国际台体育部的体育记者黄永国将作为本次直播的嘉宾主持出现在节目之中。

（男）今天是 8 月 3 日，北京的仲夏之夜，但在今天我们没有感觉到夏天的炎热，清凉的风从我们身边吹过，感觉非常的舒适。

（女）没错，可以用"温暖宜人"这个词来形容。收音机前的听众朋友，欢迎您今晚与我们一起来关注北京奥运会筹备进程中的这一重要仪式，一起共度这个美丽的夏夜，一起见证历史。

（出版头——北京 2008 年奥林匹克运动会会徽发布仪式！中国国际广播电台华语台现场直播——在这个美丽的北京之夜，我们共同见证历史！）

（女）听众朋友，我们的直播台设在北京天坛的祈年殿前，是真正的露天现场直播，我们头顶着朗朗夜空，晚风习习吹来，感觉天空特别的高远，心情特别的舒畅。

（男）是的，祈年殿被灯光映照，非常的雄伟壮观，我们此刻面对的就是——祈年殿。

（女）心里的感受真是和以往不一样。

（男）祈年殿是中国古代皇帝祭天的地方，其实这个地方我来过很多次，但还真是第一次在这样一个夜晚，在这样一种环境下，做这样一次直播。

（女）我感觉也和以往的做节目直播有些不同。

（男）其实这两天我们一直担心下雨，因为听众朋友看不到我们这个直播台的状况，我们现在头顶蓝天，没有任何遮挡，如果下雨就糟糕了。

（女）今天白天有一场雷阵小雨，万一下雨怎么办呢？不过现在看起来天公作美，没问题了。我们的直播台设在天坛祈年殿的前方。天坛祈年殿的底座呢，如果来这里观光过的朋友都会了解，下面是三圈汉白玉台阶，为了保护文物，今晚的活动又特意加上了三层仿制的汉白玉台阶，而今晚的活动就主要在这三层台阶上进行。

（男）这是为了保护文物，我们发现在整个活动当中保护文物的情形比比皆是，比如咱们的直播台，是在地上架起来了一块，底下用地毯垫着，这样就不会毁坏天坛地面的砖。我觉得这是一种文物保护意识的加强。刚才我们入场的时候，看到用地毯铺设的奥林匹克大道从天坛的成贞门一直铺到祈年殿前的祈年门，长度是300多米。

（女）是的，待会儿，参加今天晚上这个庄严仪式的贵宾和嘉宾就将通过这条奥林匹克大道进入会场。而且要告诉大家的是，奥林匹克大道的两旁竖立着到目前为止历届奥运会会徽的标牌，可以说就像是走过了一条奥运历史的走廊。

……

（出版头——北京2008年奥林匹克运动会会徽发布仪式！中国国际广播电台华语台现场直播——在这个美丽的北京之夜，我们共同见证历史！）

（女）这里是中国国际广播电台华语台，听众朋友，您现在正在收听的是国际台在北京天坛进行的现场直播。

（男）现在是北京时间8月3日的晚上8点23分——非常好的一个时刻。

（女）今晚这里将举行2008年北京奥运会会徽的发布仪式，欢迎您和我们一起关注北京奥运会的筹备进程中的这一重要仪式，一起度过这个难忘的奥运之夜。

（男）我们现场的音乐声音是越来越大、越来越雄壮了。

（女）我的心情也是越来越激动。

（男）我们现在看到运送会徽的彩车已经进入天坛了，进入奥运大道了，很快就到我们这里了。

（女）我们很快就要盼到这个令人激动的历史时刻了。其实更加难忘的还有两年前的那个夏夜——2001年7月13日，北京在万众期待中迎来了奥林匹克的喜庆之夜，这一刻已经永远铭刻进我们13亿中国人的心中。

（男）那天晚上，我们守候在电视机前，当国际奥委会主席萨马兰奇先生宣布："北京！"——2008年夏季奥运会举办城是北京的时候，我们都流泪了。

（女）好，听众朋友们，我们现在看到香港著名影星成龙和奥运冠军邓亚萍一起从双层巴士上接过了奥运会会徽的锦盒——2008 年北京奥运会会徽就放在这只盒子里。他们正缓缓地向我们走来！

（男）现在这个盒子万众瞩目。我们现在不知道这只盒子里装的会徽具体是什么样子，但我们相信它是一枚能让世人瞩目、能让所有人关注、能让所有人激动的会徽！

（女）对，而且我相信这枚会徽一定是非常非常中国的！现场响起了优雅的民乐《茉莉花》。在舒缓的中国民乐中，我们看到成龙先生和邓亚萍女士郑重地、一步一步地捧着会徽走向我们。现场观众也是非常的激动，有很多人抑制不住自己兴奋之情，从椅子上站起来。我们知道，现场一共摆放了 2008 把椅子，这寓意着 2008 年——奥运之年。

（男）我现在的心情也非常激动，心扑通扑通地直跳。

（女）在这些人中间，我们特别要提到的是奥运会冠军邓亚萍，她现在是在北京奥组委工作，在今晚活动前她接受了记者的采访，她是这样说的——

（音响，邓亚萍）

"马上会徽要发布了，紧接着我们市场开发就要启动了，可以说我们每个部门、每一名工作人员在奥组委来讲都有不同的职责，那么对于我们来讲，我们知道我们身兼的重任有多大，可以说我们大家都会竭尽自己全力，并且每个人还是要依靠这个集体，只有这个集体，只有这个团队精神才能够帮助我们实现举办这次奥运会的目标。"

（女）听众朋友！现在我们看到现场的观众都已经站立起来了！而且他们挥舞着手中的国旗或者是有奥林匹克标志的小旗子，大家都在目送着会徽走向天坛祈年殿的中央。

（男）现场的 2008 位嘉宾都在期待着会徽发布的那一刻。

（女）对了，而且我们看到每个人的脸上表现出了激动的样子，而且很多人都抑制不住，开始鼓掌了！

（男）现在我看到很多人，我们的同行已经冲到了最前面去了！

（女）我们看到在祈年殿的正中央有一个长长的条案，是一个非常古色古香充满中国特色的条案，现在成龙和邓亚萍就把装着会徽的盒子放在了这个条案上。

（男）现在我们看到成龙正在打开这只盒子的盖子。

（女）我多么想我现在能看得很近，或者是有台摄像机能让我看清楚。现在从盒子里拿出另外一只好像更小的盒子。

（男）很远，看不大清楚，感觉是一只木制的盒子。这只盒子里装的是奥运会会徽。

（女）成龙和邓亚萍向现场的观众深深地鞠了一躬，然后静静地肃立在旁边。现在他们已经离开了，我想他们护送2008年北京奥林匹克运动会会徽的任务基本完成了。

（男）对！现在我握着笔的右手已经被汗水湿透了，我非常的紧张、非常的激动，现在成龙已经走到了贵宾席，成龙大哥今天穿得非常有中国特色，是一件白色的中山装。好，现在现场的音乐声音逐渐拉下来了。

（女）而且我们看到天坛祈年殿的灯光也逐渐暗下来了，非常重要的时刻就要到了！

（男）现在，灯光起来了，台上正准备表演舞蹈《灯礼》。这是由中国著名导演张艺谋执导的。现在我们看到，祈年殿前的舞台上很多人打着红色的灯笼——代表中国特色的红色的灯笼从两边台子上上来，他们将在祈年殿前作现场表演。

……

（男）现在我们再给大家介绍一下天坛祈年殿。

（女）天坛呢，是世界上最大的祭天神坛。总面积是270平方米。

（男）如果说天安门城楼已经成为中国的象征，天坛祈年殿就是北京这个不朽城市的象征，1998年被联合国教科文组织列入世界文化遗产名录，有583年的历史。

（女）天坛位于北京天安门的东南，始建于明成祖的永乐十八年，也就是公元1420年。它的原名叫"天地坛"，是明清两代皇帝祭祀天地之神的地方。明代嘉靖九年，也就是公元1530年，这里就是专门为祭祀上天和乞求丰收的场所，并且把它改名为天坛。天坛有坛墙两重，南方北圆象征着天圆地方。

（男）我们在介绍天坛，但是我的眼睛一直没有离开眼前的天坛祈年殿的大殿，现在天坛祈年殿的大殿被灯光映射成墨绿色，天坛下面的三层台基包括后来加上的都被人群站满，上面是一片灯的海洋。

……

（会徽揭幕同期声：请委员会主席维尔·布鲁根先生为会徽揭幕！同时邀请

刘淇、盛华仁、傅铁山、陈至立、李萌、袁伟民同志和吉尔波特菲先生与我们一起共同见证会徽的揭幕这一历史时刻!)(掌声)

(《茉莉花》音乐)

(男)听众朋友,现在,在《茉莉花》的音乐声中,嘉宾们已经走上了天坛祈年殿的第一层台阶,他们将揭晓我们期待已久的奥运会会徽。

(女)听众朋友,现在是2003年的8月3日,北京时间20点59分,百年奥运会史将记住这一历史时刻,中国首都北京天坛祈年殿,中国全国人大常委会委员长吴邦国和维尔·布鲁根先生等贵宾们将为第29届运动会也就是2008年北京奥运会的会徽揭幕。

(男)听众朋友,现在所有人都在关注着我们的转播,关注他们打开那个我们期待已久的盒子,看一看奥运会会徽到底是什么样子——我们期待着。

(会徽节目同期声:请吴邦国和维尔·布鲁根先生揭幕!)(掌声)

(女)听众朋友!北京2008年奥运会会徽发布仪式还在继续,但是因为时间的关系,国际台对北美地区的广播到这里就结束了,国际台对东南亚的广播还在继续,欢迎听众朋友继续收听我们对北京2008年奥运会会徽发布仪式的现场直播!

(雄伟的现场音乐声逐渐大起来)

(男)2008年北京奥运会的会徽面世了!我们已经看到了。

(女)是的,嘉宾的身后竖起了一块巨大的牌子,这个牌子上就是——2008年北京奥林匹克运动会的会徽!会徽名字是"中国印——舞动的北京"。它是以印章的表现形式,将有中国特色的印章和书法等艺术结合在一起,经过艺术手法夸张和变形,巧妙地幻化成了一个向前奔舞着的迎接胜利的人形。

(会徽揭幕同期声:中国奥运会主席、北京奥组委执行主席袁伟民向国际奥委会执行主席吉尔波特菲先生赠送北京奥组委会徽!)

……

(男)中国国际广播电台华语台,海内外的听众朋友,您现在收听的是刘红和赵健为您在北京天坛祈年殿前现场直播的"2008年第29届北京奥林匹克运动会会徽揭幕仪式"。

(女)到这里呢,我们的直播很快就要结束了。现在是北京时间8月3日21点09分,接下来,天坛祈年殿还将举行由著名导演张艺谋导演的精彩的文艺演出,由于时间的关系,我们今天的直播就要跟您说再见了。

（男）主持人刘红、赵健和嘉宾主持黄永国代表节目监制何劲草、张秀娟，节目导播段爽，采制钟庆，技术支持侯贵才、史国普感谢您的收听。

（女）听众朋友，已经连续60分钟收听我们的节目了，非常感谢各位一直守候在收音机旁，同时很高兴和各位一起度过这个美丽的北京之夜！

（男、女）晚安，北京！晚安，听众朋友！

（现场音乐起，结束）[1]

中国国际广播电台的这期现场直播节目是针对一个事先预知的新闻事件——2008年北京奥林匹克运动会会徽的发布仪式而做的。由于事先知道发布仪式的相关程序以及内容，因此直播节目的策划非常详细、到位，相关采编人员对于此次直播节目的报道意图领会得也比较深刻，整个解说、采访都紧紧围绕主题进行；背景资料在节目中的运用非常丰富，恰到好处地丰富了节目的内容；主持人的现场解说较为灵活，圆满完成了长达一个小时的直播节目；此次节目的顺利转播也离不开各方的通力配合，各方的通力配合是此次直播节目顺利完成的保障。

本章练习

1. 广播新闻编辑要完成哪些任务？

2. 广播新闻编辑提出报道思想的具体要求是什么？

3. 广播新闻编辑怎样才能做好组稿、约稿工作？

4. 请结合广播消息的写作要求，评析下面的消息。

在经历了两年左右跌势之后，最近，大米价格露出回升之势。据浙江省城调队资料，2月，全省稻谷价格比去年同期上涨36.9%，大米价格则比去年同期上涨9.7%。老百姓从市场上购买的大米价格也逐月回升，去年12月、今年1月、2月居民的大米消费价格分别比前一月上升0.5%、1%、0.4%。

近几年来粮食年年丰收，市场供应充足，导致粮价一跌再跌，"谷贱务农"，农户们开始减少大米的播种面积，令去年全省早稻播种面积比前年减少34%，早稻产量比1999年减少1/4，上市新米价格开始回升。不过，业内人士估计，由于库存粮食不少，不太可能出现大幅上扬。

5. 任选一档新闻节目，分析其新闻提要的写作。

---

[1] 陈敏毅. 国际广播节目精品集 [M].北京：中国国际广播出版社，2006：316-326.

6. 请结合广播评论的写作要求，评析下面的评论文章。

解决农民工工资拖欠问题，要有长效机制

今年我省为农民工追讨欠薪的行动，动手早，声势大，范围广。农民工辛辛苦苦忙活了一年，让他们欢欢喜喜、顺顺当当回家过年，不仅是按劳取酬的经济问题，也是关系到维护安定团结大好局面的政治问题。

尽管这次追讨行动成效显著，但我们也应该看到，解决拖欠工资问题，不能够年年拖欠，年年追缴，必须从源头抓起，寻求一种长效机制。

首先要建立健全法律法规及相关制度，用法律的利剑，斩断一些人恶意拖欠农民工血汗钱的念头，让这些人付出应有的代价。司法、监察、劳动和社会保障等部门要真正为农民工撑起"保护伞"，为农民工撑腰、说话、办实事，使追讨行动制度化，成为各级政府日常工作的内容之一。要加强对用工单位的监督检查，发现问题，及时解决。要为农民工反映问题、维护自身利益开辟更加便捷、畅通的渠道。面对不守信用、恶意拖欠工钱的行为，农民工也要拿起法律的武器，维护自己的合法权益。

7. 请结合广播新闻稿的修改方法，对上面两篇广播稿进行修改。
8. 请简述广播新闻节目策划的分类。
9. 请为学校广播电台策划一档新闻节目，写出策划方案。
10. 根据广播新闻编排要求，评析以下新闻栏目的编排。

《新闻和报纸摘要》（2003 年 7 月 22 日）

提　要

中共中央政治局会议部署经济工作和公共卫生建设工作，胡锦涛主持会议；
中共中央党外人士座谈会，听取经济工作和公共卫生建设的意见和建议；
胡锦涛、江泽民分别会见英国首相布莱尔，温家宝与布莱尔举行会谈；
李长春结束对古巴、阿根廷和新西兰的访问到北京；
共青团十五大今天开幕；
第五届亚欧经济部长会议准备就绪，今天在大连开幕；
云南大姚县昨夜发生 6.2 级地震，救灾工作连夜展开；
内蒙古一栋三层楼坍塌 4 死 3 伤；

大庆油田勘探取得重大突破，油气储量还可开发100年；

5 000多船只堵塞京杭运河扬州邵伯湖段11天，何时开禁无法确定；

今日天气。

简 讯

中国石油上半年销售收入近2 000亿元；

上半年全国烟草行业税利860亿元；

教育部紧急通知，要求各高校确保经济困难学生顺利入学；

民政部公布《流露乞讨人员救助管理办法实施细则》；

国土资源部向社会征求修改《矿产资源法》的意见和建议；

国家将制定《国防教育大纲》；

建设部要求切实做好城市防汛工作；

2003年度企业法律顾问执业资格考试时间推迟；

二季度全国农产品价格指数小幅上升；

上半年民航投诉数量大幅增加；

国家抽查皮鞋质量的问题；

中国美术馆重新开馆；

四川客车坠江事件新进展；

内蒙古打出一眼出水量最大的深水井。

媒体介绍

《中国税务报》：今年上半年全国农业税收373亿元；

《中国证券报》：国资委明确表示，从没制订过国有股流通办法；

《中国电子报》：健康空调的技术标准要制订；

《经济日报》：长春汽车博览会留遗憾——适合农民的轿车一辆没有；

郑州电台：京广、陇海高速客运专线着手立项；

江西电台：江西新规定——砍树之前先栽树；

广东电台：广州药品超市药品价格比市场价低四成；

利比里亚反政府武装攻入首都，与政府军展开激战。

11. 什么是新闻直播节目？新闻直播节目有哪两种形式？

12. 演播室直播节目与新闻现场直播节目有何异同？

本章参考文献

［1］王瑞堂．广播编辑学［M］.北京：新华出版社，1992.

［2］陆锡初．广播新闻编辑教程［M］.北京：中国广播电视出版社，1995.

［3］方毅华．广播电视新闻编辑原理与实务［M］.北京：中国广播电视出版社，2007.

［4］程道才．广播新闻写作［M］.北京：中国广播电视出版社，1999.

［5］李东．广播节目策划论［M］.北京：中国广播电视出版社，1999.

［6］北京广播学院新闻系．《广播专题讲座》参考资料［M］.北京：中央广播电视大学出版社，1987.

［7］沈嘉熠．广播学概论［M］.上海：上海外语教育出版社，2007.

［8］张骏德．现代广播电视新闻学［M］.成都：四川人民出版社，1996.

［9］梁巾声，李子先，戴鹰．广播电视新闻百题问答［M］.北京：中国新闻出版社，1988.

［10］孟建，祁林．广播电视新闻范文评析［M］.北京：新华出版社，2001.

［11］张莉，张君昌．中国广播名栏目［M］.北京：新华出版社，2005.

［12］陈敏毅．国际广播节目精品集［M］.北京：中国国际广播出版社，2006.

［13］潘力，汪洴．最值得倾听的声音［M］.北京：中国传媒大学出版社，2005.

［14］沈鹏飞．播音文体作品解析［M］.北京：中国广播电视出版社，2002.

第四章

电视新闻编辑

电视新闻稿件写作

一、电视新闻体裁分类

不同的电视新闻体裁有不同的写作要求。作为电视新闻编辑，要能根据不同的素材采集情况和具体的播出环境，选择相应的体裁，写作新闻稿件。

（一）电视消息

电视消息能够简明扼要、迅速及时地报道各地最新发生的事件。以消息为主体构成的新闻栏目是电视传播机构实现"国内外要闻总汇"的主渠道，是观众了解国内外大事的主要窗口。按照新闻篇幅的长短，时长在 1 分钟 30 秒内的为短消息，时长为 1 分 30 秒至 4 分钟的为长消息。电视消息按照表现形式的不同，可以分为以下几种。

1. 字幕新闻

当代新闻传播追求"现在新闻现在报"的原则，许多新闻具有突发性和不可预见性，而中断正常新闻节目播出流程的机会毕竟是有限的，因此，以报道突发性事件为内容的电视字幕新闻就成了保证新闻时效性的有效手段。电视字幕新闻还可以天气预报、股市行情、节目预告等资讯为内容，在屏幕下方以滚动字幕出现，增加单位时间内电视新闻的信息量，同时又不影响正常新闻节目的播出。电视字幕新闻写作必须重点突出，简明扼要，要求将人、地、事等最有价值的要素高度概括、准确无误地表达出来。

2. 图片新闻

图片新闻是指单纯以单张或成组的新闻照片作为全部画面要素（包括对照片的特技处理），结合文字解说来报道新闻的一种电视新闻形式。

3. 口播新闻

口播新闻是指没有具体影像资料的配合，而是由播音员出镜播读文字稿。为了避免形式的单调，口播新闻中往往会运用照片、图表、地图、实物、标题字幕和背景资料等，尽量让单一的信息表现方式变得丰富起来。

口播新闻适用于政府公文、法令等表现方式单一的信息，也适用于播报影像资料一时难以得到的重大突发性事件。口播新闻写作要围绕单一明确的主题，传达简约、准确的事实内容，不作空洞的议论。

口播新闻还被运用于"电视读报"这种新闻形态中——主持人读报，辅以有关的新闻图片或报纸。2003年1月6日凤凰卫视开播的杨锦麟主持的《有报天天读》，首开电视读报的先河，这种新闻形态有助于提高受众的信息接收效率。运用这种形式，要对新闻信息进行精心甄选和扼要概括，把报纸的书面语言转化为适合电视表现的口语，并尽量适应节目主持人的语言风格，如杨锦麟（《有报天天读》）的不温不火、孟非（《南京零距离》之《孟非读报》）的慷慨激昂就是两种截然不同的语言风格。

4. 影像新闻

影像新闻是指采用电子采集设备在新闻事件现场摄录下图像和声音，结合新闻文字稿对事实进行报道。它充分发挥了电视声画结合的特点，是真正意义上的电视新闻。影像新闻写作的关键是要处理好声画关系，电视画面能充分说明的，文字就不必再去描绘，要把精练的语言文字用来表达画面不能表达的信息。

5. 现场报道

现场报道主要有两种：

一种是现场的实况转播，是对新闻事件全过程的同时空传播。

另一种是指在新闻现场对新闻事件进行直接采访报道的方式，这种类型的现场报道需要在后期作一些编辑整合，其形式通常是记者在新闻事件现场，面向观众，在镜头前对事件作简要的介绍；随着报道的展开，画面将观众"带入"事件现场，最后画面又回到记者对事件作总结式的简要评论或评述[1]。在这种类型的现场报道里，记者对新闻事实的叙述必须在现场口头完成，但是这并不意味着记者的口头表述就是完全依赖现场发挥，而是有赖于大量细致的预测性准备工作，如提纲的准备、报道结构的选择、报道的位置、镜头的选择、新闻稿件的写作等。

---

[1] 沈国芳，颜纯钧. 影视写作教程 [M].北京：高等教育出版社，2005：184.

（二）深度电视新闻

甘惜分在其主编的《新闻大辞典》里把深度报道定义为"运用解释、分析、预测等方法，从历史渊源、因果关系、矛盾演变、影响作用、发展趋势等方面报道新闻的方式"，深度报道运用到电视领域，就是深度电视新闻。《焦点访谈》、《新闻调查》、《新闻会客厅》、《面对面》、《高端访问》、《社会纪录》等广受欢迎的新闻栏目走的就是深度报道路线。

深度电视新闻能够围绕社会普遍关心的热点、难点问题，以理性的分析揭示事实真相，以独特的观点引发观众的进一步思考，把新闻性、社会性、评论性紧密结合起来，满足了受众对信息的知晓度要求不断提高的需求。

深度电视新闻有以下三种重要的类型。

1. 连续报道

连续报道是指以正在发生、发展中的重大新闻事件为题材，进行及时而又持续的追踪报道。在写作上要注意保持每档节目文字叙述结构的相对完整；注重节目间的起承转合，在信息量上对上一档节目形成补充，并为下一档节目埋下伏笔，做到悬念迭起、引人入胜，激发并保持受众的收视兴趣。

2. 系列报道

系列报道是指围绕同一新闻题材，以统一的新闻主题为轴线，有计划地从不同侧面、不同角度作多次连续的报道。在写作上要注意：

（1）每期节目要能独立成篇，在开头结尾上不需要与其他单元刻意呼应。

（2）保持报道形式与语言风格的一致性。例如，某个系列报道由三个单元组成，如果第一单元是访谈形式、第二单元是调查形式、第三单元是评述形式，三个单元彼此的报道形式和语言风格就会有较大差异，削弱了系列报道应有的整体强势。

3. 组合报道

当一种报道形式无法详尽地对新闻事件进行全面报道时，可以综合运用消息、评论、访谈等多种报道形式对新闻事件进行完整透彻的报道，这就是组合报道。组合报道写作要注意围绕一条清晰的报道主线，确定每一单元的报道层次，根据不同的报道内容选择适当的报道形式，并根据具体的报道内容和报道形式选择相应的语言风格。

二、电视新闻各部分的写作

电视新闻一般由以下五部分组成，各部分都有其自身的写作特点，需要进一步认识。

（一）电视新闻标题

除重大时政报道、主题性报道或新闻专题片外，电视新闻标题一般只有主题，而略去引题和副题，这是电视新闻标题结构的重要特点。如果某则新闻属于重大时政报道、深度报道或现场直播中的一个单元，则可以采用分层分色字幕条的形式来展现这种局部与整体之间的关系。例如"岩松看日本：多元交织的二战史观"这则新闻标题就是这么进行安排的——

1. 电视新闻标题的特点

在风格上，电视新闻标题与其他媒介新闻标题也有较大区别。报纸标题更注重修辞和文采，广播标题更注重口语化和语感的流畅，网络标题更注重突出关键词和设置悬念，电视新闻标题则更注重简明扼要地概括新闻事实或表明观点，使观众看到标题就能知道新闻的内容，这是电视新闻标题写作的基本原则。因此，电视新闻标题多用实题，较少使用虚题或虚实结合的标题。如"十年一剑 书就亮丽青春——记某企业知识型先进职工标兵张某某"经过编辑处理改为"张某某：兢兢业业干出个样来"，修改后的标题突出了张某某的工作态度和决心毅力，后来又进一步被负责审片的领导修改为"某企业知识型职工标兵：张某某"，不仅突出了新闻要点"标兵"，而且使标题更加平实直白。

2. 电视新闻标题的要求

言简意赅是电视新闻标题写作的基本要求。好的电视新闻标题应该尽可能用较少的文字反映关键的新闻要素。例如，盘龙河今起整治（其主要字眼"今起整治"，反映了政府的实干魄力）；文山：规范私立幼儿园（以"规范"为中心词，联结起存在不规范现象的过去时空和教育部门正在实施的举措）。

但"言简意赅"并不意味着电视新闻标题只能以刻板平实、枯燥无味的面目出现。紧扣新闻内容，把握新闻灵魂，详加锤炼，仍然可以提炼出既能概括新闻事实又能朗朗上口、让人回味悠长的好标题。如"赵希海：18年'还债'18万棵树"，这个标题不仅点出了这个新闻事件中的人物、时间、事实主干和规模，还概括而又不失悬念地展现了赵希海这种坚持背后的心理动因。

（二）电视新闻导语

电视新闻导语往往以主持人（播音员、记者）口播的形式出现，它用简练而生动的文字表述新闻最重要的内容，位于新闻的第一句话或第一段，以吸引受众，揭示主旨。

写作导语时，要通过语序、语态、动词、句子结构等强调性技巧的使用，尽量突出受众最有可能产生兴趣的、最具有新闻价值的构成要素，如时间、地点或者人物身份、事件内容等。

比如：

太平洋上的岛国汤加今天成为全世界瞩目的焦点，再过一个小时，这里的人们将迎来21世纪的第一缕阳光。（突出地点）

刚刚过去的7月13日成为每个北京人难以忘怀的日子。（突出时间）

长江今年最大洪峰今天正式通过武汉关。（突出事件）

桑普拉斯又赢了！这位一度被认为已经黯淡的巨星今天再次站到了美国网球公开赛的最高领奖台上。（突出人物）

（三）电视新闻主体

电视新闻主体的结构主要有以下几种形式：

1. 倒金字塔结构

顾名思义，采用这种结构形式的电视新闻是按照新闻事实的重要程度来安排的，把观众最感兴趣、最具有新闻价值的事实安排在最前面，最不重要的放在末尾，让观众一开始就被精彩的内容吸引，知晓新闻的精华所在。

采用这种结构形式的电视新闻，其导语部分一般是以观众最感兴趣、最容易兴奋的事件要素来设定写作角度。因此，正文必须紧扣导语所设定的角度展开，首先回答导语提供给受众的兴趣点，满足因导语而引起的观众的心理期待，避免

正文与导语的切入角度不同。

2. 金字塔结构

采用金字塔结构形式的电视新闻，其导语部分一般是事件的梗概，主体部分按照事情发生、发展的先后次序安排材料。处理采用这种结构形式的电视新闻，要注意详略得当，强化主要事实，简化次要事实，不能平均用力，不能记流水账。

3. 逻辑结构

安排新闻主体材料时，遵循的是新闻事实内在的逻辑关系和发展规律。常见的有因果式、对比式、并列式等结构形式。

（四）电视新闻背景资料

背景资料不是新闻中的独立组成部分，而是以解说、字幕、照片、图表或FLASH 动画等多种形式对新闻进行说明、注释的附属事实资料，对新闻事实起渲染、烘托、补充的作用。少数电视新闻背景资料被安排在结尾部分，但大多数电视新闻背景被融合在主体部分。

电视新闻编辑处理背景资料应注意以下两点：

1. 简明扼要

背景资料的运用要根据主题需要，简明扼要而不喧宾夺主。围绕某一新闻事实的相关背景材料可能有很多，但受时长、篇幅的限制不可能全部用上，如果不加取舍、面面俱到，将会导致主次不分、冲淡主题，必须选择那些最需要解释说明的关键资料，以烘托、提升新闻主题。

2. 灵活运用

解说型背景资料要注意与画面、同期声等其他电视表现方式灵活结合，保证总体结构的流畅通顺。这就要求编辑在新闻的阐述过程中找到一个插入点和插入形式，不能生硬地打断新闻的叙述。

（五）电视新闻结尾

电视新闻结尾写作要注意呼应导语，使得整则新闻结构严谨，表达意义更加明确，并提升电视新闻立意。连续报道，要在结尾为连续报道的其他单元埋下伏笔，进行信息提示，提醒观众的后续收视。

标题、导语、主体、背景和结尾是电视新闻的基本构成部分，但这五部分在每则具体的新闻里并非缺一不可，在实际的电视新闻写作中不能生搬硬套，而应根据实际情况灵活运用。

第二节　电视新闻稿件修改

修改稿件是电视新闻编辑的重要工作内容，稿件改编、事实审核、辞章修改都需要电视新闻编辑在审查、改写稿件时精心把关。

一、改编稿件

改编稿件时，除要根据稿件写作的基本知识来删减枝蔓、补充材料外，还要能够根据栏目的特点及当期所有录用稿件的整体情况，对文稿作出富有全局意义的处理。具体包括以下几种情况。

（一）综合

有些稿件在主题上是相关的，但是彼此间有很多交叉重复的地方，这时候就可以把各篇稿件中相同的内容抽出来，并抽取它们各自最有特色的内容，将这几部分组合成一篇稿件。例如中央电视台《新闻30分》在2009年端午节当天的节目里，处理湖南台、湖北台、山东台、重庆台、浙江台、安徽台、贵州台、大连台、宜宾台等多家电视台传送过来的端午节活动消息时，就采取了这种综合的方式。编辑在导语部分是这样处理的："今天是端午节，各地的节庆活动不仅极富传统民俗味儿，还创意无限，热闹非凡。"这就概括了各地端午节在民俗节庆方面的相同之处，并使得接下来的消息主体能自然地引向观众的兴趣重点——各地不同的创意庆典，整合各地传送的新闻特色，展现了湖北武汉市东湖之滨的屈原像祭祀大礼，四川宜宾的抢鸭子，安徽合肥的舞狮、划旱船等生动热闹的活动掠影，避免了稿件间内容的交叉重复。

（二）分篇

有些长篇幅的稿件涉及的重要信息比较多，若逐一单篇播发，占用时间太长，观众容易疲劳，将其按具体主题分编成一组播发，可以加快节奏、突出重点。

（三）回叙

连续报道要求后一单元的新闻信息要对前一单元的新闻信息有所承接，并进一步进行补充深化。因此，在连续报道中，对已播出过的相关内容要作简要复述，借助回叙手法帮助观众更好地理解本条新闻。

二、审核事实

电视新闻编辑审核事实要特别注意下面几点。

（一）名称

名称包括人名、地名、国名、单位名称、团体名称、组织名称、行政区划名称、职务名称等。

1. 准确使用名称
全称与简称要准确使用。简称必须是约定俗成的、公认的，不能自造。

2. 注意名称变化
有些地名、行政区划、人的职务经常发生变化，要注意核对，不能凭经验办事。

3. 核对字幕名称
在图像新闻报道中，人名、地名经常要打出字幕，要注意核对名称与声音、图像、照片是否一致。

（二）数字

数字是电视新闻稿件中最容易出错的信息之一，编辑在写稿、配音、添加字幕和图表时，要对关键的数字反复核对、确认。

（三）时间

要特别留意"昨天、今天、明天"等提法里所指称的日期是成稿日期还是播出日期，两者是否一致。例如，2003 年 5 月 22 日《新闻 30 分》节目中，有一则新闻的主要内容为"今天河南焦作一老妇掉入一口深 30 米的水井中，几名武警战士将其救出"，而这条新闻在 22 日之前的其他新闻节目里就已经被播出过，编辑在编发这条新闻的时候没有认真核实该则新闻里"今天"这一提法指称的是"成稿日期"还是"播发日期"，这样的错误应该避免。

三、修改辞章

修改辞章要达到以下三方面的要求。

（一）表达方式口语化

1. 回避同音字词

电视新闻的解说与同期声都是以口语的形式存在，而文稿在书面写作时可能存在同音异字，转化为电视作品，就可能给受众收听造成困难。因此，编辑修改辞章要尽量回避同音字词，用没有歧义的字、词来表达，或者利用上下文的语境来消除这种歧义。比如，"授之以鱼不如授之以渔"这句话用在书面媒体的新闻报道里很有概括力，很有思想深度，很有文采，但是用在电视新闻报道里却未必适合。

2. 慎用文言词汇

电视新闻语言要尽量避免使用生僻的文言典故、文言词汇。如"成事不说，遂事不谏，既往不咎"——这组文言词汇要表达的意思是"已经做过的事情不用再说了，已经完成的事不必再规劝了，已经过去的事不要再去责备追究了"，显然，"既往不咎"在现代生活里属于依然富有生命力的语言，为人们所熟悉，可以采用，但是其余两句则较生僻，应当慎用。

（二）抽象数据形象化

编辑修改稿件数据要秉承少而精的原则，并尽量将抽象的数字转化为具体可感的形象，化枯燥为生动。常用的方法有如下几种。

1. 由小及大

一些微观数据要推演放大，让观众明白其中的意义。比如谈节约用水，引用数据："据测试，某种型号的自来水龙头，假如没有拧紧，漏一分钟浪费水大约22公斤。""22公斤"这个数字可能还不够让人震撼，那么可以推演一下，漏一天合31吨水。这样一来，浪费的严重性就凸显出来了。

2. 由大化小

一些比较大的数据，给人的感觉可能比较宏观，很难有一种具体的概念，这时候要换算化小，使观众感觉触手可及。比如，中央电视台的电视系列节目《弹指一挥间》中说，新中国成立初期我国化肥年产量仅有5976吨。这是个什么概念呢？怎样才能使它形象化呢？解说词告诉观众："这个可怜的数字，按我国耕地面积平分，每亩只有50克多一点儿。"[1]

3. 换算

抽象的数据，如果换算成可以感知的形象，有助于增进受众对新闻信息的理解。例如迪斯尼乐园落户香港时，某则电视新闻报道中指出它的面积为260公顷，很多普通受众想象不出260公顷到底有多大，如果能以观众相对熟悉的某个事物（如某大学校园）的面积来作为换算单位，将使未能亲历现场的观众更加真切地感受到香港迪斯尼乐园的规模之大。

（三）语言风格个性化

1. 新闻本身的个性化

每一条新闻的内容和表现手法不同，所传递的情绪、节奏、风格也不同，修改时要考虑到这一点。比如，政治、时事类新闻，语言风格较为庄重；而体育、民俗、文化类新闻，语言风格较为轻松活泼。

2. 栏目的个性化

不同的栏目风格对稿件的语言有不同的要求。中央电视台《新闻联播》要求语言庄重、严谨，中央电视台《午夜快报》要求语言干练、明快，福建新闻频道《F4大搜索》以温情的调侃为特色。

3. 主持人的个性化

编辑在修改稿件时要有意识地兼顾主持人的播报风格。例如，中央电视台《本周》主持人贺红梅的主持风格轻松而不失庄重，随意而不失规整，平和而不

---

[1] 周勇.电视新闻编辑教程［M］.北京：中国人民大学出版社，2002：49.

失大气。与之相比，凤凰卫视《媒体大拼盘》主持人胡一虎的主持风格则更为随意、自然，甚至还带有娱乐性。

电视新闻节目编辑

现代电视新闻节目，要求编辑既要有深厚的文化底蕴和高超的艺术修养，又要有熟练的操作技能，这样才能保证节目质量，提高工作效率，做到"现在新闻现在报"。在目前电视台的节目后期实践中，线性编辑与非线编辑两种设备系统并存，电视新闻编辑应熟练掌握这两套设备系统的基本类型，根据实际情况合理选用。

一、线性编辑

线性编辑就是根据编导人员的创作意图，对记录在磁带上的节目素材进行选择，将选出的镜头按一定的顺序合成一个完整节目，然后记录在另一盘磁带上的过程。

（一）线性编辑系统的基本类型

1. 一对一编辑系统

一对一编辑系统由一台放像机、一台编辑录像机、两台彩色监视器和一台编辑控制器组成。该系统只能对画面进行直接切换，没有特殊效果处理。它的主要用途是对前期采录的原始素材进行一般性的编辑，或者完成其他格式、制式新闻的转录，以便统一播出线上的放像格式。目前在我国以 Betacam 以及数字系统 DVCOM 、DVCPRO 占主导格式。

2. 二对一编辑系统

二对一编辑系统由两台放像机和一台录像机组成，两台放像机可以联合编辑，每次编辑可以完成不同素材带上两个镜头的组合。将放像机 1 定为 A 带，放像机 2 定为 B 带，分别在两台放像机上寻找镜头的出点和入点，两个镜头的素材

画面必须在两盘磁带上，利用搜索盘，确定了出、入点之后，就可以进行编辑。放像机1先与录像机共同工作，编入A带画面，然后在A带画面的出点转为放像机2与录像机共同工作，编入第二个镜头，即B带画面。这种将两段画面连续地编辑在录像机的同一磁带上，就是A/B带编辑。这种编辑系统在一定程度上可以提高工作效率，同时由于系统里具备两种信号源，如果在此系统中接入特技效果发生器，就可实现叠、扫、换等特技效果的制作。

（二）线性编辑的基本方式

线性编辑有两种基本方式，即组合编辑和插入编辑。通常情况下，人们使用组合编辑将素材连接成新的连续画面，然后用插入编辑方式对某一段进行同样长度的替换。

1. 组合编辑

组合编辑是指将节目素材带上的视频信号、声音信号和控制信号按照事先编排好的顺序依次记录在母带上，串编成一个完整的节目。如果运用空白磁带进行组合编辑，最初的编辑点前必须有5秒以上足够预卷的控制信号，否则无法进行自动编辑。一般用直接录制的方法在空白磁带开头部分录制一段彩条或黑场信号。

2. 插入编辑

插入编辑是指将节目母带上不需要的内容用新内容作替换的编辑方式。这种编辑方式多用于对已编辑好的图像配音或者配好音后加图像，或者是对已编好的节目进行部分修改。

插入编辑时，如果录像机操作面板上的组合键（Assemble）指示灯亮时，可以同时插入图像和声音。如果组合键的指示灯灭了，按下录像键（Video），可以单独插入画面；按下一声道键（CH1），可以单独插入一声道声音；按下二声道键（CH2），可以单独插入二声道声音；也可以同时选择其中的某些信号组合。

使用插入编辑时要注意：一是在对节目中间部分进行修改时，要在母带上指定编辑的入点和出点，以免破坏被修改段落前后的画面或声音。二是插入编辑不能在空白磁带上进行，而必须在有控制磁迹的磁带上进行，如果使用全新磁带，事先要录好磁迹。

不管是采用组合编辑还是插入编辑，在线性编辑系统中，素材连接位置即编辑点的精确具有特殊重要的意义，可以借助 TC 信号和 CTL 信号来确定编辑点。

TC（Time Code）信号与录像带上每条磁迹一一对应，对每帧画面都进行了专门的地址标定，并按一定顺序编辑组成数字信号记载在视频磁带上，可以以时、分、秒、帧在录像机的计时器上显示出来，计时器的清零钮（Reset）对它不起作用，在脱机编辑时也可以使用。

CTL（Control）信号就是控制磁迹信号，它是由一个位置对录像机磁鼓入口来说相对固定的磁头按纵向等间隔记录在磁带边缘上的帧频脉冲信号，它与记录在磁带上的视频信号一一对应。当磁带运行时，编辑机对 CTL 脉冲计数，每 25 个脉冲为一秒。再者，CTL 信号计数在编辑机上可以在任意位置（如编辑入点处）清零，这样在电子编辑时就可以通过计算 CTL 信号得到重放图像的帧数，并换算出镜头的长度，方便地找到和确定编辑点。但 CTL 信号记录的只是磁带相对于录像机磁鼓的相对位置，不能用于脱机编辑的数据使用。

二、非线性编辑

（一）非线性编辑系统的优势

非线性编辑系统实际上是一个扩展的计算机系统。简单地说，一台高性能多媒体计算机，配以专用的视频图像压缩解压缩卡，再加上一个大容量高速硬盘或硬盘阵列，便构成了一个非线性编辑系统的基本硬件系统。

非线性编辑的软件系统可分为专用型和通用型。其中专用型的软件大都是由非线性编辑系统开发商根据他们所选用的视频处理卡的特点而专门开发的，能使整个系统性能较为稳定，如大洋、索贝、新奥特等。通用型的软件，既不是由视频处理卡制造商开发的，也不是由非线性编辑系统集成商开发的，而是由第三方的公司开发的，不依赖于专用的视频处理卡，如 Adobe Premiere、Vegas 等软件，这些软件只要安装在普通的计算机上即可使用。

在线性编辑中，难以对某一段落内容进行删除、缩短或加长中间的某一段，除非将那一段以后的画面和声音全部抹去重录。而运用非线性编辑，可以反复修改其中的任意片段，也可以根据制作人员的喜好和思路自主安排编辑进程；可以

先做中间内容，再做片头片尾；也可以先做片尾，再做内容，最后做片头；还可以自主调整镜头顺序，进行插入编辑。

（二）非线性编辑的主要流程

1. 素材采集

将磁带上的影片素材采集并存储在计算机硬盘上，并进行登记、分类。

2. 素材处理

对所采集的每段素材设定编辑入点和出点，并调整颜色或动作快慢等，进行简单的效果处理。

3. 时间线编辑

进行时间线编辑，主要要在时间线窗口的视频轨、音频轨、图文轨对素材进行整合处理。视频轨用于放置需编排的图像素材，图文轨用于叠加字幕和图片效果。不同的音频轨用来分别放置语音、自然音响、音乐和音效等声音内容，可以在音频轨上对不同时刻的声音电平作修改或作一些声音叠化效果。

4. 数字特技处理

非线性编辑系统中一般都有淡入淡出、叠化、滤色镜等二维特技以及卷页、倾斜、旋转、球化等上百种三维特技。除了选择非编软件内置特效以外，还可以安装外挂插件进行安装。但是，如果在新闻节目中过量应用各种特技，可能会引起人们对其真实性的怀疑，必须根据节目内容的情节发展、时空转换和节奏起伏变化的需要，来选择必要的特效。

5. 字幕制作

在字幕制作窗口中，使用者可以调用各种字体并设置字体颜色，选择静态或各种动态的字幕出现方式，并确定字幕在屏幕中的具体位置。

6. 成品输出

可以通过视频卡的输出接口把节目输出到录像带上，也可以根据用途转换成各种格式的数字视频文件，以光盘的形式输出。MPGE 视频流适合制作 DVD、VCD 光盘；AVI 格式还可提供给其他的数字制作系统使用；RM 视频流适合在互联网上播放。

第四节

电视新闻节目剪辑

剪辑就是通过蒙太奇技巧，按照一定的顺序，将不同内容的画面组合成场面，进而形成段落，以产生叙述、描写、对比、呼应、暗示等不同的艺术效果，在观众心理上产生不同的影响。在新闻节目中使用的蒙太奇主要有以下两大类型。

一、叙事蒙太奇

叙事蒙太奇的技巧可以保持所叙述的对象在时空关系上的明确性，注重镜头的记录和揭示功能，它可以细分为三种。

（一）连续蒙太奇

连续蒙太奇是指按照事件的自然流程、逻辑顺序、因果关系，以单一的情节线索组织镜头，是电视新闻中常见的蒙太奇手法。例如，石家庄电视台《社会广角》专栏曾经播出一则反映石家庄市石纺路下水管道堵塞、污水漫溢的报道，就采用了连续蒙太奇的剪辑手法。

镜头一：从石纺路的路牌拉出道路全貌，以画面语言告诉观众此街是个农贸市场，且已污水漫溢；

镜头二：在污水中过往的各种车辆；

镜头三：自行车躲闪汽车车轮溅起的污水；

镜头四：污水正在漫溢的下水井口（特写）；

镜头五：排水工人正在穿水下皮衣；

镜头六：在污水井口，排水工人下到污水外溢的井内（只露着一个头疏通）；

镜头七：排水工人从水中掏出一团棉纱；

镜头八：疏通出大量棉纱（特写）；

镜头九：（小全景）正在疏通的施工现场，众多围观的市民，并叠出字

幕——"提醒父老乡亲'常将畅时思堵塞，莫到堵时都腻味'"。

这条新闻在剪辑时按照单一的情节线索来组织，通过现场狼狈的状态这一"果"的展示，借助对排水工人工作镜头的记录来溯"因"，保持了所记录对象在时空关系上的明确性，交代了时间、地点、事件发生的顺序和原因，将新闻事件的要素交代清楚。

（二）平行蒙太奇

平行蒙太奇是指两条线索交错出现的组接方式，类似传统评书中的"花开两朵，各表一枝"。相邻的两个镜头之间没有"同时进行"的意义。

（三）交叉蒙太奇

交叉蒙太奇是指并列表现的两条或数条情节线索具有严格的"同时性"和密切的因果关系，并迅速频繁地交替出现，其中一条线索的发展会影响或决定另一条或数条线索的发展，相互依存、彼此促进，最后几条线索汇合在一起。这种方法能造成激烈紧张的气氛，引起悬念。在一些情节线索较为复杂的事件报道里，如关于案件侦破、人员抢救这类新闻报道里，常常采用平行蒙太奇和交叉蒙太奇手法。

二、表意蒙太奇

表意蒙太奇的目的不是叙事，而是"表意"。以镜头对列为基础，通过镜头在内容或形式上的相互对照、冲击，诱导观众的联想、思考，从而产生单个镜头所不具有的丰富含义，以表达某种情绪或思想。在电视新闻节目制作中，常见的表意蒙太奇手法有以下五种。

（一）对比蒙太奇

对比蒙太奇是指一对互相矛盾的因素组接在一起，产生强烈的对比冲突，如贫与富、苦与乐、胜利与失败的对比。例如，在1996年12月19日中央电视台《焦点访谈》节目中，关于石家庄郊区南高营村的报道中有这样两组镜头：一是一排黄色的四层楼衬托了农村的新气象；二是党委书记何胜国仍住在低矮的平房里。两组对比画面反映出何胜国这位农村基层干部先人后己的宽大胸怀和高尚情操。

（二）复现蒙太奇

复现蒙太奇是指从内容到形式完全一致的镜头在情节发展或情绪发展的关键时刻反复出现，以强化该镜头内容对主题的意义表达。

（三）积累蒙太奇

积累蒙太奇是指把表现主体不同、但从内容到性质上都相同的一些画面，按照动作和造型特征组接起来，强化这种造型所带来的特殊情绪气氛。如在新中国成立60周年阅兵的直播中，连续用多种角度的镜头表现不同受阅部队的雄壮。

（四）象征蒙太奇

象征蒙太奇是指利用景物等空镜头对节目主题和人物思想活动进行象征说明。例如，中央电视台《社会记录》的《油菜花开》，这期节目报道了涉嫌故意杀人罪的佘祥林在服刑11年后冤情大白的事件。这期节目在对出狱后在医院治疗的佘祥林进行采访以后，以一支金灿灿的油菜花开的远景作为转场，引入佘祥林原本平静的生活，然后以解说词"这样的幸福被终止在了那一年，也是油菜花开的季节"引入了佘祥林在涉嫌杀妻案后的悲惨遭遇。此处转场里再次出现了油菜花开的镜头，但这是一个以惨淡的黑白色调呈现在风雨飘摇中的全景镜头。这两个油菜花开的空镜头不仅有助于转场的流畅，而且有效地营造了意境，起到了强烈的象征作用，表达了节目编导对佘祥林的同情，对司法公安系统里存在的某些渎职现象的愤懑之情，增强了节目的感染力。

（五）隐喻蒙太奇

隐喻蒙太奇是指将内容截然不同的一些镜头连续地组接起来，造成某种意义，让人们去推测这个意义的本质。表意蒙太奇可以使新闻报道的内涵更加丰厚，思想意义更加深刻。

中央电视台《新闻调查》栏目曾经播出过一期名为《行贿"大公家"》的新闻节目，报道了福建省诏安县官陂镇的制假分子成立行贿组织"大公家"，逐层疏通关系并陆续得逞的丑陋行径。

当"大公家"把镇派出所收买以后，屏幕上出现了一张有着淡淡银丝、疏而不漏的蜘蛛网。在官陂镇镇委书记、镇长、副镇长等收受钱财以后，再次出现

了蜘蛛网，网和蜘蛛使劲地紧缠在一起，并在缠绕过程中发出"咯吱咯吱"的声音。这里的蜘蛛网就具有隐喻蒙太奇的表意作用，让受众联想到利益的诱惑使得这些领导干部陷入了制假分子们编造的黑网。

而当县公安局的主要领导收受贿赂后，屏幕上出现了红绿灯，先是红灯，后是绿灯。这里的红绿灯也与画面内容没有直接关联，但是它们与相应情节内容的组接却隐喻了县公安局在利益面前严重的渎职行为。

当县"打假"领导小组组长、副组长等全县几十名干部都被"大公家"掀翻以后，屏幕上出现了县党政办公大楼的画面，大楼前五星红旗迎风招展。这里运用的是对比蒙太奇，把国旗的神圣、庄严和这些官吏们钱权交易的肮脏、龌龊进行对比。这些表意蒙太奇的手法在配合叙事的同时，极大地丰富了新闻的情感内涵。

第五节 电视新闻节目的声音处理

作为电视新闻编辑，要处理好电视新闻节目中的声音，尤其要处理好解说词、同期声、音乐、音响等声音与电视画面的关系。

一、声音的特性

在电视新闻编辑中，恰当地运用声音的某些物理特性，可以给受众带来和谐的听觉感受，增强节目的吸引力。

音高也称音调，是指物体在振动时发出声音的频率。频率越低，音高越低；反之就越高。音高是声音物理特性的重要方面，每个人的发声音域不同，音高也不同。在电视新闻节目制作中，不同的音高搭配能够带来音调的变化和语速的变化，避免语音特性的单调带来的听觉疲乏。常见的音高处理方法有以下三种：

（一）男女双主持人的使用

男女音高不同，男性音调略沉、节奏稳重，女性音调比较活泼、节奏明快，这两种音高的搭配可用在一些时间较长的电视新闻节目里，缓解单一音调带来的听觉疲乏。所以，许多电视节目往往用双主持人主持，而且多采取一男一女的模式，如中央电视台《新闻1＋1》里的白岩松和董倩联袂搭档、《新闻30分》里胥午梅和纳森联袂搭档。一般来说，在综合性新闻节目中，男主持人适合负责重点新闻，其沉稳的音调与重点新闻严肃、稳重的气氛相得益彰；女主持人适合负责软新闻（如简明消息、体育消息等），其活泼的音调可以带动软新闻轻快的节奏感。

（二）主持人与配音员音高不同

单主持人的新闻节目，可以考虑安排两个在音高上有明显差异的人来担任主持人和录像片配音员这两种不同的角色，声音有变化、有起伏。

（三）两人轮播

一组集纳的新闻采用两人轮播的方式。在综合类新闻或专题类新闻里，连续播发的一组简讯，由于形式相似，往往容易混淆，用两名音高不同的播音员轮流配音，新闻与新闻之间能形成明显的间隔。

二、声音的类型

从声源的角度，可把电视新闻节目中的声音分为以下四种类型。

（一）解说词

电视新闻解说词是指由新闻报道者（记者、主持人、播音员等）面向受众播讲传达的一种经过新闻报道者整理、思考后的间接信息。它不仅可解释交代背景、整合画面信息，还可直接而明确地表达报道者的观点和情感。

（二）同期声

同期声是指新闻事件中人物的讲话，是电视新闻重要的声源组成部分，其使用有着特殊的意义。

1. 增强真实性

新闻事件的亲历者或知情人对事件的描述具有画外解说不可替代的真实性。

某电视媒体有一条新闻讲述的是某县农民为表达喜悦之情，将"三个代表"重要思想编成歌谣广泛传唱、广为宣传。全文用了大量的篇幅来讲述这首歌谣如何朗朗上口、宣传效果如何好等，但没有一句关于这首歌谣的同期声，观众只能远观不能近"闻"，听不到农民传唱歌谣的原声，新闻的完整性和真实性大打折扣。

2. 增强感染力

同期声由新闻事件当事人在采访现场直接进行表达，伴随着具体语言内容的，还有人物的语音语调、表情神态、肢体动作等体态语言，这使得同期声往往具有画外解说所没有的特殊的感染力。

例如，福建新闻频道的《现场全追踪》曾经做过一期节目《生命的高度》，这期节目的主要访谈对象是因为身材矮小而冒险做了美容增高手术的女孩儿小君及其家人。节目里有这么一段同期声——记者问道："把腿敲断，然后让自己的身高来增加，这种方式，其实很多的父母肯定是不能接受的。有些时候你会不会受到一些质疑？"小君的母亲努力想要忍住的眼泪还是夺眶而出，以致她不得不对镜头做了一种暂停的手势，出了画面。在画面重新淡入以后，重返镜头之前的她告诉记者："他们没有亲身感受，如果是他们的子女有这么一个问题，他们亲身感受一下就会知道了，那种切身的痛他们就会感觉得到，逼得你不得不作这个决定。"伴随着这段同期声，受众可以看到她脸上那份挣扎后的决绝及那份决绝背后的无奈，从而感受到社会对身高的歧视给这位母亲带来的沉重的内心折磨。这种感染力是改用任何概括性甚至描述性的画外解说都无法企及的。

3. 增强隐蔽性

这种隐蔽性是指同期声可以间接表达媒体的观点。在新闻报道中，媒体为了保持立场的客观性，减少风险，有时候不方便直接表达观点，这时借助新闻人物来表达就是一种比较巧妙的方式。这种技巧特别适用于批评报道，采用暗访的手段获取被批评者的讲话，将其作为同期声展现给受众，让受众在负面人物的自我暴露里感受是非，感受媒体的实际立场。中央电视台《焦点访谈》曾经报道某地检察机关"门难进，脸难看"，一名检察干部面对摄影镜头骄横地说："我上管天下管地中间管空气。"这样的同期声一用，媒体的观点不言自明。

4. 增强客观性

媒体在展现新闻事件时必须保持其公正客观的立场，防止"一边倒"。在实践中，对于一些有争议的矛盾事件，将双方或多方的观点以同期声的方式展现，给不同的观点一种平等的表达机会，可以让受众从各方观点的论证中作出自己的判断。

（三）音乐

电视新闻节目中很少使用音乐，因为音乐毕竟不是客观真实的印象，在新闻中过多运用，难免会影响新闻的真实感。电视新闻运用音乐，主要有以下三种作用。

1. 渲染情绪、烘托主题

例如，中央电视台新闻频道2009年5月20日在直播炎帝拜祖大典时，在借助嘉宾的精彩见解对节目进行点评后，再次将镜头切换到现场的宏大画面，并配以现场的合唱《炎帝大歌》作为该专题片的结尾音乐。黄钟大吕般的合唱音乐让受众沉浸在庄严、正大、高妙的氛围，也恰到好处地烘托了节目"同根同源，爱我中华"的主题。

又比如，在前文所列举的《生命的高度》这个案例里，在采访快结束的时候，坐在电脑前的小君表达了她美好的期待："再过三个月，我就到大街上去逛去。"这时，画面先是切到小君家里正在播放着 MTV 的电脑画面，随机叠化为小君的手术画面及小君母亲在镜头前潸然泪下、离开镜头的画面。但电脑里的那段MTV 歌声却一直延续着成为这些画面的背景音乐："青春的日记，处处都有你。曾经说不在意，是因为太在意……"这段音乐的首句可视为现场的画内音乐，是这则新闻专题里音响的组成部分，但接下来的音乐段落则成了编辑有意保留、延续的画外音乐，既有助于转场的流畅自然，也恰到好处地表达了新闻当事人心头挥之不去的无奈。

2. 营造气氛

如中央电视台新闻频道的《焦点新闻播报》在整节新闻节目的最后"新闻奇趣"、"新闻视觉"这类小板块里，都会让观众欣赏一两条时装展示、文物展览、美食盛宴等方面的新闻，以画面展示为主，加上配乐，而几乎没有解说。在这里，音乐的运用强化了新闻的轻松感，而音乐替代解说也强化了这类新闻的展示意味。而在以简讯为主的快速扫描型板块里，运用富于动感的快节奏音乐，可以带动节奏，提升受众的兴奋度，弱化枯燥感。中央电视台《午夜新闻》在《午夜扫描》板块里对全天新闻进行快节奏扫描式回顾时，就使用背景音乐营造气氛。

3. 包装节目

在强化节目包装意识的传播环境里，新闻栏目的片头、片花、片尾往往也使

用音乐。不同节奏的音乐可以展示不同的栏目风格，并成为栏目段落化的手段。

（四）音响

电视新闻中的音响是指电视新闻中除了音乐语言及有明确语意的人声语言之外，所有能够传递信息、表达思想、交代环境的一切声音形态的总称。它丰富了画面的信息含量，有效保持了空间真实感。

例如，2002 年 12 月 3 日黑龙江电视台《新闻夜航》节目中，播出了一条消息——《五十六中学音、美整合课》，这则消息全篇贯穿了现场效果声，把学生学习的歌声和朗诵声加入解说词中，作为背景效果声，大大强化了受众对这种新型授课效果的现场感受。

又如，有一篇电视新闻报道反映某村农民打破了农民只能种田致富的老框框，办起了高新技术企业，通过自力更生，使昔日的"穷窝子"一跃成为"金银窝"的事迹。报道一开始就采用了村办工厂上班号的同期声，出村民离家上班的画面，用讲故事的方式娓娓道来。上班号这一现场音响元素的应用，配合画面，增强了报道的真实性。

再如，1997 年三峡工程大江截流，中央电视台在进行直播报道时，特意安排录音师专门录制截流石块倾倒入水的声音，以增强新闻的表现力和冲击力。

三、声音和画面的关系

依据声音和画面各自展示的内容不同，声画关系共有以下三种。

（一）声画同步

声画同步是指话语、音响由画面中的事物发出，声音和画面所表现的都是同时同步发生的事件或者动作，音乐所展现的情绪、气氛也与画面内容完全一致。纪实性是电视新闻节目的重要特性，声画同步是电视新闻节目制作中常见的声画处理手段。

声画同步是声画关系最基本的形式，但在电视新闻节目编辑中，还可根据实际情况和传播效果的需要，对声画关系作出更为灵活的处理。例如，在处理字幕提要和播报提要之间的关系时，中央电视台《新闻 30 分》的这种处理方案就有其独特的传播效果：

字幕提要

（1）朱镕基参加消灭脊髓灰质炎强化免疫活动

（2）我们的20年：老总编抚今追昔讲小事

（3）国家税务总局要求各地加大清理欠税力度

（4）雅鲁藏布江大峡谷科考队在扎曲会师

播报提要

（1）国务院总理朱镕基今天上午到北京朝阳区新华幼儿园参加消灭脊髓灰质炎强化免疫活动。

（2）我们的20年，今天为你讲述一位老总编办报之初遇上的尴尬事儿。

（3）国家税务总局要求各地加大清理欠税力度。

（4）雅鲁藏布江大峡谷三支小分队昨天胜利会师扎曲。今天我们将用充分的篇幅为你展示世界第一大峡谷的独特风情地貌。

新闻提要一般是由字幕预告和播音员播报两个部分组成，字幕提要是画面语言的一种形式，它的语言文字往往具有书面性质，同时还要符合电视新闻标题言简意赅的写作要求。而播报提要是通俗易懂、朗朗上口的有声语言，可以对字幕提要的内容作适当扩展。在上述案例里，播报提要对字幕提要进行了恰到好处的展开，既补充了新闻事实，又弥补了字幕播报缺乏亲和力的弱点。

（二）声画并行

声画并行是指声音与画面各自独立、并行发展但又相互联系、和谐统一。比如电视专题片《邓小平》中一处声画并行的处理——画面是从空中俯拍的香港，声音则是邓小平生前说过的一句话："我想活到1997年，到香港我们自己的土地上走一走，看一看。"如果同样是这样的声音内容，但只是以声画同步的方式简单地配上邓小平说话时的特写镜头，就无法传达出作者对高瞻远瞩的小平同志的钦佩之情、怀念之意。

（三）声画对立

声画对立是指从"反方向"强化画面与声音的对立，声音和画面的情节或情绪完全相反，声音和画面以内在逻辑为基础，相反而相成，从而产生"第三义"，是对比蒙太奇在声画关系上的体现。

比如，一场比赛结束后，胜利一方的欢呼声和失败方的画面组接在一起，就

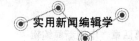

是一种包含着内在逻辑关系的声画对立镜头。又如《话说长江》在表现长江源头滴水成冰、天气非常寒冷时，解说词没有写冷，却转而写热："在长江的另一端，南京、上海的人们都热得恨不得脱去衣服，跳进长江里去游泳。"声音和画面的鲜明对比让人对长江源头的寒冷印象深刻，也通过上下游气温的巨大反差让人对长江的源远流长有了更深刻的体会。

"声画并行"和"声画对立"这两种形式也经常被合称为"声画对位"。"对位"一词原是乐理术语，它概括了复调音乐的特征，这种音乐运用"点对点"、"音符对音符"的原则，让两个以上有独立表现功能的旋律同时进行。这样就可以把音调不同、节奏不同的若干声部结合起来构成一首乐曲，并形成复杂多变的对位关系，但这些因素均服从于一个统一的风格。在电视新闻专题的制作中，这两种形式都有助于增强新闻的表意能力，增强新闻的感染力。

第六节 电视新闻栏目编排

电视新闻栏目由固定主持人主持，内容主题明确，风格和形式统一，有相对稳定的栏目定位，定时、定量、定期播出，有利于形成稳定的收视人群。电视新闻栏目编辑的基本要求如下。

一、精选头条

（一）体现栏目定位与风格

头条新闻体现栏目的定位与风格，不同的栏目有不同的定位和风格，要根据不同的栏目定位慎重选择头条。以 2009 年 5 月 21 日中央电视台 2 套《全球资讯榜》和当天中央电视台 1 套《新闻 30 分》这两档同处正午黄金时段的新闻节目为例，它们对头条的不同选择就体现了编辑对不同栏目定位与风格的尊重。《全球资讯榜》作为中央电视台经济信息频道新闻主框架的组成部分之一，在正午时段采用分类新闻排行榜的方式，为关心全球经济、社会生活资讯的观众提供以国际为主、国内外融通的全球资讯。该节目根据近期甲型 H1N1 流感肆虐、节目受众对该新闻话题高度关注的背景，选择了"北京报告第二例输入性确诊病例"作为栏目头条，突出栏目的资讯特质。《新闻 30 分》作为中央电视台名牌综合新闻栏目，其风格大气、专业，必须及时反映国内政治、经济、社会生活领域的重要新闻，其所选择的头条是"吴邦国与意大利参议院院长举行会谈并共同签署双方建立定期交流机制的协议"，而把"北京报告第二例甲型 H1N1 流感确诊病例"这条消息放在第二组稿群中播出。

（二）体现栏目编辑思想

头条新闻还显示栏目对新闻的价值判断，体现栏目编辑思想，进而影响受众对新闻信息的价值判断。例如，美国当地时间 1986 年 1 月 28 日上午 11 点 38 分，美国"挑战者"号载人航天飞机发射升空时发生爆炸，举世震惊。《新闻联播》的值班编辑毅然打破当时"先国内新闻后国际新闻"的编排惯例，把这条消息放在头条，突出了这条新闻的冲击力、吸引力，表现了栏目编辑的人文关怀思想。

二、形成段落

段落是使一档栏目层次清晰、结构明了的重要构件。段落的形态主要有以下两种类型。

（一）结构性段落

划分固定板块是目前很多时长超过 15 分钟的新闻栏目的重要特征，这些板块位置相对固定，板块之间有主持人的收视提示、片花、广告等鲜明的间隔元素进行区隔，形成了栏目的结构性段落。这种板块划分一般依据以下四种模式：

1. **报道内容**

按报道内容的类别划分，强调板块内容的特色，如财经板块、文化板块、体育板块。

2. **国内国际**

按报道对象所属地域来划分，形成明显的国内新闻板块和国际新闻板块。

3. 重要程度

按重要程度划分，形成要闻段和一般新闻段。

4. 报道样式

比如中央电视台《午夜新闻》所设立的五个板块——《午夜聚焦》、《午夜最新》、《午夜扫描》、《午夜背景》、《午夜轻松》就是强化板块在报道样式上的不同。

这几种板块划分模式可以单独使用，也可以结合使用。如第三个模式往往和第二个模式结合在一起，组合出国内要闻、国际要闻、国内一般新闻、国际一般新闻四个板块。《全球资讯榜》的五个板块——《要闻排行榜》、《财经新闻榜》、《新闻人物榜》、《公司新闻榜》、《科技新闻榜》、《今日之最》则是综合运用了第三种与第一种模式。

（二）自然段落

自然段落没有板块间隔的标志性元素，主要通过集合稿群的方式形成自然的层次感，由此形成强势，刺激观众，吸引其注意力。

1. 同题集中

同题集中是指将同一事件的相关报道组合在一起，使人们形成对事件的整体印象。例如，在 2009 年 5 月 21 日《新闻 30 分》栏目里的两条新闻"9 名犯罪嫌疑人被依法逮捕　3 名责任人被免职"与"遇难人员赔偿标准：每人 40 万元"都是关于湖南株洲市红旗路高架桥坍塌事故这一事件的相关报道，就可以进行同题集中。

2. 同类集中

同类集中就是把内容上有相似性、关联性、对照性的稿件集中起来，突出报道，引起受众的注意。

例如，"广东省有关方面表示对雷州海难事件中见死不救的行为要严肃处理"、"一呼吸和心跳停止 45 分钟的妇女起死回生"这两条新闻内容具有对照性，进行同类集中，可以使美与丑、善与恶产生鲜明对比。

又如，"天津沽衣街（当地古迹之一）拆迁"与"南方某地宋代村落遗址被毁"是两条从不同地点传回的新闻，但在性质上具有相近性，组合在一起，反映了城市扩张进程中文物的保护问题，给人印象深刻。

有些电视新闻稿件在内容上具有相似性或关联性，也可以进行同类集中，如

"北京报告第二例甲型 H1N1 流感确诊病例"、"教育部副部长慰问广大在外留学人员"、"全球甲型 H1N1 流感确诊病例达 10243 例"、"美国考虑提早开始季节性流感疫苗接种"，这四条新闻都是有关防控甲型 H1N1 流感的报道，属于同一领域的报道，就可以集中编排在一起。

在借助内容的相似性或关联性进行同类集中时，要注意选择中心稿件作为这组稿件的头条，并对其他稿件与中心稿件的关联程度进行分析，按照由强到弱的顺序进行编排。

三、掌握节奏

节奏的和谐变化是调整观众心理、帮助其保持积极收视状态的重要手段。节奏变化可从以下几方面着手。

1. 运用峰谷技巧

期望观众在收看节目时自始至终保持饱满的情绪是不现实的，必须正视观众收视过程里的"峰"与"谷"。将可能形成观众兴趣高点的新闻信息进行分散安排，并注意把握好其中的时间间隔，以使注意力相对疲乏、处于"低谷"状态下的观众在收视心理上因为兴趣点的重新出现而及时回到"峰顶"状态，减轻观众的疲劳感和厌烦情绪。

一般来说，跟观众生活关系密切（包括地理位置和心理位置）的东西，新鲜的、罕见的、反常的事件，现场感强、细节丰富的报道内容容易形成观众的兴趣点，可以在节奏编排里结合"峰谷技巧"巧妙运用。

另外，在受众注意力的"峰点"可以安排时间较长的重点新闻，在其注意力逐渐接近"谷底"的时候则要以短新闻来加快节目的节奏感，提升受众的注意力。

2. 运用各种报道形式活跃屏幕

常用的报道形式有：导语+片子、简讯、口播、口播插画面、演播室对接、现场报道、直播等，要将这些报道形式恰当混排。

3. 运用新闻提要

新闻提要集中勾勒出了节目的重要新闻，引发受众的心理期待，减少受众在注意力低谷时流失的现象。

4. 男女主播搭配

男女主播的不同音色特征有助于形成节奏区别。

5. 软硬新闻搭配

在硬新闻之间加入一些比较轻松的软新闻，会起到很好的调剂作用。如中央电视台新闻频道某节整点新闻的报道里，连续编排了这么几条新闻——"猪肉价格连跌 逼近救市底线"、"上海：家电'以旧换新'期待细则"、"台湾：'消毒洗手机'被误用 游客闹笑话"、"多项节能产品亮相科博会"，其中既有关系民生的硬新闻，又有轻松诙谐的软新闻。新闻氛围的变化作为有效的心理刺激因素，有助于提升收视效果，保障收视率。

总之，要尽量运用能够引起节奏和谐变化的因素，通盘考虑，使栏目张弛自如，以适应观众接收的心理节奏。

第七节
电视新闻节目播出

电视新闻编辑不仅负责节目的生产定型，而且负责播出。因此，电视新闻编辑还必须熟悉各种电视新闻节目的播出方式，根据实际需要选择适当的播出方式，并对节目的播出安全和传播质量把关，以取得最佳传播效果。

一、电视新闻播出方式分类

（一）简单直播

从1958年到20世纪70年代末期，我国电视新闻采制主要使用16毫米的胶片摄影机，而播出时则采用简单直播方式，即在演播室内用一台摄像机对着银幕上的胶片新闻，再用另一台摄像机拍摄事先写好的字幕，导播现场切换。

（二）录像播出

磁带录像机的诞生使得录像播出成为可能，我国在1972年首次使用录像播出。录播新闻展示的是已经发生的事实，前期制作者可以对事件过程进行选择性拍摄，后期编辑者可以对所拍摄的素材进行筛选和提炼，把新闻节目录制好，然后再播出，避免了可能出现的各种失误，并能把那些意义不大、拖沓的过程画面全部从叙述中清除出去，搬上荧屏的只是最能表现事件本质和最具说服力的镜头。缺点是后期的加工容易使报道带上编辑者的主观色彩，影响新闻的真实性；录播模式下分时段完成的拍摄、剪辑、编稿、修改、配音、审稿等工作占用大量时间，影响新闻的时效性。

（三）新闻演播室直播

新闻演播室直播实际上是新闻节目串联直播，新闻节目主播的口播、串联工作在新闻演播室现场采制，并与其他播出方式相结合，在同一时间同步播出。采用这种播出方式已经成了近年来电视新闻节目改革中的一项重大内容。目前，中央电视台《新闻30分》、《朝闻天下》、《晚间新闻》、《现在播报》等节目陆续实现了直播，特别是1996年1月1日改版后的《新闻联播》采用直播形式，新闻时效性大大增强。

在这种播出形式中，播音员在演播室主持新闻与电视台播出、观众收看在时间上是同步的，其截稿时间是新闻播出时间。在播出过程中，编辑将刚刚收到的新闻送到直播间及时播出是常有的事。中央电视台午间栏目《新闻30分》就有许多这样的例子：江泽民主席参加联合国成立50周年庆祝活动、从美国飞抵上海的消息是中午11点56分获准发出的，这时距离播出时间只有4分钟。编辑迅速处理成口播稿，在开播之际送到演播室，作为头条播出。京九铁路全线铺通庆祝大会12点08分结束，李鹏总理的讲话安排在大会的最后，编辑在三楼主控中心收录信号后，飞奔至二楼新闻中心编辑间，迅速编成一条有声有色的新闻，于12点11分播出[1]。

新闻演播室直播并不是严格意义上的现场直播，这种形式的直播只是在演播室部分，也就是播音员播报及导语部分，而真正的新闻主题，即新闻现场的画面以及同期声都是录制以后编辑完成的。

（四）新闻事件现场直播

随着 ENG、EFP 节目制作方式的普及，微波、卫星等先进传播技术的出现，

---

[1] 浙江大学本科教学多媒体网络课程. 新闻编辑评论学. http：//www. cmic. zju. edu. cn/cmkj/web - xwp/s/s_ 8/index_ s_ 8. htm

新闻事件现场直播成为当代新闻传播业日益成熟、重要的节目制播方式。

ENG（Electronic News Gathering），即电子新闻采集。这是采用一台便携式电视摄像机和一台便携式录像机或一台摄录一体机进行新闻采集的制作方式。通常，这样录制的内容还须进行电子编辑方可使用。

EFP（Electronic Field Production），即电子现场制作。它以两台以上的摄像机，一台以上的视频信号（图像）切换台，一个音响操作台及其他辅助设备（灯光、话筒、录像机运载工具等）组成整套设备系统，进行现场拍摄和现场编辑。利用EFP方式，可以在事件发生的现场或演出、竞赛现场制作电视节目，进行现场直播或录播。

在新闻事件现场直播里，电视记者在事件现场以完全纪实的手法对现场情景进行摄录并同步播出。镜头的拍摄、切换、解说词、字幕、必要的音乐等都要与现场事件同步一次混合完成，没有任何补救拍摄的机会。它展现给观众的是正在发生的事件过程，既使新闻的时效性由"Today News Today"变为"Now News Now"，也满足了受众对新闻真实性和时效性的追求。

新闻事件现场直播可以分为预知新闻直播和突发新闻直播。国庆、"两会"之类的题材，在新闻发生之前就可预先知道事件发生的时间、地点、主要人物及主要活动，可根据其所发生的区域范围、点位数量安排适当的人力、物力。一般而言，除了一定数量的单机直播，小规模的现场直播需要4~8部摄像机，大型现场直播则可能需要十几部、二十几部甚至三十几部摄像机。例如，1997年的"长江三峡大江截流"现场直播设置了24个机位，1999年的新中国成立50周年庆典现场直播设置了33个机位。

突发性新闻难以预知，是对电视工作者的巨大考验，需要编辑当机立断，建立最快速的新闻采集队伍，根据实际情况灵活采用各种传输技术和手段。获得第18届中国新闻奖一等奖的新闻现场直播节目《大雨袭杭州》在这方面就处理得相当出色。

2007年10月8日，国庆长假后上班的第一天，台风"罗莎"给杭州带来了50年一遇的大暴雨，城区道路交通中断，数十万居民受灾。面对这场突发事件，杭州电视台综合频道打破常规编排，派出25路记者，调集10路兄弟台和市级部门的报道资源，推出长时间不间断的特别直播节目，第一时间服务群众、提供信息、引导舆论。

直播组边直播边准备，调用了卫星直播车、全向微波直播车、城市交通监控探头、光缆、电话、网络、可拍摄手机等十多种技术和手段，共300多个直播信号通道，综合运用记者卫星连线、光缆连线、微波连线、电话连线、现场报道、最新消息、口播新闻、观众互动等形式，对抗洪救灾进行了多层面的展示，实现了新闻发生现场、播出、观众收看三者在时空上的零距离。在这次直播中，电视播出平台与城市监控网络联网，交警路面300多只监控探头成为电视直播机位，传回了最及时、最珍贵的灾情画面。

这次直播打破了"演播室主持人＋嘉宾"的模式，让市民参与直播节目。直播节目在第一时间开通了直播热线，接到市民关于灾情报料和求助电话千余个。住在重灾区留下镇的一位热心市民，趟着齐胸的水，送来了他拍摄的珍贵画面，他在第一时间被请进演播室，讲述他在重灾区的亲身感受和所见所闻。

直播节目资讯时时刷新，充满悬念。由于大雨来得突然，并且发展趋势难以预料，所以直播过程中没有串联单，编导只能根据实时情况作临时调度。递进的直播报道、赶制的最新消息、随时送达演播室的口播新闻、滚动的游动字幕信息等，这些随时刷新的新闻成为市民了解城市灾情的重要窗口，也成为杭州市委、市政府收集灾情、指挥抗灾的重要平台。

由于灵活、合理地运用了各种传输技术和手段，并受益于科学的节目制作理念，杭州电视台综合频道对台风"罗莎"的直播报道平均收视率为2.28%，创下杭州近十年来白天长时段节目收视新高。

二、合理选择播出方式

录像播出、新闻演播室直播、新闻事件现场直播构成了当代新闻传播三种主要播出方式。电视新闻编辑必须根据实际情况，合理选择最为必要的播出方式，避免滥用现场直播。

现场直播适用于有鲜活的人物、生动的过程、感人的情感或未知的变数的重要新闻事件，这样才能保持现场直播的新鲜感，保持直播对受众的刺激性和吸引力。而有些仪式性的事件，在性质上虽然很重要，但在内容上没有多少可看之处，既缺乏鲜活的人物、生动的过程、感人的情感，也缺乏进程的变数所能产生的收视期待，就不适合采用直播。在目前的"直播热"里，有些新闻编辑在处理这类事件题材时，滥用直播，虽然其所采用的嘉宾点评、背景介绍、观众参与等手段对节目内容有所丰富，但却因为题材本身事件性的缺乏导致直播进程沉闷

乏味。例如，中央电视台的"三江源自然保护区成立"、"北京老山汉墓"等新闻事件的现场直播就是失败的案例。与其如此，不如采用录播的方式展现题材中重要的新闻点，并借助适当的栏目编排手段，对与之相关的新闻素材进行集纳播出，这样更能营造新闻节目的节奏感，并节省直播所消耗的大量人力、物力、财力，合理配置有限的新闻资源。

<h2>第八节 电视新闻频道运作</h2>

电视内容资源的整合包括三种基本形式：节目、栏目和频道。这三种形式也大体上与电视内容发展的三个阶段相对应，体现了电视内容资源整合由初级向高级发展的进程。

对一个综合频道而言，中断正常播出而插播突发新闻事件的机会很少。保证新闻的时效性，必须在新闻栏目的整体配置上下工夫，提高每日新闻特别是滚动新闻的播出频率，使最新消息能够迅速赶在最近一档新闻中播出。因此，建立24小时不间断播出的新闻频道成为电视新闻发展的趋势。

20世纪80年代初，美国人特德·特纳在亚特兰大创办了世界上第一家24小时电视新闻频道——CNN（美国有线电视新闻网）。20世纪90年代中期，卫星通信技术、CATV（有线电视）及数字技术的运用，使电视事业发展至多频道时代，媒体环境的变化推动了频道专业化的步伐，电视新闻的发展也不例外。而经济全球化、文化全球化的步伐，也使得人们对国内外时事的资讯需求前所未有地高涨，为新闻频道的创立提供了基础。

到20世纪末，英国、德国、日本、加拿大等西方发达国家都陆续有了自己的国际电视新闻频道。这些专门播出新闻节目和具有新闻属性的节目的专业电视频道，内容全面、播评结合、形式丰富。设立纯粹的电视新闻频道，已成为各国电视新闻媒体的共识和努力方向。中国电视新闻频道也在这种技术环境、社会环境里应运而生。

1999年5月23日，福建电视台新闻频道正式开播，每天共设十多档自办栏目，内容涵盖国内外最新时事消息、言论、新闻深度报道、新闻调查、新闻故事、传媒广场以及非虚构性纪实节目等，每两小时以直播的方式与观众见面，重点致力于突发新闻事件的现场直播和重大新闻事件的特别报道，此外还提供最迅捷的气象实时预报和交通现场报道，被誉为"中国大陆第一家真正意义上的新闻频道"。

中央电视台新闻频道于 2003 年 7 月 1 日正式开播。它在开篇辞中表明：以"与世界同步"为宗旨，以"贴近实际、贴近生活、贴近群众"为方针，以"第一时间，第一地点"为追求，在新闻的滚动播出、深度报道以及现场直播等方面作出了有益的尝试，在抗击"非典"、三峡截流、伊拉克战争、神舟飞船发射等国内外一系列重大事件的报道中，彰显了国家级电视媒体的优势和实力，产生了良好的收视效果。

此后，上海、广东、北京等地方台纷纷打出"新闻"牌，推出带有地域视角和风格的新闻频道。中国电视新闻节目的频道化运作不断走向成熟，并在实践中总结出了一些有益的编辑经验。

一、建立大编辑部的频道管理机制

大编辑部制以整个频道为单元，以大编辑部为电视新闻频道组织结构的核心，直接管理内部所有的新闻工作者，统一新闻价值标准，统一策划选题，统一调度记者进行新闻素材采集工作，扩大了新闻信息资源的储备，加快了新闻更新速度，有利于保证直播、插播新闻节目的顺利进行。

例如，福建新闻频道值班主编负责在制度框架内行使节目、人员、播出的控制权，统筹安排，从策划、选题到采编播出，实现全频道的统一规划和管理。突发事件发生时，值班主编有权调整节目和调度人员。编辑可以直接找到主编，要求定夺是否马上组织一次现场直播并组织实施。栏目制片人对内依照相关制度行使管理权。这样，栏目组之间相对独立，但又是一个有机的大编辑部，新闻的采编和播出在频道内实现了组织化和系统化，尽可能使新闻资源得到高效、合理的配置，保证了快速报道和直播的运作，并能统一协调各栏目对重大事件作做连续跟进式追踪报道或系统报道。2001 年，美国发生"9·11"事件时，福建电视台新闻频道是当时所有中国大陆媒体唯一进行连续现场直播的电视频道。9 月 12 日，每个整点新闻都播出了事件的最新进展。在 9 月 11 日、12 日这两天，新闻

频道最高时刻创下了 AC 尼尔森 12% 的惊人收视纪录。这种新闻时效性是由灵活、高效的大编辑部频道管理机制保证的。

二、组建稳定灵活的稿源系统

电视新闻频道需要稳定灵活的稿源系统，才能保证各个新闻栏目内容充实、定位明确。组建稿源系统可从如下几方面着手。

（一）本台采访系统

每个电视台（频道）都会建立一个采访系统为后期提供公共稿件。但在运用这一稿源时，要就具体栏目对具体新闻的特殊采访要求与采访部的记者做好沟通工作，并尽可能确定一些可以适应栏目需要的记者，培养固定力量，保证稿源的稳定性。

（二）本栏目力量

一些重点栏目，如中央电视台的《新闻 30 分》，在创办伊始就确立了采编合一的体制，拥有自己庞大的记者队伍。采编合一的体制有利于栏目记者与编辑的沟通，使记者能够根据栏目的定位与风格做好策划和采访工作，提供优质稿源。

（三）台外新闻媒体

许多新闻具有突发性，不可完全预知，而任何一家电视台的反应速度、采集能力、采集范围都是有限的，完全依靠自身的力量，难以保证每次都能以最快的速度到达现场，从而影响时效性。因此，充分发挥各个电视新闻采集制作主体的力量，与台外新闻媒体合作，通过新闻交换体系迅速交流新闻资源，是开拓稿源的有益思路之一。具体的合作形式主要有三种：

1. 层级供稿体系

借助卫星通信和网络技术，在地方台、省台和中央台之间建立自下而上、单向的新闻供稿体系，这是中国目前最大的电视新闻节目流通网络。但这种流通是基于层级结构电视台布局体系里传统的行政约束和利害平衡，缺乏明确、完备的交换规则体系，不能充分保障节目生产者的正当权益。

2. 区域（城市）交换体系

这是一种双向的节目交流。例如，台湾一些电视台与我国大陆媒体如中央电视台、北京电视台、福建省广播影视集团等多家媒体在新闻资讯方面就有较为密切的合作。台湾 TVBS 每天提供最新的台湾时政和民生资讯给中央电视台制作台湾新闻；台湾 TVBS 则直接收录中央电视台一套每天《新闻联播》及四套相关新闻，及时改编播出。

这种合作方式在新闻节目中时常可见，实现了资讯共享、资源互补。2009年甲型 H1N1 病毒肆虐，台湾当局于 5 月 20 日上午宣布出现第一例输入型新流感病例，中央电视台新闻频道当天下午的《大直播时段：焦点新闻播报》借助台湾东森电视台记者陈国元对其在桃园医院的隔离治疗情况进行现场直播。

3. 协议供稿

一些电视新闻机构通过协议建立了比较稳定的、较长时期的供稿关系，可以以具体节目或具体供稿时间段为单元支付稿酬。例如，英国的路透社按合同每天向中央电视台提供一定数量的稿件，中央电视台则按年支付一定的费用。

（四）民间机构和个人

DV 的普及促进了影像制作大众化时代的到来，一些民间机构甚至个人都具备了采制新闻的能力。虽然这些民间制作的新闻作品在新闻理念与专业技术方面尚有欠缺，但其时效性、接近性与生动性却凸显出独特的新闻价值，在民生新闻异军突起的新闻生态现实里，它们的出现让电视新闻编辑稿源系统的组建有了新的源头活水。

例如，《南京零距离》在每天制作的 60 分钟节目里要播出 25～30 条新闻。提供这一保证的，除了节目本身拥有的几十位记者，还有 100 多人的百姓摄影师。一名百姓摄影师每个月要拍 30 条以上的节目，平均一天一条，有时一天还不止一条。

有一次，一座大楼倒塌了，一对夫妻正好经过，丈夫是外国人，他把大楼倒塌的过程全部拍下来，在《南京零距离》的转播车赶到现场连线的时候，这段用 DV 拍摄的画面通过转播车播放了出来。一位市民看到有人拆房子，就拿着 DV 在那里等，拆房时，由于操作失误，挖掘机被埋在倒塌的楼房面，这位市民拍摄下来的画面成了第一手资料。

三、从"资讯供应商"转变为"观点提供商"

直播常态化保证了新闻频道资讯的时效性,但不能满足于此,还必须善于对新闻资源进行整合和深加工,以自己独家的视角、观点和方法,为受众提供准确的判断和令人信服的独家观点。

四、实行大板块编排,明确专题栏目的定位

运作比较成熟的境外新闻频道在节目编排上有个特点:新闻和专题栏目少而精,突出大板块设置。如福克斯新闻频道从 7 点到 14 点,7 个小时内仅设置 3 个大的板块;美国有线电视新闻网从 6 点到 18 点,12 个小时之内,仅有 5 个大板块。美国的多项研究表明,如果节目时长为 1 个小时,那么可以保留 80% ~ 90% 的观众;如果分为两个节目且针对同一观众群,可以保留 60% ~ 70% 的观众;如果分为两个节目但是针对两个观众群,只能保留 50% 的观众。

国内多数新闻频道常用整点新闻连接前后节目,且整点新闻时间过长,成为影响常态节目收视提升的关键因素。以中央电视台新闻频道 2007 年的节目编排为例,其整点新闻的架构使得全天时段被分割,节目数量增多,全天收视曲线波动大,缺少较长时段的收视提升。同时,通过假期的一些特例,研究人员发现,整点新闻的剔除使得前后节目之间的观众流失明显减少。可见,引入大板块编排有利于提高新闻频道的收视率。

滚动新闻报道与专题新闻报道的结合既能实现新闻的快速报道,又能实现新闻的深度剖析,是新闻频道两种重要的节目架构形式。但各专题栏目应有自己明确的定位,避免同一频道不同专题栏目对同一事件的报道内容重复、角度重复。

第九节
电视新闻节目包装

据有关数据统计,我国各电视播出机构目前拥有电视频道 2 000 多个。其

中，如中央电视台、部分卫视（上星台）在观众心目中已经树立了一定的品牌知名度，但大部分电视频道品牌建设缺乏完善、全面的规划，总体水平也不高。许多电视频道的品牌包装还仅仅局限于某个栏目、某个节目，并且一味单纯地强调制作片头、片花、片尾等，缺乏系统、科学的频道品牌包装理念。作为电视新闻节目编辑，要对电视频道的品牌包装有系统、科学的了解，以增强频道本身的核心竞争力，适应媒介市场。

一、建立正确的频道理念识别系统

建立正确的频道理念识别系统（Mind Identity，简称 MI），应对频道的经营理念和传播宗旨有明确的认识。半岛电视台认定"这个世界不只有 CNN"；凤凰卫视宣称"给你资讯自主权"；福建新闻频道将"更多更快的资讯和服务"作为传播宗旨；中央电视台新闻频道把"与世界同步，与时代同步"作为传播宗旨。

频道理念体现着频道内部的核心文化价值。电视新闻编辑要深入理解频道理念所蕴含的价值观，并以此指导节目运作，理顺工作关系。例如，福建新闻频道的传播宗旨为"更多更快的资讯服务"，为了实践这个宗旨，他们进行大刀阔斧的改革，以主编负责制来进行节目运作；同时这个宗旨还指导着编辑把我国传统的新闻概念扩展为与人们在各个社会生活领域密切相关的信息，为受众提供包括重要新闻在内的各类资讯。除了正点播报新闻或半点播报新闻外，他们按目前国外一些电视新闻频道通行的做法，在一些非新闻时段或非黄金时段，穿插安排各种专题报道或分类新闻节目。这些节目涵盖了财经、文化、教育、科技、体育、影视、娱乐等领域的新闻，还提供心理咨询、旅游休闲和气象服务等方面的实用信息。

二、建设积极的频道行为识别系统

建设积极的频道行为识别系统（Behavior Identity，简称 BI），应做好电视频道品牌包装中的"离播包装"。离播包装是指电视媒介外的报纸、杂志、电台、网站、信笺、名片、促销礼品、户外广告、公益活动等的设计。例如，福建新闻频道自开播以来，就很注重公益活动的离播包装作用，举行了"阳光伴你同行"、"圆梦大学"、"十佳维权人物"等公益活动。同时，编辑还有意识地把这些宣传活动转化为节目资源，编辑成新闻节目播放，充分利用信息资源，对频道形象进行二度宣传，增进受众对频道的了解和喜爱。

三、建立有效的频道视觉识别系统

建立有效的频道视觉识别系统（Visual Identity，简称 VI），应做好电视频道品牌包装中的"在播包装"。在播包装是指非节目、非广告的那部分电视播出片的设计与应用，它的外延非常丰富，包括频道标识、基调、标准色、标准字、播出菜单、声音识别系统、问候语、话筒标志、主持人服饰与风格、演播室（虚拟演播室）设计、频道总体形象设计、频道形象宣传片、栏目形象、栏目编排节奏、栏目收视宣传片等方面的统一设计。这是一种利用电视自有媒体进行的营销行为，也是电视频道使用最多的营销手段。

在播包装要从频道实际出发，符合频道定位，突出频道特色。如中央电视台体育频道《体育新闻》栏目，根据其所处频道"体育立频"的特色，以充满激情与活力的红色调进行包装，强化频道的整体风格，有效地彰显了频道的特色定位。又如凤凰卫视，频道宣传片或预告片大部分都是围绕主持人的形象来打造并辅以必要信息，这种"以人为本"的宣传策略充分发挥了该频道雄厚的明星效应，突出了频道特色。

一个频道的整体包装放在其他频道品牌上也能适用，就说明它没有根据自己的频道定位与实际来进行特色打造。同时，这种频道包装不是对个别节目元素的包装，而是具有整体性、一贯性的包装，具有统一的规范。例如，东南卫视于 2007 年推出了《2007 东南卫视 VI 识别手册》，该手册就频道 ID、站牌、广告冠名标版、节目预告标版、宣传片中间版、宣传片落幅、宣传片转场、节目角标、片头落幅、片尾拉滚等每一项应用都进行了详细的说明，也正是这一系列的规范，才使得 2007 年东南卫视给人耳目一新的整体感，摒弃了先前的花哨与混乱。

本章练习

1. 简述电视新闻体裁分类。

2. 以下列举的是文山县广播电视台《七乡新闻》某期节目拟录用但还有待修改的新闻标题，请运用电视新闻标题的写作技巧对这些标题进行修改。

（1）马塘镇"两思"教育有声有色

（2）县医院二院综合楼工程公开招标择优确定施工单位

（3）上海青年志愿者"三下乡"服务队到文山义诊

（4）新平派出所抓获五名"六合彩"参赌人员

3. 电视新闻编辑应如何处理电视新闻背景？

4. 以下是江苏电视台卫星频道的主打新闻栏目《江苏新时空》播出的一则深度报道，请判断这则报道的具体类型，并体会、分析其各个单元在结构组织、内容选择和文字阐述方面的特点。

小学老师减负

播出日期：2003 年 3 月 14 日

一、正在现场：南京，为美丽老师送行

3 月 14 日上午 8 时，原山西路小学教师杨慧的追悼会在南京市殡仪馆举行，届时，许多市民及学生将为这位年仅 24 岁的美丽老师送行。

以创作南京大屠杀歌曲闻名全国的江苏作曲家敏群特地创作了一支歌祭奠杨慧，南京市雨花台功德园全体职工捐葬杨慧。作为南京敬岗爱业的好教师、好市民，杨慧遗体安葬于英模丰碑园。

二、新闻背景：生命陨落呼唤为教师减负

杨慧的早逝再次把减轻小学教师负担这个问题摆在了我们面前。

不容否认，中小学生有着较重的学业压力，然而同时中小学教师尤其是小学教师也承担着过重的压力和负担。

教学负担：从工作时间上来看，小学生早上 7：50 到校（在取消早自习之前到校的时间更早），所以，大多数的老师特别是班主任 7：30 之前必须到校。那些家住得远的老师甚至 6 点多就要出门赶车，来不及吃早饭是常事。中午本是休息时间，但现在在学校吃饭的学生越来越多，教师必须负护导之责。下午送走学生之后，还会有教科研工作、开会、备课等事。小学老师们在天黑后回家是常事。

学业负担：除了在校的日常工作，老师们还要忙着给自己"充电"。据统计，南京市今年参加教师自学考试的教师达 5 000 人，参加非教师专业自考的教师有 3 500 多人。有的教师还要参加现代教育技术培训、学习普通话、搞科研、出外听课、掌握教改新动向等。

身体负担：由于种种原因，小学教师尤其是女教师的工作强度和各方面的压

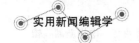

力非常大，不少教师患有胃病、咽喉炎等疾病。有关医学工作者认为，繁忙的工作使教师们尤其是有家庭负担的女教师们身心疲惫，长期劳累也容易引发各种慢性病。让人遗憾的是，教师的责任感和奉献精神使不少教师不把小毛病当回事，总是拖到无法忍受才去看病，最终使自己的健康受到极大的损害。

家庭（经济）负担：和杨慧一样，不少小学教师的收入不高，他们不仅要承担赡养父母的责任，而且要为子女的教育、住房、医疗等问题烦心操劳，经济上的压力和负担也十分沉重。

三、新闻特写：老师，请多保重！

杨慧老师的早逝，让人们更加关注中小学老师的状况，尤其是身体状况。

近日，南京市教育局就杨慧早逝一事再次提出，要落实教师体检制度。要求各类学校定期组织、安排好教师体检，对一些常见病、职业病要早预防、早发现、早治疗，防止造成小病不堪、积劳成疾、贻误生命的悲剧。

附资料：

《中华人民共和国教师法》第二十九条　教师的医疗同当地国家公务员享受同等的待遇；定期对教师进行身体健康检查，并因地制宜安排教师进行休养。医疗机构应当对当地教师的医疗提供方针。

河北省根据《中华人民共和国教师法》，建立教师体检制度。特级教师和具有高级专业技术职务的教师每年体检一次；其他教师每两年体检一次。

5. 以下是中央电视台《世界报道》在"9·11"周年纪念日里播出的几条新闻报道，请按照同题集中的相关技巧对其进行次序编排。

稿件1：五角大楼——修复完成后的追思

稿件2：世界各国举行活动纪念"9·11"事件一周年

稿件3：纽约——风笛悠扬悼亡魂

稿件4：布什在五角大楼发表讲话

稿件5：又逢"9·11"，他们这么说（"他们"指纽约当地人）

稿件6：又逢"9·11"，他们这么做（"他们"指纽约当地人）

6. 以下是中央电视台2009年5月28日《新闻30分》栏目所播出的新闻条目，请根据该栏目的定位、风格和形式上的特点，对这些新闻条目进行栏目编排并说明你的编排依据，要求在编排过程中尽量做到突出重点、形成段落、掌握节奏。

（1）我国积极申报端午节为人类非物质文化遗产代表作

（2）联合国安理会就朝鲜核试验问题决议草案磋商

（3）北京：儿童脊柱发病率增多　早期发现至关重要

（4）福建省首例甲型 H1N1 流感患者康复出院

（5）国家工商总局公布今年第一季度十大违法广告

（6）两年来 A 股首现月 K 线五连阳

（7）巴基斯坦塔利班宣称对拉合尔自杀袭击负责

（8）俄载人飞船奔赴国际空间站

（9）澳大利亚"流感游轮"再次出现疑似病例

（10）朝鲜再次表示将对韩加入"防扩散安全倡议"采取强硬措施

（11）各地群众欢度端午节

（12）广西：多措并举　严厉打击非法盗采行为

（13）欧佩克开会　国际油价半年来首次收于 63 美元之上

（14）中华老字号将接受普查　两大难题阻碍其发展

（15）日本专家说甲型 H1N1 流感病毒 13 年前或已存在

（16）冀纯堂被依法罢免全国人大代表资格

（17）新闻现场：美国——"疯狂"的司机

（18）巴萨球迷欢庆胜利　巴塞罗那警方逮捕 40 名闹事球迷

（19）泰国迎来首只大熊猫宝宝

（20）韩美联合司令部对朝情报鉴识级别提高到 2 级

（21）上海福建各报告一例输入型疑似病例

（22）审计署：地方配套资金到位率较低

（23）联合国下调 2009 年全球经济增长预期

（24）孟印热带风暴死亡人数继续上升

（25）美国重申将保护韩国和日本免受朝鲜威胁

（26）全球一天增加 444 例（甲型 H1N1 流感）确诊病例

（27）法网：李娜晋级女单三十二强　郑洁被淘汰

（28）新闻现场：二战服役军舰变"暗礁"

（29）欧冠联赛　曼联落败　巴萨捧杯

（30）上海食物中毒预警系统 6 月份开始启用

7. 简述电视新闻节目的播出方式并分析各种播出方式的优缺点。

8. 简述电视新闻频道的品牌包装策略。

本章参考文献

［1］沈国芳，颜纯钧．影视写作教程［M］.北京：高等教育出版社，2005.

［2］周勇．电视新闻编辑教程［M］.北京：中国人民大学出版社，2002.

［3］雷跃捷，张彩．电视新闻频道研究［M］.北京：中国广播电视出版社，2002.

［4］鲁涛．影视语言［M］.西安：陕西人民美术出版社，2002.

第五章

网络新闻编辑

网络新闻编辑的任务

网络新闻编辑有几种含义。第一种含义是指基于网络媒介运用网络传播手段，对网络新闻报道的内容和形式进行组织的活动；第二种含义是指以向受众提供信息及信息服务为工作任务的全新职业；第三种含义是指根据网络媒体（网站）的特点，按照新闻传播的规律挑选、加工和提炼新闻的工作；第四种含义是指从事网络新闻编辑工作、进行网络编辑活动或者以网络新闻编辑为职业的人。

一、网络新闻编辑的特点

网络传播的实时性、互动性和多媒体性等特点，使网络新闻编辑在新闻生产流程中呈现出与传统媒介新闻编辑不同的特点。

（一）更大的被动性与更强的主动性

新闻编辑是对已经基本成形的新闻产品进行最后加工，这种加工以已有的工作成果为基础，具有一定的被动性。网络新闻编辑是建立在传统媒介新闻编辑基础之上的，因此，被动性在网络新闻编辑也依然存在。开放的信息空间、丰富的信息、广泛的传播路径以及无序的信息流动，使得网络新闻编辑的被动性更加突出。

正是网络传播的特点，也赋予网络新闻编辑更大的主动性，给予网络新闻编辑更大的创造空间。

1. 梳理

在稿件整合过程中，网络新闻编辑可依据自己的主观判断和选择，梳理稿件之间的关联性，帮助受众更好地理解各种新闻事件和新闻现象之间的关系。

2. 专题

网络新闻编辑还可策划与组织网络新闻专题，即使是同样的选题，网络新闻编辑可以通过内容的选择与整合方式表现网站的个性，表现编辑独特的观察视角。

3. 评论

网络新闻编辑可根据稿件需要来撰写评论、组织评论、选择评论，深化与解读新闻，更好地表现编辑意图，引导受众。

4. 互动

网络新闻编辑可设计适当的互动形式，管理社区，充分挖掘受众在互动过程中形成的各种资源，将它们与新闻传播活动充分地结合起来，使之释放出更大的能量[1]。

（二）更快的时效性与更强的互动性

网络新闻编辑可运用实时的文字报道，以最快的速度报道正在发生的事件或此事件的最新进展，它可以是完全的同步报道，也可以是稍有时差的即时报道。虽然广播、电视都有直播这样的实时报道形式，但从文字报道方面看，传统媒介不具备运用文字手段进行实时报道的条件。电视虽然可以运用字幕进行实时文字报道，但运用的场合有限，它更多的是利用声像进行实时报道，而网络媒介运用实时新闻报道的频率与机会要大得多，实时文字报道成为网络新闻的一个重要特征。实时文字报道给网络新闻编辑提出了更高的要求，编辑要做到目光锐利、身手敏捷、倚马可待。

传统媒介的传播是单向传播，传播者与受众之间的角色分明，传播者居主动地位，受众处于被动地位，传受之间的互动不及时、不全面、不直接。网络媒介的传播是双向传播、多向传播，传播者与受众的角色常常相互转换，角色模糊，双方地位平等，可进行即时、全面和直接的交流，比如受众点击新闻、受众发表即时评论、受众提供新闻线索、在线交流、在线调查等，互动性大为增强。因此，在互动性更强的网络新闻传播中，编辑应随时征询和搜集受众的反馈信息，借以调整报道内容和方法。网络新闻编辑的互动性使网络媒体上的作品甚至新闻报道都不再是传播者的专利，而是互动的结果。

---

[1] 彭兰. 网络新闻编辑教程［M］. 武汉：武汉大学出版社，2007：12.

（三）更彻底的全时性与更多的层次性

网络媒介可在任何时间、任何地点对任何人在线发布新闻信息。网络媒介没有截稿时间，编辑 24 小时都处于工作状态，对突发事件具备相当强的应对处理能力，能争分夺秒地编辑新闻，抢得先机。网络媒介的受众处于世界的各个地区乃至各个时区，他们有各自的生活习惯和作息时间，对新闻信息的选择和阅读更是随时随地，这就要求网络新闻编辑不仅仅是完成某一天、某一时间段的新闻编辑，而是一种滚动的、连续的编辑过程。这一点是任何传统媒介都难以做到的。

传统媒介的新闻作品，呈现方式基本是单一层次的，即使有层次，也不会超过两层。报纸以版面空间为载体展示所采集到的信息，广播电视以时间为载体展示所采集到的信息，但是网络媒介的新闻报道，特别是通过网站发布的新闻作品却是具有层次性的。一篇完整的网络新闻作品往往具有标题、内容提要、新闻正文、关键词或背景链接、相关文章的延伸性阅读等五个层次。网络新闻作品的层次性，可更好地满足受众的个性化需要。

（四）更突出的技术性与更全面的综合性

网络编辑技术是一种电子编辑技术，包括数字化技术、超文本技术和多媒体技术，通过各种编辑软件对媒体信息相应的电子文档进行数字化的加工和处理。随着技术不断地推陈出新，网络媒介信息的编辑加工越来越细化和专业化，静态和动态信息编辑处理的手段也越来越有效和多样化。网络编辑技术的功能日渐突出，涉及领域大大拓展，从文本到超文本、从图像到视频、从图形到动画、从声音到音乐等，网络编辑技术对网络媒介新闻报道质量的提升、内涵的扩展起到了关键作用[1]。

网络新闻编辑的综合性体现在以下几方面：

1. 各种技术的综合

数字化技术、超文本技术和多媒体技术的综合运用，使得网络新闻编辑应具备网络资源的利用能力、网络新闻发布系统的运用能力和基本的网页制作能力。

2. 各种手段的综合

网络新闻编辑不是几种传统编辑手段的简单相加，而是不同手段深层的相互

---

[1] 蒋晓丽. 网络新闻编辑学 ［M］. 北京：高等教育出版社，2004：54.

渗透和综合运用，能够胜任文字、图片、图表、声音、视频、动画等不同类型信息的处理，发挥各种媒介手段的潜力。

3. 各种知识的综合

网络新闻编辑要完成大量的互动组织工作，这需要传播学、社会学、社会心理学、管理学等各种学科知识的支撑。

4. 知识与技能的综合

网络既是一种传播媒介，又是一种技术平台，运用网络发布新闻，不仅需要良好的新闻素养、其他学科知识的素养，还需要一定的技术能力、知识与技能的完美结合，才能胜任网络新闻编辑[1]。

5. 编辑流程的综合

各种编辑排版软件日益完善，可以将以往的编辑、排版、校对、发行等诸多工作同步进行或者混合进行，简化和强化新闻编辑，提高编辑效率。

二、网络新闻编辑的任务

传统媒介新闻编辑的主要任务是选题、组稿、加工、校对，周期相对较长，成本高，效率低，且有一定的策划盲目性。网络新闻编辑从事的是知识的生产、存储、传播配置的工作。一方面，网络新闻编辑有责任满足受众对已有及新增信息的需求；另一方面，网络新闻编辑还必须解决网络传播的弊端给受众带来的困难，如搜索信息、选择信息、鉴别信息、理解信息、判断信息、利用信息等。网络新闻编辑必须从一种更加宏观的角度来把握信息，由单纯的求新转向整理共享的、中肯的信息，因为分享和整理已有的信息比搜索纯粹的新信息更重要[2]。

（一）确定网页和新闻的逻辑结构

网站是由若干页面以一定的逻辑关系联系和组织在一起的，各个页面的结构是一种非线性的逻辑结构，通过超级链接的方式彼此关联，从而构成一个有机的整体。网络受众阅读网络新闻主要是依据网页之间的组织结构进行的。因此，确定网站逻辑结构的职能就是确定网站的界面设计：是将尽可能多的新闻放在首页

---

[1] 彭兰. 网络新闻编辑教程 [M]. 武汉：武汉大学出版社，2007：14.

[2] 蒋晓丽. 网络新闻编辑学 [M]. 北京：高等教育出版社，2004：58.

上，还是把它们分门别类、按等级放在不同的层次中。

网络新闻编辑除了要像传统媒介新闻编辑那样完成对板块、栏目的规划与设计之外，还要清晰地规划和梳理网状结构，既要考虑一个平面中的内容组织，又要考虑页面与页面之间的层次与递进关系，准确描述各网页之间的逻辑关系。

（二）信息导航与知识集成

网络为受众提供海量信息的同时，也给受众带来信息选择上的困难。网络新闻编辑的任务就是要广泛接触社会，深入生活实际，潜心研究，准确、敏锐、超前地为受众提供优质的信息服务，解决用户选择信息的困难。

网络新闻编辑应做到如下几点。

1. 广泛搜集信息

只有足够的信息量，才能满足受众的信息需要。搜集信息有这样几个步骤：广泛吸收信息，拓宽信息范围，加大信息含量；善于鉴别真假，自觉排斥那些会给社会和受众带来危害的虚假信息和不良信息；根据自己的传播需要建立系统、有序的信息库；将已经获得的信息分门别类地加以归档，并尽可能地加以记忆，以便根据需要随时调用。

2. 精心选择信息

仔细鉴别、精心挑选信息和知识，去粗取精，去伪存真，向受众传播有价值的信息。面对数量庞大的各种新闻，网络新闻编辑有敏锐的新闻鉴别能力，在不漏编新闻的同时，能准确地判断出新闻价值高的新闻报道，并充分发掘新闻事件的意义及影响，找出新闻事件与社会生活各方面的联系，发掘其潜在的社会意义。

3. 认真加工信息

信息必须具有知识含量，才能最大限度地满足人们的需要。网络新闻编辑承担的应是信息导航与知识集成的角色，所提供的内容应该是经过精心选择和加工的信息，而不是粗放的、杂乱的信息。网络新闻编辑要根据受众需求，将分散的各类信息优化合成为一个有机的整体，有效地控制信息流量、流速和流向，使受众直接接受已整合好的、可满足不同需要的专门化信息。同时，网络新闻编辑要发现信息中的错误和遗漏，进行修正和补充，对于信息中表达不清的地方，要认真澄清、理顺，充实和丰富信息，提供一些全新的、有价值的信息[1]。

---

[1] 董天策. 网络新闻传播学 [M]. 4 版. 福州：福建人民出版社，2004：223.

（三）信息把关与信息参谋

网络空间的高度开放，网络信息的自由流动，网络信息的无限丰富，信息传播路径的广泛，都使网络新闻的把关面临巨大的挑战。

就整个网络而言，把关是不可能的，但对于具体网站来说，网络新闻编辑仍然可发挥重要的把关作用。只要根据网络传播的特点，切实转变把关方式，就完全可以重新确立起网络媒体的信息权威。

网络新闻编辑应做到如下几点。

1. 成为信息提供者

网站提供的信息必须是高质量、有价值的信息，必须是对受众有用的信息，因此，网络新闻编辑要加大新闻信息资源的开发力度，提高信息传播质量。

一是要适应网络传播特点，加强即时新闻发布，以时效性赢得信息传播的主动权。

二是深度开发信息，以权威的背景资料、分析文章确立网络传播地位。

三是探索新闻信息传播的多媒体手段，运用多媒体语言和网络交互技术，高质量地完成对社会舆论的引导。

2. 成为信息引路人

网络新闻编辑应帮助受众在浩如烟海的网络信息中找到自己所需要的信息，发挥信息管理的经验，根据受众的要求，充当用户网上信息查询和浏览的向导，变"把关"为"引路"，扮演网络导游和信息参谋的角色，而不仅仅是一相情愿的信息筛选者的角色。

3. 成为网络传播的规范者

网络信息优劣并存、泥沙俱下，网络管理相当宽松，但网络的健康运行，离不开基本的行为规范和道德自律，而且在这样一种天生自由的虚拟环境中，传播伦理格外重要。网络新闻编辑可以借助信息和对信息的评价来表明网络媒体和编辑的态度，形成一种健康的网络伦理，在规范网络信息传播行为、抵制恶意传播和不良内容方面有所作为，成为网络传播规范的自觉倡导者和监督者，从而为受众提供一种价值和是非判断的标准，为受众提供一种必不可少的可靠信息源，促进网络传播的健康发展[1]。

---

[1] 董天策. 网络新闻传播学 [M].4 版. 福州：福建人民出版社，2004：228 - 229.

（四）潜移默化地引导舆论

在网络里，人们是自由的，强加的观点或生硬的规劝，很可能让受众反感，进而绕开节点，到别的网站寻找自己所需的信息。因此，网络新闻传播中的舆论导向必须更巧妙、更隐蔽，有意识、有计划地去报道事实和发表言论，在潜移默化中影响受众，促使舆论朝着新闻传播者所希望的方向发展。

网络新闻编辑可利用以下几种形式引导舆论。

1. 设置议程

网络新闻编辑可通过设置议程，在一定程度上实现对舆论的引导。议题提出后，持不同意见的受众在交流中就会出现争论，对最初设置的议题以及其后的议题进程，必然产生很大的影响，这种影响可能表现为"同向加强"，也可能表现为"转向削弱"。网络新闻编辑可通过议程设置，使用超文本链接，引导受众选择阅读符合议题设置的信息，利用正确的观点、翔实的论据和有力的论述去支持符合网络新闻编辑意图的意见，进而使这种意见获得多数受众支持而形成话语强势。

2. 网络论坛

网络新闻编辑可通过网络论坛等形式反映受众意见，让受众在交流中形成一致意见，实现对舆论的引导。网络的互动性，可实现编辑与受众的即时交流，以及受众（网民）之间的即时交流，如网络论坛、BBS 公告栏、主持人聊天室等；编辑还可通过电子邮件与受众交流，也可在聊天室与受众讨论，这时编辑要更多地把握和引导议题的走向。受众看到自己赞同的观点受到广泛的欢迎，就会积极参与进来，否则就不去理会它而保持沉默，如此循环往复，形成螺旋。

网络编辑可培养和巩固各板块自己的核心受众群体，利用网络受众的从众心理，保持传播者和受众思维和行动的一致[1]。编辑还可选择一些较为理性的受众意见刊登出来，让受众自己教育自己、自己引导自己。

3. 表明意见

网络新闻编辑可通过各种方式直接表明自己的意见，实现对舆论的引导。网络新闻编辑可通过撰写评论、配置评论来直接表达自己的意见；可通过大量的链接将其他媒体的评论、评价引为己用；可利用"网友来信"、"网友建议"、"网

---

[1] 蒋晓丽. 网络新闻编辑学 [M]. 北京：高等教育出版社，2004：66.

友调查"等手段，或邀请专家进行命题性讨论，间接表达编辑部的观点和意见，从而起到表扬、批评、要求、建议、号召及监督的作用；可通过 BBS 等网上论坛广泛吸纳受众的言论。网络新闻编辑的发言形式可包括文字、声音、图像、动画、漫画等多种形式，比传统媒介的新闻评论更有说服力[1]。

4. 时空手段

网络新闻编辑可运用时空手段来评价新闻事件，引导舆论。对一个事件的报道，在网上以多大篇幅存在、以何种频率更新、存在多长时间，在很大程度上就是编辑意图的巧妙体现。也就是说，在新闻网站上，编辑需要强化某些新闻事件报道，既可以运用报纸常用的空间评价手段，又可用广播电视常用的时间评价手段。

5. 稿件集合

网络新闻编辑可运用稿件集合的合力指向来表达编辑意图。稿件一般通过两种方式集合：一种是空间上的，即在版面上将有联系的稿件放在一起，成为同题集中或形成专栏；另一种是时间上的，即采用连续报道或系列报道的方式，使同一主题或同一事件的报道通过时间延续和信息积累而得到加强。网络新闻编辑综合运用这两种手段，对重大新闻题材进行多层次、多角度的报道，使稿件的群体优势得到有效发挥，充分表达编辑意图，引导舆论。

6. 多媒体

网络新闻编辑可运用多媒体形式凸显编辑意图。网络传播的信息是多媒体形式的，既包括文字、图片等静态信息，又包括声音、图像、动画等动态信息。编辑需要引起受众对某些事件的关注，就可充分发挥各种信息形式的特长，形成综合优势。在文字表述不能确证自己的意图时，编辑可发挥视听信息的"证实"作用，使受众"眼见为实，耳听为实"。

7. 特殊手段

网络新闻编辑可运用特殊手段在网页中形成强势，体现编辑意图。编辑可用给稿件配发图片的方式形成强势，吸引受众视线，促使他们阅读正文；可改变字符的大小和颜色，突出头条新闻；提高标题的准确性，并使标题能恰当体现内容的重要程度；重要新闻标题浓墨重彩，一般标题可适当轻描淡写。另外，强势也与新闻结构的层次级别有关，不同的新闻可给予不同的级别，重要新闻一般放在

---

[1] 董天策. 网络新闻传播学 [M]. 4 版. 福州：福建人民出版社，2004：232.

第一层次即首页上，次要新闻可放在第二、第三层次，从而使最重要的新闻可以被最快调阅到。

三、网络新闻编辑的内容

新技术的运用并没有改变新闻编辑工作的基本内容，只是操作方式发生了很大变化，减少了编辑的事务性劳动。网络新闻编辑工作的内容十分丰富。从总体上看，可分为三个层次，即宏观层次的网站定位、中观层次的组织与策划、微观层次的具体编辑业务。

（一）网站定位

网站定位就是网站新闻频道的整体策划。它是对网站的受众资源、网站自身资源等综合认识的产物，包括新闻频道的受众定位、内容框架、栏目规划、网站特色与风格、网络新闻的层次结构和界面设计等多方面。

（二）组织与策划

组织与策划主要是指网络新闻专题的组织与策划，这是网站变被动为主动、提高新闻竞争力的一种重要手段。受现行政策和法律的限制以及其他条件的限制，目前新闻网站还是以"粘贴型"、"编辑型"为主，从选题策划及采访报道方面看，新闻网站还是不成熟的。但是，从长远来看，网络的原创新闻必然会加强。因此，网络媒体也会像传统媒体一样，越来越重视选题策划的重要性，并以强有力的采访力量来实施选题策划。

（三）具体编辑业务

1. 网络新闻信息的选择

网络新闻信息的选择是网络新闻编辑的起点，是对纷繁复杂的信息进行筛选与价值判断的过程，也是一种把关的过程。网络新闻信息的选择要考虑新闻信息自身的真实性与新闻价值，也要充分考虑网站的定位及其所服务的受众对象的需要，还要符合国家的政策和法律。这一点与传统媒体是一致的。

2. 网络新闻信息的加工

网络新闻信息的加工是对传统媒介新闻编辑经验的继承与发扬。网络媒介新

闻信息加工的要求与报纸、广播、电视等传统媒介的要求是基本相同的，是保证网络新闻信息质量的一个重要步骤。由于网络传播的特点，网络新闻编辑需要对网络新闻信息的外在形式进行一定的改造，使之符合网络传播，适应网站的目标受众需要。由于网络的多媒体特性，网络新闻信息的加工不局限于文字稿件，也包括图片、图表、音频、视频等，这对网络新闻编辑的素质提出了更高的要求。

3. 网络新闻信息的整合

网络新闻信息的整合是通过对新闻素材的层次化处理，通过关键词超链接、相关新闻链接、背景链接等方式，拓展和加深报道的广度与深度。通过新闻报道单元的整合来加强新闻传播的效果，也已经成为越来越重要的手段。

4. 网络新闻信息的延展

网络新闻信息的延展体现在两方面：一方面，网络新闻编辑需要通过评论、互动及博客等多种手段的运用，来解读、延伸和发展新闻信息，形成一个更加完整、丰富的网络新闻传播体系；另一方面，网络新闻编辑还要有效地开展网络新闻评论的组织、网络论坛的管理、网络受众调查的实施、网络新闻传播效果的评估、博客与网络新闻的互动等工作。另外，一些新的技术，如移动通信技术，也在不断拓展着网络传播的手段与途径，它们也是网络新闻延伸的另一个层面。

第二节

网络新闻的编辑制作

一、网络文字新闻编辑

尽管多媒体性是网络媒体的突出特性之一，但文字在网络新闻报道中仍然是一种基础性的手段。网络文字新闻编辑可借鉴报纸文字新闻报道编辑的基本程序、方式和方法（可参照本书第二章相关内容或相关书籍），这里主要讨论文字新闻报道应用在网络传播中的不同特点。

在网络传播中，文字新闻的应用方式和手段比报纸丰富得多。文字新闻不仅可与文字、照片、漫画、地图、图表等静态信息配合使用，还可与音频、视频、动画、互动等动态信息和手段配合使用。文字新闻不仅可实时应用，还可非实时应用。文字不仅可以静态的形式出现，也可以动态的形式出现。文字新闻不仅可单独应用，还可与其他形式的新闻配合使用。文字新闻不仅可在新闻报道单元或新闻专题中唱主角，还可在新闻报道单元或新闻专题中当配角。

文字新闻可与文字新闻、文字评论等文字性信息进行整合，组成文字报道单元；可与新闻照片、新闻漫画、新闻图表、新闻地图、音频新闻、视频新闻、动画、互动手段等非文字性信息进行整合，组成以文字为主的、简单的多媒体报道单元；可配合新闻照片、新闻漫画、新闻图表、新闻地图、音频新闻、视频新闻、动画、互动手段等信息，起补充、说明、解释和提示的作用；可与其他形式的新闻一起，组成网络新闻专题。

（一）文字新闻的单独应用与配合应用

从形式上看，文字新闻在网络中的应用可分为单独应用和配合应用。

单独应用是指文字新闻是独立的，没有与其他形式的新闻配合使用。配合应用是指文字新闻与其他形式的新闻集成在一起，形成相互配合的关系。

1. 文字报道单元编辑[1]

网络新闻报道单元是指围绕一个特定的主题，由不同层次、不同形式的信息和手段共同组成的一个小的集合，通过它们的相互补充、相互配合，以达到更好的新闻传播效果，是对日常稿件进行整合的一种手段。与网络新闻专题相比，网络新闻报道单元的线索简单、明确，容量较小，新闻价值相对较小，对新闻素材的利用也较被动，一般不具有延展性。文字报道单元是网络新闻报道单元的一种，其整合方式有以下三种。

（1）多层次信息构成的文字报道单元。这种整合方式是利用超链接将主题分成若干层次，前一层次的内容是后一个层次内容的基础，后一层次的内容是对前一层次内容的展开、补充和延伸。在网络传播中，一篇文章的完整层次包括五个：标题（层次一），内容提要（层次二），新闻正文（层次三），关键词或背景链接（层次四），相关文章、评论等延伸性阅读（层次五）。

（2）多角度稿件构成的文字报道单元。这种整合方式是针对一个特定的主题，将几篇不同角度、不同侧面的报道揉合在一起，组成一个报道单元。每种角

[1] 彭兰. 网络新闻编辑教程［M］. 武汉：武汉大学出版社，2007：219－231.

度、每种侧面的文字稿件分量相当。在编排时，可将其中新闻价值最大的一篇稿件作为主干稿件放在最前面，其他新闻稿件依次排列，或者非主干新闻稿件只列出标题与导语部分，其他内容放在下一层次的页面上；文字报道单元的主标题也以主干新闻稿件为主，其他新闻稿件的内容在主标题中可以不体现出来，或者以副题的方式来处理。

（3）以时间为线索整合的文字报道单元。对于发展变化中的报道对象，截取其发展进程中的那些重要时间点，以此为线索来组织相关稿件。以这种形式组合的文字新闻报道，操作简单，效果显著，整个事件的进程一目了然，受众可轻松掌握事件的发展脉络。

2. 以文字为主的多媒体报道单元编辑[1]

以文字为主的多媒体报道单元是一种简单的多媒体报道单元，一般运用 Web 页面和 Flash 技术进行整合。它使大量的文字报道通过其他形式的新闻得到补充，受众可获得对新闻事件更多角度、更丰富的认识；同时，使各种形式的新闻稿件得到反复利用，尤其是音频新闻、视频新闻的运用更有助于提升新闻价值。

多媒体报道单元中各种形式的手段具有不同的功能。文字新闻的作用是报道新闻的主要事实；文字评论的作用是解读与评析新闻事实，加深受众对新闻事实的认识；新闻照片的作用是加强受众的直观印象，补充文字新闻中没有出现的信息，烘托气氛，吸引受众注意；新闻图表的作用是直观地表现文字新闻中的一些抽象概念或数字；动画的作用是模拟某些过程或现场，弥补第一手影像资料的不足；音频新闻的作用是用当事人和目击者的述说来证实新闻，或用现场音响素材增强现场感与感染力；视频新闻的作用是提供全方位的直观感受，增强新闻的真实性；互动手段的作用是为受众点评、投票提供方便，吸引受众参与。

一般的多媒体新闻报道单元没有必要获得上述所有的新闻素材。常见的组合模式包括：文字＋图片，文字＋音频，文字＋视频，文字＋图片＋视频，文字＋图片＋音频。采用什么模式的组合，应考虑现有的新闻资源状况、传播目标，各种形式和手段之间应具有互补性。

3. 文字新闻配合其他形式的新闻

在网络传播中，文字新闻和文字评论还可作为配角，配合新闻照片、新闻漫画、新闻图表、新闻地图、音频新闻、视频新闻、动画、互动等形式和手段使用。

---

[1] 彭兰. 网络新闻编辑教程［M］. 武汉：武汉大学出版社，2007：231－234.

4. 文字新闻与其他形式的新闻组成多媒体新闻专题

尽管文字新闻在网络传播中的地位和作用不如报纸那样重要和显著，但文字新闻仍然是网络传播中必不可少的一种信息传播形式。在强调多种传播手段综合运用的网络新闻专题中，文字新闻的作用和功能更是不可低估。

（二）文字新闻的实时应用与非实时应用

从网络文字新闻发布与接收的同步性角度看，文字新闻在网络中的应用可分为实时应用与非实时应用。

1. 实时应用

实时应用是指文字新闻的发布与接收同时进行。一些时效性很强的新闻，通过实时应用方式发布，可更好地吸引受众注意力，也可提高受众接收信息的时效性。文字直播是文字新闻实时应用的一种方式，是在新闻发生的现场，通过文字进行实时报道，新闻事件的发生以及新闻信息的采集、发布与接收同步进行。文字直播对实时写作和实时编辑提出了很高的要求。

2. 非实时应用

非实时应用是指文字新闻信息的发布与接收异步进行，是目前网络文字新闻传播的主要应用形式。网络文字新闻信息发布后，受众通过相关链接和查询等方式获取这些信息，根据自己的时间、兴趣和需要安排阅读，并可随时反复阅读，还可复制，使用灵活，方便保存。

二、网络新闻照片编辑

在网络传播中，新闻照片的作用越来越突出。在考虑网络媒体传播效果和视觉版面布局时，照片的选择、加工和处理是网络编辑经常需要面对的一个问题。网络新闻照片的选择和加工可参照本书第二章相关内容或相关书籍，这里主要探讨新闻照片在网络传播中的应用形式。

在网络传播中，新闻照片的应用方式和手段比报纸丰富得多。新闻照片可以静态的方式出现，也可以动态的方式出现；新闻照片可传递新闻信息，也可作为调节网页视觉效果的手段来使用；新闻照片可作为主角承担新闻报道任务，也可作为配角与其他形式的新闻配合应用；新闻照片可与文字等静态信息配合使用，也可与音频、视频等动态信息配合使用；新闻照片可实时应用，也可非实时应用。

（一）新闻照片唱主角

1. 文字报道配合新闻照片

文字报道的主要作用是加深新闻照片的印象，补充新闻照片的不足，其基本要求是简洁、准确，与新闻照片的基调一致，解释与补充新闻照片未能充分揭示的信息，新闻照片中已有的信息一般无需在文字报道中简单重复。

2. 新闻摄影专题

多张照片与相关文字构成一个新闻摄影专题，其主要特征是文图并重。新闻摄影专题的题材一般包括重大新闻事件、热点问题、人类生存状态、人与自然的关系、人与自然景观等，这些题材是各个媒体都关注的题材。为了体现媒体的个性，提高报道的深度，必须做好选题策划，在个性化的思路下进行创造性的图片报道活动。

新闻摄影专题包括组合报道式专题和图片故事。

（1）组合报道式专题是针对一个特定的主题，形成若干个报道单元，从不同侧面、不同角度或不同空间表现同一主题，各单元之间主要依靠主题连接和组合，关系较弱。其优点是视角更多元，发挥创意的空间较大。其缺陷是过于机械或过于随意都会削弱图文配合的传播效果。因此，组合式专题报道应注重结构与选题的策划。

（2）图片故事是运用一组照片及相关文字说明来反映新闻事件、讲述新闻故事或者表现一种社会现象。图片故事的线索集中，逻辑性强，对内容结构要求也较高。一则图片故事的照片通常包含全景照片、中景照片、近景照片、特写照片、关系照片、典型瞬间照片、过程照片以及结论性照片，以此完成一个故事的完整报道。

（二）新闻照片唱配角

1. 新闻照片配合文字新闻

在一些篇幅较长的新闻报道中，通常有两三张新闻照片。新闻照片的作用有三：一是恰当地陪衬消息、烘托文字新闻报道气氛，强化新闻报道力度和传播冲击力；二是吸引受众注意，引起他们阅读文字新闻报道的兴趣；三是对文字新闻报道的内容起补充或证实的作用。

2. 与其他形式的新闻和手段整合为多媒体专题

新闻摄影专题是网络多媒体专题中不可缺少的一种形式和手段。在形成专题的瞬间吸引力、提高专题的视觉表现力、加强专题的说服力等方面作用显著。

（三）新闻照片的动态应用

图片幻灯是网络传播中的一种特有形式，运用 Flash 等技术将图片组成一个连续播放的单元，常用于集纳新闻照片。这些照片可以是同主题的，也可以是不同主题的。新闻摄影专题也可利用幻灯方式进行整合。

利用图片幻灯，可将原本是在空间上集成的照片变成时间上的集成，每一张照片都有较大空间，提高照片的传播效果。

利用图片幻灯，可使新闻照片产生推、拉、摇、移的镜头效果，从而以动态形式表现静态照片，增强图片表现力。

利用图片幻灯，可按照一定的意图以一定的角度和顺序组合这些图片，影响受众对新闻照片的解读。

利用幻灯形式，还可组合一些静态画面，使之具有类似视频的效果，加强新闻照片的力量。

利用图片幻灯，还可以整合文字新闻、文字说明、音频资料等其他形式的新闻[1]。

（四）新闻照片的实时应用

新闻照片可在网络直播中得到应用，实现实时传播。图片直播可与视频新闻直播、文字新闻直播配合使用，共同完成一个新闻事件的直播报道。

（五）新闻照片调节视觉效果

1. 新闻照片作为首页主图

这是目前国内新闻网站首页或新闻频道首页普遍采用的一种照片使用形式，其作用是丰富和调节网页的整体视觉效果、区分和报道新闻。作为首页主图的新闻照片，一般面积相对比较大、位置抢眼，可单独使用，也可与其他文字新闻标题配合使用。配合使用时，首页主图一般与头条新闻标题配合形成主页的视觉中

---

[1] 彭兰. 网络新闻编辑教程［M］. 武汉：武汉大学出版社，2007：171.

心，也可作为次头条的新闻报道重点，主图照片所反映的新闻事实一般比较重要。

2. 新闻照片作为栏目题图

各个新闻频道或栏目（国内新闻、财经新闻、国际新闻）的首页上都有一幅新闻照片作为本栏主打新闻照片，图幅一般比较适中，不会很大或很小，其作用是调节受众视觉感受。

3. 新闻照片作为提示图片

通常是用在网站首页或者新闻中心主页上，以图幅小为特征，一般只有邮票大小，只可看清大致轮廓，其作用是区分和美化、纠正文字符号过多过密的偏向[1]。

三、网络新闻漫画编辑

（一）漫画与新闻漫画

漫画是以简单而夸张的手法来描绘生活或时事的图画，一般运用变形、比拟、象征的方法，构成幽默、诙谐的画面，以取得讽刺或歌颂的效果。漫画的主要类型有政治性漫画、社会性漫画、漫画插图、连环漫画和幽默画等。政治性漫画、社会性漫画是漫画的主要品种，其中时效性强的又称新闻漫画。新闻漫画最初出现在报纸上，现在仍是深受报纸读者喜爱的一个重要品种。

（二）网络新闻漫画的编辑

随着网络媒体的发展，新闻漫画在网络媒体上的使用也越来越广泛。借助网络的优势和特点，新闻漫画获得了更加多姿多彩的展示空间，但其基本作用和功能并未发生变化，仍是传播信息和发表评论。在网络媒体上，新闻漫画的使用有四种方式。

1. 文字报道配合新闻漫画

这种情况下的新闻漫画，实际上是一种形象化的评论，以漫画特有的语言批评或歌颂现实。新闻漫画单独使用时，可借助标题和文字说明来表达主题思想，

---

[1] 邓炘炘. 网络新闻编辑［M］. 北京：中国广播电视出版社，2005：229.

但与文字新闻评论相比，新闻漫画更注重以图说事和以图说理，文字只是一种辅助手段。由于受画面形象限制，新闻漫画只能从一个侧面或一种角度去表现，分析问题不可能像文字评论那样全面、深刻，表述观点也不可能像文字评论那样准确明了，而需要受众根据画面形象并结合自己的知识积累和经验去思考，从而得出结论。因此，网络新闻编辑选择新闻漫画时，要考虑受众的知识水平和理解能力。

2. **新闻漫画配合文字报道**

这种情况下的新闻漫画，可深化文字报道的主题思想，增强新闻报道的感情色彩。由于新闻漫画只从一种角度进行形象表现，要注意新闻漫画与文字报道主题之间的紧密联系。

3. **新闻漫画配合文字评论**

这种情况下的新闻漫画，可强化文字评论的意见、观点或倾向，两者相得益彰。

4. **动漫新闻漫画**

网络综合了多种媒体的优势，把文字、图像、声音等元素结合在一起，可充分调动和发挥各种元素的作用，这就给网络新闻漫画这种新形态的出现带来可能[1]。

四、网络新闻图示编辑

（一）新闻图示

新闻图示是将文字新闻稿件中比较抽象的数字和内容，或者难以描述的事物以形象化的方式介绍给受众。它既可配合文字新闻稿件使用，也可作为一种独立的报道形式单独使用。新闻图示编辑的原则是简洁、有条理、直观、形象，适于用新闻图示展示的新闻信息必须是重大、不用图示就不能表达或难以准确表达的题材。

传统新闻媒体上的新闻图示可分为两大类，一是新闻图表，包括表格、柱状图、扇形图等；二是新闻地图，多用来描述事情发生的时间、地点、路线。不同

---

[1] 严励. 网络新闻编辑学 [M]. 开封：河南大学出版社，2007：164－165.

的图示有不同的特点，在使用过程中，应结合新闻信息自身的特点而采取合适的形式。表格能将复杂而繁多的数据分类排列，使数据丰富而有序，便于人们分析，让数据的意义能明白地表现出来。柱状图侧重表现各个数据大小的情况，图中的每一个柱体代表一个数据。扇形图可用来表示各部分占整体的百分比。新闻地图可用来展示新闻事件发生的具体位置，也可用来将新闻事件在此地发生、发展的过程形象地传递给受众，等等。

（二）网络新闻图示的编辑

在网络媒体上，新闻图示又分为静态新闻图示和运用 Flash 技术制作的动态新闻图示。静态新闻图示可还原新闻事件的本来面目，描述事件涉及的人物、时间、地点、情况等要素。运用 Flash 技术制作的动态新闻图示特别是地图，能有效整合不同时间、不同来源的新闻内容或稿件。

与传统媒体上的新闻图示相比，网络媒体的新闻图示不再是那种简单的扇形图、柱形图等，而是将扇形图或柱状图与动漫有机地结合起来，涂上各种色彩，耀眼醒目，增强传播效果。此外，新闻图示表现的内容已由单纯的经济新闻扩展到经济新闻、政治新闻、社会新闻、科技新闻、服务新闻以及国际新闻等。

五、网络音频新闻编辑

网络音频新闻的选择和加工可参看本书第三章相关内容或相关书籍，这里主要讨论音频新闻在网络传播中的应用。

（一）音频新闻的单独应用与配合应用

从形式上看，音频新闻在网络中的应用可分为单独应用和配合应用。

单独应用是指音频新闻是独立的，没有与其他形式的新闻配合使用。在许多音频新闻频道，音频新闻都是单独应用，且以音频消息为主。

配合应用是指音频新闻与其他形式的新闻集成在一起，形成相互配合的关系。在网络传播中，声音往往处于辅助地位，它与其他形式的新闻报道配合，才能更充分发挥其作用。常见的配合应用方式如下。

1. 音频新闻配合文字新闻

音频新闻配合文字新闻，组成以文字为主的多媒体报道单元。在文字新闻中插入音频新闻，可充分发挥音频新闻的现场感、生动性和证实性等特点，提高报道的说服力。与文字新闻配合的音频新闻，一是人物访谈，如新闻事件的当事人、目击者、有关专家等的访谈录音，作为文字新闻的补充；二是现场报道，通过现场感很强的音响报道，增强受众对新闻的体验。

2. 文字新闻配合音频新闻

文字新闻配合音频新闻，组成以音频为主的多媒体报道单元。将相关的文字新闻与音频新闻同时发布。这时的文字新闻是音频新闻的文字脚本或者是相同事件、相同主题的其他文字新闻。

3. 音频新闻配合新闻图片

音频新闻配合新闻图片，组成以图片为主的多媒体报道单元。可运用 Flash 技术整合新闻图片与音频新闻：当新闻图片中出现新闻人物，可在报道中加入音频点播按钮，受众可根据需要收听人物谈话，以获得全方位的直观感受；当新闻图片中出现了某些新闻事件时，可将相关的音频报道整合进去；当新闻图片中出现了风景名胜时，可通过有关的音响素材来丰富受众的认识。

4. 音频新闻与其他形式的新闻组成多媒体新闻专题

在真正的多媒体新闻专题中，音频新闻是一种不可或缺的手段，因为它可提供丰富的听觉体验，加深受众对新闻事件或主题的认识。当它与其他手段融合在一起时，也可增强其他手段的表现力与感染力。

（二）音频新闻的实时应用与非实时应用

从网络音频新闻发布与接收的同步性角度看，音频新闻在网络中的应用可分为实时应用与非实时应用。

1. 实时应用

实时应用是指音频新闻信息的发布与接收同时进行。一些时效性很强的新闻，通过实时应用方式发布，可更好地吸引受众注意力，也可提高受众接收信息的时效性。音频新闻直播是音频新闻实时应用的一种方式，就是在新闻发生的现场，通过音频进行实时报道，新闻事件的发生以及新闻信息的采集、发布与接收同步进行。

2. 非实时应用

非实时应用是指音频新闻信息的发布与接收异步进行，又称点播，是目前音频新闻传播的主要应用形式。网络音频新闻信息发布后，受众通过相关链接和查

询等方式获取这些信息，根据自己的时间、兴趣和需要安排收听，并可随时重播，还可复制，使用灵活，方便保存。

六、网络视频新闻编辑

网络视频新闻的选择和加工可参看本书第四章相关内容或相关书籍，这里主要讨论视频新闻在网络传播中的应用。

（一）视频新闻的单独应用与配合应用

从形式上看，视频新闻在网络中的应用可分为单独应用和配合应用。

单独应用是指视频新闻是独立的，没有与其他形式的新闻配合使用。视频新闻单独使用，虽然可发挥视频新闻时效性、现场性、纪实性、形象性、亲近性等长处，但不利于克服视频新闻固有的肤浅性、易逝性和被动性等缺陷，没有发挥网络传播的多媒体特点。

配合应用是指视频新闻与其他形式的新闻集成在一起，形成相互配合的关系，这是视频新闻在网络传播中的主要应用方式。受技术限制，视频信息的传输速度和质量都受到一定的影响，在网络传播中处于次重要的地位，常与其他形式的新闻报道配合，发挥视频新闻的长处，克服视频新闻的缺陷。常见的配合应用方式包括如下四种。

1. 视频新闻配合文字新闻

视频新闻配合文字新闻，组成以文字为主的多媒体报道单元。在 Web 页面整合的多媒体报道单元中，文字新闻提供主体信息，是报道的中心，视频新闻的作用是补充、丰富与印证文字新闻，可用一个图标来标识视频链接，也可截取视频中的一个画面，像一般图片那样放在文字新闻的旁边，引起受众注意。

2. 其他形式新闻配合视频新闻

其他形式新闻配合视频新闻，组成以视频为主的多媒体报道单元。视频新闻提供主体信息，让受众获得直观感受。文字新闻补充视频新闻中没有出现的信息，或者作为视频新闻的脚本，方便受众查证、保存。图片新闻既可以是视频新闻中截取的重要画面，也可以是其他来源的相关图片，其作用是可以提供重要时刻的视觉材料，方便受众反复观看，也可以补充视频新闻的一些缺陷。必要时，也可以提供一定的音频新闻，还可以用相关链接的方式提供各种形式的同主题或同类新闻。

3. 与其他形式的新闻结合组成多媒体专题

对于题材重大、视频素材充分的内容，可以将多条视频新闻整合，辅以其他形式的内容，组成一个视频专题。在内容丰富的多媒体专题中，视频新闻的选择有更大的空间，与其他形式新闻的结合方式也更为多样。

4. 视频新闻专栏

视频新闻专栏是以视频新闻为主干，吸收与融合其他形式新闻的专栏。组合视频新闻专栏有两种手段：

一是为视频新闻专栏设置一个具有点播、检索、列表和提示功能的界面。这个界面应有一面主屏幕，播放受众点播的视频新闻；应具备新闻检索功能，方便受众根据需要查找相关新闻；应有一张节目表，受众可了解实时新闻的播出安排；应有提示功能，提示受众注意突发事件的新闻信息。这种视频新闻专栏以技术性见长。

二是将一定时期内重要的视频新闻集纳在一起，让受众在一个有限的页面中获得多元的、具有一定时间跨度的信息，内容并不局限于一个新闻事件或主题。利用这种手段组合的视频新闻专栏，追求的是内容的综合性与丰富性，以及信息的集成度。这种视频新闻专栏以信息的丰富性见长。

（二）视频新闻的实时应用与非实时应用

从网络视频新闻发布与接收的同步性角度看，视频新闻在网络中的应用可分为实时应用与非实时应用。

1. 实时应用

实时应用是指视频新闻信息的发布与接收同步。视频直播是实时应用的一种重要方式，新闻事件的发生与新闻信息的采集、发布、接收同步进行，成为目前网络新闻的一种重要方式。

网络视频新闻直播起源于电视新闻直播。网络视频新闻直播可直接利用电视台的直播信号，也可由网站独立进行。网络视频新闻直播具有电视新闻直播零时差、零距离和原生态等优越性，还具有网络传播的互动性、传播手段的多元化、信息的互通性等特点。

网络视频新闻直播可与文字直播、图片直播或滚动式的文字、图片报道结合

起来，也可在视频直播过程中适当插播一些事先准备好的背景性文字、照片或图表以及音频、视频资料。视频直播还可同时开通聊天室，让网络受众进行多对多的讨论；或者开通电子布告牌、电子白板、电子论坛、留言板等，让网络受众发表意见、开展讨论；或者开展调查，实时了解网络受众的意见分布[1]。

2. 非实时应用

非实时应用是指视频新闻信息的发布与接收不同步。这些视频新闻通常是电视台已经发布的新闻节目或网站事先编辑好的新闻节目。这些新闻放在网站上，供受众点播。

七、网络多媒体新闻编辑

随着互联网的不断发展和社会信息需求的日益提高，利用单一手段和形式的新闻信息服务已不能满足社会需要，于是融多种手段和形式于一体、满足受众个性化信息需求的多媒体新闻，越来越受到网络受众的青睐。

所谓多媒体新闻，是指在报道同一新闻事件时，根据多种媒体表现形式的特点，恰到好处地使用、组合多种表现形式，以尽可能全面、完整地传递新闻信息的报道[2]164。多媒体新闻包括：用 Web 页面整合的以文字为主的多媒体新闻单元，以 Flash 技术整合的多媒体报道单元，多种信息形式和手段综合运用的多媒体新闻专题。网络多媒体新闻编辑应遵循以下原则。

（一）整合性原则

网络新闻资源极其丰富，既有传统媒体、其他网站的新闻信息，也有一些组织和个人提供的新闻信息。面对这些新闻信息，网络新闻编辑应以我为主，为我所用，运用筛选、集成、配置和深度加工等编辑手法，对已有的新闻信息资源进行二次加工和深度开发，编辑出适合网络传播的新闻，凸显其新闻价值，实现"1 + 1 > 2"的整合效果[2]234。

（二）策划性原则

在多媒体新闻中，多媒体的思维与手段的综合运用比多媒体形式的综合运用

---

[1] 彭兰. 网络新闻编辑教程 [M]. 武汉：武汉大学出版社，2007：211 - 216.

[2] 董天策. 网络新闻传播学 [M]. 2 版. 福州：福建人民出版社，2004.

更为重要，这就要求一个多媒体新闻报道从策划、采访、写作、制作、修改、加工、整合、发布、接收到互动的全过程中，运用多媒体的思维与手段，确定适合报道主题的表现形式和几种表现形式组合。因为一个新闻事件的报道要获得各种形式和手段的素材面临许多条件的限制，既不可能，也没必要。

（三）融合性原则

多媒体新闻应该是多种传播符号的有机融合，而不是简单、机械的拼凑。根据新闻内容，发挥不同新闻形式的优势，有机配合和互补，充分调动受众的感觉能力，达到生动形象、真实可信的效果。可运用多媒体手段，让静止的图片"动"起来；整合音频素材或者利用主持人的解说词，简洁而清晰地交代情节或者配以背景音乐和现场声响，给人以身临其境的感觉；发挥地图、图表和动画示意等形式要素的作用，并采用手机短信和网络评论等互动手段，让受众非常灵活自如地控制和参与其中，等等。

（四）互补性原则

文字、图片、音频、视频等单一媒体分别呈现的信息各有优劣，对同一新闻事件的报道，可以根据各种媒体的优劣，选择适宜新闻信息的多种表现形式，让各种媒体尽显其长，各自展示自己表现信息的优点，补充其他媒体表现信息的不足。各种形式互为补充、印证，共同把新闻事件的有关信息全面、完整地呈现在受众面前。

（五）选择性原则

网络媒体编辑应充分考虑网络受众接收信息形式的可选择性。网络受众在接收关于某一新闻事件的报道时，可根据需要选择想要的信息表现形式，可以选择阅读文字信息，可以看新闻现场照片，可以查阅相关新闻图示，可以观看包括声音信号和图像信号的视频新闻，可以收听包括同期声和记者解说在内的音频新闻，可以收看 Flash 新闻。

八、Flash 新闻编辑

Flash 新闻就是运用 Flash 技术将文字、图片、图表、动画、音频、视频以及

虚拟主持人或记者、互动等多种形式和手段有机结合在一起所进行的新闻报道，是用 Flash 技术整合的多媒体报道单元，是网络传播中特有的报道形式。Flash 新闻可形象再现新闻现场，整合多种媒体手段，提高新闻的互动性。

（一）Flash 新闻的特点[1]

1. 多媒体性

Flash 新闻可以整合文字、照片、图表、图示、动画、音频、视频等多种信息形式于一体，让静态的信息在网络上动起来，通过多媒体的形式，最大限度地调动受众的深度参与，从而使受众全面认识所报道的新闻事件。

2. 互动性强

Flash 新闻可提供播放控制、菜单或标签跳转、统一资源定位符（Uniform Resource Location，即 URL）链接等"人——动画——网络"的交互功能，让受众控制新闻的阅读、收听、收看过程；让受众参与体验，提高对报道对象的感性认识；让受众更加深入到新闻提供的情境中，对新闻产生浓厚的兴趣；让受众在阅读、收听、收看新闻时反馈自己的意见。

3. 娱乐性强

Flash 新闻借鉴卡通和漫画的手法，通过 Flash 简单的构图、固定的场景、明快的对话以及诙谐的剧情，对新闻事件进行适度的夸张、变形，生动活泼，充满想象力和创造力，让受众在轻松愉快、充满游戏意味的气氛中完成新闻信息的接收。

4. 寓教于乐

Flash 新闻具有很好的宣传性，用形象说话，老少咸宜，不分知识层次，不受语言文字的限制，方便信息和知识的传播与普及，易于让受众在诙谐幽默的语境中接受所传播的观念。

5. 接收方便

Flash 新闻的载体是网络，不受地域和时间限制。Flash 播放的插件不大，很容易下载安装，可根据需要随意分拆组合，用户只要安装一次插件，以后就可以快速启动并观看动画。Flash 生成的动画一般都很小，非常适合在网络上使用，便于受众浏览，易于保存，易于利用。Flash 采用流式播放技术，可一边下载一

---

[1] 秦州，王月苏. 网络新闻编辑学 [M]. 上海：复旦大学出版社，2007：172 - 173.

边播放，避免用户长时间等待。

6. 创意性强

Flash 新闻可在一定程度上摆脱真实场景的限制，按照编辑的创意来制作，用卡通人物形象和动画模拟场景"再现"历史和新闻事件。只要是编辑能想象出的画面、情景、情节、人物形象、事件场景，以及配合画面的极有创意的言语、音乐、音响等，都可以在 Flash 新闻中得以实现，给人以真实世界所没有的新鲜感和夸张感。

（二）Flash 新闻的主要类型

1. Flash 动漫新闻

Flash 动漫是运用 Flash 制作的动画。Flash 动漫在新闻传播中运用，就成为 Flash 动漫新闻。

照片、视频等视觉新闻再现现场都需要原始素材，Flash 动漫新闻模拟或再现新闻现场却可以不依赖这些现场素材。受各种条件限制，网站获得来自现场的第一手新闻照片、视频新闻比较困难，这时可用 Flash 动漫代替照片和视频。在新闻报道中涉及一些受著作权保护的图片新闻和视频新闻作品时，用 Flash 动漫新闻进行再现，可以较好解决新闻素材不足的问题。

Flash 动漫新闻模拟或再现新闻现场，不是像视频或照片那样将现场所有信息都复制出来，而是传达那些最重要、最关键的信息，排除那些无关紧要的信息，主题更突出。

对于突发性新闻报道来说，Flash 动漫新闻的作用尤为突出：一是可以在很大程度上弥补无法获得现场素材的缺憾；二是可以再现新闻现场重大事件的基本情况；三是可以理清新闻事件的发展过程，让受众迅速、全面、形象地把握新闻事件。

Flash 动漫新闻具有趣味性，可以配上妙趣横生的解说和生动活泼的音响效果。

2. Flash 新闻播报

Flash 新闻播报是指由固定的虚拟主持人主持播报，由虚拟记者在其中担当采访，以原创动漫多媒体形式报道新闻。这种形式的 Flash 新闻融合了客观报道和主观参与两种成分，并且注入一些轻松活泼的元素，网络媒体编辑的主创成分较多。

2001 年 3 月，千龙网每周推出一期《FLASH 七日》新闻综述栏目，以固定的男主播——罗罗嗦为主播，虚拟男记者"大贱谍"和虚拟女记者"迷死你"模拟采访，其间恰当地带入新闻照片或视频画面，以期达到 Flash 动画与新闻真实记录结合的效果。

《FLASH 七日》栏目以独特的多媒体播报风格开创了网络新闻新的传播形式。除了对近期的国内外重大事件综述回顾以外，它还通过虚拟记者对老百姓以及网络受众关注的新闻热点进行模拟现场采访，采用 Flash 动画形式播放。另外，栏目还跟踪报道国内外焦点、热点事件。在播报过程中，穿插出现一些滑稽、调侃的小笑料，调节播报氛围，轻松幽默。千龙网又先后推出《Flash 今日》、《天天八卦秀》，内容更风趣幽默，具有网络时代特色[1]。

3. Flash 幻灯新闻

Flash 幻灯新闻是一种以图片为主的 Flash 新闻形式。它将多张图片整合成一个连续的图片序列，可自动播放，也可由用户控制播放。图片旁边可以加上文字说明或音频、视频等链接，还可为用户投票选择最佳图片提供方便。Flash 幻灯应用灵活，可用于制作"七日新闻"、"一日新闻"、"本周图片"，也可用于单一新闻事件的报道。

Flash 幻灯新闻的优势很明显。

一是它将本来是按照空间组织起来的图片用时间的方式组织起来，受众可以像看电视那样观看图片，接收更轻松、更方便。

二是它可以深入挖掘图片之间的联系，将独立的图片按照一定的意图连接起来，影响受众对图片的解读。

三是它可以使图片推、拉、摇、移，形成蒙太奇效果，从而以动态形式表现静态照片，提高图片表现力。

四是它可以选择那些视觉冲击力强的照片，表达新闻事件最精彩的瞬间，传达新闻事件最关键、最重要的信息。

五是它可以整合文字新闻、文字说明、音频资料等其他媒体形式的新闻。

六是 Flash 幻灯的新闻素材采集更方便，Flash 幻灯新闻传输更容易。

4. Flash 互动新闻

Flash 互动新闻是指利用 Flash 技术将文字、图片、音频、视频、互动式图形

---

[1] 邓炘炘. 网络新闻编辑 [M]. 北京：中国广播电视出版社，2005：290 - 298.

和图表以及控制菜单（或按钮）等整合起来的信息单元[1]。

Flash 互动新闻是用全新思维方式进行的多媒体整合手段。它可以根据已掌握的素材，将不同的信息集成在一起连续播放，每点击一个按钮，就可以打开一个新闻片段。在某种意义上，它可以构成连续影像的效果。但由于它又可以使用 Flash 技术制作的图表、菜单等其他的一些信息形式，比单纯的视频信息表现方式更灵活，交互性也更多。

用 Flash 形式制作的新闻报道，给人以全新的视听感受，并且可以简洁、清晰地描绘事件发展的脉络，这些都是用单一媒体形式无可比拟的。

Flash 整合的报道单元，内容的逻辑关系能得到更好体现，手段更为丰富多样，更容易引起受众兴趣。

在 Flash 互动新闻中，Flash 地图是一种特殊的形式，既能简洁而清晰地传递信息，又具有较强的互动性，有的还具有很强的信息整合功能。

（三）Flash 新闻的局限

Flash 新闻的优点很多、很明显，也受到一定的限制。

1. 新闻题材的限制

Flash 新闻强调视觉、听觉信息的综合运用，强调直观性，因而它适宜表现线索较为集中、故事性强、富于形象的新闻题材，而不适宜表现那些抽象宏大的主题报道、思辨性较强的报道、深度报道、错综复杂事件的报道。

2. 新闻素材的限制

Flash 新闻虽然不完全依赖于现场视觉新闻素材，但缺乏足够的现场视觉素材和其他素材，也难以进行策划与制作。Flash 新闻只能在一定程度上用动画、图表等形式代替视频、图片，必须控制在一个合理范围内。

3. 新闻角度的限制

报纸、广播、电视等传统媒体刊播的消息、通讯等新闻体裁，只有选择一种恰当的角度，才能凸显其新闻价值，体现传播意图，达到传播效果。对于 Flash 新闻来说，找到一种恰当的角度，有助于发现新闻的独特价值；有助于编辑按照一定的意图组合各种形式的新闻信息，选择适当的表现形式；有助于内容与形式的有机结合，使技术手段真正能为传播目标服务。

---

[1] 彭兰. 网络新闻编辑教程［M］. 武汉：武汉大学出版社，2007：238.

4. 时效性的限制

Flash 新闻的制作比文字新闻需要花费更多的时间，因此对于那些时效性很强的新闻，Flash 新闻不能作为首选的报道形式，而只能作为跟进报道、丰富报道手段的一种方式。

（四）Flash 新闻题材的选择

1. 社会新闻

Flash 新闻可以突出社会新闻中的趣味性，要选择那些时效性不是很强、适合多次传播和多级传播的新闻事件，也就是具有可延伸传播价值的社会新闻，才能引起受众的普遍兴趣。

2. 娱乐新闻

新闻娱乐化消费已经成为一种时尚，Flash 新闻尤其适合做娱乐新闻题材。但在对内容的选择上，同样要具有独特眼光，注重新闻选题技巧。

3. 体育新闻

奥运会、亚运会、世界杯等大型体育比赛，Flash 新闻都大有用武之地。

4. 以图片为主的整合性报道

包括同主题的图片整合、同类的图片整合、同时间段的图片整合等。

5. 重大题材的跟进报道

Flash 新闻在重大事件或突发事件进展到一定阶段后推出，能清晰地描绘事件的发展过程。Flash 新闻能展示事件中的典型人物、典型场景和精彩瞬间，并通过相应的处理，给受众留下深刻的印象。

6. 需要重新挖掘的老题材

不少新闻题材已报道过多次，但由于某种原因需要再次报道，回顾相关事件，这时 Flash 新闻可以用新的视角、新的素材组合来重新诠释人们熟悉的题材。

7. 互动性要求高的题材

与其他形式的新闻不同，互动性在 Flash 新闻中实现较为方便，方式灵活，效果直接。一些新闻题材需要受众参与才能实现较好的传播效果[1]。

---

[1] 彭兰. 网络新闻编辑教程［M］. 武汉：武汉大学出版社，2007：244.

九、网络新闻标题制作

新闻标题以简短的文字高度概括、提示、评价新闻内容，引导和吸引受众。修改、加工新闻标题，是传统媒体尤其是报纸新闻编辑的日常业务之一。在网络传播中，网站首页或新闻频道首页上主要是新闻标题，题文分离和分层次分布的特点使网络新闻标题的作用比传统媒体新闻标题的作用和功能更为突出和明显。

（一）网络新闻标题的特点

1. 多媒体性

网络新闻内容可采取多媒体形式，网络新闻标题也可采用多媒体方式。

（1）使用传统媒体的编辑手段。根据标题的内容和特点，用恰当的字体字号去设计标题，让网络受众从视觉上感觉到新闻的重要程度；用色彩来表明媒体的态度和情感，用色彩对比来突出标题；利用空白，突出页面局部强势，区分不同的标题；合理利用题花和线条，可美化页面，区分稿件，便于阅读；利用"主标题+提要题"的方式，加大标题面积，突出新闻的重要性。

（2）在新闻标题中使用新闻图片。出现在网络新闻标题中的图片称为题图，主要包括新闻照片、新闻图表、新闻漫画、新闻动画等几种形式。题图可与文字配合使用，其作用是解释新闻标题、引起受众注意、引导受众阅读，突出新闻信息的新闻价值。题图也可单独使用，由一张单独的图片起到新闻标题的作用，一般不直接再现新闻事件发生时的情况，而是与文章有这样或那样的关联，其作用是间接配合新闻报道内容、引导受众、吸引受众、美化装饰页面。

（3）在新闻标题中使用效果字符。网络新闻编辑通常通过技术手段使标题发光、移动或变换色彩，使之成为动态字符，其作用是吸引受众、提高新闻的点击率。

（4）在新闻标题中使用主观标记。网络新闻编辑在发布新闻时，可为该新闻标题附加特定的评价或示意符号，其作用是评价新闻、表达编辑的意图，如加上"New"表示新闻刚刚上传，加上"关注"等字样表明该新闻价值较大[1]。

（5）在新闻标题中附加特定元素。网络新闻编辑在标题下附有新闻发布的

---

[1] 蒋晓丽. 网络新闻编辑学［M］. 北京：高等教育出版社，2004：207-210.

时间和新闻来源，头条新闻或重大新闻常常附有内容提要。在标题中附有一台摄像机的图形，表示链接视频新闻；在标题中附有一种动漫标识，表示链接 Flash 动漫新闻；在标题中附有"专题"两字，表示链接网络新闻专题，等等。

2. 题文分离

网络媒体超文本链接的形式使网络新闻标题与正文分层次分布。

（1）新闻标题与新闻正文分离，标题与正文分别处于不同层次的页面。网站首页主要由新闻标题构成，重要的新闻标题放在首页，其中最重要和最新的新闻标题放在首页左上方和中上方；其他类的新闻标题放在不同门类的新闻频道中，次重要的新闻标题放在"更多新闻"中，通过链接的方式与下一级页面相联。在这一层次的页面中，会出现一些与主页类似的标题集锦，通过点击其页面中的新闻标题，就会进入新闻正文。在新闻正文页的上部也会有新闻标题，这种新闻标题与传统媒体的新闻相似，题在文前。

（2）新闻正文与其他相关新闻标题的链接。这些新闻标题与新闻正文的事实、新闻人物往往有某种联系，有些是对新闻事实的延伸和拓展，或提供新闻背景，或提供新闻人物的更多资料[1]。点击相关新闻标题，就会进入相关新闻正文所在的页面。

3. 结构简单

从形式上看，新闻标题分为单一式标题与复合式标题。在传统媒体尤其是报纸上，由主题、引题、副题等组成的复合式标题使用比较普遍。

网站首页或新闻频道首页上的新闻标题往往结构简单，基本上采用单一式标题，只有少数重要新闻稿件采用复合式标题。复合式标题占用版面空间太大，不便在首页中使用，只与新闻正文一起出现在其他层次的页面上。

网站首页或新闻频道首页的新闻标题通常只有一行文字，每个标题控制在 7 至 10 个字，最长也不能超过 20 个字。这是由于每个新闻标题最多只能占据网站首页或新闻频道首页一行的空间，否则不仅影响受众阅读，也影响页面整体视觉效果。

4. 实题为主

从内容上看，新闻标题有实题、虚题之分，实题的作用是交代主要的新闻要素，虚题的主要作用是评价新闻事实。报纸上的新闻标题尤其是通讯主标题常用

---

［1］蒋晓丽. 网络新闻编辑学［M］. 北京：高等教育出版社，2004：215.

虚题，有时甚至只用虚题，读者初看这样的标题虽然难以理解，但还不至于造成太大的障碍。报纸新闻最大的特点就是报道和标题一体，只要看一眼导语，新闻中的主要事实也就清楚了。

在网络媒体中，题文分离，使用虚题往往让受众不知所云。因此，网络新闻标题应以实题为主，尽量用实题，将编辑对新闻事实的评价蕴含于对事实的表达中，避免用虚题。

（二）网络新闻标题制作

网络新闻内容千变万化，形式多种多样，标题制作需要遵循一些基本原则。

1. 具体准确

分层次分布、题文分离是网络新闻传播的显著特点，大部分网站首页或新闻频道首页只有新闻标题而没有新闻内容，网络新闻标题要更具体、更准确地反映新闻内容。

具体就是多用名词和动词，因为名词和动词能简单、准确地描述事物的最新动态，适合于网络新闻；标题必须言之有物，要有内容，切忌空泛笼统。

准确就是用词准确，新闻事实概括准确，时间、地点等新闻要素准确，做到标题与正文的内容完全一致；评述新闻事件要掌握分寸和火候，标题的结论在新闻正文中要有充分的证据，避免以偏概全、断章取义、耸人听闻及曲解原意。

2. 亮点突出

亮点突出就是突出新闻内容中最有价值的信息。网站首页或新闻频道首页留给标题的空间有限，标题要反映新闻内容中所有的信息，既无可能，也无必要。标题面面俱到，交代详尽，一览无余，很可能会淹没真正有价值的信息，失去标题应有的作用和功能。最有价值的信息可能是新闻事件中最重要、最新鲜、最具有冲突性、最显著、最反常、受众最关心的内容，其他的信息可由内容提要或新闻正文去反映。

3. 简洁凝练

网络新闻标题字数一般较少，通常只有一行文字，要准确地表达新闻中最有价值的信息，帮助受众理解并把握新闻事实，让受众在单位时间内获知尽可能多的重要新闻，就要做到字字珠玑，用心锤炼，力求用最少量的词语表达丰富的内容；字斟句酌，删繁就简，去掉一些相对次要、多余的信息，去掉多余的字词，

删去某些已经包含在句内其他词语中的字词，删去某些不需要的修饰和限制成分，使用概括性强的词语，使用简称代替全称。

4. 新颖生动

好的网络新闻标题不仅需编辑把最吸引人的、最新的、最重要的、受众最关心的信息放在标题里，还要充分运用各种表现手法、修辞方法，用一些人们喜闻乐见的语言吸引受众，巧妙借用古诗词、俗语、流行歌曲等，用通俗的语言代替深奥的科技词汇。另外，要精选动词做标题，多用动词，活用动词。

5. 亲切贴近

接近性是新闻价值的一项重要要素，接近包括地理接近和心理接近。网络新闻传播中，接近性主要体现为心理上的接近，网络新闻编辑可有意识地利用网络受众心理上的接近，从受众的心理需要和接受水平出发，选择合适的角度，在标题中突出与受众生活有一定联系的新闻要素。

针对网络受众求新求异的心理，可以选择他们感兴趣的角度，将新闻中最特殊的内容挑出来，放在标题中；针对网络受众的知识水平和理解能力，选择他们易于理解和接受的角度，用他们比较熟悉的语言，按照他们的思维习惯，形象地阐释比较专业的新闻信息；针对网络受众对一些事实的疑惑，选择他们最关心的角度，提供他们需要的信息。总之，网络新闻标题要拉近与网络受众的心理距离，增强标题的接近性和贴近性。

网络新闻标题的制作程序和步骤与报纸新闻标题基本相同，可参照本书第二章相关内容或相关书籍，在此不再赘述。

第三节
网络新闻专题

专题是指专门研究或讨论的题目，新闻专题是指对一个关注程度较高的或者持续时间较长的新闻事件进行集合式的报道。网络新闻专题，是指网络媒体围绕某个新闻事件或社会上存在的某种现象和状态，在一定的时间跨度内，运用消息、通讯、背景资料、述评、评论等文体，调用文字、图片、音频、视频等新闻形式，并结合受众调查、受众评论等互动手段，通过页面编排与栏目制作，进行连续、深入、全方位的报道。

网络新闻专题有双重含义。

一方面，网络新闻专题是对网络新闻资源进行包装的一种外在形式，它将过去的信息、现在的信息以及预测未来可能发生的信息等互有联系的各种纵向信息连成一体，将与之有联系的各种横向信息连成一体，构成一张立体信息网；它将分散的信息进行有机的整合，同时利用网络延时性的特点，使新闻报道得以长久延续。

另一方面，网络新闻专题是体现网站编辑思想与意图的一种内容整合手段，是在某一主题或某一事件下的相关新闻、资料及言论的集纳，用以表达某个主题，传达网站的某种思想、意图、立场、态度、意见、倾向。

一、网络新闻专题的特点

（一）既有集成性又有延展性

从内容上说，网络新闻专题以特定的主题或新闻事件为中心，将各方面的相关信息高度集成化，形成一个整体性的信息传播单元，具有集成性。同时，网络新闻专题以主题或新闻事件为中心，向外辐射而形成一个更广阔的信息空间，具有延展性。网络新闻编辑既要善于捕捉到信息传播的焦点，又要善于围绕这一焦点恰到好处地延展信息，使专题具有丰富的层次性，满足不同层次受众的需要。

从报道手段与方式上说，网络新闻专题是文字、图片、音频、视频等各种新闻形式的集成。网络新闻专题综合运用文字、图片、音频、视频等各种手段给网络受众呈现一个全景式的报道。

从信息发布时间上说，网络新闻专题具有延展性。网络新闻专题每天可以不断地加入新的消息、新的内容，添加新的图片、文字、音频、视频等信息。网络新闻专题的信息发布和更新没有时间限制，而广播、电视等传统媒体的新闻专题一般都在固定时间播出，并且播出时间长短受到很大限制。

从信息发布空间上说，网络新闻专题具有延展性。与报纸新闻受到版面容量和布局的限制相类似，网络新闻也受到页面容量和布局的限制，但网络传播的超链接功能却可以突破网页容量和布局的限制。不仅网络新闻专题本身可以使用超

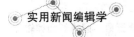

链接与其他新闻专题链接，而且新闻专题内部的栏目和每一条网络新闻都可以使用超链接与相关新闻链接，这样就使得网络新闻专题的容量可以无限地扩充，深入挖掘新闻事件的本质。

（二）既有共时性又有延时性

无论是不可预知的突发新闻事件，还是可以预知的新闻事件，网络新闻专题都可以在很短的时间内开通，可以做到新闻事件的发生、新闻信息的采集、新闻信息的发布与新闻信息的接收同步进行，网络受众可以在同一时间接收同一新闻信息，具有共时性。不少网络新闻专题采取渐进式的报道策略，对所关注的对象进行跟踪报道，着重表现新闻事件发展的过程性和连续性，呈现和还原事件每个发展阶段的即时情景，使网络受众掌握事件的渐次变化，在与新闻事件同行的过程中，获得更多的审美体验和阅读乐趣。

网络新闻专题具有延时性。网络新闻专题不受存贮空间的限制，信息丰富，信息联系方式更多样，信息层次更多，在一定的时间段内报道某个新闻事件的信息可以长期延续在页面中，在一个空间内承载一个完整的报道过程，展示新闻事件的发展变化过程。网络受众在信息发布后相当长一段时间内仍然可以通过链接和检索等方式获取这些新闻信息，并可以根据自己的需要和兴趣安排收听、收看和阅读时间，网络受众可以在不同时间接收同一新闻信息。

（三）既有互动性又有互通性

网络媒介从根本上改变了传统传播模式，模糊和淡化了传播者与受众之间的界限，传播者与受众地位平等，而且每个人同时具有传播者和受众的双重身份。很多网络新闻专题设置了互动专栏，网络受众除了选择电子邮件、论坛、聊天室、留言板和在线调查等方式外，还可以通过手机短信参与到网络新闻专题中去。网络新闻编辑可以根据网络受众反馈的意见和要求，适时发布有明确目标受众群的信息，从而最大限度地满足受众对最新信息的需求。

在网络新闻专题中，无论是每个层次的信息内部，还是各个层次的信息之间，都不是割裂的，它们之间形成了一个相互连通的信息网络，网络受众可以通过超链接，追寻与思索这些信息之间的联系，透过现象去更好地认识事物的本质。

（四）既有静止性又有运动性

网络新闻专题本质上是运动着的，它是一个不断丰富和发展着的内容集合体，随着新闻事件和新闻议题自身的发展变化而不断丰富。运动是绝对的，静止是相对的。

网络新闻编辑可以根据需要提取各种形式的文本，把任何一段文本内容编入任何主文档，并可以根据需要调整文本的长度，完全突破了传统媒体的编辑方式和观念。正是这种突破，导致了网络新闻专题的根本性变革。网络新闻专题是以页面的方式呈现的，这一点与报纸新闻专题以版面的方式呈现相类似，其结构、排版、色彩基本上是固定的，在某一个时间点，它的内容和形式都是静态的，具有静止性。

随着时间的推移和主题新闻事件的发展变化，网络新闻专题也会相应地处于变化和调整之中。在新闻专题的主页中，一些内容可能会淡出，一些内容可能会得到加强，又表现出动态性的特征。网络媒介可以充分保证 24 小时不间断地实时播发新闻，依靠滚动新闻就能维持、保证专题变动状态的发生和发展；稿件在第一时间传到网上，一旦觉得不妥，能够随时更改内容、标题、图片和插入视频，甚至撤下整个专题的主页模式。

二、网络新闻专题选题

（一）网络新闻专题选题分类

网络新闻专题的选题大致可分为三类：

第一类是可以预知的、有重大社会影响的活动和事件或非事件性新闻，如新中国成立 60 周年、中共中央全会、每年全国各级各地"两会"、国家领导人出席重要国际会议、海峡两岸重要交流活动、重要节庆活动、重大建设工程的开工和竣工、大国元首及首脑访华等。

第二类是不可预见、有重大社会影响的突发性事件，如能源价格上涨、汶川大地震、上海浦东机场货机坠毁事件、黑龙江鹤岗矿难、贵州瓮安事件、三鹿奶粉事件、新疆"7·5"事件等，需要在及时发布第一条消息的基础上迅速组织材料开通新闻专题。

第三类是网络媒体就某一重要社会现象或问题设置的专题报道，如大学毕业生就业、农村留守儿童、同性恋问题等。

这三类选题有一个共同的特点，就是选题本身的潜在社会影响力及其内容的复杂性决定了报道不能停留在简单、肤浅的层次上，而必须充分挖掘、展示和分析报道对象，以多种手段、多种形式、多个层次的信息在空间和时间上的组合，使受众从多种角度、多个层面上了解事物的全貌和本质。

（二）发现网络新闻专题选题

1. 从重大新闻事件中挖掘选题

网络新闻编辑可以将重大突发事件或可预知事件作为一个坐标，运用发散思维，将其向前或向后延伸，从中寻找新闻专题选题：可以将与当前新闻事件直接相关但尚未披露的历史性事件作为报道对象，延伸当前报道；可以将当前新闻事件与以前发生的同类新闻事件进行比较，从其变化规律中寻找新闻专题选题；也可以对某些尚未发生但可能发生的事件作出预测与前瞻性报道；可以从已有选题出发，搜索与之相邻的、类似的话题，寻找合适的报道对象；可以从事件背景中进行扩展。

2. 从社会现象中挖掘选题

网络新闻编辑可以从纷繁复杂的社会现象中挖掘一些新闻专题选题，将一些看上去零散出现却有一些贡献的现象或事件，以同一主题统领起来，作为新闻专题报道的对象，这就要求网络新闻编辑善于从个性中发现共性、从偶然中发现必然、从特殊性中发现普遍性，善于由表及里、由此及彼、去粗取精、去伪存真。

3. 从上头与下头的联系中挖掘选题

网络新闻编辑可以从党和政府的方针、政策、措施与老百姓日常生活的联系点中寻找新闻专题选题。各级党委每年都会召开各级全会部署每年的工作安排，各级政府每年都会在各级人大会上的政府工作报告中提出奋斗目标和任务，这些工作、任务、目标进展情况如何，这些任务完成后会给老百姓生活带来什么影响，目前还存在那些困难和问题，都可以成为网络新闻专题的选题。

4. 从受众反馈信息中挖掘选题

网络新闻编辑还可以从网络受众的反馈信息中发现选题。一方面，网络受众会将新闻线索通过论坛、新闻跟帖、受众调查和博客等渠道直接发布；另一方面，这些渠道常常能集中地反映网络受众的意见与态度，可以作为衡量选题价值的依据，有时网络舆论也会直接推动新闻事件的进展，带来新的专题选题。同时，网络是一些新兴文化的"试验场"，不少社会现象与问题最早也是在网络中萌芽的[1]。

（三）确定网络新闻专题选题

确定网络新闻专题选题，一般要考虑六个因素。

1. 具备可行性

网络媒体能否对客观新闻事实进行报道，既要看网络媒体是否具有开展报道的外部条件，即网络媒体所处的社会环境中，法律、政策、道德及文化传统是否允许报道这样的新闻事实；又要看网络媒体是否具备进行这一报道的内在条件，即网络媒体是否具备采集新闻信息的资金、技术设备和人力资源，是否有相适宜的采编运行机制与管理水平。

2. 具有重大新闻价值

网络媒体不可能也没有必要报道客观世界的所有变动事实，要报道的只是其中有新闻价值的那部分变动事实；不可能也没有必要投入大量人力、物力报道新闻价值不大的新闻事实，要报道的是那些具有重大新闻价值的新闻事实，对那些与受众相关性不大、社会意义不大的新闻事实，没有必要运用新闻专题的形式报道。

3. 适宜受众

网络新闻传播活动是以传播者与受众之间的互动为基础的，没有受众的网络新闻传播不可能存在，不合乎受众需求的网络新闻传播是无效传播。因此，网络新闻专题的选题要以受众的需求为依据，报道什么、如何报道、如何互动，都要根据受众的需要进行选择和设计。

4. 网络媒体及其条件的差异性

网络媒体及其条件的差异性决定了新闻专题选题的个性化。网络媒体及其条件的差异，具体来说包括网络媒体定位的差异、功能的差异、环境的差异、内部条件（资金、设备、人才、管理、机制等）的差异等。同样一个新闻事实，传统媒体开办的网站与商业门户网站的选题很可能不同。

---

[1] 彭兰. 网络新闻编辑教程［M］. 武汉：武汉大学出版社，2007：251－255.

5. 网络媒体及其新闻价值的差异性

由于对客观事实的价值判断与编辑主体意识的不可分割性，就决定了编辑新闻价值判断的差异性，进而决定了网络新闻专题选题的个性特征。不同网络媒体对新闻价值要素的侧重点是不同的。在实际操作过程中，把握、运用这些标准又与编辑的主体意识不可分割。网络媒体及编辑确定选题，实质上是网络媒体及编辑的新闻价值观在实际操作中的体现，对报道客体的价值评价在网络新闻专题选题中具有决定性作用，网络媒体及编辑认识水平和观点立场的差异决定新闻专题选题具有个性化特征。

6. 受众及其需求的差异性

受众的差异性和受众需求的差异性决定了网络新闻专题选题的个性化特征。一方面，不同的网络媒体拥有不同的受众群体，受众的差异性就导致了受众对网络新闻专题报道的要求与期待是不同的；另一方面，同一受众群体对不同的网络媒体也会有不同的需求。受众的需求差异对网络新闻专题选题的影响，直接表现在编辑判断客观事实的价值之中，编辑选择新闻事实、新闻价值要素的侧重点，都以受众为参照。

网络媒体要面向受众、服务受众，同时又要以正确的观点、立场和态度引导受众，而不是完全被受众需求牵着鼻子走、无条件地满足受众的一切需求。

（四）各类网络新闻专题选题的报道

1. 可预知的重大事件的报道

可预知重大事件的专题报道重点考虑的不是报道对象，而是报道时机、报道规模与角度、报道手段。

从报道时机来看，可预知重大事件专题报道通常有两种：一种是超前性报道，在全面衡量的基础上，在重大事件到来之前找到一个合适的时机推出专题，先声夺人，找到一个合适的新闻由头推出新闻专题，效果会更好；另一种是即时性报道，新闻专题的推出与重大事件的发生基本同步，时效性强，与受众需求也同步，但要在报道角度、内容组织和形式设计上多下功夫，凸显自身特色。

从报道规模与角度看，可预知重大事件新闻专题报道的组织有两种：一种是全面展现新闻事件的全貌，给受众提供丰富的信息，这种方式要以雄厚的采编力量为后盾，并避免与其他网站趋同；另一种是只选取一个截面来反映新闻事件，这就要求在角度选择、深度挖掘下功夫，突出网站特色。

从报道手段看，有两种方式：一种是以一种媒体手段为主、其他媒体手段配合，这种方式要求选择最能表现事件新闻价值的媒体手段，不要勉力为之；另一种是同时运用多种媒体手段、没有明显的主次之分，这种方式要求准备充足的新闻信息资源，随时调用，同时还要考虑网络传输速度与技术的限制等因素。

2. 不可预知的重大事件的报道

不可预知重大突发事件的专题报道通常有三种报道思路：第一种是注重突发事件发生后的过程报道，让受众第一时间获得各种相关信息，了解事件的进展及其后果；第二种是通过报道探求突发事件的起因、背景以及其他社会环境因素，让受众更深入地理解偶然事件中所包含的必然因素；第三种是全方位关注新闻事件带来的社会影响，为受众释疑解惑。在突发事件的专题报道中，首要的是报道新闻事件发展过程。但是，当新闻事件发展到一定阶段后，就需要根据受众反馈适时调整报道思路，找到新的报道角度与方式，这样有利于网站形成自己的特色。

3. 重要社会现象或问题的报道

重要社会现象或问题的专题报道，既可以从已知的新闻选题中推演出新的新闻选题，也可以从杂乱的线索中找到清晰的新闻选题。这就要求网络新闻编辑具有很高的新闻敏感和判断分析能力，需要各种信息与知识的积累。

这类报道有两种思路：一种是将一些看上去零散出现的现象或问题用一个主题统一起来，作为新闻报道的对象，这种做法称为多点聚合；另一种是将一个宏观、抽象的主题分解成若干个微观、具体的题目，从中寻找报道落脚点，这种做法称为单点分解。

三、网络新闻专题的角度

（一）新闻角度的概念及意义

新闻角度，是指新闻报道中发现事实、挖掘事实和表现新闻事实的着眼点或入手处。一个事实，哪怕是一个比较小、比较单纯的事实，也是可以从多种角度去报道的。但是，其中毕竟只有一种最佳角度，我们应该反复思索和比较，争取选用最佳的角度去表现新闻事实，突出新闻价值。

新闻角度是为准确反映事实服务的，必须服从事实，而不能扭曲事实，偏离事物的本质。选择新闻角度必须注意两个问题：一是正确处理事实中有新闻价值的部分与其他部分之间的关系，二是正确处理突出新闻价值和反映事实本质之间的关系，正确认识事实和事物各个侧面之间的关系，正确分析各个事实之间的关系[1]，不因追求新闻价值而扭曲事实。

对于网络新闻专题来说，好的角度可以挖掘新闻事实的潜在新闻价值，使宏大主题落到实处，使静态主题呈现动态效果，使抽象主题呈现具体效果，促进新闻报道的立体化，有利于多媒体素材的采集与表现，发挥多媒体报道的长处。

事件性的网络新闻专题报道，新闻角度是比较好选择的，有的甚至不会产生角度问题，只要如实报道新闻事件的经过就可以了。非事件性的网络新闻专题报道，新闻角度的选择就比较重要，也比较困难。对于这类网络新闻专题报道来说，选择好角度，才能更好地挖掘新闻价值，揭示事物的本质。网络新闻专题报道可以从客体 的某一侧面或要点切入，也可以从多个侧面、多个要点切入；有些持续时间较长的报道，角度在报道进程中会有所变化，比如从一个侧面转向另一个侧面，由一个侧面转向多个侧面。在网络新闻专题报道中，由于报道客体是所有网络媒体共同关注的焦点，寻找独家视角、找准切入点、以独特的方式重新整合信息就显得格外重要。

（二）网络新闻专题的角度选择

1. 横向切入角度

在生活中，有些庞杂的事实，并不全具有新闻价值，有价值的只是其中很小的一部分，或开头，或结尾，或片段，或枝节，或某一个侧面。新闻专题报道要做出新意，就要善于将这些有价值的部分截取下来加以报道。我们既可以选择当前阶段的新动向、新特点、新趋势，以此为着眼点来揭示事物的发展进程；也可以选择事物发展过程中几个具有标志意义的时刻，以此为着眼点，反映事物发展的全过程，以少胜多。这是横向切入的角度。

2. 纵向切入角度

客观事物的发展变化都有一个从量变到质变的演化过程，而新闻报道只能在

---

[1] 艾丰. 新闻采访方法论［M］. 3 版. 北京：人民日报出版社，1996：128－156.

事物发展变化过程中的某一个时间点去展示客观事物。事物变化发展的原因也是多种多样的，有的原因是偶然的，有的原因是必然的，有的是一因一果，有的是一因多果，有的是多因一果，有的是多因多果。因此，要让受众全面准确地了解客观事物，就要提供事物发展的背景性信息和前景性信息，引导受众透过现象看本质。这是纵向切入的角度。

3. 多种切入角度

横向切入便于了解事物发展变化的过程，纵向切入便于了解事物发展变化的原因。在网络新闻专题中，表现的角度也是多样的，因此切入的方法也是多样的，有的将两者有机结合起来，或者以横切为主，穿插纵切；或者以纵切为主，穿插横切。多种角度的切入，让受众了解到事物的各个侧面，使报道更加立体化。

4. 系统论的角度

从系统论的角度看，任何事物都是处在一定的系统之中。它本身是一个特定的系统，同时又处在另一个更大的系统中，与其他系统相互联系、相互影响。网络新闻专题所报道的事实，各部分不是孤立的，整个事实同其他事实也是密切联系的。事实的发生、变化与周围环境有千丝万缕的联系。网络新闻专题不仅要揭示新闻事实自身的现状，有时还要揭示与其相关的其他事实的现状，提供给受众有关报道客体的环境性信息、相关性信息，让受众从一个更大的背景中去认识客观事物。

5. 以个性反映共性

共性寓于个性，个性反映共性。网络新闻专题可以将一个宏大的主题分解成一个个微观的主题，通过几个有代表性的微观主题反映一个宏大的主题；可以将一个抽象的主题分解成一个个具体的主题，通过几个有代表性的具体主题反映一个抽象的主题。比如，可以选择一类人群中几个有代表性的人物，通过几个代表性人物的命运来反映一类人群的命运；可以选择一些有代表性的数据，挖掘这些数据背后隐藏的深层背景和含义，以此来勾勒事物的全貌。

当然，在实际应用中，网络新闻专题的报道角度不是单纯地采用某一种角度，而是综合采用多种报道角度，通常是一个栏目从一种角度反映客观事物，一个栏目从一个侧面反映客观事物，从而全面、立体、多角度、多层次地反映客观事物。

四、网络新闻专题的栏目结构

（一）栏目与栏目结构

1. 栏目结构的意义

栏目是构成网络新闻专题的基本框架，网络新闻专题的栏目结构就是设计相关的栏目并用合理的结构将它们组织起来。一般新闻网站或频道在重大新闻事件上是很容易达成共识的，各家也都会推出自己的新闻专题。在新闻信息资源共享的情况下，网络新闻专题的竞争实际上是角度的竞争、组织方式的竞争，尤其是栏目设计的竞争。各个网络媒体应根据自己的性质、定位、特点和优势，设置有个性的、具体的、有针对性的栏目，然后根据各个栏目的重要性合理安排栏目位置。

2. 栏目设置的标准

一般说来，栏目设置的标准有五个：一是从事件的发生、发展过程、当前状态、历史背景、未来趋势等方面设置栏目，也就是以时间为标准设置栏目；二是从地理上划分事件发生或影响的地区，将每一个地区作为专题的一个栏目，也就是以空间为标准设置栏目；三是从事件中的人物命运、人物的感情状态等方面设置栏目，也就是以人物为标准设置栏目；四是从新闻发生的社会背景、社会影响、与其他事件之间的关系等方面设置栏目，也就是以社会环境为标准设置栏目；五是从当事人的态度、相关人物的意见、社会舆论反响、专家的评论等方面设置栏目，也就是以意见态度为标准设置栏目。

（二）栏目结构的类型

网络新闻专题的各个栏目之间不是随意组合的，也不是杂乱无章的，而是遵循某种线索或者逻辑关系，形成一个有机的整体。

栏目之间的结构有五种类型。

1. 线性结构

线性结构就是选择一个角度切入，对客观事物的发展变化进行追踪反映，直至客观事物的变动告一段落，报道的发展轨迹是单向、直线的。这种结构在一些事件报道、问题报道、活动报道中都有广泛运用，报道活动与客观事物同步推进，以连续性的信息组合展示客观事物变化过程及其本质。各栏目之间存在着逻辑上的先后顺序，前一栏目的内容是后一栏目的基础，后一栏目是前一栏目的发展与深化。

在线性结构中，主要的逻辑关系有三种：

其一是时间上的先后顺序，以时间的顺序来组织栏目，条理清晰，符合受众的认识习惯。

其二是观察事物的顺序，以全景、中景、近景、特写这样一种观察事物的渐进顺序来表现新闻事件或新闻主题。

其三是认识事物的顺序，由表及里、由浅入深、由现象到本质、由状况到问题到原因到对策，网络新闻专题往往依据这样的逻辑来组织栏目，也是目前国内网络新闻专题中用得较多的一种方式。

从某种意义上看，这种结构的专题与一篇经过扩展、整合的长篇新闻稿类似，每个栏目是稿件中的一个段落，栏目名称是稿件中的小标题。只是稿件并不是由一位作者完成，因而可以更加丰富而深入。

2. 收束结构

收束结构就是从多个报道对象切入，以多种事实的变动指向某一共同的主题，使这一主题得到深入挖掘和充分展示，报道的发展轨迹是由面到线或由面到点。每个栏目反映主题的一个侧面，多种角度的栏目集成后，较为全面地反映出全貌或某个突出的局部。

收束结构从不同的客体切入主题，有利于全面反映问题，引起社会关注，对专题报道后期主题的深化和聚焦具有重要作用。各个栏目之间的地位是相对平等的，顺序是自由的，其主要目标是完整地表现主题或某种特定的角度，比较适合信息十分丰富、事件处于动态发展中的专题。

3. 放射结构

放射结构就是选择某一角度报道某一个客观事物，对这一客观事物的发展变化进行跟踪反映，随着报道进展，拓展报道对象，转向对更多相关事物的反映，报道的发展轨迹是由点到线或由线到面。每个栏目反映一个报道对象，反映多个报道对象的栏目集成后，可以反映出这些报道对象的共性，看到事物的本质。

这种结构对展示和剖析比较复杂的事件与问题有重要意义，能够由点到面，扩大专题报道的社会影响力。在前期报道中，各栏目之间的关系类似于线性结构。在后期报道中，各栏目之间的关系类似于收束结构。

4. 网状结构

网状结构就是选择多个报道对象、从多种角度切入，报道随时间延续或追踪，或拓展，或沿着客体各自的方向发展，相互烘托，交错递进。

特别重大的、可预知性的非事件性报道通常采用这种结构，常常有多个主题，以主题设置多个子专题。其栏目设置也较为复杂，有的以主题设置栏目，有的以报道对象设置栏目，有的以地区设置栏目，有的以人物设置栏目，有的以新闻体裁设置栏目。报道对象的多元化、角度的多样化以及报道进展过程中各子专题、各栏目的相互应和，使报道具有特别突出的强势。

5. 三角结构

三角结构就是以观点的冲突作为结构的基本依据，每个栏目集成一方面的观点，各方观点同时呈现，侧重于揭示事件或问题的影响，各栏目的地位是相对平等的。这种结构内容集中，线索明确，能让受众迅速抓住要点，但也可能忽略一些非典型观点。尽管不是所有的专题都局限于三方观点，但以观点作为结构依据，在网络新闻专题中较为常见[1]。

五、网络新闻专题的信息手段

网络新闻专题往往是多媒体专题，需要运用多种信息手段。文字、图片、音频、视频都是多媒体的构成要素，是网络新闻专题的核心内容。一些非新闻性的素材，也可作为网络新闻专题中的辅助手段。网络传播所特有的手段，如 Flash、时间线和互动等，也可在网络新闻专题中应用。

（一）文字

在网络新闻专题中，文字的作用主要表现为如下几点。

1. 传递信息

文字是专题中的主力军和先行军，许多新闻专题特别是突发性事件的专题首先是通过文字形式启动的，之后再用其他方式加以补充。

2. 深度分析

作为深度报道的一种形式，网络新闻专题需要利用文字表现解释性、思辨性

---

[1] 彭兰. 网络新闻编辑教程 [M]. 武汉：武汉大学出版社，2007：264.

和调查性等深度信息。

3. 表达观点

文字评论能够全面深刻地分析问题，准确明了地表达观点，远胜于其他形式的评论。

4. 粘合素材

文字能够充当图片、音频、视频等内容的粘合剂，将各种类型的稿件有机地整合在一起。

5. 提供背景

文字资料在各种背景与知识性资料中比例很大，容易储存，容易获得，容易利用，也容易传输。

（二）图片

图片包括新闻照片、新闻图表、新闻漫画、记者照片、采访对象照片、资料照片、报纸版面照片。图片在网络新闻专题中的作用主要有如下几方面。

1. 传达现场感

图片能让受众获得对于新闻现场的直观感受，记住那些有代表性的瞬间，有助于加深对新闻的理解和记忆。

2. 传达报道基调

受众接触新闻专题时，第一印象往往来源于专题中的照片，他们对专题的基调认识也来源于照片。

3. 补充、解释

文字虽然可以传达大量的信息，但是有些信息需要通过图片得到进一步的补充，新闻图表也可以用直观的方式阐释某些文字信息。

4. 提供旁证

图片可以在一定程度上作为旁证材料，增加文字新闻的说服力。

5. 调节视觉感受

图片的运用不仅是报道内容上的需要，也是设计形式上的需要。

6. 消除距离感

有助于消除人们阅读文字信息所产生的心理距离，拉近报道对象与受众的距离。

7. 设置导航

将图片划分为若干热区，每个热区链接不同的对象，利用 Flash 也可以产生导航与内容整合功能。

8. 提供比较

通过一些资料照片，能形成纵向与横向的对比。

9. 传授知识

一些与新闻主题相关的图片，可以介绍知识，既可开拓人们的视野，也可为新闻报道服务。例如，图 5 - 1 是千龙网"网民呼吁彻底斩断手机色情信息利益链"的图示。

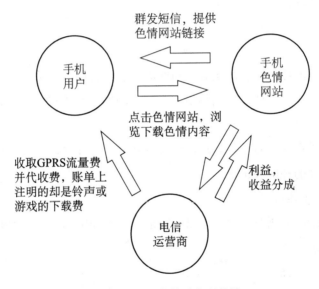

图 5 - 1　手机色情信息利益链

（三）音频

音频素材主要包括：相关的音频新闻、采访录音、录音历史资料、背景与环境音响、音乐等。音频在网络新闻专题中的作用主要表现为如下几方面。

1. 补充信息

音频新闻可以补充在其他新闻中没有出现的信息。

2. 渲染现场感

利用与新闻事件相关的现场音响，可以让人如临其境，产生感同身受的效果。

3. 证实性

当事人的述说、目击者的讲话，是一种证据，可以增强新闻在真实性方面的说服力。

4. 传达报道基调

音频特别是音乐的运用可以让受众直观感受报道的基本情绪，在专题中加入背景音乐，会形成一种贯穿始终的情绪氛围。

在网络新闻专题中，声音的运用方式主要包括：作为链接，由受众点播；作为背景声音，伴随受众的阅读过程；整合进 Flash 中。

（四）视频

视频素材包括相关的视频新闻、视频资料等。除各媒体提供的新闻外，视频资料也可来源于一些影视作品。视频在网络新闻专题中往往兼具图片、音频、动画等的作用，运用得当，可以获得很好的效果。鉴于目前网络传输状况，一般受众不会在专题中点播太多视频信息，因此应该精挑细选视频素材，将最有说服力与代表性的视频信息放到专题里。如有多条视频材料，应将其中某一条或某几条作为重点加以突出。

（五）Flash

在用 Web 整合的专题中，同样可以加入 Flash 内容。Flash 的作用主要有：一是整合专题中的某些素材，形成专题中的一个小单元；二是作为替代性材料，弥补专题中需要而又缺乏的影像资料的不足；三是活跃报道气氛，使报道更加生动；四是提高专题的互动程度。

（六）时间线

时间线是对多种素材的一种整合，将各种内容依据时间顺序组织起来，可以清晰地描绘新闻事件的起源、发生、发展的过程。时间线可以用 HTML 语言来实现，也可以用 Flash 技术实现。

HTML（Hyper Text Markup Language），即超文本置标语言，是为网页创建和其他可在网页浏览器中看到的信息而设计的一种置标语言，常被用来结构化信息——例如标题、段落和列表等，也可用来在一定程度上描述文档的外观和语义。

时间线也适合于背景资料的集成，通过时间线，可以理清各种复杂的线索。时间线在整合素材方面的潜力是可观的。在制作网络新闻专题时，可以根据需要采用。此外，在技术包装上，也可以将时间线制作得更为精良。

（七）互动

网络新闻专题中常用的互动手段包括受众调查和受众评论。

1. 受众调查

受众调查的作用主要有：一是了解网络受众的意见与看法，可以直接针对当前新闻事件与主题收集意见，也可以让受众对与本专题相关的一种社会现象发表评论，或者征求受众对当前多媒体报道本身的内容、设计、制作等方面的评价；二是让受众有一个宏观的比较，了解对某一问题的不同态度，因为针对新闻事件或社会问题开设的调查也在一定程度上揭示了新闻事件与现象的社会影响，这时调查已经成为报道的一个有机部分，在某些情况下，调查结果甚至可以成为一种新闻线索。

2. 受众评论

受众评论在专题中的表现形式是 BBS，它为受众表达自己的意见与态度提供了更直接的途径，评论的数量在一定意义上可以反映出人们对新闻事件或现象的关注程度，也可以提升专题的影响力，使更多的人对专题报道产生兴趣。在开设专题的 BBS，应及时删除一些违背法律、法规的帖子，将一些具有代表性的帖子放到专题更突出的位置[1]。

第四节
网络新闻评论

评论是言论的总称。评论有两种意思：一是批评或议论，二是批评或议论的文章。新闻评论是就有价值的新闻事实和社会现象发表意见以指导实践的一种文

---

[1] 彭兰. 网络新闻编辑教程［M］. 武汉：武汉大学出版社，2007：264－272.

体，是社论、编辑部文章、评论、评论员文章、特约评论员文章、短评、编者按、编前、编后、专栏评论、新闻述评等新闻体裁的总称。新闻评论是论说文中的新闻体裁，是新闻体裁中的论说文，最早出现于报刊，后来也成为通讯社、广播、电视、网络经常采用的文章形式[1]。

网络新闻评论，是指在网络媒体上就新近发生的新闻事实，迅速、及时进行评述，阐明道理，提出解决问题的方法和意见[2]。与大众传播一样，网络传播包含事实性信息和意见性信息，网络新闻评论就是网络传播中的意见性信息。不同的是，在网络传播中，媒体对信息和舆论的相对垄断被打破，传播途径的多样化促进了受众信息获取能力和言论表达权利的平等，而网络的匿名性使受众发表评论获得了更高的安全感，这些变化导致受众评论在网络传播中的地位显著提高，网络受众新闻评论与网络媒体新闻评论共同构成网络新闻评论。

一、网络媒体新闻评论

（一）网络媒体新闻评论的类型

网络媒体新闻评论一般是指网络媒体就某个重要新闻事实或新闻事件发表的评论、意见或看法。网络媒体新闻评论的作用是释疑解惑、表明态度、引导舆论、深化内涵。网络媒体新闻评论分为如下几种类型：

1. 网站新闻评论

网站新闻评论是指由网络媒体自己组织、主持并表达观点和立场的新闻评论，是传统媒体新闻评论在网站的延续，在较大程度上保持了传统媒体新闻评论的特点，通常由网站或网站所依附的传统媒体的编辑记者或网站的特约评论员撰写。目前一些网站的主打新闻评论栏目采用"时评"作为栏目名称，以人民网的《人民时评》、千龙网的《千龙时评》、东方网的《东方时评》、光明网的《光明网评》为典型。

2. 专家评论

专家评论是指由网站特邀的某个领域的专家就某个事件或某个现象发表的评

---

[1] 丁法章. 新闻评论教程 [M]. 4 版. 上海：复旦大学出版社，2008：16－17.

[2] 董天策. 网络新闻传播学 [M]. 2 版. 福州：福建人民出版社，2004：277.

论，包括独立式专家评论和互动式专家评论。独立式专家评论是指由专家自由选择议题，在自由的环境中进行创作，最终将评论提交给网站。互动式专家评论是指通过专家与网络受众、网站主持人或其他专家互动，完成评论的生成过程[1]。参加互动式评论的专家可以是一位专家，也可以是多位专家；多位专家可以是同一领域的，也可以是不同领域的。不同的专家组合对评论的深度和广度产生很大影响。

3. 汇集评论

汇集评论是指网站借助网络传播的优势，将各家传媒和网站的新闻评论汇集起来，比较集中地呈现给网络受众，如千龙网的《政经评论》、《世象观察》、《观点交锋》栏目，人民网的观点频道，新华网的新华网评，这些栏目或频道就是集纳众多传媒机构和网站的新闻性评论文章。就汇集其他媒体的新闻评论文章而言，网络新闻编辑只是提供了一个平台，除选稿以外，一般并不作太多的编辑处理。这种做法扩大了网络受众的阅读范围，增加他们了解各家评论观点的机会，同时也吸引网络受众关注有关事件。

4. 直播评论

直播评论是指直播中的新闻评论。在网络传播中，直播形式包括文字直播、图片直播、音频直播和视频直播等。直播中的新闻评论不能就事论事，而要高于叙述，能揭示事实报道中没有传达的意义；不能无病呻吟，没有必要时，宁可不要评论；不能故作姿态、高高在上、盛气凌人，应找准受众所能接受的基调，与受众平等交流；不能长篇大论，不能干扰直播[2]。

（二）网络媒体新闻评论的变化

与网络传播的特性相适应，网络媒体新闻评论出现了一些与传统媒体新闻评论不同的变化。

1. 由媒体主导向媒体与受众互动转变

在传统的大众传播中，媒体垄断信息和传播渠道，主导社会舆论，受众处于被动接受或者沉默的地位。在网络环境中，媒体垄断信息和传播渠道的地位被打破，动摇了媒体引导和控制舆论的基础，媒体不得不更加重视受众意见。同时，

---

［1］蒋晓丽．网络新闻编辑学［M］．北京：新华出版社，2004：299.

［2］彭兰．网络多媒体新闻［M］．长沙：中南大学出版社，2006：16.

网络技术的发展也给这种交流提供了方便，媒体与受众可以更多地就某一问题进行讨论，舆论的多元化特征开始显现。

2. 新闻评论与新闻报道配合更加紧密

传统媒体的新闻评论强调新闻性，强调事理结合，经常为新闻报道配发评论，但这种方式一般只适用于较为重要的新闻。在多数情况下，由于篇幅有限，即使是独立的评论，叙述事实也不可能详细。而网络的超文本方式却使受众可以方便地调阅到评论所涉及事实的详细内容。这使得新闻评论所依附的新闻报道更为丰富、充实，也扩大了新闻评论的内涵和外延。

3. 个性化与人性化色彩加强

在传统的大众传播中，编辑、记者、主持人基本上处于幕后，他们的观点、立场只能通过报纸稿件和广播电视节目表现出来，报纸上为数不多的个人专栏评论和广播电视节目主持人尽管具备了一定的个性色彩，但是受媒体整体风格的限制，他们与受众也缺乏直接交流。

在网络上，很多编辑、记者都有自己的电子信箱，有的甚至还有个人网页，他们与受众的交流更加直接。在这种交流中，编辑的见解不再完全代表媒体的整体立场，而加入了更多的个人色彩；由于是编辑与受众个体的交流，他们的意见将更有针对性，而不必像在传统媒体上那样考虑普适性；编辑发表意见的方式将更加人性化，受众感觉到的是活生生的人在与其交流，而不是过去冷冰冰的媒介产品[1]。

（三）网站新闻评论的策划

网站新闻评论的策划包括四方面。

1. 新闻评论的适时组织

根据形势的发展和新闻报道的需要，把握好新闻评论的选题与时机，是网站新闻评论组织工作的一项基本任务。新闻评论不仅可以深化报道、解读新闻，还能提高新闻的受关注程度。网站配发新闻评论的力量有限，也可以将其他媒体的评论与网站的新闻报道和新闻评论结合在一起，同样可以起到相应的作用。目前，各个新闻网站评论频道及时汇集各个传统媒体和其他网站的新闻评论，分门别类放在各评论专栏里。

---

[1] 胡文龙. 中国新闻评论发展研究［M］. 北京：中国人民大学出版社，2002：409－410.

2. 相关评论栏目的配置

一家新闻网站，不仅评论频道有多个评论栏目，而且其他频道也有评论栏目，因此应进行合理的栏目设置，充分利用网站的评论资源和其他资源，实现网络媒体各个评论栏目的有效分工与相互配合，实现网络媒体评论栏目与网络受众评论栏目的有效分工与相互配合，实现评论栏目与其他栏目的有效分工与相互配合，实现新闻评论栏目品牌化运作。例如，搜狐网搜狐评论就有搜狐网论、搜狐论座、网论回顾、深度阅读、新书评、有此一说、时政评论、财经评论、国际评论、文化评论、民生评论、每日调查等多个评论栏目。网易评论频道评论栏目的设置与搜狐大同小异。

3. 塑造网站评论的风格

网站新闻评论应讲求整体的风格与个性，容易让受众对网站新闻评论形成一种整体的、统一的印象。网络新闻编辑应根据网站的主要定位，根据现有的评论员资源和受众需求，设置一个合理的、统一的风格，即网站新闻评论的重点选题范围是以时事政治评论为主还是以经济评论为主，网站新闻评论的主要受众是精英层次还是大众化层次。

4. 新闻评论员队伍的建设

网络新闻评论的作者可以有不同来源，组织与配置评论员队伍，不仅需要考虑他们各自的背景，更需要考虑网站的目标。每位评论员应该有足够的时间来保证提供充足的稿件，应该有自己的个性空间，但又不与网站的整体风格相冲突。

（四）专家评论的组织与实施[1]

1. 选择专家

专家不但要有很好的专业背景、专业信息与知识的积累，还应该具备很强的表达能力、理解能力和沟通能力，能够胜任网络评论。搜狐和网易将专家名单挂在评论频道《专栏作家》栏目，网论受众点击专栏作家的名字，就可以阅读该专家的评论。

2. 确定选题

网站新闻编辑应根据形势的发展和社会舆论的变化，提出具有现实性、针对性、体现自身特色的选题，适时地组织互动式专家访谈，或者向专家约稿。

---

[1] 彭兰. 网络新闻编辑教程［M］. 武汉：武汉大学出版社，2007：324－326.

3. 确定评论方式

对于不同的选题或者不同的形势，应采用不同的专家评论方式。

独立式专家评论比较适合专业性较强的问题，因为人们一般对此类问题较为陌生，参与讨论的可能性较小，或者即使参与，效果也不会太好。

大众化的问题，适合互动式专家评论。从时机看，互动式专家评论适合于事件的初始阶段，这个阶段人们的认识存在较大差异，意见更为多元，网络受众表达自我意见或参与交流的愿望十分强烈，这就为专家与网络受众的互动提供了基础。也正是因为网络受众意见的多样性，提供较为系统化的、专业化的意见的意义就显得更重要一些。

在一条新闻已经发生很久之后，采用独立式专家评论更为合适。经过激烈的论战和充分的交流，网络受众意见已经由分散逐渐集中在几个主流方向上，网络受众没有更多的意见出现。网络新闻编辑可以根据网络受众意见的流向和讨论的层次，确定自己的选题，并约请相关专家澄清网络受众的模糊观念和错误认识，并撰写评论，引导受众意见。

（五）专家在线访谈的组织与实施[1]

专家在线访谈是互动式评论的一种主要组织形式，既是一种完成评论的过程，又是一次采访过程。

1. 前期准备

了解访谈专家个人的基本情况，包括专家的性格、兴趣、爱好、业绩状况、擅长的领域、关于专家的报道或评价，了解相关专业知识。了解这些信息后，主持人应及时告知网络受众。主持人还应及时与专家沟通，确定访谈目标与主题。

2. 访谈提纲

提问应循序渐进、步步深入。提问可先从具体的问题、身边的事情、刚刚发生的事情、专家感兴趣或擅长的事情入手，然后向其他方向延伸。提问也可先从几个比较容易回答的问题入手，让专家和网络受众都适应访谈过程。提问应该从现象入手，逐步深入到问题的本质，最后切中问题的要害。

3. 互动讨论

先由访谈专家回答主持人的提问，再集中回答网络受众的提问。对一些网络受众发出的不合适的评论，应及时删除。

---

[1] 彭兰. 网络新闻编辑教程 [M]. 武汉：武汉大学出版社，2007：326－331.

4. 内容加工

访谈内容加工以访谈原始素材为基础，确定几个主要论题或角度，围绕论题重新整理对话记录，理清逻辑关系，突出访谈主题，凸显专家观点。

二、网络受众新闻评论

（一）网络受众新闻评论的途径和形式

网络受众新闻评论是网络受众通过电子论坛、电子公告牌、聊天室等途径就新近发生的新闻事实或新闻事件发表的意见和看法。网络受众新闻评论有以下几种表现途径和形式。

1. 电子邮件

电子邮件传播的快捷性、匿名性，具有强大的扩散能力。一名网络受众可以通过电子邮件系统将一封包含有个人观点的邮件发送到各界各地，而且在几十秒内到达网络编辑或其他网络受众的手中，实现网络编辑与受众以及受众与受众之间的互动。如，人民网和新华网设置"编辑信箱"，网络受众可通过"编辑信箱"给相应的栏目编辑发送电子邮件，体现了对网络受众言论的重视。

2. 新闻点评

某些新闻网站在新闻正文之后附加"发表评论"、"我要发言"、"我来说两句"、"说两句吧"、"读后感言"等字样，或者开设《网友说话》、《有话网上说》等专栏，鼓励网络受众对所登载的新闻或评论进行评论，畅所欲言，发表感想。这种形式的评论话题相对集中，一般是针对某一条新闻报道或相关新闻进行点评，内容也相对简单，常常用一两句话表述观点。

3. 新闻组

许多网络受众在浏览新闻信息后，往往要加进自己对这条新闻的评论，一并转送给其他网络受众。根据网络受众的这一习惯，许多网站都设立了新闻组，并在首页设置言论专栏，列出评论标题，以方便网络受众发表和阅读评论。网络受众只要点击这些评论标题，就可以看到内容丰富的评论和新闻内容，其中有网络受众对新闻内容的评价、其他媒体的评价、其他网站受众的评论链接，等等[1]。

---

[1] 董天策. 网络新闻传播学 [M]. 2 版. 福州：福建人民出版社，2004：279.

4. 聊天室

许多网站开辟了聊天室，为网络受众即时交流对新闻事件的看法提供了重要渠道。例如，北京在线、首都在线、新浪网、瑞德在线、东方网景、网易等的聊天室，已成为吸引网络受众的重要栏目。这种网络评论的形式体现为一对一的交流，但是由于评论内容可以在电脑屏幕的聊天窗口显示，仍然能够为其他聊天者注意[1]。

5. BBS

BBS 是网站为网络受众就某一最新的新闻事件提供表达观点和发表言论并进行思想交流的平台，主要提供电子公告服务，具有转发言论、聊天、发送邮件等功能，综合了当前网络各种传播的特点，成为网络言论中心。

6. 专家在线访谈发

许多新闻网站经常就一些热点问题组织有关领域的专家与网络受众进行互动讨论，网络受众可以对时事发表看法和意见，对专家的意见发表意见和看法，对其他网络受众的意见发表意见和看法，还可以对专家的意见和看法提出疑问来间接地发表自己的意见。

7. 参与网上调查、投票和网上签名

这种网络表达活动带有委托代议的色彩，大多数人无须单独阐述和表达自己对某一问题的观点，而是只需要对能够代表自己看法和意愿的网上倡议表示赞同即可[2]。

8. 博客

博客就是上网者把包括日常生活、所思所想、时局信息等发布在自己的网络日志里，以引起网络受众的兴趣。不少网络受众都开放个人的博客网页，或把自己的文稿收集进去，或随意发表自己对各种问题的看法和意见[3]。

（二）网络受众新闻评论的特点

1. 题材广泛

网络受众新闻评论涉及的范围非常广泛，以从网上搜索到的一份"全球中文论坛排行"为例，在这份并不完全的"排行"所列的 2 000 个论坛中，就涉及政

---

[1] 董天策. 网络新闻传播学 [M]. 2 版. 福州：福建人民出版社，2004：279 – 280.

[2] 闵大洪. 中国互联网上的民意表达 [J]. 媒介研究，2004（5）：38 – 44.

[3] 丁法章. 新闻评论教程 [M]. 4 版. 上海：复旦大学出版社，2008：350.

治、经济、军事、文化、科技、社会、教育、时尚、服装、化妆、家庭、情感交流、IT、汽车、养生、健康、女性、娱乐、房产、旅游等多领域、多侧面、多角度、多方面、多层次的话题。除了这些专门论坛外，还有一些综合性论坛，网络受众可以在这里选择各种感兴趣的话题，大到国计民生，小到个人感受，内容非常广泛。

2. 形式灵活

有的网络受众新闻评论有比较明确的主题，比如政治、经济、军事；也有比较固定的阵地，比如固定的论坛、聊天室、公告牌等，能保持相对长的时间。有的网络受众新闻评论有比较固定的阵地，但是主题比较分散，比如有些网站在重要新闻后面单独缀上一块留言板，网络受众阅读新闻后可以在留言板上发表看法和意见。有的网络受众新闻评论在时间上不固定，往往是网站根据某一特定主题的需要而临时设立、随时取消；主题也不固定，某段时期的重大新闻事件、热门话题都可成为主题。

3. 行文自由

与发表在传统媒体上的评论相比，网络受众新闻评论具有某种非正式性，因而在行文表现上比较自由。这种自由表现在五方面：一是文字修饰较少，口语化的痕迹较浓；二是有话则长，无话则短，篇幅长短随心所欲；三是文体限制较少，既可以用议论文的文体来表达自己的看法、意见、态度、立场，也可以采用散文、记叙文的文体；四是结构限制较少，既可以有评有论，也可以有评无论；五是表现方式限制较少，既可以用文字表现，也可以用各种网络符号表现。

4. 论战色彩明显

由于网络环境相对开放，网络受众经常就某一话题进行讨论，各种观点发生激烈碰撞是常事，这就为网络受众新闻评论增添了强烈的论战色彩。这些论争激活了人们的思维，营造了一种活跃的气氛，真正实现了公众的话语权。但是，论争双方也经常出现偏离主题甚至谩骂乃至人身攻击的现象。

5. 良莠不齐

网络受众文化素质参差不齐，认识能力、表达能力参差不齐，他们发表评论的时候受偶然因素的影响比较大，具有很大的随意性，质量也参差不齐。有的网络受众文化层次较高、比较理性，他们的评论不乏真知灼见，有的还相当深刻；但也有很多网络受众无拘无束、率性而为，他们的评论往往是空洞无物的闲聊，有的纯属一种个人情感和情绪的肆意宣泄，有的还故意捣乱甚至恶意攻击[1]。

（三）网络受众新闻评论管理

网络给新闻评论提供了巨大的发展空间，也给新闻评论带来了一些弊端，比如集体暴政、网络暴力、言语极端、恶意攻击、挑战权威、消解神圣、情绪化、非理性、无厘头等。部分网络受众素质较高，认识深刻，发表的评论具有真知灼见，对这一部分网络受众评论，应予以合理利用，引导网络舆论，不断提高网络舆论水平。部分网络受众受认识水平限制，缺乏对网络舆论的总体把握，不了解网络舆论的主要发展方向，不清楚新闻事件的发展趋势。鉴于这些因素的存在，有必要对网络受众新闻评论予以必要的整合、引导、提升和管理。

1. **整合**

网络的开放性、离散性、多元性、海量性使过去相对比较明朗的舆论变得错综复杂。舆论是社会意见的反映，舆论长期处于无序状态，社会就会失去中心和方向，信息就会出现混乱局面。舆论过于分散，将不利于社会的整合，舆论的极度混乱甚至可能会带来社会崩溃。因此，形成一定的主流舆论，在网络时代显得更加重要。

网络新闻编辑应跳出主观因素的干扰，认真分析网络受众的观点，从中总结出几种主要的意见方向，选择一些比较典型的网络受众新闻评论，整合网络受众新闻评论，客观、公正、全面地展示在特定新闻事件上网络受众新闻评论的分布状态，在一定程度上勾勒网络受众新闻评论的几个主要方向。

在具体操作上，网络新闻编辑可以设置相应的栏目，收集网络受众新闻评论中的热点话题讨论，将其分类集中，便于网络受众点击阅读；也可以开设《争鸣擂台》、《正方反方》之类的新闻评论专栏，将观点不同甚至对立的网络受众新闻评论分类发布，让网络受众自由讨论，再将网络受众意见发布出来，引导网络舆论进一步的统一。

2. **引导**

网络受众评论的形式多样、主题多样，受众分散、观点多元、爱好不同、立场不同，各网站的新闻栏目五花八门，网络受众的短评也是五花八门，同时各网

---

[1] 胡文龙. 中国新闻评论发展研究 ［M］. 北京：中国人民大学出版社，2002：407－409.

站的论坛也是种类繁多、各有特色，但是网络受众的意见会逐渐集中在几个主要方面，网络受众的评论内容也会逐渐形成几个侧重点，这些侧重点要么是新近发生的有重大影响的新闻事件，要么是社会上出现的值得注意的现象，要么是某个论坛网络受众集中的思想情绪反映，其形成过程是以几个积极发言者为核心、多数受众的零散参与为支持。

网络新闻编辑可以从这几个侧重点入手，实现对网络舆论的引导。在具体操作上，运用一定的编辑手段，如加大字号，突出一些具有代表性的网络受众新闻评论；设立"留言排行"之类的网友评论排行榜，使点击量高或回帖率高的评论能受到更多关注；设立《近日沸点》、《评论推荐》之类的评论专栏，突出有代表性的网络受众评论。

3. 提升

对于一些质量较高、见解深刻、论证严密、比较理性的网络受众评论，网站可以采用提升的方式，使之发挥更大的作用。如人民网强国论坛，编辑采取了一些手段提升这些帖子的地位：一是设立深水区，使之与浅水区相区分，浅水区所张贴的是那些1 000字以内的帖子，深水区的帖子一般都在1 000字以上，网络受众花了一定的时间和精力思考和写作，其质量相对较高；二是设立专题策论区，将网络受众专题性的评论集中在一起，鼓励网络受众针对具体问题进行深入探讨[1]。

4. 管理

由于在网络上发表消息或言论的成本及风险很小，就使得少数别有用心的人敢于散布种种虚假的、不健康的，对他人甚至对国家和政党有害的消息和言论，因此要严格把握网络新闻评论文章的真实性，对于那些明显失实，带有色情、暴力，危害国家安全等内容的帖子，应坚决删掉。

有些网络受众评论虽不触犯法律、却会对他人造成不利影响，有些网络受众评论不是就事论事而是就事论人，对此，网络新闻编辑应该确定一些可操作的标准，及时、果断地删除那些可能会产生重大消极影响的网络受众评论，做到既凝聚人气，又凝聚正气，让网络体现出宽容、理性和建设性的精神。

另外，对一些较为敏感的新闻事件，网络新闻编辑要慎重决定是否开放评论功能。

---

[1] 蒋晓丽. 网络新闻编辑学［M］. 北京：新华出版社，2004：313－314.

第五节　网络新闻版面设计

一、网络版面语言

版面语言是指运用版面编排手法，为稿件附加一些信息，表明态度，是报纸表达内容和思想的特殊方式，是报纸版面编辑发言的主要手段之一。版面语言是无数版面编辑根据版面的特点，在办报实践中逐渐创造出来的，读者积长期的阅读经验，已认识和认可了这种语言[1]。

报纸版面语言运用到网络传播中并与网络传播的特点相结合，就形成了网络版面语言，但网络版面语言比报纸版面语言更加丰富、复杂，功能更多。

（一）层次

一般而言，网站的页面分为四个层次，即首页、频道首页、栏目首页和内容页。利用层次表示新闻信息价值的大小，是较早出现的一种网络版面语言。网站首页或新闻频道首页通常是受众最先访问的页面，标题放在网站首页的新闻信息，其新闻价值总比标题放在其他层次页面的新闻信息要大得多。

（二）屏次

一个完整的网页通常由若干屏组成。网页第一屏是最先显示的，受众看到网页的第一眼，也是看到网页的第一屏。网页第一屏的强势最大，其他屏次的强势依次递减。标题放在第一屏的新闻信息，其新闻价值总比标题放在其他屏次的新闻信息要大得多。

---

[1] 王永赋. 报纸版面学 [M]. 北京：人民日报出版社，2001：122-136.

（三）区序

在一个页面上，不同的区域强势不同。网页纵向可分为三栏或四栏，中间的一栏或两栏比两个边栏要宽一些，也更有强势，是放置新闻信息的主要区域，也是吸引视线的主要区域；在中间两个栏中，左边栏比右边栏有强势；一个栏又通常划分为若干个板块，在同一个栏或同一个板块内，上部比下部重要。网页还可横向划分，可将页面上下划分，也可将纵向分隔的栏上下划分而不影响其他栏的划分；在横向划分形成的区域里，左边比右边重要。区序作为一种网络版面语言，常与色彩结合运用。

（四）形状

这里的形状是指页面的整体造型，而不是稿件在页面上呈现的形状。页面造型可根据网页的内容性质，采用矩形、圆形、三角形、菱形等形状，也可采用这些形状的组合。不同形状的页面造型代表不同的意义，矩形可以代表正式、规则，很多新闻网站和政府网站的首页都以矩形为整体造型；圆形代表柔和、温暖、安全等，是时尚类站点喜欢的造型；三角形代表力量、权威、牢固等，为一些大型的商业站点所采用[1]。

（五）时间

网络新闻在发布时间上是开放的，因此时间因素可以用于表达网络编辑的态度。主要方式有三种：

1. 更新频率

新闻信息的更新频率越高，表明新闻信息越受重视，文字直播、图片直播、音频直播和视频直播的新闻信息受重视的程度更高。

2. 驻留时间

新闻信息在网页中驻留的时间越长，表明新闻信息越重要[2]。

3. 播放时间

音频新闻、视频新闻播放的时间越长，表明新闻信息越受重视。

---

[1] 秦州，王月苏. 网络新闻编辑学［M］. 上海：复旦大学出版社，2007：201-202.

[2] 彭兰. 网络新闻编辑教程［M］. 武汉：武汉大学出版社，2007：288-289.

（六）运动

在网络传播中，不仅有音频、视频、动画、互动等动态性信息和手段，还可运用技术手段，让一些静态的信息以动态的形式出现，如运用组件技术让文字在网页上运动，成为游动字幕；采用技术手段让文字闪闪发光，变换色彩；采用技术手段，让面在网页上移动；运用 Flash 技术组合图片，让图片动起来，增强图片的表现力；运用 Flash 让图表动起来；采用技术手段，让图表随光标的移动而移动，实现移动阅读；使用弹出式窗口，推荐重要新闻。在静态的页面上，动态信息比静态信息更有强势，更有吸引力。

（七）面积

在首页上，面积也是形成强势的一项重要因素。图片面积越大，其新闻价值越大，越能引起网络受众的注意；标题面积越大，其新闻价值越大，越能给网络受众以视觉冲击。面积作为一种网络版面语言，常与色彩结合使用，色彩面积越大，色彩的重量感越大。

（八）距离

距离越近，表明稿件之间的联系越强；距离越远，表明稿件之间的联系越弱。在网页上，将有某种内在关系的稿件集合在一起，可以在网页上形成群体优势，更好地提高信息服务的质量，增加某些稿件的吸引力，引起受众更多的关注。

（九）标题

标题作为一种网络版面语言，体现在两方面：一是体现在标题的内容上，通过标题的生动性和准确性来揭示新闻内容的重要程度；二是体现在标题的表现形式上，利用相关手段，突出或淡化某些标题。

（十）色彩

作为网页的一种视觉语言，色彩主要有表达意图、影响情绪、美化版面、平衡版面、突出强调等作用，可以体现网站的形象、内涵和风格。每种色彩都有一定的情绪色彩，不同的色彩能引起不同的心理感受，使人产生不同的情感和生理反应。色彩搭配的不同，会产生不同的效果，影响受众的阅读情绪与阅读效果。

色彩还能给人以重量感。在网络页面上，色彩的运用讲究和谐与平衡，要与内容相适应。

（十一）字符

字符可分为字体、字号。字体不同，字的形状、风格也不相同，其作用也不相同。网页上的字体默认为宋体，新闻正文和标题都采用宋体；黑体常用来突出重要新闻的标题；楷体常常用做图片说明、背景资料和编辑评论的字体，活跃版面。字号是对汉字形体大小的分类，字越大越有强势，重要新闻的标题常常使用较大的字。字符常与色彩结合使用。

（十二）点

点有圆点、方点、实心点和空心点等形式。单独出现的点，可吸引注目，发挥视觉中心的作用，成为向心与离心的焦点。连续出现的点，可起到引导视线的作用，方便视线自前至后进行浏览。不规则排列的点，可起到集合或区分某一区域的作用。以一定方式排列的点，可形成鲜明的节奏和韵律。点常与色彩结合起来。

（十三）线

线是点的集纳，其作用是分隔和结合，形成明显的区域。线有横线、竖线之分，各自有垂直、水平的方向性。线有粗线、细线之分，其分隔的明显性与线的粗细成正比关系。粗线用于隔开上下、左右不同的栏目，细线常常用于超链接文字的下面，区分上下的新闻标题。细线也可用于分隔栏目，使新闻信息层次清晰。线的结合作用体现在集纳组合相同等级的频道或专栏，以及其中的标题等新闻信息。线常与色彩结合使用。

（十四）面

面是由周围的线框出的一定面积。框线可以是实线，也可以虚到没有。面的表情，与面的框线有关，直线围成的面平整、简洁，曲线围成的面柔软、温和、流畅。面，有规则的矩形面，也有不规则的面，由于矩形面容易组装、查找，网页页面大都采用矩形来划分、组装版面。一般说来，某个面在页面中的位置比较固定，面里放置的新闻信息种类也比较固定。面的作用是分割和区分内容，美化版面，平衡版面，抒发情感。面常与色彩结合使用。

（十五）空白

空白在网络页面中的作用是分割、烘托、突出和强调新闻信息。页面的各种信息之间适当地留下一些空白，给人的感觉是有虚有实、有疏有密、生动流畅、呼吸畅快。空白的多少，会形成不同的格调：空白少的页面显得密实而丰厚，信息很丰富；空白多的页面，给人以清爽、恬静、文雅的感觉[1]。

（十六）图片

图片包括照片、漫画、图表等，在网页上有实际功用。从内容上讲，图片是传递信息的一种方式；从形式上讲，图片是平衡页面、区分内容、提示阅读的一种手段。作为一种网络版面语言，图片主要通过色彩、面积、数量来表示编辑的评价和情感。使用多幅照片时，照片的顺序体现编辑的评价和情感。"主标题＋图片＋新闻提要"或"标题＋图片"的作用是突出和强调，单幅图片作为题图的作用是引导受众、吸引受众、美化版面。图片作为栏目题图的作用是调节视觉感受，图片作为栏目标题页的提示图片的作用是区分和美化，并纠正文字符号过多过密的偏向。图片数量和大小受网页显示速度限制。

（十七）音频

音频可直接随页面显示而自动播放，也可在网页上设置链接由受众主动点击播放。

自动播放音频，可引起受众对新闻信息的注意力，增强信息的吸引力，使信息传播的渠道多样化、信息接收立体化，常用来强调新闻信息的冲击力、重要性或趣味性，这种形式受页面显示速度影响较大。

在页面上设置音频链接，常利用文字或小图标来进行，位置比较醒目，给予受众收听的自主权，网页显示速度不受音频文件大小的影响，是目前网页上用得较多的形式[2]。

（十八）视频

视频可直接随页面显示而自动播放，也可在网页上设置链接由受众主动

---

[1] 朱健强. 广告视觉语言［M］. 厦门：厦门大学出版社，2000：20.

[2] 蒋晓丽. 网络新闻编辑学［M］. 北京：高等教育出版社，2004：176.

点击播放。

自动播放视频，即受众点击镶嵌着视频窗口的文图信息页面，视频图像被激活，自动随页面显示而播放。这种形式冲击力强，能很好地给人以多媒体报道、全方位同时出击的感觉，但受网页显示速度限制。

受众点击播放包括两种形式：一种形式是受众点击链接，常常会跳出另外一个专门播放视频的窗口，受众观看视频时，难以同时方便地浏览原来页面中的文图信息；一种形式是受众点击链接，播放视频的窗口就镶嵌在原来的页面上，视频画面与原来的新闻页面是同一个页面，受众在一个平台上可同时接收视频信息、文图信息，是一种比较好的多媒体新闻报道方式[1]。

（十九）多媒体

网络传播中，可以综合运用多种形式的新闻和多种媒介传播手段。新闻价值较小的新闻信息，运用新闻的形式也较少，采用的传播手段也较简单。新闻价值越大，运用新闻的形式越多，采用的传播手段也越复杂。新闻价值很大的新闻事件或社会现象，一般采用网络多媒体专题的形式予以报道。

（二十）组件和表单

组件和表单是网页页面上的嵌入式功能单元。用户登录区、站内搜索服务、短信平台、友情链接等重要的服务功能应安排在突出位置，但不要罗列、堆积在一起，而是可以将它们放在栏目与图片当中，作间插式布局，成为调剂版式的一项重要因素。重要的功能区域应安排在网站首页首屏。组件和表单使网页呈现的内容更丰富，信息传递的功能更多。

二、网络新闻版面设计程序

（一）网络新闻版面设计创意阶段

网络新闻版面设计并不是针对某个具体的页面，而是面向整个网站，一般包括网站名称设计、Logo（标识）设计、色彩设计、结构设计、版面布局和版式设计等。

---

[1] 蒋晓丽. 网络新闻编辑学［M］. 北京：高等教育出版社，2004：176 – 177.

1. 网站名称设计

网站名称设计包括网址、域名、英文名称和中文名称的设计。优秀网站名称的共同特征是：字母较少，字数较少，简洁好记，结构简单，又有一定的含义。

域名和网址，是网络受众进入网站的入口。对于中文网站来说，由于网址、域名和网站中文名称和英文名称的关系比较复杂，所以，中文网站的名称不仅是一个网站的入口，它本身就以文字或图形的方式，构成了网页最显著区域内的一部分，是网页设计的第一步。缺少这一重要页面元素，构思页面设计往往不得要领。

国内新闻媒体网站的英文名称，有的使用中文名称的汉语拼音，有的将中文名称中每个汉字拼音的第一个字母组合起来，有的使用中文名称翻译后的英语名称，有的将英语名称中每个单词的第一个字母组合起来，有的将汉语拼音与英语名称混合使用。

国内新闻媒体网站的中文名称大致有以下几类：

一是由传统媒体名称演变而来，如人民网、光明网、新华网等。

二是突出地域特色，如长江日报社网站取名为"汉网"、济南日报社网站取名为"舜网"等。

三是以本省名称为主体名称，如中国江苏、青海新闻网等。

四是以大地域为名，如东方网、南方网、东北网等。

五是创意名称，如北京的"千龙网"、湖南的"红网"等[1]。

2. Logo 设计

Logo 是一种标识，用特殊形式的文字或视觉形式组成的符号，以最精练的形式传达特定的含义和信息，是一种交流和传播信息的视觉语言形态。

它一般会单独出现在站点的每一个页面上，也经常与网站名称一起构成站头，出现在网站首页的显著位置。Logo 也是构成页面本身的重要元素，通常与域名一起处于网页上部最显著的区域。有些网站将域名中的字母或部分字母进行美化处理，作为 Logo 使用；有些网站借用报纸手书报头作为 Logo 使用；有些网站将网站中文名称的文字或部分文字进行美化处理，作为 Logo 使用。

3. 色彩设计

色彩设计主要是设计网站、网页的基本色彩，基本色彩常用于网站的域名、标识、标题、主菜单和主色块，确立网站和网页的基调，其他色彩在使用时只是

---

[1] 邓炘炘. 网络新闻编辑［M］. 北京：中国广播电视出版社，2005：117－118.

作为点缀和衬托。基本色彩的选择，与 Logo 的色彩甚至域名的色彩密切相关，Logo 改变了，网页的基本色彩也随之改变。

4. 结构设计

网页结构设计主要是解决网站整体结构的表现方式、网站的栏目规划与版式之间的关系问题，解决新闻信息的分层、分类、易找、易记等问题，解决新闻信息的层次与递进问题，解决栏目的配置和分工问题，解决新闻信息的广度与深度问题。

5. 版面布局

版面布局涉及网络版面上各类信息和功能的关系，是版式设计的基础，包括站头的处理、导航区域的架构、导读方式的设计、头条新闻的处理、重要栏目和重要内容的推荐、新闻图片的编排、新闻标题的编排、网页文字设计等内容。

6. 版式设计

版式设计涉及常见的网页版式类型，以及栏目、图片等基本版式元素。

（二）网络版面设计操作阶段[1]

确定基本创意之后，就可进入实际设计阶段。首先要根据网站的书面设计方案，进行网站首页及其他各级页面的 Photoshop 效果图设计，之后即可据此用网页制作工具进行网页制作。网页制作一般分为三个阶段。

第一个阶段是制作模板，即将美工设计的各级 PS 效果图作为网页制作的底图，全面、细致地将其转化为网页模板。

第二个阶段是用制作好的各级模板，生成每一个层次里风格统一的大量页面。

第三个阶段是用内容填充页面，或进行局部调整。局部调整是指有些页面需要脱离模板的统一风格，可以再单独设计制作，这种方法适用于制作和维护个人网站或小型网站。

新闻网站一般都是规模较大的网站，每天通常要制作、发布数百个网页，所以一般都采用信息发布系统进行页面的更新、维护工作。

由于网页设计是建立在技术基础之上的，因此，网页设计还必须考虑网络带宽、浏览器、分辨率和打印效果的影响。在目前的技术条件下，图片、表格、音频、视频等文件受网页显示速度影响较大，只在必要时才使用。

---

[1] 秦州，王月苏. 网络新闻编辑学［M］. 上海：复旦大学出版社，2007：193.

三、网络新闻版面色彩设计

网页色彩设计是色彩应用规律与网页作为一种传播媒介所具有的特性相结合的过程，在长期的网页设计实践中，它逐步形成了广为认同的原则与技巧。

（一）色彩搭配的基本原则 [1]

1. 色彩的合理性

网页色彩要漂亮，引人注目，但也要注意人眼的生理特点，避免使用大面积的高纯度色彩，否则容易产生视觉疲劳。红色和黑色都是非常刺激的颜色，不能用于背景颜色，只适合用在需要注意和强调的时候；黄色很能引起注意，但其反射性太强，容易造成眼睛的疲劳和不舒服。

2. 色彩的独特性

网页的色彩搭配要体现网站的特色，要有与众不同的色彩，给受众留下深刻印象。不仅网站的基本色彩要有个性，而且它的色彩搭配和布局也要有独到之处，能抓住受众的视觉神经。

3. 色彩的冲击性

网页的色彩搭配要有冲击力，这种冲击力来自富有个性的基本色彩搭配。由于基本色彩构成不能过于复杂，适宜通过浓烈的色彩来强化受众的视觉感受。一般来说，黑色与白色、黑色与红色的搭配较有冲击力。

4. 色彩的适应性

网页的色彩搭配应与网站的内容、性质和气氛相适应。如，人民网主页用深蓝色导航条，重要新闻用深蓝色大字号的字，凸显出网站的基本色彩为深蓝色，给人以理智、严肃、权威的感觉，体现了其严肃性和权威性。搜狐网主页用亮黄色作为 Logo 和栏目条的底色，浅黄色为上部导航条和左右两边竖条的底色，黄色成为其基本色彩，体现了网站的明快、活泼和可爱。

5. 色彩的适宜性

网页的色彩搭配应适宜于目标受众的习惯和喜好。由于国家、民族、种族、年龄、宗教信仰的不同，以及人们生活的地理位置、文化修养的差异等，不同人

---

[1] 秦州，王月苏. 网络新闻编辑学 ［M］. 上海：复旦大学出版社，2007：195 – 196.

群对色彩的喜恶程度存在差异。如青年人喜欢比较刺激的红色，中年人喜欢比较深沉的蓝色。因此，网页色彩设计要考虑目标受众的习惯和喜好。

6. 色彩的均衡性

色彩均衡就是受众心理感觉的平衡，这是由色彩给人的重量感决定的。色彩的重量感除了色彩的明度和纯度给人的感受外，还取决于色彩所占的面积和色块所处的位置。色彩的面积越大，色彩的重量感就越强。在进行页面设计时，从色彩的明度、纯度、面积和位置等方面调整色彩的重量感，如红色、黑色等深色与蓝色、白色等浅色取得平衡，深色色彩的面积应该小一些。

7. 色彩的一致性

网页色彩设计不但要考虑单个页面效果，还要考虑网站中所有网页色彩上的呼应与配合。从网站首页、频道首页、栏目首页到正文页层层深入，符合逻辑的自然要求。

8. 色彩的易读性

新闻网页以文字为主，白色的背景与蓝色或黑色的文字搭配是新闻网页中比较常见的搭配，它们对于眼睛的刺激适中，符合多数人的阅读习惯。通常情况下，新闻的正文页不要背景色，即使有底色，也应以浅色为宜，通常不应用深色。

9. 色彩的联想性

色彩的心理感觉决定了人们在看到不同的色彩时会产生不同的联想。因此，网页色彩应用应使色彩与网页的内涵相关联，尽量发挥人们的这种想象力，如由蓝色联想到天空和大海，由绿色联想到生命、和平和健康，由红色联想到喜庆，由黑色联想到深沉，进而让受众产生更深层次的心灵感应。

（二）色彩搭配的要点[1]

1. 确定网页的基本色彩

网页的基本色彩，又叫主体色、主色彩、标准色，是指在页面上除了白色为背景外大量使用的某种颜色，它决定了网页色彩风格的基调。基本色彩一般用于网站的标志、导航栏、主菜单和主色块，给人以整体统一的感觉，其他色彩只能作为点缀和衬托，不能喧宾夺主，不能平均使用多种色彩。在网页设计中，首先

---

[1] 秦州，王月苏. 网络新闻编辑学 ［M］. 上海：复旦大学出版社，2007：196－197.

选定面积最大的色彩作为网页的基本色彩，再根据需要选择合适的对比色彩，并确定它们的面积大小。

2. 网页色彩以简单为宜

同一页面内，色彩使用应控制在四种色彩以内。色彩过于繁杂，不仅容易让受众产生视觉疲劳，也会给受众选择带来一定影响。此外，由于受众长时间在电脑屏幕上阅读信息，本身就容易造成眼睛疲劳，因此，视觉冲击强烈的色彩特别是大面积色块的使用，要特别慎重。

3. 多用相近色

在网页的基本色彩确定之后，选择与之相近的颜色，搭配起来就相对比较容易。可以从色相的范畴来确定相近色，使用同一个感觉的色彩，如淡蓝、淡黄、淡绿或土黄、土灰、土蓝。可以从明度的范畴来确定相近色，对于一个基本色彩为红色的网页来说，在红色里加白色，红色越来越亮，明度提高；在红色里加黑色，红色越来越暗，明度降低，这样就可以得到与红色相配套的其他色彩。可以从纯度的范畴来确定相近色，对于一个蓝色是基本色彩的网页来说，蓝色里加黑、白、灰，就会使得蓝色不纯，不再鲜艳，由此得到与之相近的其他色彩。多用相近色，使得网页色彩既有变化，又有统一感和层次感。

4. 黑、　白、　灰的应用

在网页设计中，黑、白是最基本和最简单的搭配，白字黑底、黑字白底都非常清晰明了。灰色是万能色，可以与任何色彩搭配，也可以帮助两种对立的色彩和谐过度。在一种颜色里，大面积地加入白色与灰色，小面积地加入黑色，可以调节与其他颜色搭配的不当。纯度很高的纯蓝、纯黄等颜色搭配白色，可抬高明度；搭配黑色，可降低明度，降低颜色给受众带来的兴奋度。

（三）页面的色彩分配[1]

页面的色彩分配是指页面不同区域色彩搭配的规律。

1. 内容区

内容区是网页信息的表达空间，一般处于网页中部。要求背景要亮，文字要暗，对比度高。

---

[1] 秦州，王月苏. 网络新闻编辑学 [M]. 上海：复旦大学出版社，2007：198.

2. 头区

头区一般由网站 Logo、用户登录区等部分组成。Logo 一般用深色，具有较高的对比度。Logo 可以使用与网页内容不同的字体、图案或颜色组合，也可以采用网页基本色彩的反色。

3. 导航区

导航区是指导航菜单所在的区域。通常可以把菜单背景颜色设置得暗一些，然后依靠具有较高对比度的字体颜色，将网页内容和菜单明显区分开来，从而突出导航菜单。

4. 侧栏

侧栏一般显示专题栏目或附加信息。侧栏应与中部的内容区有不同的背景色彩，从而与内容区区分开来。

5. 尾区

一般放置网站的介绍与联络性信息，以及网站的经营许可证。这个区域是非重点区域，不能喧宾夺主，可考虑使用与侧栏相同或相近的颜色，也可用较深的颜色。

四、网络新闻版面结构设计

网站的内容组织多采用层次结构，首页设立若干主要频道（或栏目），每个频道（或栏目）的信息再分成一些子栏目，依此类推。网络新闻传播的层次性，决定了网络新闻版面的设计既要考虑一个页面中的内容组织，又要考虑页面与页面之间的层次与递进关系。

网络新闻版面设计，不仅仅是解决版式问题，更重要的是解决网站整体结构的表现方式、网站的栏目规划与版式之间的关系问题，也就是解决新闻信息的分层、分类等问题。

（一）分层合理

分层合理就是按照新闻信息的属性和特征，在根目录下分成若干层次的子目录，组成一个有层次的、逐级展开的结构体系。它既要求新闻信息的分层合理，也包括网页的层数合理。

1. 新闻信息的分层

网站的主页是根目录，在根目录下可建立多个命名不同的子目录，且子目录可建立多层。子栏目之间存在着上级、同级、下级等相互关系。上级子目录与下级子目录之间是总分关系。下级子目录与上级子目录之间是从属关系。同级的子目录之间是并列关系。一条新闻信息，既可以分属于一个子目录，也可以分属于另一个子目录，可将具体新闻信息只存放于其中一个子目录内，并链接到其他的子目录[1]。

2. 网页的层数

一般说来，网页层数以不超过四层为宜。网页之间的层级关系不仅体现在信息内容的新闻价值大小上，也体现在各级页面的域名上。

网站首页既是网站内容的根目录，又是网站最新更新的内容和最热门信息的展示窗口，首页是网站的一级域名对应页面。

频道是对网站内容根据不同主题进行的第一次归类划分的汇总，一家综合性网站通常有若干个频道，也就会有若干个频道的首页，频道首页是网站内容的一级子目录，也是网站二级域名对应页面。

栏目是对频道内容根据不同主题进行的下一个层次的归类划分的汇总，栏目首页的数量比频道首页多得多，栏目首页是网站内容的二级子目录，也是网站三级域名对应页面。

内容页是网站具体信息的最后落脚点，是受众最终的阅读页面。

首页、频道首页、栏目首页的划分能方便受众快速查找信息，也可以使各层网页有一个合理的层次结构。这个结构可以看成是域名结构，必要时可通过某个级别的域名直接进入相应层级的页面[2]。

（二）分类合理

网站信息分类应根据网站新闻信息的特点、目标受众的特点和网站经营的特点等方面来综合考虑，将网站信息按照一定的标准和逻辑进行细分。合理分类可以揭示出各类新闻的内容特征，便于受众查找信息；也可以根据各类信息之间的关系，组成一个目录体系，便于编辑有效地分装新闻。

---

[1] 蒋晓丽. 网络新闻编辑学［M］. 北京：高等教育出版社，2004：189.

[2] 秦州，王月苏. 网络新闻编辑学［M］. 上海：复旦大学出版社，2007：202－204.

1. 分类标准

网络新闻的分类标准是由新闻信息的区别决定的。这种区别或者是新闻事件发生的地点不同，或者是新闻重要性方面的不同，或者是新闻报道的领域不同，或者是新闻体裁的不同，或者是新闻报道的行业不同，等等。

网络新闻不是按照一种标准来分类，而是按照多种标准来分类。如，要闻是按照新闻的重要性来分类的，国内新闻、国际新闻、本地新闻是按照新闻的发生地点来分类的，体育新闻、娱乐新闻是按照新闻报道的领域来分类的，特稿是按照新闻的体裁来分类的，IT新闻是按照新闻报道的行业来分类的。

采用多重分类标准，可以更好地满足受众对某些种类信息的特殊兴趣和需要，有针对性地提供信息服务，体现网络传播的个性化特点。采用多重分类标准，可以将一条新闻信息同时放在多个目录下，受众无论从哪个目录查找，都能找到这条新闻信息，给受众提供了多种进入渠道，提高查找效率。

按照一定标准分出的大类，应该还能再往下细分出一系列的小类，小类还能再细分出一系列更小的小类，这样才能组成一个扩展性强的分类目录结构体系，使网站在扩展某一个分类目录的时候，不会因一点点小变动而波及其他的分类目录。

2. 分类目录编制

分类目录的编制，应考虑受众的信息分类习惯，分类目录应为受众所接受、理解和使用。分类目录名称，应该简单、明白、通俗、易懂，符合习惯用法。分类目录及其名称，即栏目及其名称，一旦确定，就要保持相对稳定，不要轻易变动。每一个分类目录不应虚设，应有长期、充足的新闻信息保证[1]。

五、网络新闻版面布局

受众浏览和识别网页内容的顺序过程总是由整体到局部，由图像到文字，自上而下，从左到右，先看动态的信息，再看静态的信息。在分辨过程中，受众通常先看图片，再看文字；先看大块文字，再细看字、词、句。

---

[1] 蒋晓丽. 网络新闻编辑学 [M]. 北京：高等教育出版社，2004：190-192.

（一）网络版面布局的一般规律

1. 网站整体布局规律

网站最先显示的是网站首页第一屏，它的设计要体现本网站的视觉特色，并突出展示网站的最主要内容。随着页面向下翻滚和拖拉，视觉表现的整体性和重要性逐步减弱。网站首页和频道首页通常内容较多，版式复杂，链接众多，色彩丰富；而越向下发展，越深入网站的内部，其结构、内容和链接关系等各方面就越趋向简化和单纯。

2. 网站首页布局规律

新闻网站首页既是内容的展示台，也是内容的导航台。

首页第一屏最复杂，它通常包括站头和密集的导航链接区域，以及最主要的内容展示，如头条新闻、头条新闻配图、新闻标题板块、重要栏目和重要新闻推荐等。

首页自第一屏向下通常是依次展示重要内容，首页的长短不一，版式排列方式各异，但是都力求将重要的内容排在页面上端，稍次要的内容放在下面，网页视觉冲击力由上而下逐渐减弱。

位于首页最底部的是功能区，它主要包括有关本网站的介绍和说明性信息，字号偏小，色彩弱化。有些网站也重复放置一些重要导航链接，以方便受众[1]。

（二）新闻网站首页设计与编排

1. 站头的处理

在网站首页上，站头通常是横排，放在网页最上部，一般在左上角或者居中偏左位置。有的网站站头是一个略加美术化处理的域名；有的同时列上站名和域名；有的沿用了报纸报头安排，同时列上站名、域名和日期；有的是含有站名和域名的整体美术设计，内容不太一致。

2. 导航区域的架构

大型新闻网站导航区域的频道架构，有两种布局方法。

一是频道制架构，新闻频道与其他综合资讯类频道等量齐观，新闻频道在频道入口上与其他频道处于同等的地位。目前，绝大多数省级重点新闻网站的导航区域都采用这一布局方法。

二是板块制架构，在导航区域内形成新闻、资讯、服务等几大板块，从而使

---

[1] 邓炘炘. 网络新闻编辑［M］. 北京：中国广播电视出版社，2005：124.

新闻频道的重要性高于其他综合资讯类频道或服务性频道，突出了新闻频道的地位[1]207-208。

3. 导读方式的设计

除了导航区域可以引导受众进入各频道以外，首页的其他栏目通常都由标题和提要组成，可以引导受众直接阅读各频道的内容。导读也有两种方式。

一是标题主导式，首页所有导读链接几乎都由标题组成，标题所占面积小，首页信息量很大，受众可以在一个页面中进行大范围的信息选择，以决定重点阅读对象，获取新闻信息的效率较高；这种方式的首页通常长达 5~6 屏，页面繁杂，受众阅读负担较重，不大可能点击进入下一级页面。

二是提要主导式，首页新闻标题很少，重要新闻由"标题 + 新闻内容提要"组成，整个页面信息量不大，但重要信息更加集中，单条信息的信息量加大。这种方式的首页通常只有 1~2 屏，重要新闻更突出，节省受众阅读时间[1]208-209。

4. 头条新闻的处理

首页的上半部中间部分，通常用来刊登最重要的一个或一组新闻标题，头条新闻一般依据新闻价值的大小选取，有时配置一张照片（首页主图）。头条新闻有时只有一则，新闻内容一般不在头条新闻中全部展开，只在新闻标题后附有提要，并通过"更多内容"与头条所对应的新闻正文页进行链接。头条新闻有时有几条，放在首页上并附有提要的一般只有一条或两条，头条中的第一个新闻标题常用引人注目的字体、字号标出，其他头条的新闻标题字号比页面其他标题稍大或链接于"更多头条"之中。首页其他新闻标题一般与正文字号相同[2]。

5. 重点栏目、重点内容的推荐

每个频道形成一个小格子，在这个格子中放入该频道若干重点推荐稿件；这些格子可以利用线条分割，也可以用色块区分；根据版面整体需要设计主体版式，再将这些格子放在相关区域。

有的网站将重要栏目和重要稿件放在屏幕右边，因为受众总是需要拖动屏幕右边的滚动条来扩展屏幕大小，视线容易在屏幕右边移动，屏幕右边的内容容易引起受众注视；有的网站使用字体、字号、色彩等版面语言来烘托重点内容[3]。

[1] 秦州，王月苏. 网络新闻编辑学［M］. 上海：复旦大学出版社，2007.

[2] 柳泽花. 网络新闻传播实务［M］. 武汉：华中科技大学出版社，2002：249-251.

[3] 彭兰. 网络新闻编辑教程［M］. 武汉：武汉大学出版社，2007：302.

（三）新闻图片的编排

新闻图片在网络版面上的使用一般有以下几种表现方式：

1. 首页主图

新闻图片放置在网站首页上，成为首页主照片（首页主图），位置与新闻头条靠近。主照片与头条新闻配合成为整个网页的视觉中心，起到主导阅读的导航作用。首页主照片也可以作为次头条的新闻报道重点。首页主照片反映的是比较重要的新闻事实，但它本身不一定是头条新闻。有时也可选用视觉效果比较好的新闻照片作为主照片，强调的是它的视觉冲击力以及与受众的接近性，对其新闻价值的重要性要求不高，用以丰富和调节网页的整体视觉效果，同时兼顾提示和报道新闻的作用。

2. 首页头条配图

新闻图片作为首页头条新闻的配图，其作用是强化新闻报道的力度和传播冲击力。这种使用方式较多地出现在具体的新闻栏目中，如国内新闻、国际新闻或者新闻正文页面上。

3. 自动播放

几张照片放在首页上轮换展现，在计算机技术的支持下，几张主照片可以自动播放，依次循环刷新显示，充分利用空间，容纳更多的信息。

4. 纵向排列

采用纵列安排多张面积稍小的照片，也有很好的视觉效果，国外媒体网站时常采用这种方式。一些网站在首页不放照片，其原因是首页信息过于集中，照片过大会占据不少位置，照片过小又起不到应有的作用，于是干脆放弃。

5. 正文页面的照片

在新闻正文页面上，单幅照片一般放在标题和正文文本的中间，多幅照片一般从上到下排列，也有的在较长的新闻报道正文中间穿插放置若干新闻照片，以调节文字过长而导致的视觉沉闷[1]。

（四）新闻标题的编排

新闻标题的排列有两条标准：一是按上网发布时间的先后排列，最新近上网

---

[1] 邓炘炘. 网络新闻编辑［M］. 北京：中国广播电视出版社，2005：229－233.

的标题排在最上端，其余依倒时序的原则自上而下排列；一是按照新闻重要性排列，最重要的新闻排在最上端，其余的按照重要性递减的次序自上而下排列。

按照重要性排序的新闻标题板块，通常出现在网站首页或者新闻频道首页上，作为要闻提示来发挥作用。这种标题板块中的标题都是编辑特别挑选出来的，集中体现了网站的编辑重点和传播意向。

1. 新闻标题板块的类型

按照重要性原则排序的新闻标题板块中，有两种类型：

一种类型是按照一定的标准，将新闻标题板块分为几个单元或几个标题段落，每个单元或标题段落内，比较重要的标题排在上端，起导读和提示的作用。

另一种类型是按照一定的思路，将不同内容的新闻标题构成一个标题板块，这些标题之间有一种内在的联系和有机的结构关系，其作用是概括提示网站当前所有新闻的精华，也可作为某一新闻频道当时的导读。

2. 新闻标题排列的原则

新闻标题的排列以目标受众的需求为依据，优先考虑新闻的重要性和时新性因素，在此前提下参照新闻与受众的关系紧密程度来决定标题的先后排列位置。

新闻标题的排列要注意调剂强弱节奏。在标题排列中，也要照顾到可读性和娱乐性，避免所有的新闻标题都是硬消息，造成受众阅读心理上的紧张。应在标题类型和内容上有所搭配，吸引受众阅读。排在首位的头条应具有最强的冲击力；排在中间位置的标题应具有一定的悬念，吸引受众；接下来的标题应与读者有比较密切的关联度；排在下面最不重要的位置上的标题，应该独具特色，有比较强的趣味性、新奇性或人情味[1]。

本章练习

1. 论述网络新闻编辑的特点、任务、主要内容。

2. 简述网络传播中文字新闻、新闻照片、新闻漫画、新闻图示的应用形式。

3. 简述网络音频新闻、视频新闻的特点。

4. 简述网络多媒体新闻编辑的原则。

5. 简述 Flash 新闻的特点、新闻题材的选择。

6. 简述网络新闻标题、专题的特点。

---

[1] 邓炘炘. 网络新闻编辑 [M]. 北京：中国广播电视出版社，2005：172-176.

7. 怎样确定网络新闻专题的选题、角度？

8. 简述网络新闻专题的结构类型。

9. 简述各种信息手段在网络新闻专题中的作用。

10. 比较新华网与千龙网新闻专题的选题及角度方面的差异。

11. 简述网络媒体新闻评论的类型及变化。

12. 简述网络受众新闻评论的表现形式及特点。

13. 简述网站新闻评论策划的主要内容。

14. 简述专家在线访谈的程序。

15. 简述网络受众新闻评论的管理方式。

16. 简述网络新闻版面语言的种类及作用。

17. 简述网络新闻版面的设计程序。

18. 简述网络新闻版面色彩搭配的基本原则、要点。

19. 比较光明网与搜狐网色彩搭配的差异。

20. 简述网络新闻版面结构设计的要点。

21. 简述网络新闻版面布局的一般规律。

22. 简述新闻网站首页的设计与编排。

23. 简述网络新闻图片、网络新闻标题的编排方式。

24. 比较人民网与新浪网版面设计的异同点。

本章参考文献

［1］彭兰．网络新闻编辑教程［M］．武汉：武汉大学出版社，2007.

［2］蒋晓丽．网络新闻编辑学［M］．北京：高等教育出版社，2004.

［3］董天策．网络新闻传播学［M］.4 版．福州：福建人民出版社，2004.

［4］邓炘炘．网络新闻编辑［M］.北京：中国广播电视出版社，2005.

［5］严励．网络新闻编辑学［M］.开封：河南大学出版社，2007.

［6］艾丰．新闻采访方法论［M］.3 版．北京：人民日报出版社，1996.

［7］丁法章．新闻评论教程［M］.4 版．上海：复旦大学出版社，2008.

［8］胡文龙．中国新闻评论发展研究［M］.北京：中国人民大学出版社，2002.

［9］闵大洪．中国互联网上的民意表达［J］.媒介研究，2004（5）.

［10］符建湘．新闻评论［M］．长沙：湖南大学出版社，2007.

［11］王永赋．报纸版面学［M］．北京：人民日报出版社，2001.

［12］秦州，王月苏．网络新闻编辑学［M］．上海：复旦大学出版社，2007.

［13］朱健强．广告视觉语言［M］．厦门：厦门大学出版社，2000.

［14］柳泽花．网络新闻传播实务［M］．武汉：华中科技大学出版社，2002.

后　记

本书是"中国高校新闻传播学书系"丛书之一，内容涵盖报纸、广播、电视及网络等四大媒体的编辑原理、编辑流程和编辑技巧。

本书的编写注重突出自身特色。在以往的新闻编辑教材中，报纸新闻编辑介绍的比较多，随着社会的发展、信息技术的进步，广播、电视、网络等新闻媒介表现出与报纸不同的特点，并且媒介之间的融合趋势越来越明显。本书编著者根据当前新闻传播事业的发展，突破传统新闻教科书所涉及的范围，涵盖上述四大媒介的编辑，突出各种媒介固有的新闻传播特点和新闻编辑特点，更注意媒介融合背景下新闻编辑出现的一些新特点，吸收了一些最新的研究成果，体现了新闻编辑的时代性。

全书共分五章。第一章主要介绍新闻编辑的产生、发展和各种新闻媒介的特点，涉及编辑和编辑溯源，各种媒介新闻编辑的出现与发展，各种媒介的融合、传播特点及传播符号，各种媒介新闻编辑的差异及基本意识，新闻传播中的法律与道德问题。第二章主要介绍报纸编辑，涉及报纸编辑的作用、任务、内容和流程，并详细介绍了报纸新闻稿件选择、新闻稿件修改、新闻标题制作、新闻稿件配置和报纸版面设计等重要环节。第三章主要介绍广播新闻编辑，涉及广播新闻编辑的任务、广播新闻稿件的写作与编辑、广播新闻节目的策划与编排等。第四章主要介绍电视新闻编辑，涉及电视新闻稿件的写作与修改，电视新闻节目的编辑、剪辑、声音处理、包装及播出，电视新闻栏目的编排，电视新闻频道的运作。第五章主要介绍网络新闻编辑，涉及网络新闻编辑的特点、任务及内容，网络新闻的编辑制作，网络新闻专题，网络新闻评论，网络新闻版面设计等。

本书在编写过程中注重时代性、实用性和可操作性，既有基本的理论阐释，又有丰富的案例分析，特别是在每章之后配备了大量训练题，供教学参考与学生训练。在取材上注意出新，无论是理论阐释还是编辑案例，都强调使用最新的研究成果和新闻信息资源。本书不仅可以作为各新闻院系专业教材和教学参考书，而且可以作为新闻从业人员业余学习和培训之用。

本书由漳州师范学院新闻传播系的四位教师共同编写，具体分工是：第一章、第二章由刘伟编写，第三章由陈利华编写，第四章由魏巧俐编写，第五章由游雅、刘伟编写。

本书在编写过程中，借鉴了大量国内外同类书籍的观点与材料，吸收了新闻学界和业界的一些研究成果，我们已将参考文献附于每一章的后面，如有疏漏，敬请有关作者原谅。由于编者水平有限，书中难免有疏漏和不足之处，敬请各位同仁和读者批评指正。

编者

2010 年 7 月 5 日